abc
LA COLLECTION

Réussite

Le BAC efficace
et un bon dossier pour Parcoursup

Français 1re

BAC 2025

Françoise Cahen
Delphine Fradet
Garance Kutukdjian
Dominique Prest
Ghislaine Zaneboni

Nathan

Crédits photographiques couverture : Shutterstock

Crédits photographiques intérieur :

11 V. Hugo : BIS / Ph. © Charles Hugo / Coll Archives Bordas ; 11 A. de Musset : BIS / Ph. Coll. Archives Larbor ; 11 T. Gautier : BIS / Ph. Nadar © Archives Larbor ; 11 P. Verlaine : BIS / Ph. X - Archives Larbor – DR ; 11 A. Breton : BIS / Ph. Liphitzky © Archives Larbor ; 11 P. Éluard : BIS / Ph. © X Archives Larbor – DR ; 11 A. de Lamartine : BIS / Ph. Coll. Archives Bordas ; 11 G. de Nerval : BIS / Ph. Coll. Archives Larbor ; 11 L. de Lisle : BIS / Ph. Coll. Archives Larbor ; 11 A. Rimbaud : BIS / Ph. © Étienne Carjat - Archives Larbor ; 11 L. Aragon : BIS / Ph. J. L. Charmet © Archives Larbor – DR ; 11 R. Desnos : BIS / Ph. © X - DR - Archives Larbor ; 13 BIS / Ph. Ralph Kleinhempel © Archives Larbor ; 15 LA COLLECTION / Artothek ; 19 ABACA PRESS / Coppee Patrice ; 26 Schubert : BIS / Ph. Meyer © Archives Larbor ; 39 M. de Montaigne : BIS / Ph. © Archives Nathan ; 39 J. de La Bruyère : BIS / Ph. Hubert Josse © Archives Larbor ; 39 J. J. Rousseau : BIS / Ph. Jean Tarascon © Archives Larbor ; 39 F. Rabelais : BIS / Ph. Coll. Archives Larbor ; 39 J. de La Fontaine : BIS / Ph. Coll. Archives Nathan ; 39 Voltaire : BIS / © Archives Larbor ; 39 D. Diderot : BIS / Ph. Scala © Archives Bordas ; 41 BIS / Ph. © Archives Nathan ; 45 BIS / Ph. H. Josse © Archives Larbor ; 63 C. de Troyes ; Droits Réservés ; 63 P. Scarron : BIS / Ph. Coll. Archives Larbor ; 63 Abbé Prévost : BIS / Ph. © Archives Larbor ; 63 C. de Laclos : BIS / Ph. H. Josse © Archives Larbor ; 63 V. Hugo : ADOBE STOCK PHOTO ; 63 E. Zola : BIS / Ph. Coll. Archives Larbor ; 63 L. F. Céline : BIS / Ph. Coll. Archives Larbor ; 63 A. Camus : AKG-Images ; 63 F. Rabelais : BIS / Ph. Coll. Archives Larbor ; 63 Mme de La Fayette : IS / Ph. Coll. Archives Larbor ; 63 H. de Balzac : BIS / Ph. Jeanbor © Archives Larbor ; 63 G. Flaubert : BIS / Ph. Coll. Archives Nathan ; 63 M. Proust : BIS / Ph. Coll. Archives Larbor ; 63 N. Sarraute : BIS / Ph. Patrice Pascal © Archives Larbor ; 67 BIS / Ph. H. Josse © Archives Larbor ; 83 P. Corneille : BIS / Ph. H. Josse © Archives Larbor ; 83 Molière : BIS / Ph. H. Josse © Archives Larbor ; 83 A. Dumas : BIS / © Archives Nathan ; 83 E. Ionesco : BIS / Ph. Jeanbor © Archives Larbor ; 83 J.-L. Lagarce : ENGUERAND BRIGITTE / Divergence ; 83 W. Mouawad : OPALE / Artcompress / Pascal Victor ; 83 J. Racine : BIS / Ph. Canonge © Archives Larbor ; 83 Marivaux : BIS / Ph. H. Josse © Archives Larbor ; 83 Beaumarchais : BIS / Ph. Guiley-Lagache © Archives Larbor ; 83 A. de Musset : BIS / Ph. Coll. Archives Larbor ; 83 S. Beckett : AKG-Images / ullstein bild ; 83 J. Anouilh : AKG-Images / Ullsein bild ; 83 J. Pommerat : AKG-Images ; 83 BUREAU ; 83 / JP Baltel ; 85 SHUTTERSTOCK ; 109 BIS / Ph. Pierre Vals - Coll. Archives Larbor ; 129 BIS / Ph. Hubert Josse © Archives Bordas ; 132 P. Corneille : BIS / Ph. H. Josse © Archives Larbor ; 136 A. de Musset : BIS / Ph. Coll. Archives Larbor ; 140 N. Sarraute : BIS / Ph. Patrice Pascal © Archives Larbor ; 145 BIS / Ph. © Étienne Carjat - Archives larbor ; 149 ROGER-VIOLLET / Boris Lipnitzki ; 153 BRIDGEMAN IMAGES / Louis Monier ; 165 SHUTTERSTOCK ; 170 Photothèque R. Magritte / Adagp Images, Paris 2023 ; 171 BIS / Ph. Hubert Josse © Archives Larbor ; 175 ht BIS / Ph. © Archives Nathan ; 175 bas RMN-Grand Palais (musée d'Orsay) / Thierry Le Mage ; 230 SHUTTERSTOCK.

Direction éditoriale : Raphaëlle Mourey

Édition : Géraldine de Saint Palais, Julie Langlais, Maria Tasso, Cindy Savin, Eva Aguerretche

Conception graphique intérieur : Clémentine Largant

Couverture : Élise Launay

Illustrations : Louise Plantin, Coline Girard

Schémas : Aurore Mathon, Coredoc, Pascal Marseaud

Compositeur : Grafatom

Fabrication : Frédéric Bouly

ISBN : 978-2-09-503556-3

Mode d'emploi

Un ouvrage synthétique pour réviser et progresser avec méthode !

Cours

- Le cours est structuré en **doubles-pages**, pour faciliter les révisions. Il comporte les éléments indispensables pour assimiler les nouvelles connaissances.
- Des **encadrés** sur les **auteurs-clés** du chapitre, des **illustrations** et des **liens vidéos et podcasts** agrémentent le cours pour aller plus loin dans vos révisions.
- La double-page ***Révision Express*** présente une **carte mentale** qui synthétise les idées importantes du chapitre de manière visuelle.
- Des **fiches de grammaire** vous aident à maîtriser les points utiles pour l'analyse littéraire et à vous préparer à l'oral du bac.

Méthode

- Cette double-page présente de manière simple les **méthodologies** classiques qu'il est indispensable de maîtriser.
- En page de gauche, des **conseils** pour adopter les bons réflexes et éviter certains pièges sur des points particuliers du cours.
- En page de droite, un **exemple** surligné et commenté pour montrer comment appliquer les conseils de méthode.

Exercices

- Des **fiches test** (QCM et Vrai/Faux) permettent de vérifier vos connaissances.
- **Nombreux et variés**, les exercices proposés permettent de couvrir l'ensemble des notions abordées dans le chapitre et de s'entraîner au commentaire et à la dissertation.

Corrigés

- Les corrigés, **rédigés ou sous forme de plan détaillé**, sont précis et commentés, pour progresser plus vite.
- Ils sont accompagnés de petites « bulles » présentant des **conseils**, des **remarques**, des **astuces pour gagner des points**…

Sommaire

Sommaire

Partie 3 • Vers le Bac

CHAPITRE 5 Les outils d'analyse littéraire et iconographique

CHAPITRE 6 Le commentaire

CHAPITRE 7 La dissertation

LITOTE
IMAGE
TONALITÉ
MÉTAPHORE

QR codes Nathan

À l'aide de votre smartphone, **flashez les QR codes** que vous voyez apparaître au fil des pages.

Ils vous donneront accès à des **ressources numériques*** (vidéos, articles, podcasts...) sélectionnées par les auteurs.

1. Flashez les QR codes

Vidéo

2. Accédez aux différentes ressources numériques

* Les éditions Nathan ne sont pas garantes de la pérennité des liens.

Partie 1

Objets d'étude

Chapitre 1

La poésie du XIXe au XXIe siècle

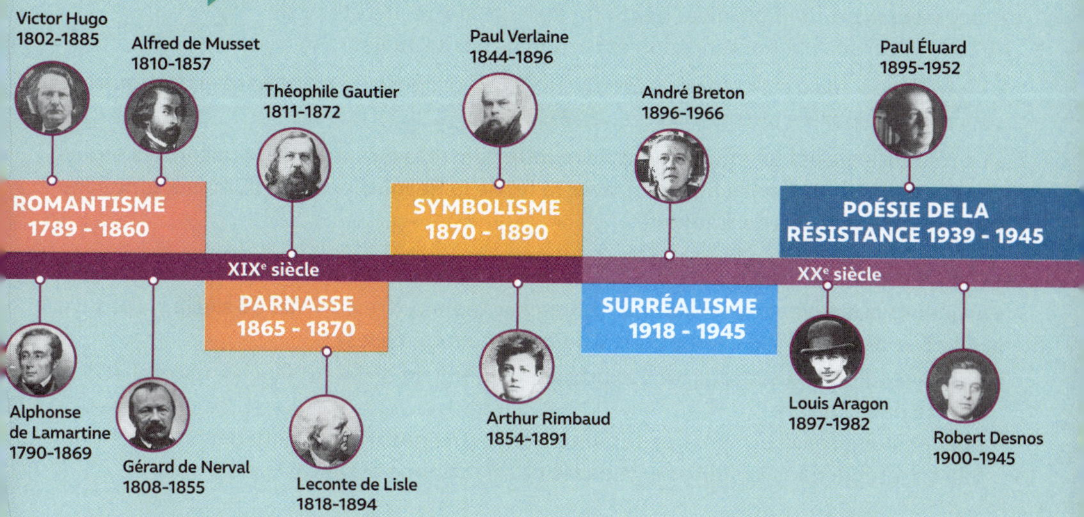

FICHE 1 La poésie romantique

Auteurs majeurs
Hugo, Musset, Vigny, Lamartine

1 Le romantisme

1. Naissance du romantisme

- Né en Allemagne et en Angleterre, le romantisme, **en rupture avec le classicisme**, s'impose tardivement en France même s'il touche des précurseurs comme Rousseau dès la fin du XVIIIe siècle. Il s'étend de 1820 à 1850, sous la Restauration et la monarchie de Juillet.

Rappel
Première moitié du XIXe siècle

- Victor Hugo, avec la Préface de *Cromwell* (1827) propose un **manifeste esthétique** qui sera reconnu par les autres auteurs. Voir p. 144
- Le romantisme est un mouvement de **révolte** contre la dictature de la raison, les **règles** et une société bourgeoise figée qui, avec la fin de la Révolution et de l'Empire, empêche tout rêve de gloire et de grandeur.

2. Caractéristiques

- La jeunesse, souvent mélancolique, désenchantée, souffre du « **mal du siècle** », éprouve le « vague des passions » (émotions violentes mais confuses).
  - Elle revendique sa **singularité**, l'expression du moi, le droit au rêve, au naturel et à la liberté dans l'art.
  - Elle retrouve ses tourments et ses émois dans une **nature** à son image.
  - Elle se réfugie dans la **solitude**, le passé et affectionne le fantastique.

2 Le romantisme en poésie

1. La place du *moi*

- Les thèmes et la sensibilité romantiques occupent une place de choix dans le genre de la poésie. Les auteurs renouvellent les ***topoï*** : la nature, l'amour, la fuite du temps et la mort.
- Le **lyrisme**, né dans l'Antiquité avec la légende de la lyre d'Orphée, devient le registre préféré du « moi » **intime**, de ses confidences mélancoliques, ses effusions, ses émotions exaltées.
- Le poète apprécie dans la nature ses **paysages-états d'âme**.
- Persuadé d'être **seul et marginal**, le poète espère être compris par son lecteur, « [s]on semblable, [s]on frère » comme l'exprimera plus tard Baudelaire.

2. Rupture avec le classicisme

- Le **désir de rupture** propre au romantisme se manifeste surtout dans sa **forme**. Il conserve la strophe et le vers, mais il aime les varier, les désarticuler, à force d'enjambements. Ces innovations conduiront aux poèmes en prose de Aloysius Bertrand et Baudelaire.
- **On libère le lexique et la syntaxe des règles** du classicisme et du bon goût.

POUR ALLER PLUS LOIN

LES CITATIONS

> Émancipation face au classicisme

« Le poète, insistons sur ce point, ne doit donc prendre conseil que de la nature, de la vérité, et de l'inspiration qui est aussi une vérité et une nature. »

Victor Hugo, Préface de *Cromwell*, 1827

Citer un auteur peut vous permettre d'enrichir l'amorce de votre introduction ou l'ouverture de votre conclusion.

> Expression intime des sentiments

« Les plus **désespérés** sont les chants les plus beaux
et j'en sais d'immortels qui sont de purs **sanglots** »

Musset, « Le Pélican », *La nuit de mai*, 1835

« Je suis le ténébreux, le veuf, l'inconsolé »

Gérard de Nerval, « El Desdichado », *Les Chimères*, 1854

> Le « mal du siècle »

« On habite avec un cœur plein dans un monde vide,
et, sans avoir usé de rien on est désabusé de tout. »

Chateaubriand, *Génie du christianisme*, 1802

> Paysage-état d'âme

« Salut derniers beaux jours, le **deuil de la nature**
Convient à ma douleur et plaît à mes regards. »

Alphonse de Lamartine, « L'Automne », *Méditations poétiques*, XXIII, 1820

APPRENDRE AUTREMENT

Découvrir l'analyse du tableau du peintre romantique Caspar Friedrich

Vidéo

Vocabulaire

- **« Mal du siècle » :** Musset nomme ainsi le sentiment d'ennui, de malaise, d'insatisfaction qui caractérise la génération romantique.
- ***Topos*** **(*topoï* au pluriel) :** sujet récurrent en littérature.
- **Paysage-état d'âme :** la description du paysage reflète les émotions intimes du poète.

Auteurs majeurs
Gautier, Leconte de Lisle, Baudelaire, Verlaine, Rimbaud, Mallarmé

FICHE 2 La poésie parnassienne et symboliste

1 Le parnasse

Rappel
Deuxième moitié du XIXe siècle

- Le parnasse, mot inspiré par le mont Parnasse, lieu de résidence d'Apollon et des neuf Muses, se veut d'abord une **réaction** contre l'effusion lyrique des romantiques. Lamartine voulait faire descendre la poésie de l'**Olympe** ; ses successeurs voudront l'y réinstaller.
- Autour de Leconte de Lisle et Heredia, après Banville et Gautier, précurseurs du mouvement dès 1835, les poètes élaborent une **théorie de l'impersonnalité**. Ils refusent orgueilleusement d'être dans la société et dans l'histoire. Ils prônent une forme rigoureuse axée sur le **travail** de l'écriture qui doit, pour paraphraser Gautier, **ciseler** le vers comme un bijou ou une statue.
- « L'art pour l'art », le culte du Beau, le goût de l'Antiquité, des **mythes**, des légendes orientales remplacent les épanchements, les plaintes et les combats politiques des romantiques.
- Cet idéal esthétique **élitiste** s'adresse à un public restreint, choisi, aux goûts aristocratiques.

2 Le symbolisme

- Le symbolisme naît en France et en Belgique vers 1870, en opposition au parnasse et au naturalisme. Au sens large, le mouvement regroupe, après Baudelaire, précurseur reconnu, Verlaine, Rimbaud, Mallarmé et toute une bohème littéraire, appelés les « **décadents** ». Voir p. 148
- Jean Moréas invente le mot **symbolisme** en 1886 pour désigner une poésie qui utilise le symbole pour déchiffrer le monde.
- Mouvement **mystique**, il croit au secret et au sacré, en une puissance au-dessus du monde réaliste et sensible. Il imagine de subtiles **correspondances**, horizontales entre « les parfums les couleurs et les sons », verticales entre le fini et l'infini.
- Le poète **voyant** tente d'accéder aux mystères du monde et d'atteindre un **Idéal**.
- Le texte fondateur du mouvement est « L'Art poétique » de Verlaine, composé en 1874. Il revendique essentiellement, en l'appliquant instantanément dans des vers de neuf syllabes, la musicalité et la légèreté d'un vers aérien.
- Les symbolistes privilégient la métaphore et le symbole, un vocabulaire riche et précieux. La suggestion sonore est préférée à la précision du mot, ce qui peut mener jusqu'à l'**hermétisme**.
- Le symbolisme, comme l'impressionnisme en peinture, est l'art de la lumière, du mouvement, de l'impression et de la sensation.

POUR ALLER PLUS LOIN

LES CITATIONS

> Critique des poètes romantiques qualifiés de « Montreurs »

« Tel qu'un morne animal, meurtri, plein de poussière,
La chaîne au cou, hurlant au chaud soleil d'été,
Promène qui voudra son cœur ensanglanté
Sur ton pavé cynique, **ô plèbe carnassière !** »

Leconte de Lisle, « Les Montreurs », *Poèmes barbares*, 1862-1878

> Les correspondances horizontales et verticales

« La nature est un temple où de vivants piliers
Laissent parfois sortir de confuses paroles ;
L'homme y passe à travers des forêts de symboles
Qui l'observent avec des regards familiers. »

Charles Baudelaire, « Correspondances », *Les Fleurs du mal*, 1857

La poésie de Baudelaire reprend aussi bien les caractéristiques du romantisme que du symbolisme.

> Le poète voyant

« Je dis qu'il faut être *voyant*, se faire *voyant*.
Le poète se fait *voyant* par un long, immense et
raisonné *dérèglement de tous les sens.* »

Rimbaud, *Lettre du voyant*, 1871

Le poète doit voir au-delà des apparences.

> Importance de la musicalité

« De la musique encore et toujours !
Que ton vers soit la chose envolée
Qu'on sent qui fuit d'une âme en allée
Vers d'autres cieux à d'autres amours. »

Paul Verlaine, « L'Art poétique », *Jadis et naguère*, 1874

APPRENDRE AUTREMENT

Découvrir les artistes symbolistes exposés au Musée d'Orsay

Vidéo

Vocabulaire

- **Le mont Olympe :** dans la mythologie, le mont Olympe représentait l'endroit depuis lequel les dieux observaient les humains.
- **Mystique :** relatif au mystère, à une croyance surnaturelle, sans support rationnel.
- **Hermétisme :** caractère de ce qui est difficile ou impossible à comprendre et à interpréter.

FICHE 3

Les avant-gardes, Dada et le surréalisme

Auteurs majeurs
Tzara, Breton, Soupault, Desnos, Éluard, Aragon

1 Les avant-gardes

Rappel
Première moitié du XXe siècle

- Marinetti, écrivain italien, écrit dans *Le Manifeste futuriste* en 1909 : « Nous déclarons que la splendeur du monde s'est enrichie d'une beauté nouvelle : la beauté de la vitesse ».
- C'est l'éloge de la **modernité**, de la **beauté urbaine et industrielle**. Apollinaire prône « l'esprit nouveau », notamment dans « Zone », le poème qui inaugure le recueil *Alcools*.

2 Le mouvement Dada

- Marqué par l'**absurde** de la guerre, le mouvement fait « **table rase** » de toutes les règles, contraintes, conventions idéologiques, esthétiques et morales. Il se veut ancré dans l'enfance, loufoque, irrespectueux, extravagant et érotique. Il se libère de toutes les tutelles, y compris celle de la raison. Ses œuvres iconoclastes et jubilatoires sont le produit du **hasard** et de la dérision.
- Le mouvement Dada naît à Zurich en 1916 autour des auteurs Hugo Ball, Tristan Tzara et du peintre Hans Arp au Cabaret Voltaire. Il est ensuite popularisé par les artistes Marcel Duchamp, Francis Picabia et Man Ray.

3 Le surréalisme

1. Origine du surréalisme

- Issu à la fois de l'héritage et de la rupture avec le mouvement Dada en 1922, le surréalisme, d'abord littéraire, envahit la peinture, la sculpture, la photographie et le cinéma. Il devient un véritable mouvement avec la publication en 1924 par André Breton du *Manifeste du surréalisme* et s'affaiblira pendant la Deuxième Guerre mondiale.
- Le surréalisme retient du mouvement Dada la **révolte** et le **rejet de toute règle**. Il y ajoute les apports de la psychanalyse et la certitude du pouvoir créateur de l'**inconscient**.

2. Les caractéristiques de la poésie surréaliste

- La poésie constitue à la fois un genre et un thème prisés du surréalisme avec la liberté et l'amour, comme le montre le titre d'un recueil d'Éluard, *L'amour la poésie*, en 1929.
- La poésie permet à l'inconscient d'exprimer sa créativité dans trois exercices :
  - l'**écriture automatique** : on écrit le plus rapidement possible, sans réfléchir, ni se préoccuper de la grammaire, de la morale, de la cohérence ou de l'esthétique, dans un état proche de l'hypnose.
  - le **cadavre exquis** : le jeu consiste pour chacun des participants à composer un texte ligne par ligne sans savoir ce qu'a écrit le précédent.
  - le **compte-rendu de rêves** : le rêve est, selon Freud, la voie royale d'expression de l'inconscient. Desnos s'est fait le spécialiste de cette technique.

POUR ALLER PLUS LOIN

LES CITATIONS

> Éloge de la modernité industrielle

« À la fin tu es las de ce monde ancien
Bergère ô tour Eiffel le troupeau des ponts bêle ce matin [...]
J'aime la grâce de cette rue industrielle »

Guillaume Apollinaire, « Zone », *Alcools*, 1913

Les procédés privilégiés par les surréalistes sont les comparaisons et les métaphores.

> Rôle des images

« Plus les rapports des deux réalités rapprochées seront lointains et justes, plus l'image sera forte »

Pierre Reverdy, 1913

« Ma femme à la chevelure de feu de bois
Aux pensées d'éclairs de chaleur
À la taille de sablier
Ma femme à la taille de loutre entre les dents du tigre
Ma femme à la bouche de cocarde et de bouquet d'étoiles de dernière grandeur
Aux dents d'empreintes de souris blanche sur la terre blanche »

André Breton, « Union libre », 1931

André Breton propose un blason original de la femme en convoquant tous les sens grâce aux nombreuses métaphores.

« La terre est bleue comme une orange »

Paul Éluard, *L'amour la poésie,* I, 1929

> Écriture automatique

« Tu sais que ce soir il y a un crime vert à commettre. Comme tu ne sais rien, mon pauvre ami. Ouvre cette porte toute grande, et dis-toi qu'il fait complètement nuit, que le jour est mort pour la dernière fois. »

Breton et Soupault, *Les Champs magnétiques,* 1920

APPRENDRE AUTREMENT

Écouter l'hommage de Marcel Duchamp à André Breton

Audio

Vocabulaire

- **Manifeste :** déclaration écrite dans laquelle un artiste ou un groupe d'artistes expose une conception ou un programme artistique.
- **Iconoclaste :** au VIIIe siècle, personne qui détruit les images saintes ; au sens moderne, hostile aux traditions.

FICHE 4 L'OuLiPo et la poésie jusqu'à aujourd'hui

Auteurs majeurs
Queneau, Saint-John Perse, Char, Michaux, Senghor, Césaire, Ponge

1 L'OuLiPo

1. Naissance du mouvement

Rappel
Deuxième moitié du XXe siècle

- **L'OuLiPo**, Ouvroir de littérature potentielle, est fondé en France en 1960 et est toujours actif aujourd'hui.
- Il rassemble des mathématiciens et des écrivains héritiers des Grands Rhétoriqueurs dont **Queneau**, l'un de ses fondateurs.

2. Une écriture basée sur des contraintes

- Le but des auteurs est d'appliquer à la littérature la **rigueur** et les **techniques** des mathématiques.
- Ils sont partisans d'une écriture à **contraintes** paradoxalement considérées comme puissant **stimulant de la créativité** mais **ludique et fantaisiste**. Ils pratiquent toutes sortes de jeux d'écriture dont le lipogramme, le tautogramme ou encore la méthode S + 7 exposée par Jean Lescure lors d'une des premières réunions de l'OuLiPo, le 13 février 1961.
- Perec écrit le plus long **lipogramme** en « e » (lettre la plus fréquente de la langue française) connu dans son roman *La Disparition*. Queneau écrit en 1973 « La Cimaise et la Fraction » d'après « La Cigale et la Fourmi » de La Fontaine. Grâce à des combinaisons, il propose également un livre-objet où le lecteur pourra reconstituer *Cent Mille Milliards de Poèmes* (1961).

2 La poésie jusqu'à aujourd'hui

- La poésie aujourd'hui échappe aux tendances. Elle vogue, parfois marquée par les arts plastiques, entre contraintes et liberté, lyrisme renouvelé, recherche du sens et innovation du langage.
- **Saint-John Perse** déploie un verbe lyrique parfois hermétique comme Mallarmé au XIXe.
- **Michaux**, grand voyageur du monde et de son paysage intérieur, qui refuse tout paraître, **mêle la poésie aux arts graphiques** et aux expérimentations hallucinogènes.
- On s'interroge aussi sur la mission du poète, jusqu'à s'engager comme **Char**, après Éluard et Aragon, pour la Résistance, avec les poètes de la « négritude », **Césaire** et **Senghor** qui célèbre en versets la beauté noire.
- **Ponge** fait d'un pain, d'une orange, d'un cageot, un objet poétique dans ses « proêmes ».
- **Jacques Reda**, comme **Ponge** inspiré par le quotidien qu'il transfigure dans une voix marquée par le jazz, **Philippe Jaccottet**, **Yves Bonnefoy** posent en vers et en prose renouvelés la question éternelle de l'homme et de la mort, de son rapport au monde et à la nature.

POUR ALLER PLUS LOIN

LES CITATIONS

> Exemple de lipogramme en « e »

« Puis, à la fin, nous saisirons pourquoi tout fut bâti à partir d'un carcan si dur, d'un canon si tyrannisant. Tout naquit d'un souhait fou, d'un souhait nul : assouvir jusqu'au bout la fascination du cri vain, sortir du parcours rassurant du mot trop subit, trop confiant, trop commun, n'offrir au signifiant qu'un goulot, qu'un boyau, qu'un chas, si aminci, si fin, si aigu qu'on y voit aussitôt sa justification. »

Georges Perec, *La Disparition*, 1969

> Éloge de la beauté noire

« Femme nue, femme noire
Vêtue de ta couleur qui est vie, de ta forme qui est beauté
J'ai grandi à ton ombre ; la douceur de tes mains bandait mes yeux
Et voilà qu'au cœur de l'Été et de Midi,
Je te découvre, Terre promise, du haut d'un haut col calciné
Et ta beauté me foudroie en plein cœur, comme l'éclair d'un aigle [...] »

Léopold Sédar Senghor, « Femme noire », *Chants d'ombre*, 1945

> Les objets du quotidien deviennent objet esthétique

« La surface du pain est merveilleuse d'abord à cause de cette impression quasi panoramique qu'elle donne : comme si l'on avait à sa disposition sous la main les Alpes, le Taurus ou la Cordillère des Andes. [...]
Ce lâche et froid sous-sol que l'on nomme la mie a son tissu pareil à celui des éponges : feuilles ou fleurs y sont comme des sœurs siamoises soudées par tous les coudes à la fois. Lorsque le pain rassit ces fleurs fanent et se rétrécissent : elles se détachent alors les unes des autres, et la masse en devient friable...
Mais brisons-la : car le pain doit être dans notre bouche moins objet de respect que de consommation. »

Francis Ponge, *Le Parti pris des choses*, 1942

Sous la plume du poète, le pain se déguste au même titre que le poème que nous lisons.

APPRENDRE AUTREMENT

Découvrir le poète Aimé Césaire

Vidéo

Vocabulaire

Lipogramme : œuvre littéraire dans laquelle on s'impose de ne pas faire entrer une ou plusieurs lettres de l'alphabet.

FICHE 5 La versification

- Jusqu'au XIXe siècle, la poésie est fortement **codifiée**.

- Elle suit obligatoirement les règles de La Pléiade (autour de 1555) et surtout de Malherbe (1555-1628), qui s'inspire de la ***Poétique*** du philosophe grec de l'Antiquité Aristote. Après le XIXe siècle, avec Baudelaire puis Rimbaud, considéré comme le père de la poésie moderne, les règles seront peu à peu abandonnées.

1 La structure du vers

- La versification française admet différents **mètres**. Les principaux sont pairs : l'octosyllabe (8 syllabes) ; le décasyllabe (10 syllabes) ; l'alexandrin (12 syllabes).

- Il faut savoir **décompter les syllabes** sans se tromper :
  - le e muet ne se compte que lorsqu'il est suivi par une consonne, jamais s'il est suivi par une voyelle ou à la fin du vers ;
  - la **diérèse** et la **synérèse** allongent ou réduisent le mètre : on fait une « diérèse » lorsque l'on prononce de façon séparée les deux termes d'une **diphtongue**. La synérèse est son contraire ;
  - les liaisons doivent toujours être comptabilisées.

> • la diérèse = 2 syllabes : li/on
> • la synérèse = 1 syllabe : lion

- La versification suppose un système de **rimes** :
  - elles peuvent être **plates** ou **suivies** (AABB), **embrassées** (ABBA), **croisées** (ABAB) ;
  - elles sont **pauvres** quand elles ont un seul son commun, **suffisantes** avec deux, **riches** au-delà.

2 Les poèmes à forme fixe

- Les lai, virelai, rondeau, ballade sont des genres aux règles strictes utilisés au Moyen Âge, rapidement abandonnés.

- Le **sonnet** existe depuis la Renaissance ; régulier, il se compose de deux quatrains et de deux tercets aux rimes à la disposition obligatoire : ABBA, ABBA, CCD, EED ou EDE.

3 La versification dans la poésie moderne

- La poésie moderne a renouvelé ou inventé d'autres formes très attentives aux effets sonores et rythmiques, à l'**accentuation**.

- Le **vers libre**, souvent court, ne respecte pas un nombre compté de syllabes, ni un système de rimes.

- Le **verset** est au départ la forme utilisée pour les livres sacrés (Bible, Coran, Thora). Au XXe siècle, certains auteurs la remettront à l'honneur. Il tient de la prose et du vers.

- Le **poème en prose**, depuis Aloysius Bertrand et Baudelaire, se distingue d'un extrait de roman par sa brièveté, son **unité**, sa fermeture sur lui-même et le soin porté à sa **clausule**.

POUR ALLER PLUS LOIN

LES CITATIONS

> Importance des liaisons

Le dernier vers du « Dormeur du val » comprend bien douze syllabes :
« sur sa poitrine,
Tran/qui/lle. Il/ a/ deux/ trous/ rou/ge/**s au/** cô/té/ droit. »

Arthur Rimbaud, « Le Dormeur du val », 1870

> Lors de la lecture, on doit entendre les liaisons ainsi que les diérèses et synérèses.

> L'ordre des rimes et la qualité des rimes

« Demain, dès l'aube, à l'heure où blanchit la campagne,	A	rime suffisante
Je partirai. Vois-tu, je sais que tu m'attends.	B	
J'irai par la forêt, j'irai par la montagne.	A	rime suffisante
Je ne puis demeurer loin de toi plus longtemps.	B	
Je marcherai les yeux fixés sur mes pensées,	C	rime pauvre
Sans rien voir au dehors, sans entendre aucun bruit,	D	
Seul, inconnu, le dos courbé, les mains croisées,	C	rime pauvre
Triste, et le jour pour moi sera comme la nuit.	D	
Je ne regarderai ni l'or du soir qui tombe,	E	rime riche
Ni les voiles au loin descendant vers Harfleur,	D	
Et quand j'arriverai, je mettrai sur ta tombe	E	rime riche
Un bouquet de houx vert et de bruyère en fleur. »	D	
Victor Hugo, « Demain, dès l'aube… », *Les Contemplations*, 1856	= Rimes croisées	

> Le verset

« Nous sommes partis bien des fois déjà, mais cette fois-ci est la bonne.
Adieu, vous tous à qui nous sommes chers, le train qui doit nous prendre n'attend pas.
Nous avons répété cette scène bien des fois, mais cette fois-ci est la bonne.
Pensiez-vous donc que je ne puis être séparé de vous pour de bon ? alors vous
Voyez que ce n'est pas le cas.
Adieu, mère. »

Paul Claudel, « Ballade »

APPRENDRE AUTREMENT

Écouter l'adaptation musicale du poème de Victor Hugo

Audio

Vocabulaire

- **Versification :** ensemble des techniques utilisées pour écrire un poème ; elle marque l'appartenance du texte au genre de la poésie.
- **Diphtongue :** union d'une semi-consonne et d'une voyelle.

Révision Express

> Les courants poétiques français des XIXe et XXe siècles

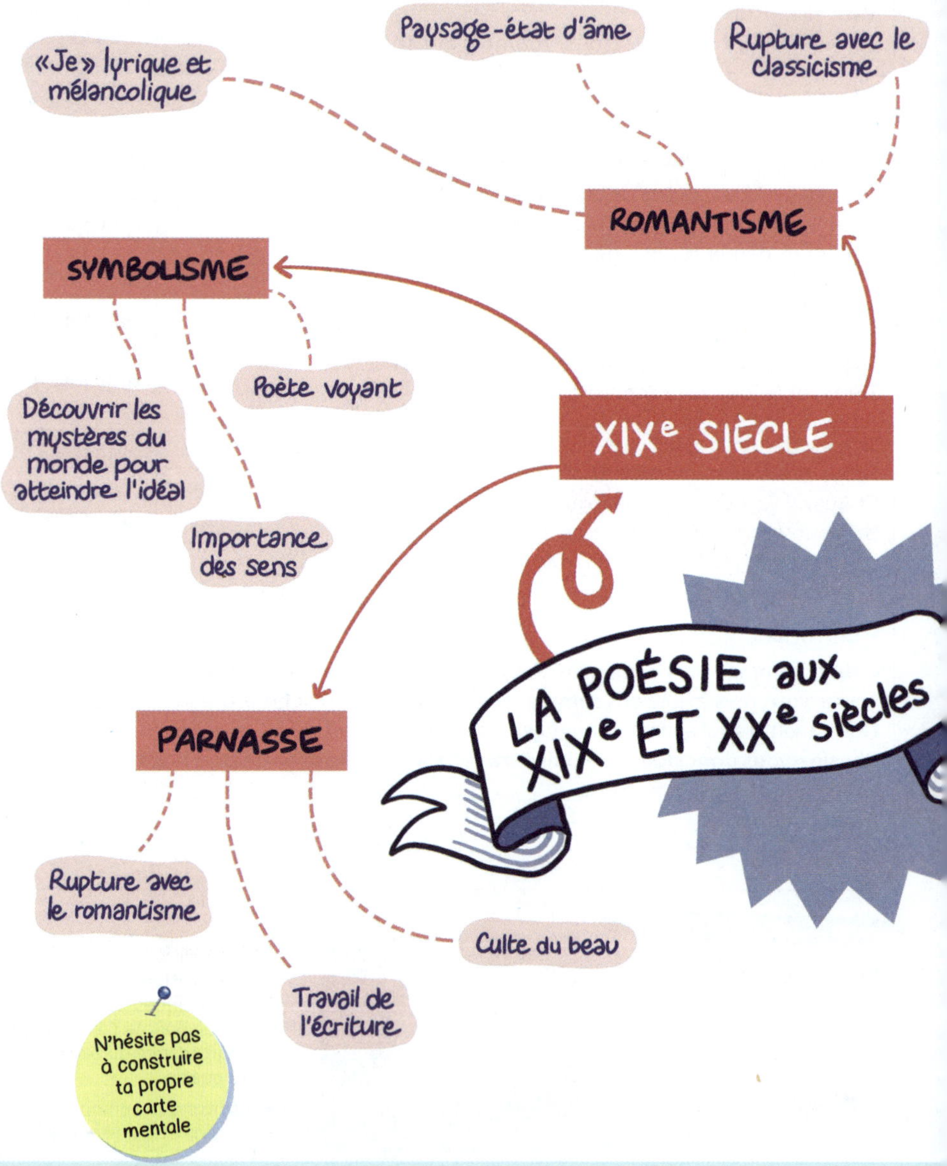

CARTE MENTALE

1 Analyser la versification dans un poème

LES RÉFLEXES À AVOIR

Pour analyser la versification dans un poème :

• **Étape 1 :** repérez le nombre de strophes et nommez-les.

• **Étape 2 :** comptez le nombre de syllabes pour identifier les mètres utilisés. Repérez la place de la **césure**.

– Pour le décasyllabe, vers de dix syllabes, elle se trouve obligatoirement soit après la quatrième syllabe, soit après la sixième, forcément entre deux mots :

« Ce/ toit/ tran/quille,/ _ où /mar/chent/ des/ co/lombes,
En/tre/ les/ pins/ pal/pite/, _ en/tre/ les/ tombes »
(Paul Valéry)

– Pour l'alexandrin, vers de douze syllabes, la césure se trouve obligatoirement après la sixième syllabe, partageant le vers en deux **hémistiches** :

« Et/ s'il/ n'en/ res/te/ qu'un/_ , je/ se/rai/ ce/lui/-là/ ! »
(Victor Hugo)

• **Étape 3 :** Étudiez la façon dont les vers sont **accentués**.

« Le **geai** géla**tineux** gei**gnait** dans le jas**min** »
(René de Obaldia) → 4 accents
« Je fais sou**vent** ce rêve étr**ange** et pénét**rant** »
(Paul Verlaine) → 3 accents

Accentuation : disposition particulière des accents toniques qui souligne le rythme du vers.

• Examinez les rimes, leur disposition, leur degré de richesse.

LES PIÈGES À ÉVITER

• Ne comptez le e muet que s'il est suivi par une consonne, jamais à la fin du vers.

• Prenez en compte les liaisons.

• Ne confondez pas son et syllabe. Une syllabe peut être composée d'un ou de plusieurs sons.

LES ASTUCES DU PROF

• Si l'ensemble du poème utilise un mètre régulier, sauf dans un vers, assurez-vous qu'il n'y a pas de possibilité de **diérèse** (2 syllabes) ou de **synérèse** (1 syllabe).

• Repérez les entorses aux règles de versification : un mot au singulier ne doit pas rimer avec un pluriel (est proscrit par exemple : « filles/charmille »).

EXEMPLE

> Étudier un poème versifié

Une allée du Luxembourg

E/ll(e) a/ pa/ssé/, la/ jeu/ne / fill(e)
Vi/v(e) et/ pres/te / co/mm(e) un/ oi/seau :
À/ la/ main/ u/ne / fleur/ qui/ brill(e),
À/ la/ bou/ch(e) un/ re/frain/ nou/veau.

C'est/ peut/-ê/tre / la/ seu/l(e) au/ mond(e)
Dont/ le/ cœur/ au/ mien/ ré/pon/drait ;
Qui/ ve/nant/ dans/ ma/ nuit/ pro/fond(e)
D'un/ seul/ re/gard/ l'é/clair/ci/rait !...

Mais/ non/, - ma/ jeu/ne/ss(e) est/ fi/ni(e)...
A/dieu/, doux/ ra/yon/ qui/ m'a/ lui, -
Par/fum/, jeu/ne / fi/ll(e), har/mo/ni(e)...
Le/ bon/heur/ pa/ssait/ - il/ a/ fui !

Gérard de Nerval, *Odelettes*, 1853

ÉTAPE 1 Je repère le système des strophes

- Le poème est composé de trois strophes isolées par des blancs typographiques. Elles sont composées de quatre vers, ce sont des quatrains.

ÉTAPE 2 Je repère le système des vers

- Je suis attentif à la règle des e muets.
  – Je les compte s'ils sont suivis d'une consonne (cf. e dans le texte).
  – Je ne les compte pas s'ils sont suivis d'une voyelle ou à la fin du vers (cf. (e) dans le texte).
- Je compte les syllabes que j'isole par un trait oblique : /.
  → Le poème est formé de douze octosyllabes.

ÉTAPE 3 Je repère le système des rimes

- Elles sont croisées et font normalement alterner rimes masculines et féminines.
- Elles sont pauvres avec 1 son commun (vers 2 et 4) et suffisantes avec 2 sons communs (dans le reste du poème).

Remarque
Les rimes féminines se terminent par un e muet **(e)**.

2 Analyser un poème romantique

LES RÉFLEXES À AVOIR

- Repérez les thèmes privilégiés, les ***topoï*** : l'amour, la mort, la fuite du temps, la nature, la mélancolie, la poésie des ruines, la nuit, le rêve, la révolte, l'infini et le néant.

- Cherchez le **« je » lyrique** et les attributs de ce registre : l'expression des sentiments et la **musicalité**.

Baudelaire dans le Salon de 1846 :
« Le romantisme n'est précisément ni dans le choix des sujets ni dans la vérité exacte, mais dans la manière de sentir. [C']est l'expression la plus récente, la plus actuelle du beau. »

Les descriptions de la nature ont le plus souvent une fonction symbolique : automne et soleils couchants suggèrent la finitude humaine.

- Analysez la poétique et le travail sur le vers, en particulier les jeux rythmiques : coupes, désarticulation, rejets, contre-rejets très fréquents dans la poésie romantique. En effet, usuellement, la fin du vers coïncide avec un arrêt dans la syntaxe à cause du sens. Toutefois, un vers peut « **enjamber** » sur un autre :

Le rejet : le segment de phrase se poursuit sur le vers 2	Le contre-rejet : le segment de phrase commence à la fin du vers 1
Vers 1 : ---------------------- Vers 2 : ---/------------------	Vers 1 : -----------------/---- Vers 2 : ----------------------

LES PIÈGES À ÉVITER

- Dissociez l'auteur du personnage qui dit « je » dans le poème. Même s'il y a trace d'autobiographie, c'est un personnage mis en scène, « romancé », « poétisé » et non la personne historique qui a écrit le texte.
- L'adjectif « romantique » désigne un mouvement artistique et les thèmes, les personnages rattachés à ce mouvement. Ce n'est pas une caractéristique psychologique ni un synonyme de « rêveur », « sentimental ».

LES ASTUCES DU PROF

Commencez votre analyse du poème par un relevé des pronoms personnels et des champs lexicaux employés. Cela vous permettra de retrouver rapidement les principales caractéristiques de la poésie romantique.

APPRENDRE AUTREMENT

Découvrir le compositeur romantique Schubert

Vidéo

EXEMPLE

> Analyse des thèmes romantiques dans un poème

Le Lac

« Ô temps ! suspends ton vol, et vous, heures propices !
Suspendez votre cours :
Laissez-nous savourer les rapides délices
Des plus beaux de nos jours !

Assez de malheureux ici-bas vous implorent,
Coulez, coulez pour eux ;
Prenez avec leurs jours les soins[1] qui les dévorent ;
Oubliez les heureux.

Mais je demande en vain quelques moments encore,
Le temps m'échappe et fuit [...]

Aimons donc, aimons donc ! de l'heure fugitive,
Hâtons-nous, jouissons !
L'homme n'a point de port, le temps n'a point de rive ;
Il coule, et nous passons ! »

Alphonse de Lamartine, *Méditations poétiques*, 1820

1. Soins : soucis.

Remarque
La personnification consiste à donner à un objet, à un animal ou à une idée des caractéristiques humaines.

Repérage des thèmes privilégiés du romantisme

- La nature personnifiée, notamment l'eau.
- L' amour.
- Le temps (dont la nuit) et la mort : le jeu des temps verbaux suggère la mort de la femme aimée.

Interprétation

- Entrelacement constant de ces thèmes.
- L'eau devient, dans une **métaphore filée**, le symbole des amours et du temps fugitifs. L'eau qui coule illustre le temps qui passe et qui conduit à la mort. C'est pourquoi le poète s'adresse au temps afin de le prier de l'épargner : il souhaite avoir davantage de temps avec la jeune femme qu'il aime et qui est malade.
- Face à l'écoulement du temps, l'écriture poétique est un moyen de conserver la mémoire des moments heureux. La poésie revêt alors le pouvoir d'accéder, par les mots, à l'immortalité. En effet, tant que ce poème sera lu, le souvenir perdurera.

3 Analyser un « art poétique »

LES RÉFLEXES À AVOIR

- Sachez repérer un **art poétique** : c'est, dans une **mise en abyme**, un poème qui propose des conseils et des rejets pour écrire de la poésie. Il définit une **esthétique** et se rattache à un courant littéraire particulier, souvent en rupture avec ceux qui l'ont précédé.

Mise en abyme : procédé consistant à représenter une œuvre dans une œuvre de même genre.

- Examinez les **tonalités** liées : le **didactisme** (les injonctions) mais aussi la **poésie**. L'art poétique propose un exemple de ce qu'il revendique. Un « art poétique en acte » sous-entend les revendications esthétiques tout en les exploitant.

LES PIÈGES À ÉVITER

- Le titre du poème ne spécifie pas toujours qu'il s'agit d'un art poétique. Il faut pourtant savoir le reconnaître. Ainsi, dans « Ce que dit Elsa », le titre suggère seulement qu'Aragon prête la parole à la femme aimée qui lui dicte un art poétique engagé :

« **Que ton poème soit** dans les lieux sans amour
Où l'on trime où l'on saigne où l'on crève de froid
Comme un air murmuré qui rend les pieds moins lourds
Un café noir au point du jour
Un ami rencontré sur le chemin de croix. »

Louis Aragon, « Ce que dit Elsa », *Cantique à Elsa*, © Seghers, 1941

- Ne confondez pas art poétique et travail de l'écriture, c'est-à-dire le soin apporté par l'écrivain à son style, quel que soit le genre pratiqué, et qui caractérise l'œuvre littéraire.

LES ASTUCES DU PROF

Exploitez toute la gamme des tonalités pour caractériser un art poétique. Il n'est pas toujours sérieux. Il peut être parodique et fantaisiste comme « Pour un art poétique » (1948) de Queneau, poète de l'**OuLiPo** :

« Quand les poètes s'ennuient alors il leur ar-
Rive de prendre une plume et d'écrire un po-
Ème on comprend dans ces conditions que ça bar-
Be un peu quelque fois la poésie la po-
Ésie »

Raymond Queneau, « Pour un art poétique », *L'Instant fatal*, Gallimard, 1948

OuLiPo : *ouvroir de littérature potentielle*, courant littéraire contemporain regroupant des artistes qui s'imposent des contraintes pour créer.

APPRENDRE AUTREMENT

Lire le commentaire de « L'art poétique » de Verlaine

Corrigé

EXEMPLE

> Repérage des procédés d'un art poétique

L'Art poétique

De la musique avant toute chose,
Et pour cela préfère l'Impair
Plus vague et plus soluble dans l'air,
Sans rien en lui qui pèse ou pose. [...]

Prends l'éloquence et tords-lui son cou !
Tu feras bien, en train d'énergie,
De rendre un peu la Rime assagie.
Si l'on n'y veille, elle ira jusqu'où ?

Ô qui dira les torts de la Rime !
Quel enfant sourd ou quel nègre fou
Nous a forgé ce bijou d'un sou
Qui sonne creux et faux sous la lime ?

De la musique encore et toujours !
Que ton vers soit la chose envolée
Qu'on sent qui fuit d'une âme en allée
Vers d'autres cieux à d'autres amours.

Que ton vers soit la bonne aventure
Éparse au vent crispé du matin
Qui va fleurant la menthe et le thym...
Et tout le reste est littérature.

Paul Verlaine, « L'Art poétique », 1874

Remarque
Verlaine ne craint pas la faute de français et l'éloquence à laquelle il « tord [le] cou ».

Remarque
Rejet polémique de la poésie satirique… ce que Verlaine est pourtant en train de produire.

Remarque
Rejet de l'art pour l'art et du parnasse.

Repérages

– Registre didactique
Conseils ou rejets avec l'usage des impératifs et de « il faut ».
– Registre polémique et métaphores désobligeantes
Elles sont destinées à rejeter les courants littéraires antérieurs.
– Comparaisons et métaphores poétiques
Elles sollicitent les sens visuel, auditif, olfactif et suggèrent, en acte, ce que doit être, pour Verlaine, la poésie.

Interprétation

– Verlaine rejette à la fois le classicisme, le parnasse et la poésie satirique.
– Il promeut une poésie musicale, floue et aérienne.
– Il propose donc un manifeste symboliste.

Fiche test *Ce que je sais*

QCM

15 min

- ◯ À revoir
- ◯ Acquis

1 Cochez la bonne réponse.

1 Lamartine est un poète :
- ◯ a. surréaliste.
- ◯ b. parnassien.
- ◯ c. romantique.

FICHE 1

2 Un *topos* est :
- ◯ a. un lieu-commun, un cliché.
- ◯ b. un discours.
- ◯ c. un court poème.

FICHE 1

3 Leconte de Lisle prône :
- ◯ a. l'effusion sentimentale.
- ◯ b. l'impersonnalité.
- ◯ c. l'engagement politique.

FICHE 2

4 Le « cadavre exquis » est une invention :
- ◯ a. dadaïste.
- ◯ b. symboliste.
- ◯ c. surréaliste.

FICHE 3

5 L'alexandrin comprend :
- ◯ a. dix syllabes.
- ◯ b. huit syllabes.
- ◯ c. douze syllabes.

FICHE 5

6 « L'Art poétique » de Verlaine rejette :
- ◯ a. le symbolisme.
- ◯ b. l'« art pour l'art ».
- ◯ c. le romantisme.

FICHE 2

7 Baudelaire écrit :
- ◯ a. en vers.
- ◯ b. en prose.
- ◯ c. en vers et en prose.

FICHE 2

8 Un quintil est :
- ◯ a. une strophe de cinq vers.
- ◯ b. un vers de cinq syllabes.
- ◯ c. un poème de cinq strophes.

FICHE 5

9 Baudelaire est un auteur du :
- ◯ a. XVIIIe siècle.
- ◯ b. XIXe siècle.
- ◯ c. XXe siècle.

FICHE 2

10 L'OuLiPo privilégie :
- ◯ a. les contraintes.
- ◯ b. la liberté en écriture.
- ◯ c. les formes fixes.

FICHE 4

11 Les rimes plates sont des rimes en :
- ◯ a. ABBA.
- ◯ b. ABAB.
- ◯ c. AABB.

FICHE 5

12 Un sonnet comporte :
- ◯ a. deux quatrains et deux tercets.
- ◯ b. un quintil et deux tercets.
- ◯ c. un quatrain et trois tercets.

FICHE 5

13 Le lyrisme est particulièrement employé par :
- ◯ a. les poètes symbolistes.
- ◯ b. les oulipiens.
- ◯ c. les poètes romantiques.

FICHE 1

14 Les surréalistes s'intéressent à :
- ◯ a. l'inconscient.
- ◯ b. l'expression des sentiments.
- ◯ c. la nature.

FICHE 3

15 André Breton est un auteur :
- ◯ a. romantique.
- ◯ b. symboliste.
- ◯ c. surréaliste.

FICHE 3

SCORE : ___ / 15

EXERCICES D'ENTRAÎNEMENT

2 Les extraits de poèmes suivants ont été privés de leur paratexte. Repérez à quel mouvement littéraire ils appartiennent.

1. « Et, debout devant Dieu, Moïse ayant pris place,
Dans le nuage obscur lui parlait face à face.

Il disait au Seigneur : "Ne finirai-je pas ?
Où voulez-vous encor que je porte mes pas ?
Je vivrai donc toujours puissant et solitaire ?
Laissez-moi m'endormir du sommeil de la terre." »

2. P'OASIS
« Nous sommes les pensées arborescentes qui fleurissent
sur les chemins des jardins cérébraux.
– Sœur Anne, ma Sainte Anne, ne vois-tu rien venir... vers Sainte-Anne ?
– Je vois les pensées odorer les mots.
– Nous sommes les mots arborescents qui fleurissent
sur les chemins des jardins cérébraux.
De nous naissent les pensées. »

3. « Dans mon orgueil muet, dans ma tombe sans gloire,
Dussé-je m'engloutir pour l'éternité noire,
Je ne te vendrai pas mon ivresse et mon mal,

Je ne livrerai pas ma vie à tes huées,
Je ne danserai pas sur ton tréteau banal
Avec tes histrions et tes prostituées. »

4. « J'ai embrassé l'aube d'été.
Rien ne bougeait encore au front des palais. L'eau était morte. Les camps d'ombres ne quittaient pas la route du bois. J'ai marché, réveillant les haleines vives et tièdes, et les pierreries regardèrent, et les ailes se levèrent sans bruit. »

5. LE POÈTE
« Du temps que j'étais écolier,
Je restais un soir à veiller
Dans notre salle solitaire.
Devant ma table vint s'asseoir
Un pauvre enfant vêtu de noir,
Qui me ressemblait comme un frère. »

③ Montrez comment se définit la figure du héros romantique dans le parcours suivant.

Texte A **Alphonse de Lamartine, extrait de « Souvenir », *Méditations poétiques* (1820).**

En vain le jour succède au jour,
Ils glissent sans laisser de trace ;
Dans mon âme rien ne t'efface,
Ô dernier songe de l'amour !

Je vois mes rapides années
S'accumuler derrière moi,
Comme le chêne autour de soi
Voit tomber ses feuilles fanées.

Mon front est blanchi par le temps ;
Mon sang refroidi coule à peine,
Semblable à cette onde qu'enchaîne
Le souffle glacé des autans.

Texte B **Victor Hugo, « Soleils couchants », *Les Feuilles d'automne* (1831).**

Le soleil s'est couché ce soir dans les nuées ;
Demain viendra l'orage, et le soir, et la nuit ;
Puis l'aube, et ses clartés de vapeurs obstruées ;
Puis les nuits, puis les jours, pas du temps qui s'enfuit !

Tous ces jours passeront ; ils passeront en foule
Sur la face des mers, sur la face des monts,
Sur les fleuves d'argent, sur les forêts où roule
Comme un hymne confus des morts que nous aimons.

Et la face des eaux, et le front des montagnes,
Ridés et non vieillis, et les bois toujours verts
S'iront rajeunissant ; le fleuve des campagnes
Prendra sans cesse aux monts le flot qu'il donne aux mers.

Mais moi, sous chaque jour courbant plus bas ma tête,
Je passe, et, refroidi sous ce soleil joyeux,
Je m'en irai bientôt, au milieu de la fête,
Sans que rien manque au monde immense et radieux !

VERS LE BAC

COMMENTAIRE

- **Vous ferez le commentaire du poème suivant.**

Texte **Tristan Tzara, *Sept manifestes Dada* (1979).**

Un poème complètement DadA

Prenez un journal.
Prenez des ciseaux.
Choisissez dans ce journal un article ayant la longueur que vous comptez donner à votre poème.
Découpez l'article.
Découpez ensuite avec soin chacun des mots qui forment cet article et mettez-les dans un sac.
Agitez doucement.
Sortez ensuite chaque coupure l'une après l'autre.
Copiez ensuite **CONSCIENCIEUSEMENT** dans l'ordre où elles ont quitté le sac.
Le poème vous ressemblera.
Et vous voilà *un écrivain infiniment original et d'une sensibilité charmante*, encore qu'incomprise du vulgaire.
Exemple :
prix ils sont hier convenant ensuite tableaux
apprécier le rêve époque des yeux
pompeusement que réciter l'évangile genre s'obscurcit
groupe l'apothéose imaginer dit-il pouvoir des couleurs
tailla cintres ahuri de la ce n'est plus 10 à 12

DISSERTATION

Parcours Émancipations créatrices

Le mythe autour de Rimbaud le fait apparaître comme un génie précoce. En quoi les poèmes effectivement écrits avant ses seize ans témoignent-ils de la puissance de son émancipation créatrice ? Vous répondrez à cette question dans un développement organisé en vous appuyant sur l'étude des *Cahiers de Douai*, sur le parcours étudié au cours de l'année, ainsi que sur votre culture personnelle.

Fiche test Ce que je sais

1 **1. c.** La poésie de Lamartine reprend les caractéristiques du romantisme : paysage-état d'âme, expression des sentiments, solitude du poète.

2. a. Un *topos* est un lieu-commun, c'est-à-dire un thème qui revient souvent en littérature.

3. b. Leconte de Lisle critique les effusions sentimentales.

4. c. Les surréalistes jouent avec les images et créent ainsi le cadavre exquis afin d'explorer l'inconscient.

5. c. L'alexandrin est le vers le plus long.

6. b. À la rigueur du vers, Verlaine préfère la musicalité.

7. c. *Les Fleurs du mal* est un recueil en vers tandis que *Le Spleen de Paris* est un recueil en prose.

8. a. Ne pas confondre le quintil avec le pentasyllabe qui est un vers de cinq syllabes.

9. b. Baudelaire réunit dans sa poésie les différents mouvements qui ont marqué la poésie du XIXe siècle.

10. a. L'OuLiPo s'impose des contraintes afin de retrouver en littérature la rigueur des mathématiques.

11. c. ABAB sont des rimes croisées et ABBA sont dites embrassées.

12. a. Le sonnet est une forme fixe comportant toujours les mêmes strophes.

13. c. Les poètes romantiques placent au cœur de leur poésie l'expression des sentiments.

14. a. Les surréalistes explorent l'inconscient à partir d'exercices poétiques.

15. c. André Breton a théorisé le surréalisme avec son *Manifeste du surréalisme* publié en 1924.

EXERCICES D'ENTRAÎNEMENT

2 **1. Le romantisme.** « Moïse » de Vigny (*Poèmes antiques et modernes,* 1822) est un poème lyrique et emphatique en alexandrins qui développe l'image d'un personnage héroïque mais solitaire, figure romantique du poète.

2. Le surréalisme. « P'oasis » de Desnos (*Corps et biens,* © Éditions Gallimard, 1930) est un texte en prose dont la poésie provient de la liberté et de la rencontre hasardeuse des mots, avec des reprises sonores.

3. Le parnasse. « Les Montreurs » de Leconte de Lisle (*Poèmes barbares,* 1862-1878) est un poème en alexandrins réguliers richement musicaux qui rejette polémiquement l'effusion du « je » lyrique.

4. Le symbolisme. « Aube » de Rimbaud (*Illuminations*, 1873-1875) est un poème en prose qui montre la séduction symbolique de la lumière du jour naissant par un enfant-poète créateur.

5. Le romantisme. « La nuit de décembre » de Musset (*Nuits*, 1835-1837) est un poème qui développe en un sizain d'octosyllabes le thème du double, de la misère et de la solitude dans la nuit.

3 Le héros romantique parle à la première personne et affirme ainsi la primauté et la singularité du « je » lyrique. Il évoque un état d'âme mélancolique, exprime des émotions et des sentiments violents par des comparaisons (les deux derniers vers du poème de Lamartine), des métaphores et des symboles, et un rythme syncopé avec les marques de ponctuation forte.
Il déplore sa solitude, qu'il fait ressentir par le champ lexical du froid, la fuite du temps, l'approche de la mort : « Mon front est blanchi par le temps » écrit Lamartine ; l'intégralité de « Soleils couchants » en développe symboliquement le *topos*.
La nature offre un refuge, un miroir ou, au contraire un repoussoir : l'homme passe « au milieu de la fête », la nature s'en va rajeunissant.
Cette caractérisation du héros romantique est sublimée par une forme poétique musicale et expressive.

VERS LE BAC

COMMENTAIRE

Le corrigé du commentaire est intégralement rédigé. Pour faciliter votre lecture, nous avons gardé les titres des différentes étapes du développement. Dans votre copie, vous ne devrez pas les conserver.

Introduction

L'histoire littéraire progresse selon des attaques, des ruptures et des proclamations parfois tonitruantes qui sont théorisées dans les manifestes esthétiques et les « arts poétiques » produits par les mouvements artistiques successifs.

> **Gagnez des points**
> Soignez votre amorce.

C'est dans cette perspective que Tzara compose en 1920 « Pour faire un poème dadaïste », qu'il intègre au Manifeste sur l'amour faible et l'amour amer.
Comment ce créateur d'un mouvement qui veut faire « table rase » du passé va-t-il jouer avec le genre de l'art poétique issu de l'Antiquité et du très sérieux Aristote ?
Voyons comment la parodie d'un art poétique en acte, marquée par l'ironie, exhibe une esthétique fantaisiste et absurde : celle du mouvement Dada.

> **L'astuce du prof**
> Liez logiquement votre problématique à ce qui précède et à ce qui suit.

I. La parodie d'un art poétique en acte, marquée par l'ironie...

Dès son titre, le poème s'inscrit dans la tradition de l'art poétique en acte ; mais n'en fait-il pas une parodie marquée par l'ironie ?

A. Un art poétique en acte : la mise en abyme de l'acte créateur

Il se présente bien comme un art poétique en acte en mettant en abyme les gestes créateurs. Il est composé en deux temps : la leçon de poésie puis son application.
Il est l'objet d'un travail sur la forme et sollicite les sens visuel et sonore. Il offre la possibilité d'une lecture verticale : « prenez / prenez » ; « choisissez / comptez » ; « découpez / découpez ». Il travaille la musicalité avec beaucoup d'effets sonores et rythmiques.

B. Le registre didactique

Le but didactique de l'art poétique se retrouve dans le ton injonctif, la multiplication des impératifs et la fonction conative du langage qui implique le lecteur-poète-élève. Il nous propose en fait la parodie d'une recette de cuisine appliquée à l'élaboration poétique, qui se crée au fur et à mesure que progressent les injonctions comme dans la confection d'un plat.

C. La posture du poète : la satire du *topos*

Comme dans la plupart des arts poétiques antérieurs, la figure du poète se dessine hyperboliquement :
« Et vous voilà un écrivain infiniment original et d'une sensibilité charmante, encore qu'incomprise du vulgaire. »

> **Gagnez des points**
> Soignez votre transition.

Ce texte propose donc bien, avec son registre didactique et la suggestion de la figure du poète, les codes d'un art poétique, en acte puisqu'il applique simultanément les conseils qu'il prône. Mais l'ironie subvertit déjà les objectifs traditionnels du genre et en fait une parodie. On va voir comment elle met en valeur une esthétique fantaisiste et absurde : celle du mouvement Dada.

II. … qui exhibe une esthétique fantaisiste et absurde : celle du mouvement Dada

A. Le rejet des codes habituels et la pratique de la « table rase »

Les pratiquants de la « table rase » rejettent les codes habituels. Ils refusent les contraintes idéologiques et esthétiques, notamment classiques, et témoignent d'un irrespect subversif.

B. L'esthétique du « collage »

Tzara va utiliser l'esthétique du « collage », présente également dans les arts plastiques. Le poète doit manier des ciseaux et non un stylo pour jouer avec la matérialité du mot, de la ligne, du vers. Il joue aussi sur la typographie en exploitant la différence de corps, de police, de couleurs.
L'exercice de style produit un texte incohérent guidé par le hasard. La poésie naît de rapprochements incongrus, de mots sans suite et même de l'intégration des chiffres : « 10 à 12 ». Les règles formelles traditionnelles sont bafouées.

C. Des registres ludiques et subversifs qui démythifient poètes et poésie

De plus, Tzara exploite satire, burlesque, absurde et fantaisie, des registres ludiques et subversifs qui **démythifient** poètes et poésie. Le journal, anti-littéraire d'après les codes habituels, devient l'instrument d'une poésie réinventée.

> **Remarque**
> **Démythifier** signifie dégrader.

Tout le monde peut devenir poète, ce qui s'oppose radicalement à la figure du poète élu, voyant, singulier, marginal, voire maudit, des mouvements romantique et symboliste.

D. Des thèmes chers aux dadaïstes

Enfin on retrouve dans ce montage hasardeux des thèmes chers aux dadaïstes : « tableaux », « yeux », « rêve », « imaginer », « couleurs », et le goût de l'image appréciée aussi des surréalistes qui prendront la suite de Dada.

Conclusion

Ainsi ce poème suggère-t-il une conception tout à fait originale de la poésie et du poète. Tzara se saisit d'une tradition, celle de « l'art poétique », pour la parodier et s'en moquer, mais aussi pour suggérer une esthétique profondément moderne : la poésie naît du hasard, du collage, du rapprochement incongru de mots et d'images. Loin de l'élégie et de l'engagement, elle est fantaisiste, burlesque, absurde. Entreprise iconoclaste et réjouissante, elle est contemporaine des moustaches et du bouc ajoutés à *La Joconde* par Duchamp, qui intitulera son œuvre *L. H. O. O. Q.*

Gagnez des points

L'élargissement n'est pas obligatoire mais bienvenu s'il est pertinent.

DISSERTATION

– Le **traitement du sujet** exige une parfaite connaissance de l'œuvre, sa thématique, ses enjeux. La lecture des *Cahiers de Douai*, doit donc être active et permettre le recueil raisonné de références et de citations.
– **Comprendre le sujet :** il s'inspire directement de la thématique du parcours associé : émancipations créatrices. Bien le saisir implique la définition des termes et leur relation problématique : en quoi l'émancipation – au pluriel –, si elle existe, permet-elle et produit-elle la création poétique ? S'émanciper, certes, mais de quoi ? Codes et valeurs morales, sociales, culturelles, religieuses. Pourquoi et comment ? Dans quel but et pour quel résultat ?
– Le **plan attendu est analytique** et non dialectique. Il doit être détaillé avant d'être rédigé. Les références doivent être précisées et expliquées, parfois assorties de citations lors de la rédaction.

Le corrigé de la dissertation est sous forme de plan détaillé.

I. Un riche héritage assumé et détourné

A. Les influences sur un lecteur précoce, élève modèle et brillant

1. Adolescent féru des langues et cultures antiques, lauréat de concours de vers latins, influencé par les mythes, les auteurs antiques : Virgile, Lucrèce, l'univers païen de la mythologie inspirent « Soleil et chair », « Vénus, Anadyomène ».

2. L'influence de ses prédécesseurs : Villon pour « Le Bal des pendus », Shakespeare pour « Ophélie », Molière pour « Le Châtiment de Tartuffe » ; Hugo et ses *Misérables* pour les poèmes à vocation sociale, les parnassiens pour « Soleil et chair » ; Baudelaire : « le premier voyant, roi des poètes, un vrai Dieu » (*Correspondance*, à Paul Demeny, 15 mai 1871) inspire certains thèmes – prostitution, pendus – la noirceur et la crudité ; Verlaine et ses *Fêtes galantes*.

3. Un « Shakespeare enfant » selon Hugo.

B. Le détournement, la crudité, l'ironie et la parodie → un poète iconoclaste

1. Dans les thèmes, la démythification
– Des grandes figures : celle de Vénus, déesse de la beauté, devenue une prostituée, malade et repoussante. Mot qui clôt « Vénus anadyomène » : « Belle hideusement d'un ulcère à <u>l'anus</u> ».
– De l'amour.

Parodie du romantisme : « Les Réparties de Nina » (opposition du rêveur et de la matérialiste).

2. Dans la forme

– Jeu avec la « vieillerie poétique » (« La vieillerie poétique avait une bonne part dans mon alchimie du verbe », *Une saison en enfer*) : utilisation du vers régulier, l'alexandrin et l'octosyllabe, de la forme fixe du sonnet, mais dissonances et discordances, notamment entre la métrique et la syntaxe avec la multiplication des enjambements.

Non-respect de l'organisation des rimes dans presque tous les sonnets : « Vénus anadyomène », « La Maline » → sonnets « libertins ».

– Un lyrisme mis à distance par l'ironie : « Roman ».

– La crudité du langage, des images ; la trivialité (trois poèmes se terminent par l'évocation des fesses : « Vénus anadyomène » », « les Effarés », « L'éclatante victoire de Sarrebruck »).

→ L'éclatement des conventions poétiques, artistiques, poésie du « laid » grâce à « l'alchimie du Verbe ».

II. Une création poétique engagée, libertaire et libérée

A. La dénonciation, la rébellion

1. Contre la société bourgeoise matérialiste du Second Empire

Cf. Verlaine et son sonnet satirique : « Monsieur Prudhomme », 1865.

– Caricature de la bourgeoisie de Charleville dans « À la musique ».

– Satire contre l'idéologie matérialiste qui détruit l'amour, « Les Réparties de Nina ».

– Tableau pathétique et parfois grinçant de la pauvreté des enfants, « les Effarés », comme Hugo dans ses *Misérables*.

– La révolte et la voix du peuple opprimé, contre l'injustice sociale : « Le Forgeron ».

2. Contre la religion et son hypocrisie : « Le Châtiment de Tartuffe », « Le Mal ».

3. Contre le pouvoir oppressant et la guerre (celle qui oppose la France à la Prusse)

– Comme Hugo dans son *Napoléon le petit*, Napoléon III est attaqué dans « Morts de 92 », « Rages de César », « L'éclatante victoire de Sarrebruck ».

– Évocation dramatique et pathétique de la mort d'un jeune soldat, « Le Dormeur du val ».

4. Contre « Le Mal », devenu allégorie généralisante, pas seulement une charge contre la guerre et la religion.

B. La revendication et la libération

1. « L'homme aux semelles de vent » (Verlaine)

– L'art de la fugue (à de nombreuses reprises entre 15 et 17 ans).

– Le goût et l'éloge du vagabondage « Ma bohème », « Au Cabaret vert ».

2. Un libertaire politique

– Probable participation à la Commune.

– Un engagement radical, « Morts de 92 » ; « Le Forgeron », long poème aux tons contrastés célèbre la révolution.

3. Pour le désir et le plaisir dans un lyrisme renouvelé

– Le rejet de la morale et des valeurs traditionnelles.

– L'éloge de la nature, « Soleil et chair », « Les Réparties de Nina », « Ma bohème », « Sensation », avec une dimension symbolique dans « Ophélie », « Le Dormeur du val ».

– L'éloge de la sensualité : « Première soirée », « Sensation », « Au Cabaret vert », « La Maline », « Rêvé pour l'hiver ».

→ « Le poète se fait voyant par un long, immense et raisonné dérèglement de tous les sens », *Lettre à Paul Demeny*, 15 mai 1871.

Vers une nouvelle poétique qui aboutira au vers libre, au poème en prose, et au silence...

Chapitre 2

La littérature d'idées du XVIe au XVIIIe siècle

Auteurs majeurs
Montaigne, Jean de Léry, Rabelais

FICHE 1 La littérature d'idées au XVIe siècle : l'humanisme

1 L'humanisme, un mouvement européen

1. Naissance de l'humanisme

- **L'humanisme** désigne une **nouvelle conception de l'homme et de l'Univers** qui place **l'homme au centre de ses préoccupations**, en s'inspirant des modèles de l'Antiquité gréco-latine. Ample mouvement intellectuel qui émerge en Italie avec le quattrocento (notre XVe siècle), il se développe jusqu'à la fin du XVIe siècle.

2. Contexte historique

- Pendant les guerres d'Italie (1494-1559), les Français découvrent la Renaissance italienne. Les rois de France veulent que leur pays rayonne également sur le plan artistique. François Ier s'entoure d'artistes, la Renaissance gagne la France.
- **L'invention de l'imprimerie**, en 1448, par Gutenberg, permet une **large diffusion des textes**. Martin Luther critique l'Église : selon lui tout homme devrait pouvoir lire les textes sacrés, sans les prêtres. C'est la **Réforme** et les débuts du protestantisme.

2 Les grands genres

1. L'essai

- Au XVIe siècle, sous l'influence de Montaigne, l'essai prend un sens littéraire.
- **Un essai est un ouvrage à visée argumentative, en prose qui traite d'un sujet, sans viser à l'exhaustivité**. Il ne relève pas de la fiction.

2. Le roman humaniste

- Les romans de **François Rabelais** sont à la fois philosophiques et comiques. Ses personnages géants, Pantagruel et Gargantua, caricaturent les penchants humains. Rabelais critique la violence quand il décrit les guerres picrocholines.
- Sous une apparence légère, faisant appel au bon sens populaire, Rabelais aborde des thèmes essentiels et profonds. Voir p. 120

3. Les récits de voyage

- **Les récits de voyage**, la découverte de l'Amérique bouleversent à la Renaissance le rapport des hommes au monde.
- Jean de Léry est l'un de ces auteurs qui font connaître le reste du monde aux hommes du XVIe siècle, à travers son *Histoire d'un voyage fait en la terre du Brésil* (1578). Le regard qu'il porte sur les indigènes est assez ambigu. D'une part, il les présente comme des gens forts et beaux. D'autre part, il critique leur brutalité, leur aspect primitif. Il compare leur comportement à celui des Européens.

POUR ALLER PLUS LOIN

LES CITATIONS

> L'homme

« Rire est le propre de l'homme. »

Rabelais, *Gargantua*, 1534

« Chaque homme porte la forme entière de l'humaine condition. »

Montaigne, *Les Essais*, 1580-1595

UN AUTEUR MAJEUR

> Montaigne

- **Les *Essais* de Michel de Montaigne** (1533-1592) constituent un ouvrage unique en son genre et présentent un aspect autobiographique. Les *Essais* proposent au lecteur plusieurs états de la pensée de l'écrivain sur des sujets divers, classés par chapitres.
- Montaigne, très érudit, se nourrit des auteurs qui l'ont précédé (avec une préférence pour ceux de l'Antiquité) et confronte ses idées, ses opinions aux leurs. En quelque sorte, **il essaie sa pensée en la frottant à celle des autres et invite le lecteur à faire de même avec la sienne**. Il aborde des sujets universels et existentiels (relation de l'homme à la mort) et des questions liées à l'actualité de son époque (conquête du Nouveau Monde).

LES GRANDES DÉCOUVERTES

> Les découvertes de Copernic

En matière d'astronomie, elles constituent une véritable révolution : jusqu'alors, on pensait que la Terre était le centre du monde, et Copernic, dès 1510, affirme au contraire que le Soleil est un point fixe autour duquel la Terre tourne. Ce changement de toute la représentation du monde affecte la science dans son ensemble, mais aussi la représentation mentale que l'homme se faisait de l'univers et de la place qu'il y tenait.

APPRENDRE AUTREMENT

Découvrir la tour Montaigne

Vidéo

Vocabulaire

Réforme : mouvement religieux du XVIe siècle, qui a donné naissance au protestantisme (Calvin, Luther).

Auteurs majeurs
La Fontaine, Boileau, Diderot, Voltaire

FICHE 2

La littérature d'idées aux XVIIe et XVIIIe siècles

1 La fable

1. Le genre

- **La fable** est un petit texte en vers composé d'un récit et d'une morale. La morale peut être exprimée au début (prologue) ou à la fin (épilogue). Les recueils de fables de l'Antiquité, comme ceux d'Ésope et de Phèdre, ont inspiré directement les auteurs français.
- Le mot fable vient du latin « *fabula* », qui signifie « récit, propos ».

2. La Fontaine

- Au XVIIe siècle, La Fontaine adapte ce genre au goût de son époque. Il définit la fable comme une « ample comédie à cent actes divers ». Pour distraire le lecteur, le récit (« le corps » de la fable) se doit d'être plaisant. Mais c'est la morale (« l'âme ») qui lui donne son sens. Les *Fables* sont aussi marquées par le **contexte** politique : il dénonce le pouvoir tyrannique du roi à travers le lion, projection de Louis XIV.

2 La satire au XVIIe siècle

- **Le ton satirique** qualifie le ton moqueur, ironique utilisé dans de nombreuses œuvres de l'époque (dont les fables) pour se moquer des travers humains. C'était également un genre prisé de l'Antiquité, typique de la littérature latine, comme les *Satires* de Lucilius.
- Le mot **satire** vient du latin « *satura* » qui signifie « pot-pourri ».
- Au XVIIe siècle, les auteurs utilisent beaucoup la satire, comme Molière dans ses comédies (quand il se moque des médecins, des faux dévots ou des Précieuses). Voir p. 132
- Dans les *Caractères,* La Bruyère accumule les observations acerbes sur ses contemporains, et plus particulièrement sur la vie à la cour du roi. Voir p. 124
- Le XVIIe siècle est un siècle de moralistes : on note aussi d'autres genres argumentatifs comme les *Maximes* de La Rochefoucauld (1665) ou des romans **didactiques** comme *Les Aventures de Télémaque* de Fénelon (1699), qui n'excluent pas la satire.

3 Les contes philosophiques, essais et romans au XVIIIe siècle

- Les **genres argumentatifs**, au XVIIIe siècle, connaissent leur âge d'or à travers le courant littéraire des **Lumières**. Certains romans ont un contenu argumentatif ; c'est le cas de *Jacques le fataliste* de Diderot (1784) ou des *Lettres persanes* de Montesquieu (1721).
- L'*Encyclopédie* est un ouvrage collectif ambitieux essentiel mené par les philosophes des Lumières, dont les articles développent des points de vue **subjectifs**, éloignés de la neutralité d'un ouvrage documentaire.

POUR ALLER PLUS LOIN

LES CITATIONS

> Plaire et instruire

« Je me sers d'animaux pour instruire les hommes. »

La Fontaine, *Épître au Dauphin*.

LES GENRES EMPLOYÉS

	ESSAI	CONTE PHILOSOPHIQUE
Définition	Toute œuvre en prose, à **visée** argumentative, ne relevant pas de la fiction. Les sujets abordés sont de toute nature. Ce genre admet une grande souplesse dans sa forme.	C'est un récit invraisemblable et merveilleux qui intègre une quête de la vérité par l'exercice de la raison. Le conte philosophique apparaît au XVIIIe siècle avec le mouvement des Lumières. Comme son nom l'indique, il emprunte au conte et à la philosophie.
Les maîtres du genre	Au XVIe siècle, Montaigne est l'inventeur du mot « essai » pour désigner son œuvre littéraire.	Voltaire est un virtuose dans l'écriture de contes philosophiques.
Exemples	*De l'Esprit des lois*, Montesquieu (1748) ; *Dictionnaire philosophique*, Voltaire (1764).	*Candide* (1759), *Zadig* (1747), *Micromégas* (1752), Voltaire.
Composition	– **L'essai analytique,** proche du constat, donne au lecteur des éléments pour mieux comprendre. – **Le traité** aborde de façon rigoureuse et systématique un sujet unique et délimité. – **Le pamphlet, polémique,** provocateur, exprime une indignation devant un fait…	– **Éléments empruntés au conte** : sa structure en forme de quête, des personnages symboliques, des lieux imaginaires, des événements merveilleux, le voyage initiatique… – **L'approche philosophique** : il aborde des sujets de prédilection tels que le pouvoir, les institutions, le relativisme, la violence et l'injustice, le bonheur…

APPRENDRE AUTREMENT

Découvrir la vie de La Fontaine

Vidéo

Vocabulaire

- **Satire :** critique qui utilise le ridicule et la moquerie pour dénoncer.
- **Didactique :** qui apporte un enseignement.
- **Subjectif** : influencé par les sentiments, les jugements personnels.

FICHE 3

L'art du discours : un héritage de l'Antiquité

1 Les origines de la rhétorique

- **La rhétorique** est la technique qui consiste à bien parler. Ce terme renvoie à l'art de l'orateur intervenant dans la cité (sur l'agora en Grèce, sur le forum ou à la curie à Rome). À l'origine, la rhétorique est donc liée à la **vie publique** dans l'Antiquité.
- **Les œuvres fondatrices de la rhétorique**, au IVe s. av. J.-C., sont le *Gorgias* et *Phèdre* de Platon dans lesquels le philosophe analyse les objets, les instruments et les buts de la rhétorique. À la même époque, Aristote écrit *La Rhétorique*, à l'usage des étudiants.

2 Les différents genres de l'éloquence

- Traditionnellement, la rhétorique classait les discours en trois types selon leur visée.

– **Le discours judiciaire** a pour but d'accuser ou de défendre. Les lettres de reproches, d'excuses ou d'invectives, les plaidoyers (visant à défendre) ou les réquisitoires (visant à accuser) peuvent y être assimilés. Voltaire, lorsqu'il a défendu Jean Calas, publia plusieurs textes afin de convaincre la population de son innocence.
– **Le discours délibératif** conseille ou déconseille. Il examine les choix à faire. Il est aussi qualifié de « discours politique » et s'adresse au peuple en général. Les remontrances, les sermons, les **exhortations** peuvent être assimilés à ce type de discours. Ainsi, dans le *Supplément au voyage de Bougainville* (1796), Diderot fait parler un vieux Tahitien qui reproche à ses compatriotes leur attitude face aux Européens.
– **Le discours épidictique** loue ou blâme. Son sujet est souvent une personne, dont on fait l'éloge ou la critique. Son but est de mettre en valeur le bien ou le mal. Les **panégyriques**, les **oraisons funèbres**, les **épitaphes** appartiennent à ce type de discours. Bossuet a par exemple écrit de nombreuses oraisons funèbres de personnages illustres de son époque.

3 Convaincre et persuader

- Un **discours argumentatif** vise à gagner l'adhésion de ceux auxquels il s'adresse, ses destinataires, par des stratégies diverses. On distingue l'art de convaincre et l'art de persuader.
- L'art de **convaincre** fait appel à la capacité de **réflexion** et de **raisonnement** du destinataire.

– Le propos est organisé avec une thèse, des arguments et des exemples.
– Le locuteur doit prendre en compte les idées de l'adversaire.

- L'art de **persuader** consiste à faire appel aux **sentiments** et aux **émotions** du destinataire.

– Le discours doit susciter l'émotion en utilisant différents registres, en relatant des scènes touchantes et en jouant sur les effets de style.
– Le locuteur fait en sorte que le destinataire se sente concerné par le discours et veille à le valoriser.

POUR ALLER PLUS LOIN

LES ÉTAPES D'UN DISCOURS

Les cinq étapes de la rhétorique (termes latins)	OBJECTIFS
Inventio	La recherche des idées, des arguments : c'est une sorte de « brouillon » encore désordonné. On commence par chercher la matière du discours.
Dispositio	L'organisation des éléments dans l'ordre le plus efficace, comprenant quatre parties. – **L'exorde** : destiné à capter l'attention. C'est le début du discours, il doit intéresser les auditeurs et présenter clairement le sujet. – **La narration** : l'exposé des faits concernant le sujet à traiter, le pour et le contre. La narration nécessite la clarté, la brièveté et la crédibilité. – **La récapitulation** : reprend les éléments principaux. – **La péroraison** : fait appel à l'émotion et prend un caractère **pathétique**. C'est le couronnement du discours : elle doit frapper les esprits.
Elocutio	Le choix des formes les plus appropriées parmi les procédés, le travail du style. C'est un travail de rédaction pointu, utilisant les figures efficaces pour la persuasion : l'amplification, l'emphase, le travail du rythme...
Memoria	Les moyens pour favoriser la mémorisation du discours. Il doit être prononcé par cœur et donner le sentiment de l'improvisation. Quintilien affirmait qu'un homme dépourvu de mémoire devait abandonner l'idée de faire de la politique.
Prononciatio/ Actio	L'usage le plus efficace de la voix, des gestes, du corps. Le discours est une véritable performance de comédien : il faut assurer un spectacle. De cette « *actio* » peut dépendre la réussite du discours, qui doit toucher le public.

APPRENDRE AUTREMENT

Découvrir l'histoire de la rhétorique

Vidéo

Vocabulaire

- **Exhortation :** discours par lequel on pousse quelqu'un à (entreprendre) quelque chose.
- **Panégyrique :** discours d'apparat louant de son vivant un personnage illustre.
- **Oraison funèbre :** discours louant les mérites d'un défunt illustre.
- **Épitaphe :** poème élogieux, élégiaque ou satirique, destiné en principe à servir d'inscription funéraire à la mémoire de quelqu'un.

FICHE 4 La littérature et les débats du siècle

Auteurs majeurs
La Bruyère, La Fontaine, La Rochefoucauld

1 Les polémiques intellectuelles du XVIIe siècle

• **La querelle des Anciens et des Modernes** oppose les tenants de la **tradition** et les partisans de la **modernité**. Elle éclate en 1687, à l'Académie française, à la suite de la lecture du poème de Perrault, « Le siècle de Louis le Grand ». Le conteur fait l'éloge du XVIIe siècle, qui peut rivaliser avec l'Antiquité. Il remet en cause l'admiration accordée aux auteurs anciens : il préfère une littérature qui soit l'expression de son temps. Les divergences persistent entre les deux clans et une seconde querelle suivra dans les années 1713-1718, mais les Modernes imposent progressivement leurs vues.

• **Les débats religieux** sont très vifs au XVIIe siècle, marqués par l'opposition entre les Jésuites et les Jansénistes, deux **congrégations** religieuses catholiques aux doctrines opposées. Blaise Pascal prend parti pour les Jansénistes, autour de l'abbé Arnauld réfugié à Port-Royal-des-Champs, dans *Les Provinciales* (1657), un recueil de lettres, parfois satiriques, critiquant les Jésuites.

Pour les Jésuites, Dieu a accordé à tous sa grâce donc c'est à l'homme de construire lui-même son destin, qui dépend de ses actions.
Pour les Jansénistes, Dieu n'accorde sa grâce qu'à ceux dont il sait par avance qu'ils la mériteront.

2 La critique de la société par les écrivains classiques

• Les comédies sont pour Molière l'occasion de mettre en cause l'**actualité** de son époque. Les Jésuites se sont sentis attaqués à travers le personnage de **faux-dévot** que met en scène *Tartuffe* (1664), pièce interdite sous la pression des dévots de l'époque. Mais Molière a eu d'autres cibles comme les Précieuses (*Les Précieuses ridicules*, 1659), les **libertins** (*Don Juan*, 1665), les médecins (*Le Médecin malgré lui*, 1666 ; *Le Malade imaginaire*, 1673)...

• Plusieurs écrivains osent, à mots plus ou moins couverts, s'attaquer au **mode de vie de la cour** à Versailles : La Bruyère dans *Les Caractères*, La Fontaine dans ses *Fables*, La Rochefoucauld dans ses *Maximes* ou le cardinal de Retz dans ses *Mémoires*. Le XVIIe siècle est bien un siècle de moralistes.

• Au XVIIe siècle, les **traités de civilité** étaient nombreux. Ils énonçaient les règles de bonne conduite en société. Mais finalement, l'idéal qu'ils prônent, celui de l'honnête homme, devient l'incarnation du malhonnête, car pour le devenir, il faut **dissimuler et mentir**. La cour devient le lieu où on doit se faire voir. L'honnête homme est alors celui qui se fait remarquer par sa maîtrise des codes sociaux et ainsi par le travestissement de son être. Cette attitude est critiquée par les moralistes.

POUR ALLER PLUS LOIN

> Les valeurs des Lumières au XVIIIe siècle

La liberté	Les formes du pouvoir politique	Diderot, article « Autorité politique », *Encyclopédie*
	La liberté d'expression	Voltaire, *De l'Horrible Danger de la lecture*
L'égalité	La critique de l'esclavage	Voltaire, *Candide* : l'esclave de Surinam
	La critique des privilèges	Rousseau, *Discours sur l'origine des inégalités*
La tolérance	Réflexion sur les religions	Voltaire, *Traité sur la tolérance*
	Le respect des cultures différentes	Montesquieu, *Lettres persanes*

> Les engagements de Voltaire

	LIEU	DATE	MOTIFS	ENGAGEMENT
L'affaire Calas	Toulouse	1762	Le protestant Jean Calas, meurtrier présumé de son fils, est condamné à mort, torturé et exécuté.	Voltaire se charge d'une enquête posthume et démontre son innocence.
L'affaire du Chevalier de La Barre	Abbeville	1765	Le jeune chevalier de La Barre a refusé d'enlever son chapeau et de s'agenouiller au passage d'une procession religieuse : il est torturé puis exécuté.	Voltaire œuvre sans succès à sa réhabilitation posthume.
L'affaire Sirven	Castres	1765	Une des filles des protestants Sirven disparaît. Elle est détenue dans un couvent. Elle réussit à en sortir, mais elle est retrouvée morte. On accuse ses parents d'avoir voulu l'empêcher de se convertir au catholicisme. Condamnés à mort, ceux-ci s'enfuient.	Voltaire démontre l'innocence des parents Sirven en 1771.

APPRENDRE AUTREMENT

Découvrir l'histoire de l'affaire Calas

Vidéo

Vocabulaire

- **Congrégation :** association de religieux ou de religieuses, liés par les vœux simples ou par une promesse d'obéissance.
- **Faux-dévot :** quelqu'un qui fait semblant d'être dévoué aux pratiques religieuses.

Révision Express

> La littérature d'idées

CARTE MENTALE

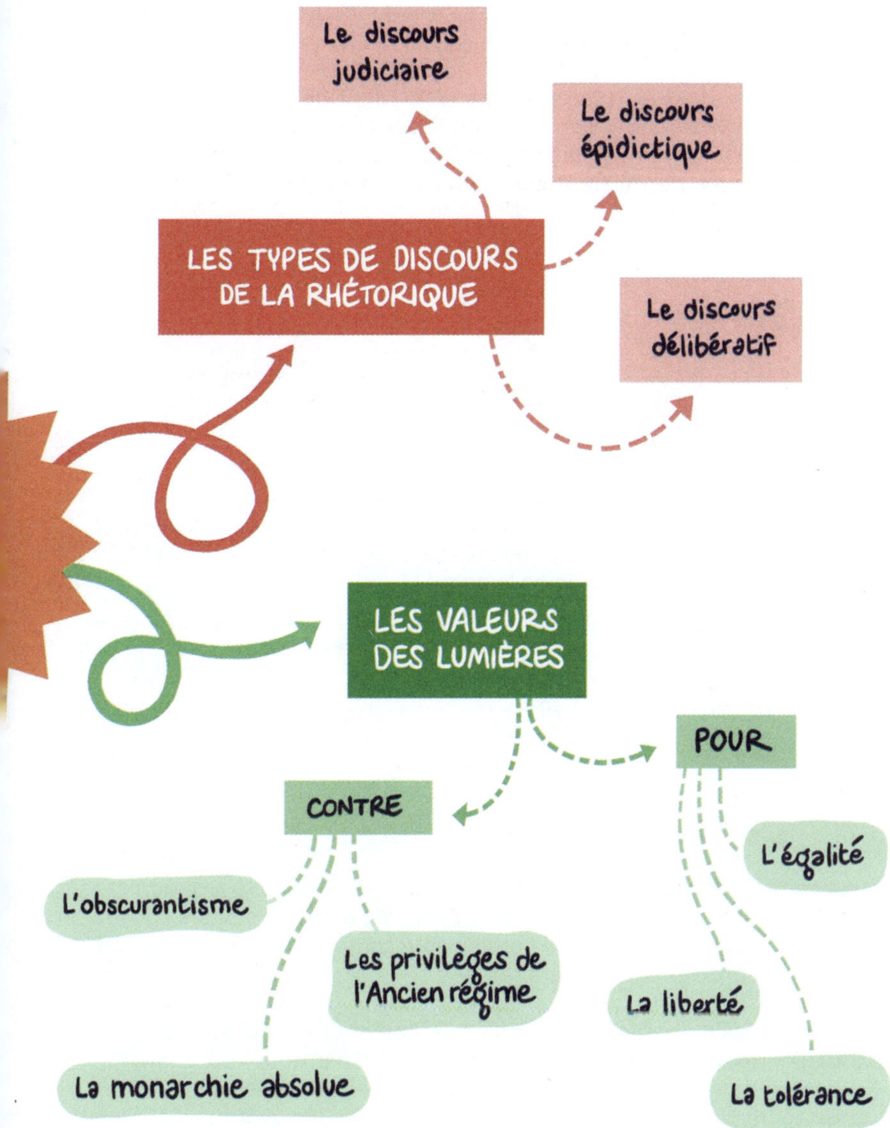

1 Analyser les composantes d'une fable

LES RÉFLEXES À AVOIR

- La fable, comme le conte philosophique, fait partie des « **apologues** », qui sont des récits à **visée** philosophique ou morale. Il faut donc toujours étudier à la fois l'« âme » du texte (sa leçon) et le « corps » (le récit).

- Le but d'une fable est double : plaire et instruire. Identifiez toujours ces deux objectifs. Comment l'auteur rend-il son récit séduisant aux yeux du lecteur ? Dans quelle mesure s'agit-il d'une aventure **didactique** ? Ces deux questions, dans le cadre d'un commentaire de texte, permettent bien souvent de trouver un plan efficace.

Voir p. 58

LES PIÈGES À ÉVITER

- La morale n'est pas toujours située à la fin de la fable (l'épilogue) : elle se trouve parfois au début, en manière de prologue, ou peut ne pas être exprimée explicitement. Dans ce cas, il faut la déduire du récit. Voir p. 161
- On a tendance à considérer les *Fables* de La Fontaine comme de la littérature enfantine, à cause de la présence d'animaux personnifiés, ou du fait qu'on en a appris à l'école primaire. Oubliez cet a priori : La Fontaine utilise beaucoup le sous-entendu, les références culturelles à l'Antiquité, et c'est un poète à part entière. Ses textes sont plus complexes qu'on ne le pense.
- Il faut veiller à ne pas confondre argumentation directe et argumentation indirecte. L'argumentation est directe lorsque son auteur présente ses idées (sa thèse, ses arguments) sans recourir à un récit de fiction. L'argumentation est indirecte lorsque des idées, un enseignement sont présentés sous la forme d'une fiction.

LES ASTUCES DU PROF

- Si vous devez commenter une fable de La Fontaine, intéressez-vous à ses sources : le plus souvent, il tire les sujets de ses textes d'Ésope ou de Phèdre. Vous pouvez comparer le texte antique et celui de La Fontaine pour comprendre quelles libertés celui-ci a pris, quels sont ses choix littéraires.

- Intéressez-vous aux illustrations des *Fables* de La Fontaine, notamment par Oudry, Grandville, Gustave Doré (un illustre graveur romantique) ou Benjamin Rabier (l'inventeur de la bande dessinée). Souvent, ces illustrateurs célèbres éclairent le texte de façon intéressante, et vous pouvez les évoquer dans un commentaire.

EXEMPLE

> Analyse d'une fable

Le chien qui lâche sa proie pour l'ombre

Chacun se trompe ici-bas :
On voit courir après l'ombre
Tant de fous qu'on n'en sait pas
La plupart du temps le nombre.

Au chien dont parle Ésope il faut les renvoyer.
Ce chien, voyant sa proie en l'eau représentée,
La quitta pour l'image, et pensa se noyer.
La rivière devint tout d'un coup agitée ;
À toute peine il regagna les bords,
Et n'eut ni l'ombre ni le corps.

La Fontaine, *Fables*, IV, 17, 1668-1693

ÉTAPE 1 J'identifie les caractéristiques de « l'âme » de la fable (la leçon)

- Le présent de vérité générale renvoie à une leçon de morale, dans la première strophe : il s'agit d'un prologue, car La Fontaine a choisi de présenter l'idée principale (les faux-semblants) avant de l'illustrer par une histoire empruntée à Ésope.
- Des pronoms indéfinis ou impersonnels sont sujets de la plupart des verbes. La leçon s'applique à tous, contrairement au récit qui illustre cette généralité.

On remarque l'équilibre de cette fable entre l'âme et le corps, puisque 5 vers sont dédiés à chacun.

ÉTAPE 2 J'identifie les caractéristiques du « corps » de la fable (le récit)

- Le passé simple est le temps utilisé dans le récit : il renvoie à une succession d'actions rapides qui mettent en valeur l'aventure.
- Les acteurs de la fable sont des éléments stylisés : un chien, sa proie, la rivière… La Fontaine rend efficace son histoire en évitant les détails pittoresques. L'animal a l'avantage de styliser les comportements humains.

La structure du récit est très simple, entre la situation initiale (v. 6), l'événement perturbateur (v. 7), les péripéties (v. 7-8), la résolution (v. 9), et la situation finale (v. 10). On ne peut faire plus bref.

APPRENDRE AUTREMENT

Visionner l'analyse d'une fable de La Fontaine

Vidéo

2 Identifier les caractéristiques d'un essai

LES RÉFLEXES À AVOIR

- Sachez différencier le **thème** et la **thèse**. Le thème est le sujet général abordé par l'auteur. La thèse est l'opinion soutenue par l'auteur.
- Sachez repérer les **indices d'énonciation**. L'essai exprime un **avis subjectif**, souvent rédigé à la **première personne**. Celui qui donne son opinion cherche à convaincre. Quels pronoms personnels renvoient à la première personne ? Quels sont les verbes d'opinion et de sentiments ? Quels signes de ponctuation traduisent l'émotion de l'auteur ?
- **Le présent de vérité générale** (ou présent « gnomique ») est le temps le plus fréquemment utilisé dans les essais. Cet indice simple permet de différencier un essai des textes narratifs. Vous y trouverez aussi plus de termes abstraits.
- Étudiez la composition de l'essai. Celle-ci étant très libre, elle peut adopter la forme d'une **conversation**, ou suivre les mouvements imprévisibles de la pensée. Cette **souplesse** du genre se prête à l'exposé d'une expérience et d'une pensée personnelle.
- Déterminez si l'auteur chez à **persuader** ou à **convaincre** car l'essai a pour intention d'**établir une vérité**.

LES PIÈGES À ÉVITER

- Ne confondez pas les différents types d'essais, car c'est un genre littéraire qui englobe des textes très variés. Les **essais analytiques**, proches du constat, permettent de mieux comprendre un phénomène. Les **essais démonstratifs** abordent de façon systématique un sujet unique et délimité : il s'agit alors de « traités ». Enfin, les **essais polémiques**, volontiers provocateurs et critiques, sont appelés « **pamphlets** ».
- Tous les essais ne ressemblent pas à ceux de Montaigne... L'essai aborde des **questions à valeur générale**, dites universelles. Mais il peut aussi offrir une réflexion sur l'**actualité**. Les ouvrages spécialisés dans les **sciences humaines**, comme l'histoire, l'économie ou l'ethnologie, sont aussi appelés essais.

LES ASTUCES DU PROF

- Comparez les textes que vous devez identifier à ceux que vous connaissez. Cela vous aidera à reconnaître leurs caractéristiques. Faire référence à ses lectures est interprété comme un signe de bonne culture générale.
- Avant le bac, faites une liste des œuvres que vous connaissez, en les classant par genres : essais, fables, contes philosophiques, romans, poèmes...

Méthode

EXEMPLE

> Analyser un extrait des *Essais* de Montaigne

Au demeurant, ce que nous appelons ordinairement amis et amitiés, ce ne sont qu'accointances[1] et familiarités nouées par quelque occasion ou commodité[2], par le moyen de laquelle nos âmes s'entretiennent[3] . En l'amitié de quoi je parle, elles se mêlent et confondent l'une en l'autre d'un mélange si universel qu'elles effacent et ne retrouvent plus la couture qui les a jointes. Si on me presse de dire pourquoi je l'aimais, je sens que cela ne se peut exprimer qu'en répondant : « Parce que c'était lui ; parce que c'était moi. »

Montaigne, *Essais*, 1580-1595

1. Relations.
2. Avantage, profit.
3. Se maintiennent ensemble.

- Le vocabulaire abstrait permet d'identifier le thème du texte, l'amitié. Les pluriels à portée générale désignent les amitiés ordinaires et s'opposent à l'amitié au singulier qu'il a partagée avec Étienne de La Boétie.

- Les indices d'énonciation de la première personne révèlent la part subjective de ce texte. La première personne du pluriel englobe le lecteur, dont Montaigne tient à rester proche. Puis la première personne du singulier montre la part autobiographique de l'essai, passant de considérations générales à des confidences intimes.

- L'opposition entre tournures péjoratives et tournures mélioratives (« ne… que… », réducteur, s'opposant à « si… que… », intensif) instaure une logique antithétique dans le texte : Montaigne valorise d'autant plus son amitié pour La Boétie qu'il dévalue les amitiés ordinaires.

- Les métaphores permettent d'employer un langage imagé et didactique, plus frappant pour le lecteur que le simple vocabulaire abstrait. Le vocabulaire de la couture appartient au quotidien, chacun peut saisir l'image.

- Le parallélisme de construction donne une formule percutante, d'autant plus forte qu'elle est minimaliste, et chacun la retiendra comme une magnifique définition de l'amitié.

APPRENDRE AUTREMENT

Étudier un extrait des *Essais* de Montaigne

Vidéo

Fiche test *Ce que je sais*

QCM

15 min

☐ À revoir
☐ Acquis

1 Cochez la bonne réponse.

1 D'où vient l'inspiration de La Fontaine pour écrire ses fables ?

☐ a. Il a toujours inventé lui-même les intrigues de toutes les fables.

☐ b. Il s'est surtout inspiré des auteurs antiques comme Phèdre et Ésope.

☐ c. Il a fait écrire ses fables par Molière, qui en est le véritable auteur.

FICHE 2

2 Que désigne la thèse d'un texte ?

☐ a. C'est son thème.

☐ b. C'est son introduction.

☐ c. C'est l'opinion soutenue par l'auteur.

FICHE 3

3 Qu'est-ce qu'un essai ?

☐ a Un texte narratif.

☐ b. Un texte descriptif.

☐ c. Un texte argumentatif.

FICHE 1

4 Que vise le discours délibératif ?

☐ a. Il fait un éloge ou un blâme.

☐ b. Il conseille ou déconseille.

☐ c. Il critique la religion.

FICHE 3

5 Qu'est-ce qu'un texte satirique ?

☐ a. C'est un texte dans lequel le personnage principal est un satyre.

☐ b. C'est un texte triste et populaire à la fois.

☐ c. C'est un texte moqueur.

FICHE 2

6 Qu'est-ce qu'un conte philosophique ?

☐ a. Un récit en vers se terminant par une morale.

☐ b. Un récit invraisemblable développant une réflexion philosophique.

☐ c. Une œuvre en prose ne relevant pas de la fiction.

FICHE 2

7 Qui a écrit l'œuvre *Les Essais* ?

☐ a. Montaigne.

☐ b. Voltaire.

☐ c. Rabelais.

FICHE 1

8 À quel siècle appartient Voltaire ?

☐ a. XVIe siècle. ☐ b. XVIIe siècle.

☐ c. XVIIIe siècle.

FICHE 2

9 Quel est le but d'un discours épidictique ?

☐ a. Donner des conseils.

☐ b. Accuser ou défendre.

☐ c. Louer ou blâmer.

FICHE 3

10 Qu'est-ce que la péroraison ?

☐ a. La fin du discours qui doit frapper les esprits.

☐ b. L'introduction qui doit attirer l'attention.

☐ c. Le développement du discours.

FICHE 3

11 Comment appelle-t-on un petit texte en vers composé d'un récit et d'une morale ?

☐ a. Un conte philosophique.

☐ b. Une fable.

☐ c. Un essai.

FICHE 2

12 À quelle époque a eu lieu la querelle des Anciens et des Modernes ?

☐ a. XVIe siècle. ☐ b. XVIIe siècle.

☐ c. XVIIIe siècle.

FICHE 4

13 Quelle est la caractéristique des héros des romans de Rabelais ?

☐ a. Ce sont des géants.

☐ b. Ils sont très petits.

☐ c. Ce sont des extraterrestres.

FICHE 1

14 Au XVIe siècle, quelle invention a permis la diffusion des textes ?

☐ a. L'imprimerie.

☐ b. La lunette astronomique.

☐ c. La bougie moulée.

FICHE 1

15 À quelle époque appartient Platon ?

☐ a. L'Antiquité.

☐ b. Le XVIe siècle.

☐ c. Le XVIIIe siècle.

FICHE 3

SCORE : ___ / 15

EXERCICES D'ENTRAÎNEMENT

2 Relevez dans un tableau les indices ironiques d'une part, les indices pathétiques d'autre part, dans cet extrait de *Candide* de Voltaire.

Texte Voltaire, *Candide* (1759).

En approchant de la ville, ils rencontrèrent un nègre étendu par terre, n'ayant plus que la moitié de son habit, c'est-à-dire d'un caleçon de toile bleue ; il manquait à ce pauvre homme la jambe gauche et la main droite. « Eh, mon Dieu ! lui dit Candide en hollandais, que fais-tu là, mon ami, dans l'état horrible où je te vois ? – J'attends mon maître, M. Vanderdendur, le fameux négociant, répondit le nègre. – Est-ce M. Vanderdendur, dit Candide, qui t'a traité ainsi ? – Oui, monsieur, dit le nègre, c'est l'usage. On nous donne un caleçon de toile pour tout vêtement deux fois l'année. Quand nous travaillons aux sucreries, et que la meule nous attrape le doigt, on nous coupe la main ; quand nous voulons nous enfuir, on nous coupe la jambe : je me suis trouvé dans les deux cas. C'est à ce prix que vous mangez du sucre en Europe. Cependant, lorsque ma mère me vendit dix écus patagons sur la côte de Guinée, elle me disait : "Mon cher enfant, bénis nos fétiches, adore-les toujours, ils te feront vivre heureux, tu as l'honneur d'être esclave de nos seigneurs les blancs, et tu fais par là la fortune de ton père et de ta mère". Hélas ! je ne sais pas si j'ai fait leur fortune, mais ils n'ont pas fait la mienne. Les chiens, les singes et les perroquets sont mille fois moins malheureux que nous. Les fétiches hollandais qui m'ont converti me disent tous les dimanches que nous sommes tous enfants d'Adam, blancs et noirs. Je ne suis pas généalogiste ; mais si ces prêcheurs disent vrai, nous sommes tous cousins issus de germains. Or vous m'avouerez qu'on ne peut pas en user avec ses parents d'une manière plus horrible. »

VERS LE BAC

COMMENTAIRE

- **Vous commenterez la fable de La Fontaine, « Le Cheval s'étant voulu venger du Cerf ».**

Texte Jean de La Fontaine, *Fables* (1668-1693), IV, 13.

Le Cheval s'étant voulu venger du Cerf

De tout temps les Chevaux ne sont nés pour les hommes.
Lorsque le genre humain de gland se contentait,
Âne, Cheval, et Mule, aux forêts habitait ;
Et l'on ne voyait point, comme au siècle où nous sommes,
Tant de selles et tant de bâts,
Tant de harnais pour les combats,
Tant de chaises, tant de carrosses,

Comme aussi ne voyait-on pas
Tant de festins et tant de noces.
Or un Cheval eut alors différend
Avec un Cerf plein de vitesse,
Et ne pouvant l'attraper en courant,
Il eut recours à l'Homme, implora son adresse.
L'Homme lui mit un frein, lui sauta sur le dos,
Ne lui donna point de repos
Que le Cerf ne fût pris, et n'y laissât la vie ;
Et cela fait, le Cheval remercie
L'Homme son bienfaiteur, disant : Je suis à vous ;
Adieu. Je m'en retourne en mon séjour sauvage.
– Non pas cela, dit l'Homme ; il fait meilleur chez nous :
Je vois trop quel est votre usage.
Demeurez donc ; vous serez bien traité.
Et jusqu'au ventre en la litière.
Hélas ! que sert la bonne chère
Quand on n'a pas la liberté ?
Le Cheval s'aperçut qu'il avait fait folie ;
Mais il n'était plus temps : déjà son écurie
Était prête et toute bâtie.
Il y mourut en traînant son lien.
Sage s'il eût remis une légère offense.
Quel que soit le plaisir que cause la vengeance,
C'est l'acheter trop cher, que l'acheter d'un bien
Sans qui les autres ne sont rien.

DISSERTATION

Parcours La comédie sociale

« Il ne cherche ni à étonner ni à plaire ; mais à exprimer raisonnablement ce dont il est sûr » (André Gide). Ce jugement vous semble-t-il convenir aux *Caractères* de La Bruyère ?

Vous répondrez à cette question dans un développement organisé. Votre réflexion prendra appui sur l'œuvre de La Bruyère au programme, sur le travail mené dans le cadre du parcours associé et sur votre culture littéraire.

Corrigés

Fiche test — Ce que je sais

1 **1. b.** La Fontaine s'est inspiré des auteurs antiques.

2. c. Ne confondez pas thèse et thème.

3. c. Un essai n'est pas une fiction.

4. b. Ce discours examine le choix opportun à faire.

5. c. Un satyre est un personnage mythologique hybride, entre le bouc et l'homme, à ne pas confondre avec une satire.

6. b. Un conte philosophique reprend les caractéristiques propres aux contes de fée mais y ajoute une réflexion philosophique.

7. a. Montaigne y a consacré sa vie.

8. c. Voltaire est un philosophe des Lumières.

9. c. À ne pas confondre avec les discours délibératif et judiciaire.

10. a. Partie essentielle d'un discours afin d'obtenir l'adhésion de l'auditoire.

11. b. Les deux éléments principaux de la fable sont : un récit et une morale.

12. b. Elle oppose l'idéal antique à la volonté de renouveau des auteurs dits « Modernes ».

13. a. C'est la démesure des personnages qui suscite le rire du lecteur.

14. a. Les textes sont alors imprimés en plusieurs exemplaires et peuvent ainsi être diffusés au plus grand nombre.

15. a. Il est l'un des fondateurs de la rhétorique dans l'Antiquité grecque.

Exercices d'entraînement

2

Registre ironique	Registre pathétique
Le nom du commerçant : « Vanderdendur » (dent dure)	Les marques de pitié montrées par Candide
Les effets de décalage : l'importance donnée aux vêtements par rapport à ses membres, la priorité semblant être donnée au caleçon…	Certains adjectifs et les interjections : « *Eh, mon Dieu !* », « *horrible* » (x2).
« *Fameux* » est un adjectif ironique, car ce commerçant est surtout cruel…	L'énormité des mutilations, leur caractère systématique et cruel (parallélisme de construction : « quand nous… »/« on nous coupe… »)
Le ton administratif pour parler de la mutilation (« *je me suis trouvé dans les deux cas* ») alors qu'il s'agit d'une chose horrible.	La comparaison animalière : « *Les chiens, les singes et les perroquets sont mille fois moins malheureux que nous.* »

VERS LE BAC

COMMENTAIRE

Le corrigé du commentaire est partiellement rédigé. Pour faciliter votre lecture, nous avons gardé les titres des différentes étapes du développement. Dans votre copie, vous ne devrez pas les conserver.

Introduction

« Le Cheval s'étant voulu venger du Cerf » est une fable animalière écrite par la Fontaine dans le livre VI de son recueil. Le poète du XVIIe siècle s'est inspiré d'un thème antique cité par Aristote et repris par Phèdre. Un cheval renonce à sa liberté sauvage pour le plaisir de se venger d'un cerf, acceptant la domination de l'homme qui le soumet à tout jamais, en échange du service rendu pour la capture du cerf. Conformément à l'esprit des fables, nous pourrons nous demander comment celle-ci vise à la fois à plaire et à instruire. D'une part, nous envisagerons ses aspects plaisants. D'autre part, nous étudierons son contenu **didactique**.

L'astuce du prof

La problématique d'une fable est bien souvent toute trouvée, puisqu'elles visent toutes à plaire et instruire à la fois !

I. Un récit vivant

A. Le contexte de la fable

Une époque mythique renvoie à des temps immémoriaux : les animaux parlent, ne sont pas domestiqués. Les hommes mangent des glands, par opposition à l'époque actuelle (v. 4 : « *au siècle où nous sommes* »).

B. Simplicité des personnages

Cheval et cerf sont personnifiés : ils ont une majuscule (comme pour un nom propre). Leurs caractéristiques essentielles sont exploitées par le fabuliste : ils courent vite, ils peuvent être en concurrence car ils se ressemblent (La Fontaine a préféré le cerf au sanglier, qui était à l'origine dans la fable de Phèdre, l'auteur latin dont il s'est inspiré). Le cheval a été domestiqué par l'homme. L'homme reste anonyme. Il a une majuscule contrairement à l'expression « *les hommes* » (v. 1) car c'est un individu particulier, mais sans identité.

C. La rapidité du récit

L'histoire est développée des vers 10 à 24 (relativement courte) ; la structure de la fable est bien organisée : on a un préambule, le récit lui-même, et enfin sa conclusion assortie de la morale (dernière strophe). Pour le récit lui-même : on note le passé simple, les phrases courtes, les verbes d'action : « *attraper* », « *mit* », « *sauta* », « *donna* ». Des vers 14 à 16, on a un enchaînement des actions dans une seule phrase. Cela illustre le thème de la vitesse. L'histoire est volontairement simplifiée : l'origine de la dispute avec le cerf est inconnue (l'expression « *avoir différend* » reste vague).

D. L'utilisation du dialogue

Le dialogue rend la fable plus vivante. Il anime le lien entre l'Homme et le Cheval. Leur rapport de force est traduit par l'impératif : « *demeurez* » montre l'autorité de l'homme, et « *implora* » illustre la soumission du cheval. Les arguments de l'homme sont persuasifs car il utilise un vocabulaire valorisant : « *meilleur* », « *bien* ».

II. Plusieurs leçons de morale

A. Une critique à peine voilée de la société du XVIIe siècle

Des vers 5 à 8, l'accumulation est renforcée par la répétition de « tant » accompagné de termes qui renvoient à des outils de domestication et de contrainte du cheval. On remarque une **gradation** dans ces termes : du plus modeste (la selle) au plus magnifique (le carrosse), et on constate aussi qu'ils s'appliquent de plus en plus aux êtres humains (chaises et carrosses). La Fontaine veut ainsi montrer qu'il vise les hommes de son temps qui n'ont plus la liberté que les animaux avaient aux origines. Il critique aussi le luxe de la cour : « *tant de festins et tant de noces* » s'oppose au temps où « *le genre humain de gland se contentait* ».

Vocabulaire

Gradation : c'est une progression dans les termes d'une énumération.

B. La vanité de la vengeance

Celle-ci est critiquée : elle peut sembler cruelle, car elle conduit à la mort du cerf (comme le montre la **périphrase** : « *n'y laissa la vie* »), pour un motif peu fondé, qui reste vague, qualifié de « *légère offense* » (v. 30). La Fontaine préconise donc le pardon : « *Sage s'il eût remis une légère offense* » même s'il reconnaît que la vengeance peut procurer de la satisfaction « *quel que soit le plaisir que cause la vengeance* ». Cette vengeance est vue comme une impulsion qu'on regrette ensuite (« *Il avait fait folie* » : le plus-que-parfait montre que le cheval ne réalise les faits qu'après les avoir commis).

C. L'éloge de la liberté

La ponctuation montre l'engagement de La Fontaine : l'interjection « *hélas !* » et la question rhétorique posée au lecteur : « *que sert la bonne chère/Quand on n'a pas la liberté ?* » en sont les preuves. C'est un vrai idéal pour le fabuliste, qui n'a pas été un courtisan modèle auprès de Louis XIV : il était fidèle à Fouquet, qui a été disgracié par le roi. Or les courtisans se faisaient acheter leur liberté de penser : « *Et jusqu'au ventre la litière* » peut faire allusion au fait qu'ils étaient logés et nourris à Versailles, par le roi, de même que l'expression « *bonne chère* ». Le dernier vers comporte la pointe finale de la fable, sous la forme d'une périphrase : « *un bien/sans qui les autres ne sont rien* »... Le lecteur doit deviner que c'est la liberté qui compte plus que tout le reste.

Conclusion

Cette fable est un récit vivant, par le recours au dialogue et la rapidité de la narration, qui rendent sa lecture agréable. Mais elle est aussi un récit profond, qui contient au moins trois morales différentes, entre la critique de la société du XVIIe siècle, la condamnation de la vengeance et surtout l'éloge de la liberté. Nous pouvons la comparer à une autre fable animalière : « Le Loup et le Chien », car elles font toutes les deux la critique de la servitude... Rien d'étonnant pour un homme aussi libre que La Fontaine, qui, contrairement aux courtisans serviles de son époque, osait parfois critiquer directement son souverain...

Gagnez des points

À la fin de votre commentaire, vous pouvez utiliser les autres textes du corpus pour finir par une comparaison.

DISSERTATION

Introduction

Les auteurs classiques du XVIIe siècle ont en commun une esthétique destinée à plaire à un public d'honnêtes gens. Parmi les critères variés de cette esthétique, c'est la valeur accordée à l'imitation de l'Antiquité qui anime les Anciens. La Bruyère s'inscrit dans cette démarche en réécrivant *Les Caractères* de Théophraste. Mais, s'il l'imite, son but est de proposer une peinture des mœurs de son siècle dans le but d'inviter ses contemporains à corriger leurs défauts. Selon Gide, La Bruyère « ne cherche ni à étonner ni à plaire ; mais à exprimer raisonnablement ce dont il est sûr ». Il suggère ainsi que l'auteur privilégie le fond au détriment de la forme. Il se présenterait alors comme un observateur fidèle et honnête qui ne déformerait pas le propos au profit de la séduction du lecteur. On peut ainsi se demander dans quelle mesure l'écriture de La Bruyère dans *Les Caractères* privilégie un énoncé sûr et modéré au détriment du plaisir de la forme. **Tout d'abord**, La Bruyère attache une importance particulière à proposer une peinture vraie à son lecteur. **Néanmoins**, le plaisir de la forme n'est pas oublié par l'auteur. **Finalement**, l'esthétique étonnante de La Bruyère semble nécessaire pour proposer une peinture plus juste de la société.

> **Méthode**
> Proposez une amorce directement en lien avec le sujet.

> Employez des **connecteurs logiques** pour annoncer votre plan.

I. La Bruyère est un écrivain qui privilégie le bon sens et la raison

A. Il se présente comme un observateur honnête

La Bruyère a eu l'occasion de découvrir le fonctionnement de la cour de Louis XIV en accompagnant le duc de Bourbon. En parlant de la cour, il décrit donc un monde qu'il connaît bien et qu'il a eu l'occasion de côtoyer. Les titres des chapitres témoignent de sa connaissance du siècle de Louis XIV. En effet, « De la société et de la conversation » illustre les phénomènes de mode issus des salons parisiens et de la volonté de paraître honnête homme sans pour autant le devenir. De plus, les chapitres « De la ville » et « De la cour » sont une description de Paris où a vécu La Bruyère. Celui-ci a aussi fréquenté les plus grands comme en témoigne « Des grands ». C'est donc bien parce qu'il a connu ce milieu qu'il peut se présenter comme témoin de ce qu'il dit. En effet, la première personne le présente comme observateur des mœurs. Dans « De la société et de la conversation », le « je » est associé aux verbes de perception : « je la découvre », « je la vois ». La Bruyère est bien celui qui dit ce qu'il voit et donc qui évoque ce dont « il est sûr ». Dans *Tartuffe*, Orgon insiste à son tour sur sa position de témoin pour démasquer le personnage éponyme auprès de Madame Pernelle. De fait, la position de témoin accrédite le discours.

B. Il dit ce qu'il constate sans se laisser aller à la flagornerie

Son discours apparaît d'autant plus sincère que La Bruyère n'hésite pas à faire tomber les masques de la comédie sociale qui se joue à la cour. En effet, c'est bien parce qu'il prend le risque d'aller à l'encontre de la société que sa parole est vraie. Alors même qu'il juge le peuple négativement, il n'hésite pas à prendre son parti face aux puissants. La Bruyère dénonce avec virulence leurs comportements. Dans « Des grands », alors qu'il juge que « le peuple n'a guère d'esprit, et les grands n'ont point d'âme », il n'hésite pas à prendre parti en affirmant : « je veux être peuple ». La Bruyère n'est pas homme à se laisser aller à des « torrents de louanges » (« De la cour », 62). Toutefois, son discours demeure « raisonnable » car dans « Du souverain ou de la République », il ne s'en prend pas au roi mais passe par la formulation de conseils afin de souligner ce qui ne va pas. Il fait ainsi preuve de bon sens en soulignant les qualités que doit revêtir le prince. Par la négation « Rien ne fait plus d'honneur au prince que la modestie de son favori », il invite indirectement le roi à se méfier des flagorneurs et à encourager une politique qui ne repose pas sur le paraître. Son discours, parce qu'il est juste et raisonnable, peut être sincère.

Transition : Ainsi, La Bruyère apparaît comme un observateur honnête de la vie qui règne à la cour. Son propos demeure raisonnable en ce qu'il décrit ce qu'il voit. De plus, les risques qu'il prend en allant à l'encontre des puissants accréditent la sincérité de son discours. Il prend le risque de le dire car il est « sûr » de ce qu'il avance.

II. Néanmoins, s'il ne cherche pas à plaire aux puissants, il a le souci de proposer une œuvre plaisante à son lecteur

Remarque
Les titres du plan ne doivent pas apparaître sur votre copie.

A. L'esthétique de la conversation

Certes il ne se laisse pas aller à la flatterie des puissants, mais cela ne l'empêche pas pour autant de chercher à plaire à son lecteur. La Bruyère, en écrivant *Les Caractères*, répond aux goûts de son lecteur qui aime la conversation comme en témoignent les nombreux salons qui existent au XVIIe siècle. Les formes brèves sont alors des formes à la mode en ce qu'elles s'inscrivent dans l'esthétique de la conversation. Pour cela, il n'hésite pas à mettre en place un véritable dialogue avec son lecteur qu'il interpelle par de nombreuses questions tout au long du recueil, que ce soit dans « De la ville » lorsqu'il dit « vous moquez-vous de rêver en carrosse, ou peut-être de vous y reposer ? » ou encore dans « Du souverain et de la république » avec « comment résister à une si forte et si générale conjuration ? ». Les remarques instaurent alors un échange et le lecteur peut très bien prendre la conversation en route selon son bon vouloir. Cette esthétique si particulière traduit bien le souci de « plaire ».

B. Son écriture joue avec la caricature

Ainsi, La Bruyère n'hésite pas à recourir à plusieurs reprises à une écriture excessive afin de mettre en lumière ce qu'il souhaite dénoncer. Il ne cherche pas toujours à « exprimer raisonnablement » ses idées. Cela apparaît dans les nombreuses accumulations comme c'est le cas dans « Des grands » lorsqu'il précise : « ils pirouettent, ils gesticulent, ils crient, ils s'agitent » (32). La multiplication des verbes d'action insiste avec force sur les mouvements incessants et vains. De plus, les hyperboles « torrents de louange » (VIII, 62) et « débordement de louanges » (VIII, 32) mettent en lumière l'attitude ridicule des courtisans et fait ainsi rire le lecteur. L'esthétique de l'excès permet donc au moraliste de dépeindre de façon plaisante la société de son temps.

Transition : Ainsi, La Bruyère, s'il se présente comme un observateur juste et honnête, n'ôte pas à son lecteur le plaisir de la lecture. En effet, il se soucie de lui proposer une forme plaisante par l'esthétique de la conversation et ne peut que le faire sourire par ses descriptions excessives. Finalement, le moraliste associe fond et forme pour mieux dépeindre les mœurs de son siècle.

Remarque
Les transitions permettent de structurer et de clarifier votre propos, ne les oubliez pas.

III. La Bruyère joue avec la forme pour proposer une peinture plus juste de la société du XVIIe siècle

A. L'écriture de l'excès est une représentation juste d'un comportement lui-même excessif

L'écriture de La Bruyère se doit finalement d'être excessive afin de proposer une description fidèle de ce qu'il voit. La société du XVIIe siècle est excessive en ce qu'elle joue en permanence un rôle. Paris est un nouveau « théâtre » et les courtisans sont des « acteurs » (VIII, 99). La caricature rappelle alors les types comiques que l'on peut retrouver sur scène au théâtre : le comique de caractère, de geste, de mot ou de situation. On retrouve alors le pédant ou l'orgueilleux qui agissent de façon excessive au quotidien dans le but de se faire remarquer. La caricature ne grossit pas les traits, elle représente fidèlement les traits grossis par le jeu ridicule des courtisans pour se faire une place auprès du Roi-Soleil. En outre, La Bruyère dit lui-même, dans la préface, qu'il a peint « d'après nature ». La forme sert ainsi la justesse du fond.

Méthode

La troisième partie doit toujours traiter le sujet. Elle propose un prolongement et non pas une synthèse des deux parties précédentes.

B. L'écriture de La Bruyère « étonne » et invite ainsi à réfléchir

Si l'écriture de l'auteur est fidèle à ce qu'il constate, elle ménage des variations et surprend le lecteur qui est alors invité à condamner les comportements qu'il observe à la cour. En effet, l'ironie est particulièrement virulente dans *Les Caractères* et survient sans qu'on s'y attende. Dans « De la cour », lorsqu'il écrit qu' « il n'y a rien à la cour de si méprisable et de si indigne qu'un homme qui ne peut contribuer à notre fortune », la voix du moraliste se superpose à celle des courtisans. On comprend alors que ce qui est jugé méprisable à la cour est jugé de façon méliorative par le moraliste. De plus, il n'hésite pas à recourir aux effets de chute afin de surprendre son lecteur et marquer ainsi les esprits. Aussi le discours direct de Sethon dans « De la société et de la conversation » (9) fait-il rire par l'effet de surprise qui clôt le portrait ridicule du pédant Arrias. La chute amplifie alors la dénonciation.

Conclusion

Ainsi, La Bruyère s'est donné pour objectif de peindre la société de son temps, afin de la montrer à son lecteur pour l'inviter à se corriger. De ce fait, il se présente comme un observateur honnête, loin de la figure du flagorneur qui serait prêt à rabaisser son écriture pour obtenir les faveurs des puissants. Néanmoins, le moraliste ne néglige pas pour autant la forme. Son esthétique révèle sa volonté de plaire à son lecteur en recréant le ton de la conversation et en lui proposant des scènes comiques. Finalement, pour La Bruyère, il apparaît nécessaire que l'écriture représente l'excès de la société du XVIIe siècle. En outre, proposer une représentation fidèle de ses contemporains nécessite de recourir à la caricature, seule apte à dépeindre le grand théâtre qu'est devenue la cour de Louis XIV. Au XIXe siècle, Balzac proposera à son tour une grande peinture de la société dans son œuvre *La Comédie humaine*. Il s'inscrira alors dans une démarche réaliste afin de dénoncer les travers de son époque.

Gagnez des points

En ouverture, proposez un parallèle pertinent avec une autre œuvre ou un autre genre.

Chapitre 3 Le roman et le récit du Moyen Âge au XXIe siècle

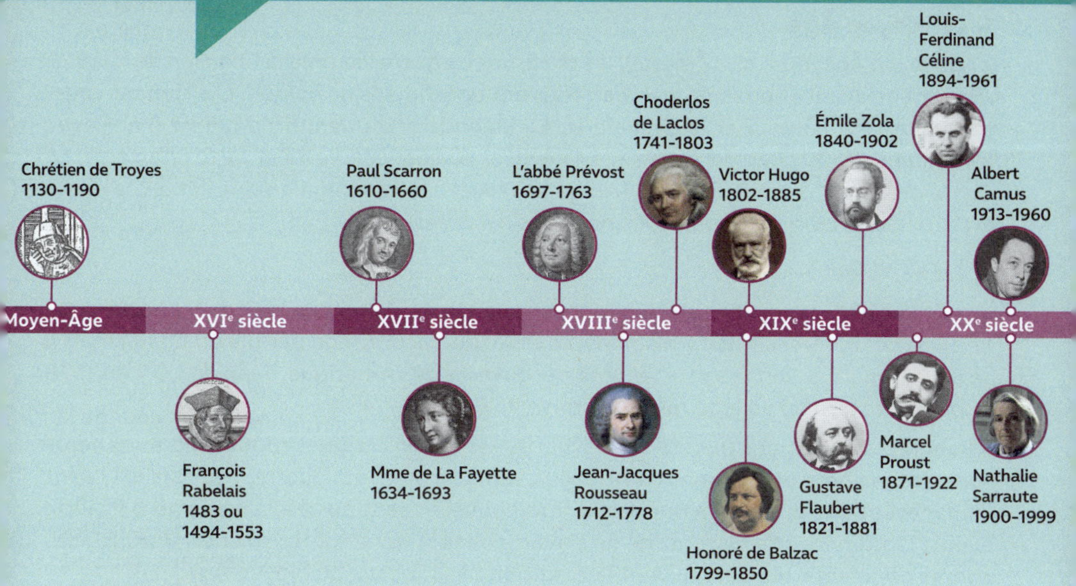

Auteurs majeurs
Chrétien de Troyes, Rabelais, Honoré d'Urfé, Mme de La Fayette

FICHE 1 Le récit et le roman du Moyen Âge au XVIIIe siècle

1 Les récits du Moyen Âge à la Renaissance

1. Le Moyen Âge

- **Au Moyen Âge** (du Ve au XVe siècle), les **chansons de geste** (comme la *Chanson de Roland*) mettent en avant l'héroïsme guerrier, elles ont une dimension épique. Les **romans courtois** valorisent l'amour et la chevalerie. La légende arthurienne y a bonne place avec les romans de Chrétien de Troyes (*Le Chevalier au lion, Le Chevalier de la charrette, Le Conte du Graal*...) ou de Béroul (*Tristan et Iseut*). On peut également lier à ces récits arthuriens les *Lais de Marie de France* (fin du XIIe siècle).

2. Le XVIe siècle

- **La littérature de voyage** est déjà appréciée au Moyen Âge, avec Jean de Mandeville, ou *Le Livre des merveilles* de l'Italien Marco Polo (qui raconte son périple en Chine) mais il se développe à la Renaissance, avec la découverte de l'Amérique. Jean de Léry en 1578 publie *Histoire d'un voyage fait en la terre du Brésil*.
- **Rabelais** avec *Gargantua* et *Pantagruel* au XVIe siècle écrit des romans dont les héros sont des géants : des thèmes de réflexion sérieux comme la guerre, l'éducation y sont transposés dans un univers **burlesque**. Les nouvelles sont aussi à la mode au XVIe siècle avec l'*Heptaméron* de Marguerite de Navarre dans la veine courtoise et on retrouve des contes populaires qui poursuivent la tradition des fabliaux du Moyen Âge.

2 Le XVIIe siècle : préciosité et classicisme

- Les **romans héroïques précieux** de Mlle de Scudéry (1607-1701) sont écrits dans un esprit épique : les personnages sont marqués par le modèle des **héros antiques**. *Clélie* est un roman à clés qui contient la fameuse « carte du tendre ». *L'Astrée* d'Honoré d'Urfé (1567-1701) est un roman pastoral.
- À l'opposé des héros « parfaits » des romans précieux, on trouve les **personnages réalistes** des **romans comiques**, dont les aventures sont parfois sordides. C'est le cas dans *L'Histoire comique de Francion* (1623) de Charles Sorel.
- Le chef d'œuvre du **roman classique** est *La Princesse de Clèves* de Madame de La Fayette (1678). Tous les personnages reflètent les traits idéaux des courtisans prestigieux de Henri II.

3 Le XVIIIe siècle : la naissance du héros de roman moderne

- Au XVIIIe siècle, le genre se développe et de nouveaux types de romans apparaissent.

Voir p. 112

POUR ALLER PLUS LOIN

LES ROMANS AU XVIIIe SIÈCLE

TYPES DE ROMANS	TYPES DE PERSONNAGES	EXEMPLES DE ROMANS	EXEMPLES DE PERSONNAGES
Les romans d'aventures sociales	Un personnage entreprenant qui est à la recherche de la réussite et affronte des obstacles pour avoir sa place dans la société.	*Gil Blas de Santillane*, Lesage, 1735 *La Vie de Marianne*, Marivaux, 1741	Dans *La Vie de Marianne*, l'héroïne, orpheline et courageuse, doit trouver un statut social et faire face à des difficultés.
Les romans libertins	Un personnage hédoniste, libre penseur et inconstant.	*Les Égarements du cœur et de l'esprit*, Crébillon-fils, 1736 *Les Liaisons dangereuses*, Choderlos de Laclos, 1782	Le vicomte de Valmont, dans *Les Liaisons dangereuses*, séduit et abandonne Madame de Tourvel par simple défi.
Les romans philosophiques des Lumières	Un personnage critique face à la société qui l'entoure, analysant le monde qu'il découvre au fil de ses aventures.	*Les Lettres persanes*, Montesquieu, 1721 *Jacques le Fataliste*, Denis Diderot, 1773	Deux Persans, Usbek et Rica, partagent leurs impressions à propos d'un voyage en France. Leur regard neuf sur la société parisienne débusque tous ses travers…
Les romans pré-romantiques	Un personnage sensible qui exprime ses élans passionnés de façon lyrique.	*La Nouvelle Héloïse*, Jean-Jacques Rousseau, 1761	Saint-Preux et Julie s'aiment : leur correspondance reflète leur vertu et leur passion.

APPRENDRE AUTREMENT

Découvrir l'œuvre *La Princesse de Clèves* de Mme de La Fayette

Vidéo

Vocabulaire

- **Épique :** qui appartient à l'épopée, long poème ou vaste récit en prose au style soutenu qui exalte un grand sentiment collectif souvent à travers les exploits d'un héros historique ou légendaire.
- **Burlesque :** traiter un sujet noble de manière triviale.

FICHE 2

Le XIXe et le XXe siècles : du triomphe du roman à la crise du personnage

Auteurs majeurs
Hugo, Balzac, Zola, Robbe-Grillet, Sarraute

1 L'idéalisation romantique

- Victor Hugo (1802-1885) en revient à une **conception épique** du roman : l'auteur doit dramatiser les événements, pour leur donner un sens symbolique, en procédant par scènes et tableaux. Il élève jusqu'au mythe le personnage du forçat Jean Valjean, de Cosette, innocence persécutée, et de Gavroche, emblème de la liberté.

2 La modernité réaliste

- Le projet titanesque de *La Comédie humaine* de Balzac (1799-1850) est inspiré de *L'Histoire naturelle* de Buffon, puisque la société ressemble à la nature. Les personnages sont donc autant de « types humains ». Mais son projet a aussi un aspect politique : l'éducation, la religion catholique, la monarchie sont présentées comme les **fondements de la vie sociale**.
- **L'idéal romanesque** de Flaubert tend à la **représentation fidèle de la vie**. Son effort d'objectivité est perceptible dans ses romans. Parfois, les personnages disparaissent même derrière les objets qui les entourent et dont ils ne semblent être qu'un prolongement, comme dans la longue description de la casquette de Charles Bovary, au début du livre. Flaubert met en avant l'importance du style, et chez lui, **l'esthétique, la quête du beau** est essentielle.

3 Le roman naturaliste

- Zola veut analyser dans ses romans l'interaction entre l'individu et son milieu. Il emprunte directement à la réalité la matière de ses livres. Pour le chef de file des naturalistes, le roman est un véritable « **document humain** » scientifique. Zola s'est d'ailleurs beaucoup inspiré des **doctrines** de Claude Bernard en matière de médecine expérimentale.

4 Le XXe siècle : la crise du personnage

- Dans les années 1920, des romanciers comme Marcel Proust, Virginia Woolf ou James Joyce mettent l'accent sur la **multiplicité des sensations**, qui « éparpillent » les personnages. Avec eux, le roman suit les tortueuses subtilités de la conscience fluide et complexe de l'individu.
- Dans les années 1930, Bernanos, Malraux et Hemingway en reviennent à un personnage fort. Leurs héros sont très **engagés**. Ils s'intéressent au destin de personnages aux prises avec **l'Histoire**, qui cherchent à donner un sens à leur vie.
- Les années 1950 et le Nouveau roman proclament la mort du personnage.

POUR ALLER PLUS LOIN

LES CITATIONS

> La description

« Je définirai donc la description : un état du milieu qui détermine et complète l'homme. »

Zola, *Le Roman expérimental*, 1880

> Le destin des personnages aux prises avec l'histoire

« Sa vie avait un sens, et il le connaissait : donner à chacun de ces hommes que la famine, en ce moment même, faisait mourir comme une peste lente, la possession de sa propre dignité. »

Malraux, *La Condition humaine*, 1933

> Le Nouveau roman

Selon Robbe-Grillet dans *Pour une théorie du roman*, le personnage fait partie des « notions périmées ». Pour lui, c'en est fini de la conception traditionnelle du roman, vu comme « l'analyse d'une passion ». C'est, selon Nathalie Sarraute, parce que le roman est entré dans « l'ère du soupçon » ; le lecteur n'a plus confiance dans le romancier.

Le Nouveau roman est un mouvement littéraire des années 1942-1970, qui rejette l'idée d'intrigue, et même la nécessité de personnages.

« Le personnage dépouillé de toutes ses prérogatives, de son caractère, réduit à n'être qu'un trompe l'œil, une survivance, un support de hasard. Ce personnage est souvent confondu dans un groupe que désignent de simples pronoms pluriels. »

Nathalie Sarraute, *Nouveau roman, hier, aujourd'hui*, 1972

APPRENDRE AUTREMENT

Découvrir le tableau réaliste *Un enterrement à Ornans* de Gustave Courbet

Vidéo

Vocabulaire

Doctrine : ensemble de croyances ou de principes traduisant une conception de l'univers, de la société, constituant un système d'enseignement religieux, philosophique, politique, et s'accompagnant souvent de la formulation de règles de pensée ou de conduite.

FICHE 3 Les grands principes du récit

1 La focalisation

- Pour raconter une histoire, le romancier doit décider qui perçoit les événements rapportés : c'est la focalisation.

1. La focalisation externe

- On ignore les pensées des personnages, l'auteur s'efface : le compte rendu des actions est fait de façon impartiale. Seul ce qui est visible de l'extérieur est raconté.

2. La focalisation interne

- Un seul personnage perçoit les événements : seules ses pensées et ses sensations sont connues, grâce à la présence de verbes de perception, au vocabulaire des sentiments. On ignore donc ce que le personnage lui-même ne connaît pas. Ce point de vue **subjectif** favorise l'identification du lecteur au personnage.

3. Le point de vue omniscient (ou focalisation zéro)

- Le passé, le présent, les pensées et les sensations de l'ensemble des personnages sont connus. Le romancier prend plus d'importance dans le récit, il surplombe les événements. Le lecteur peut connaître des choses que certains personnages ignorent.

2 Les relations entre le personnage, l'auteur, le narrateur

- Le récit est un **montage narratif** de plusieurs niveaux : l'auteur écrit un roman et délègue au narrateur le soin de raconter une histoire mettant en scène des personnages. On appelle **mode de narration** la façon dont le récit est assuré par le narrateur.
- Il y a deux modes principaux de narration. Le **narrateur extérieur** au récit raconte l'histoire à la troisième personne : il semble absent du récit. Le **narrateur personnage** est en revanche directement présent dans le récit : il le raconte à la première personne, en tant que héros ou personnage témoin.
- Le **Nouveau roman** a beaucoup joué sur le statut de l'auteur et du narrateur. On y trouve des modes d'énonciation originaux : le narrateur peut s'adresser à lui-même, le « je » et le « il » désignent la même personne, plusieurs narrateurs racontent successivement le même événement, etc.
- Le roman offre une somme de données dispersées sur le personnage, que le lecteur assemble. Philippe Hamon dans *Poétique du récit* définit le personnage comme une construction mentale que le lecteur opère à partir d'un ensemble de signes épars dans le texte. Le lecteur fabrique le personnage au fil de sa lecture. C'est « **l'effet-personnage** », qui est une illusion : au départ le personnage n'existe pas, et le texte romanesque lui donne progressivement une épaisseur.

POUR ALLER PLUS LOIN

LES EXEMPLES

> La focalisation externe

« Au bout de la rue Guénégaud, lorsqu'on vient des quais, on trouve le passage du Pont-Neuf, une sorte de corridor étroit et sombre qui va de la rue Mazarine à la rue de Seine. »

Émile Zola, incipit de *Thérèse Raquin*, 1867

> La focalisation interne

« L'œil de Julien suivait machinalement l'oiseau de proie. Ses mouvements tranquilles et puissants le frappaient, il enviait cette force, il enviait cet isolement. C'était la destinée de Napoléon, serait-ce un jour la sienne ? »

Stendhal, *Le Rouge et le Noir*, 1830

> Le point de vue omniscient

« Si, dans les premiers moments de sa liaison, l'étudiant s'était cru le maître, Madame de Nucingen était devenue la plus forte [...]. Était-ce en elle un calcul ? Non ; les femmes sont toujours vraies, même au milieu de leurs plus grandes faussetés, parce qu'elles cèdent à quelque sentiment naturel. »

Honoré de Balzac, *Le Père Goriot*, 1835

> Les relations entre auteur-narrateur et personnage

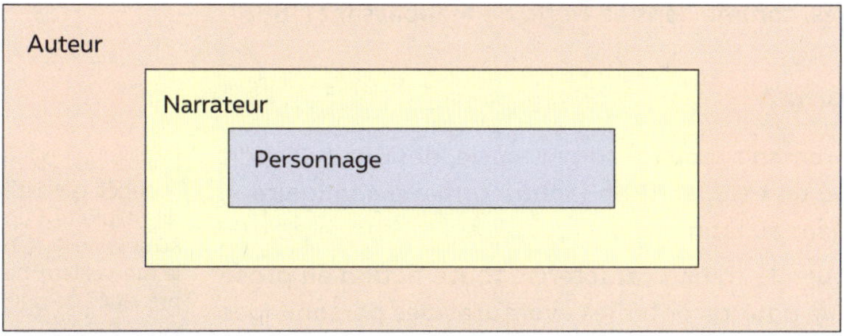

APPRENDRE AUTREMENT

Découvrir *Voyage au bout de la nuit* de Céline qui joue avec les différents points de vue

Vidéo

Vocabulaire

Subjectif : qui est propre à un sujet déterminé, qui ne vaut que pour lui seul.

FICHE 4 Les différents types de récits

1 Les formes courtes

- **Les fabliaux** sont de courts récits médiévaux, comiques, qui ont souvent une morale, comme les fables, mais leur fonction principale reste de **faire rire** les lecteurs.
- **Les contes de fées** sont des formes de récits **merveilleux** qui ont souvent été orales avant d'être écrites, notamment par Charles Perrault : ce genre devient à la mode en France grâce à lui au XVIIe siècle. S'ils peuvent contenir des leçons morales, c'est bien les **éléments fabuleux** qui restent le plus important.
- **Les contes philosophiques** apparaissent au XVIIIe siècle et permettent à un auteur de **critiquer** la société : ses mœurs, la politique, la religion, etc. Il utilise l'artifice de la fiction pour mieux parler du monde qui l'entoure. *Zadig* ou *Candide* de Voltaire sont des contes philosophiques très célèbres.

> Le conte philosophique appartient au genre de l'apologue. L'apologue est un court récit, à visée argumentative, dont se dégage une morale. Font aussi partie de ce genre la fable, l'utopie ou encore les paraboles bibliques.

- **Les premières nouvelles** sont nées en Italie avec le *Décaméron* de Boccace au XIVe siècle. Les personnages y racontent, chacun à leur tour, une histoire. En France, Marguerite de Navarre s'en est inspirée pour son *Heptaméron*, au XVIe siècle. La plupart des nouvelles présentent les faits comme vrais ou **vraisemblables**, même s'il s'agit d'événements fantastiques, comme dans *Le Horla* de Maupassant (1886).

2 Le roman

- **Le mot « roman »**, apparu au XVIIe siècle, désignait un récit en prose ou en vers, écrit en langue romane « vulgaire », contrairement au latin.
- De nos jours, le roman caractérise toute **fiction en prose** assez longue pour raconter les aventures des personnages principaux en développant leur psychologie.

> L'ancêtre du roman est l'épopée qui est le récit des exploits d'un héros au sein duquel intervient le merveilleux par la présence de puissances surnaturelles.

- Il existe de **nombreuses formes de romans**, qui varient avec les époques, comme le **roman épistolaire**, entièrement composé de lettres, le **roman d'anticipation** (appelé aussi roman de science-fiction), le **roman policier**, etc.
- Ce genre très libre et divers, qui a longtemps été méprisé avant d'acquérir ses lettres de noblesse, domine à l'heure actuelle la scène littéraire, avec plus de 550 romans qui paraissent en France à la rentrée de septembre.

POUR ALLER PLUS LOIN

LES RÉCITS BIOGRAPHIQUES

TYPE DE RÉCIT	DÉFINITION	EXEMPLE
La biographie	Récit de la vie d'une personne réelle, faite par quelqu'un d'autre, sans objectif esthétique, dans une perspective documentaire.	*Romain Gary*, Dominique Bona, 2011
L'autobiographie	« Récit rétrospectif en prose qu'une personne fait de sa propre existence, lorsqu'elle met l'accent sur sa vie individuelle, en particulier sur l'histoire de sa personnalité. » (Philippe Lejeune)	*Les Confessions*, Jean-Jacques Rousseau, 1782
Les mémoires	L'auteur prend en compte dans son récit rétrospectif à la fois sa propre existence et l'actualité de son époque, dont il est le témoin.	*Mémoires d'Outre-Tombe*, François-René de Chateaubriand, 1849
Le journal intime	Contrairement à l'autobiographie, le récit que l'auteur fait de sa propre vie n'est pas rétrospectif, il est écrit au jour le jour.	*Journal*, Anne Frank, 1947
L'autofiction	L'autofiction (mot inventé par S. Doubrovski en 1977) est le croisement entre un récit de la vie réelle de l'auteur et une fiction.	*La Naissance du jour*, Colette, 1928
Le récit de voyage	Ces récits initiés par les grands explorateurs décrivent à la fois les pays visités et l'expérience personnelle du voyageur.	*Le Livre des merveilles*, Marco Polo, 1298
L'exofiction	Biographie romancée d'une personne réelle autre que l'auteur.	*Ravel*, Jean Echenoz, 2006

APPRENDRE AUTREMENT

Découvrir le conte philosophique *Candide* de Voltaire

Vidéo

Vocabulaire

- **Merveilleux :** qui surprend l'esprit par son caractère extraordinaire, inexplicable.
- **Vraisemblable :** qui semble vrai, possible, envisageable au regard de ce qui est communément admis.

Révision Express

> Les types de romans au fil des siècles

CARTE MENTALE

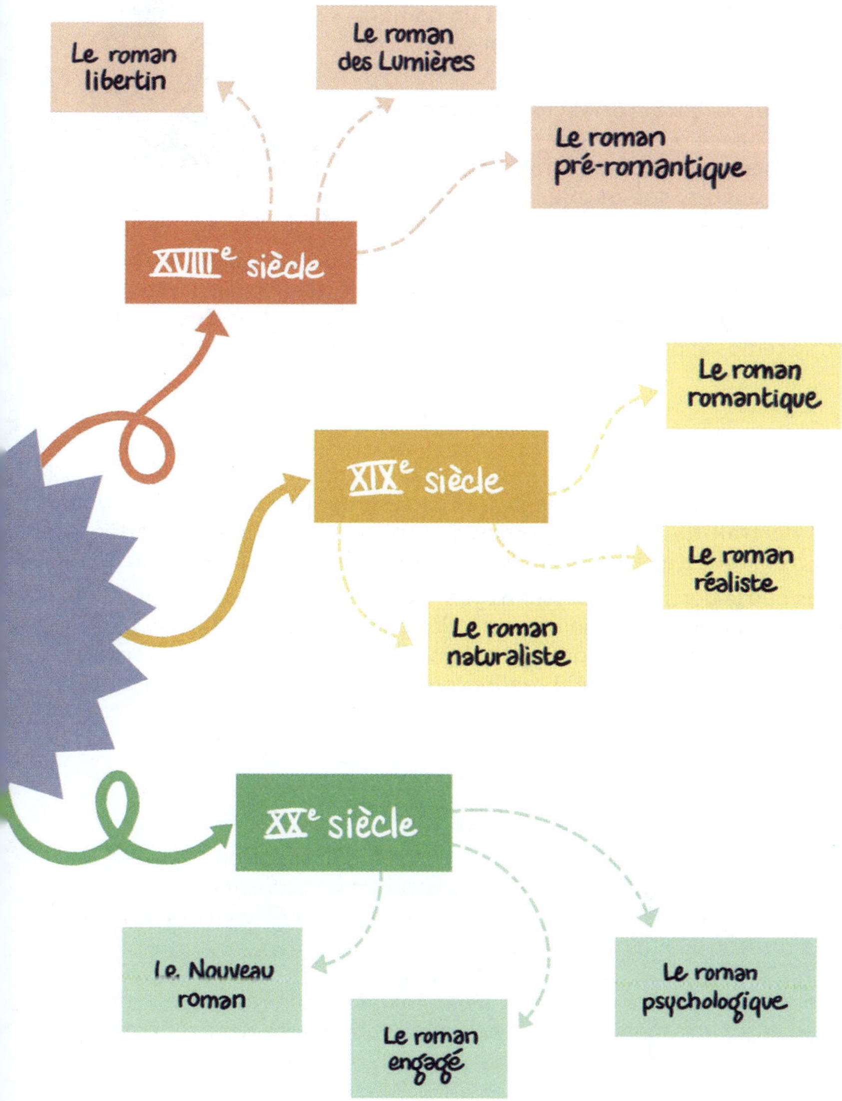

Étudier le portrait d'un personnage

LES RÉFLEXES À AVOIR

- Sachez identifier la **caractérisation directe** du personnage : elle est constituée par son état civil, sa description physique, sa biographie, un certain nombre de marques explicites qui dessinent progressivement son identité.
- Sachez identifier la **caractérisation indirecte** du personnage : elle passe à travers ses réactions face aux événements, ses pensées, son comportement, ses rapports avec les autres, ses paroles : ces éléments dessinent progressivement la personnalité du héros.
- Soyez attentifs aux **éléments stylistiques** de l'extrait : le temps des verbes, les métaphores, les comparaisons, le rythme des phrases sont des éléments importants à analyser comme dans tout autre texte littéraire. L'**imparfait descriptif** est naturellement le temps le plus employé dans le portrait d'un personnage.

LES PIÈGES À ÉVITER

- **Attention à la paraphrase** : il ne s'agit pas de résumer l'extrait... Quand vous analysez un portrait de personnage, ne vous contentez pas de reprendre les éléments décrits, vous n'ajouterez rien d'intéressant à la compréhension du texte.
- N'oubliez pas que le portrait du personnage s'inscrit dans le roman à un moment particulier, qui va lui conférer une fonction bien spécifique. Au début du livre, le portrait va donner au lecteur les premiers éléments pour imaginer le personnage. Au milieu du roman, le portrait peut rendre compte d'une évolution importante...

LES ASTUCES DU PROF

- Soyez attentif à ce qui structure la **progression de la description** : l'évocation du physique d'un personnage peut par exemple suivre un ordre vertical, de bas en haut. Notez ce sur quoi l'auteur s'est attardé, et qui peut être un détail, mais aussi ce que le romancier a délibérément ignoré.
- Au brouillon, n'hésitez pas à dessiner le personnage tel que l'auteur a voulu le représenter, ou faites un schéma de la scène : cela pourra vous aider à repérer des détails du texte.

EXEMPLE

> Analyser un extrait de *L'Éducation sentimentale* de Flaubert : le portrait de Frédéric Moreau

« Un jeune homme de dix-huit ans, à longs cheveux et qui tenait un album sous son bras, restait auprès du gouvernail, immobile. À travers le brouillard, il contemplait des clochers, des édifices dont il ne savait pas les noms ; puis il embrassa, dans un dernier coup d'œil, l'île Saint-Louis, la cité, Notre-Dame ; et bientôt, Paris disparaissant, il poussa un grand soupir. M. Frédéric Moreau, nouvellement reçu bachelier, s'en retournait à Nogent-sur-Seine, où il devait languir pendant deux mois, avant d'aller faire son droit. Sa mère, avec la somme indispensable, l'avait envoyé au Havre voir un oncle, dont elle espérait, pour lui, l'héritage ; il en était revenu la veille seulement. »

Flaubert, *L'Éducation sentimentale*, 1869

- **Étudier la caractérisation directe du personnage**

Cette description traditionnelle contient des renseignements sur l'identité du personnage. On apprend son âge, son nom, son statut social, sa situation familiale et on a une idée très vague de son apparence. Ses longs cheveux lui donnent une allure romantique : c'est le seul élément qui nous renseigne sur le physique du héros. Les verbes au plus-que-parfait nous renvoient à son passé.

- **Étudier la caractérisation indirecte du personnage**

Les indications implicites sur la personnalité de Frédéric Moreau transparaissent à travers son comportement ; il ne connaît pas Paris, est mélancolique à l'idée de voir la capitale de loin. On devine un de ses rêves secrets : connaître Paris. Le passage de la description pure au récit est perceptible à travers le changement de temps (de l'imparfait au passé simple).

- **Remarquer la progression de la description**

On passe de l'anonymat, avec un déterminant indéfini, à l'identification du personnage au deuxième paragraphe. C'est la première apparition du héros dans le roman : le lecteur le découvre peu à peu. Le point de vue adopté est d'abord plutôt externe, avant d'être omniscient.

APPRENDRE AUTREMENT

Écouter un extrait de *L'Éducation sentimentale* de Flaubert

Vidéo

Fiche test — Ce que je sais

15 min

À revoir

Acquis

VRAI FAUX

1 Vrai ou faux ?

1. *L'Astrée*, d'Honoré d'Urfé, est un roman pastoral.
   Vrai Faux — FICHE 1

2. Les héros de *La Princesse de Clèves* sont inspirés des personnages des romans picaresques espagnols.
   Vrai Faux — FICHE 1

3. Le personnage libertin est un libre penseur hédoniste et inconstant.
   Vrai Faux — FICHE 1

4. *La Comédie humaine* de Balzac est inspirée de *L'Histoire naturelle* de Buffon.
   Vrai Faux — FICHE 2

5. Pour Zola, la vertu essentielle d'un romancier est son imagination fantaisiste.
   Vrai Faux — FICHE 2

6. La focalisation interne consiste à transcrire le point de vue de tous les personnages à la fois.
   Vrai Faux — FICHE 3

7. Le narrateur, c'est l'autre nom de l'auteur.
   Vrai Faux — FICHE 3

8. L'autofiction est une mode romanesque récente qui brouille les frontières entre personne réelle et personnage.
   Vrai Faux — FICHE 4

9. Le « Nouveau roman » est un mouvement littéraire du XIXe siècle.
   Vrai Faux — FICHE 3

10. « L'effet personnage » désigne le fait que le lecteur construit progressivement sa représentation du personnage.
    Vrai Faux — FICHE 3

11. Le fabliau et le roman courtois sont des genres littéraires typiques du Moyen Âge.
    Vrai Faux — FICHE 1

12. La nouvelle a été inventée au XIXe siècle avec le réalisme.
    Vrai Faux — FICHE 4

13. L'exofiction est un terme pour désigner les romans exotiques.
    Vrai Faux — FICHE 4

14. Le point de vue omniscient renvoie à un narrateur qui n'ignore rien des états d'âme de tous ses personnages.
    Vrai Faux — FICHE 3

15. L'épopée est l'ancêtre du roman.
    Vrai Faux — FICHE 4

SCORE : ___ / 15

Exercices

VERS LE BAC

COMMENTAIRE

- **Vous commenterez le texte de Stendhal, extrait du roman *Le Rouge et le Noir*.**

Texte Stendhal, *Le Rouge et le Noir* (1830), livre I, chapitre X.

Julien Sorel, d'origine modeste, est le jeune précepteur de la famille De Rênal. Il vient d'obtenir du maître de maison une augmentation de salaire, et part se promener dans la campagne.

Julien prenait haleine un instant à l'ombre de ces grandes roches, et puis se remettait à monter. Bientôt, par un étroit sentier à peine marqué et qui sert seulement aux gardiens des chèvres, il se trouva debout sur un roc immense et bien sûr d'être séparé de tous les hommes. Cette position physique le fit sourire, elle lui peignait la position qu'il brûlait d'atteindre au moral. L'air pur de ces montagnes élevées communiqua la sérénité et même la joie à son âme. Le maire de Verrières était bien toujours, à ses yeux, le représentant de tous les riches et de tous les insolents de la terre ; mais Julien sentait que la haine qui venait de l'agiter, malgré la violence de ses mouvements, n'avait rien de personnel. S'il eût cessé de voir M. de Rênal, en huit jours il l'eût oublié, lui, son château, ses chiens, ses enfants et toute sa famille. Je l'ai forcé, je ne sais comment, à faire le plus grand sacrifice. Quoi ! Plus de cinquante écus par an ! Un instant auparavant je m'étais tiré du plus grand danger. Voilà deux victoires en un jour ; la seconde est sans mérite, il faudrait en deviner le comment. Mais à demain les pénibles recherches.

Julien debout sur son grand rocher regardait le ciel, embrasé par un soleil d'août. Les cigales chantaient dans le champ au-dessous du rocher, quand elles se taisaient tout était silence autour de lui. Il voyait à ses pieds vingt lieues de pays. Quelque épervier parti des grandes roches au-dessus de sa tête était aperçu par lui, de temps à autre, décrivant en silence ses cercles immenses. L'oeil de Julien suivait machinalement l'oiseau de proie. Ses mouvements tranquilles et puissants le frappaient, il enviait cette force, il enviait cet isolement.

C'était la destinée de Napoléon, serait-ce un jour la sienne ?

DISSERTATION

Parcours La célébration du monde

- **Vous proposerez un plan pour le sujet de dissertation suivant :**

Les œuvres *Sido* et *Les Vrilles de la vigne* ne sont-elles qu'une célébration du monde ?

Vous examinerez cette question en vous appuyant sur l'étude de *Sido* et des *Vrilles de la vigne* de Colette, sur le parcours étudié au cours de l'année, ainsi que sur votre culture personnelle.

Fiche test *Ce que je sais*

1 **1. Vrai.**

2. Faux. Ils sont inspirés des personnages de la cour du roi.

3. Vrai.

4. Vrai.

5. Faux. Pour Zola, c'est la réalité qui doit inspirer le romancier.

6. Faux. La focalisation interne transcrit le point de vue d'un seul personnage.

7. Faux. L'auteur est la personne réelle qui écrit le roman. Le narrateur appartient à l'œuvre : c'est lui qui prend en charge le récit à l'intérieur du roman.

8. Vrai.

9. Faux. Le Nouveau roman est un mouvement littéraire du XXe siècle.

10. Vrai.

11. Vrai.

12. Faux. La nouvelle vient du *Décaméron* de Boccace (1349).

13. Faux. L'exofiction est la biographie romancée d'une personne réelle autre que l'auteur.

14. Vrai.

15. Vrai. L'épopée est jugée plus noble que le roman.

VERS LE BAC

COMMENTAIRE

Le corrigé du commentaire est intégralement rédigé. Pour faciliter votre lecture, nous avons conservé les titres des différentes étapes du développement. Dans votre copie, vous ne devrez pas les conserver.

Introduction

Le chapitre X du roman *Le Rouge et le Noir* met en scène Julien Sorel lors d'une promenade dans une position de surplomb, qui favorise sa méditation exaltée, révélant ses fantasmes de toute-puissance et son ambition orgueilleuse, alors qu'il vient de se voir gratifier d'une forte augmentation par Monsieur de Rênal. Cette pause descriptive rend compte à la fois d'un paysage et des sentiments du personnage. Comment l'auteur parvient-il à faire fusionner les éléments descriptifs du panorama et le discours intérieur du personnage ? Nous étudierons d'abord la psychologie de Julien Sorel à travers ce paysage-état d'âme, avant de percevoir dans cette description une mise à distance du **stéréotype** romantique.

> **Vocabulaire**
> **Stéréotype** : au départ, moulage qui va donner lieu à de nombreuses impressions ; par dérivation, lieu commun, préjugé.

I. Un paysage « état d'âme »

Le monde intérieur de Julien Sorel correspond au paysage où il se trouve. La description de la nature et la psychologie du personnage sont interdépendantes. L'ascension sociale du personnage est à l'image de l'ascension physique de cette montagne.

L'astuce du prof
Prenez le temps de bien présenter l'argument principal de votre partie.

A. Une ascension symbolique

Méthode
Utilisez des connecteurs logiques pour structurer votre argumentation.

Dès le début, la description du paysage est apparemment objective. Cependant, la nature du sentier qu'emprunte Julien a peut-être déjà un sens symbolique : il est peu emprunté, étroit, et ne sert qu'aux « gardiens de chèvres », ce qui peut constituer une allusion ironique à la condition sociale modeste de Julien. C'est ensuite Julien lui-même qui a l'intelligence de lire dans le paysage une coïncidence entre les éléments physiques extérieurs et ses dispositions passionnées. Il y a un parallèle entre la réalité extérieure et les sentiments du héros (« position physique » / « position qu'il brûlait d'atteindre au moral »). Puis, ce qui n'était qu'une intuition se charge d'émotion : du sourire, on passe à la sérénité, puis à la « joie » (sentiment rarement éprouvé par Julien Sorel au cours du roman). La progression de ces sentiments est rendue d'autant plus remarquable par la coordination insistante : « et même ». Sobrement, Stendhal allie l'instauration de cet état de bonheur à la simple sensation de « l'air pur ». On peut établir une correspondance entre l'ascension de la montagne et l'exaltation du moi. L'aspiration exaltée de Julien au sublime se manifeste dans les expressions « brûlait d'atteindre », « haine qui venait de l'agiter » (ici le sentiment est d'autant plus fort qu'il est sujet du verbe) ou « la violence de ses mouvements ». Les expressions superlatives récurrentes : « le plus grand sacrifice », « le plus grand danger » témoignent d'une exagération manifeste ainsi que les expressions totalisantes « tous les riches », « tous les insolents de la terre ». Le thème de l'isolement, aussi bien physique que psychologique, est mis en valeur par une expression hyperbolique : « bien sûr d'être séparé de tous les hommes ». Stendhal affectionne les scènes panoramiques, récurrentes dans ses romans. L'épervier s'inscrit dans la dynamique ascensionnelle que suit le regard du personnage : son attitude dominatrice par rapport au paysage correspond à son exaltation morale.

B. La fusion entre la description et le discours intérieur

De plus, la fusion du psychologique et du physique, de l'intérieur et de l'extérieur est favorisée dans le texte par la façon dont Stendhal insère le discours intérieur du personnage dans la description. L'auteur instaure une progression ; il part d'une sensation, d'une intuition, il la verbalise peu à peu. Le discours indirect libre sert de transition entre le récit proprement dit et le discours intérieur de Julien. Le glissement de la sensation pure à sa mise en paroles est d'autant plus discret que la rupture syntaxique ne se fait que progressivement. Stendhal utilise ensuite le style indirect : « Julien sentait que... », revenant pour une phrase à l'indirect libre, avant de passer enfin au style direct. L'arrivée de la première personne (« Je l'ai forcé ») frappe le lecteur : imprévue, elle est placée en début de phrase et se fait insistante par sa redondance dans l'incise « je ne sais comment ». Il y a ici coïncidence du texte et du discours intérieur

L'astuce du prof
Les procédés littéraires doivent toujours être accompagnés de citations du texte.

du personnage : d'un point de vue extérieur, on est passé à la totale identification avec le héros. On en vient à des affirmations exaltées, et enfin à l'interjection violente : « Quoi ! ». Les tournures exclamatives ainsi que les phrases nominales : « plus de 50 écus par jour ! », « voilà deux victoires en un jour », « mais à demain les pénibles recherches » rendent encore plus sensible à la fin du paragraphe la succession rapide des idées, et leur heurt. Ces tournures révèlent le caractère affectif de l'expression brute. La structure du second paragraphe est identique : Stendhal opère un retour à la contemplation du paysage, donc à la perception. Renonçant au discours intérieur, Julien se perd dans l'observation du paysage. C'est dans ce second paragraphe que Stendhal laisse le plus de place aux détails descriptifs. L'adverbe « machinalement » montre qu'au départ le regard de Julien se posant sur l'épervier ne provoque pas d'emblée une perception consciente : ce n'est qu'ensuite qu'il l'interprète. La dernière phrase de l'extrait (« C'était la destinée de Napoléon, serait-ce un jour la sienne ? ») a un statut ambigu : est-ce un discours indirect libre intérieur du héros, ou bien est-ce une réflexion de l'auteur sur le destin de son personnage adressé au lecteur ? On peut y percevoir une ambiguïté.
Il y a donc bien une fusion entre le monde intérieur de Julien et le paysage, de même qu'il y a une fusion entre la description et le discours que le personnage se tient à lui-même. La posture du héros peut faire penser aux peintures romantiques de Gaspard Friedrich, qui montrent bien souvent un homme seul face à l'immensité de la nature. Mais Stendhal semble prendre ses distances par rapport à ce stéréotype romantique.

Gagnez des points

N'hésitez pas à faire des références picturales en rapport avec le texte.

II. La mise à distance du stéréotype romantique

En effet, nous sommes dans le cadre d'une scène familière à l'imaginaire romantique, dans laquelle Stendhal s'interdit pourtant ostensiblement tout ce qui pourrait aller dans le sens d'un lyrisme romantique.

A. L'absence de description lyrique du paysage

D'une part, la nature est évoquée à travers quelques détails, tout juste entend-on quelques cigales : la description du cadre est subordonnée à la signification symbolique que prennent ces éléments pour le personnage lui-même (l'épervier, l'isolement). D'où l'absence de pittoresque malgré le panorama. Les « vingt lieues de pays » sont évoquées de façon on ne peut plus concise ; la notation de cette distance fonctionne comme une hyperbole de l'étendue dans le cadre d'une vision panoramique et exaltée.

Remarque

Vos arguments ne doivent pas être thématiques mais littéraires.

B. Le discours du ressentiment social

De plus, l'expression personnelle du héros ne va pas non plus dans le sens d'un épanchement lyrique familier aux romantiques. Julien n'est pas entraîné dans une exaltation de soi, comme le montre la forme concise, lapidaire de ses phrases. On ne note aucune extase panthéiste face à la nature contemplée. C'est parce qu'il tient avant tout un discours du ressentiment social, qu'il s'interdit le lyrisme. Julien fait du maire de Verrières le représentant unique, presque allégorique des oppresseurs. Il ne s'arrête pas aux individus que sont M. de Rênal et sa famille. D'ailleurs, ils sont partiellement **réifiés**, dans sa formule méprisante : « lui, son château, ses chiens, ses enfants, et toute la famille », où par un procédé d'accumulation péjorative, Julien fait passer

Vocabulaire

Réifier : transformer en chose.

singulièrement le château et les chiens avant les « enfants ». L'omission dans cette liste de Mme de Rênal peut nous paraître **symptomatique**, car elle se retrouve comprise dans l'expression « toute sa famille », mais elle n'est pas nommée. Ne manifeste-t-il pas par-là la résistance encore inconsciente qu'il éprouve à ranger Mme de Rênal parmi les oppresseurs ?

Vocabulaire
Symptomatique : révélatrice.

C. La figure de Napoléon

Finalement, seul l'épervier peut sembler être un élément lyrique dans l'évocation du paysage. Il s'agit d'une métonymie, car il symbolise l'aigle napoléonien, dont la figure culmine à la fin de l'extrait. C'est une référence à l'actualité politique et sociale sous forme polémique. Pour le personnage, faire référence à Napoléon dans ce contexte de restauration réactionnaire, mesquine et sournoise, comme l'incarne M. de Rênal, c'est montrer combien il est différent. Une conciliation entre le héros et ce milieu est impossible (il lit le *Mémorial de Sainte-Hélène* et les *Bulletins de la grande armée* en secret dans sa chambre). Stendhal contribue ici à dessiner le mythe littéraire de Napoléon Ier : c'est pour lui un instrument de dénonciation critique des bassesses de la Restauration. C'est aussi un mythe de l'énergie et de l'affirmation de soi, le symbole de tous ceux qui ont l'ambition d'imposer à la société toute la marque de leur volonté. On peut voir aussi une certaine ironie de l'auteur vis-à-vis de son personnage : il y a une disproportion entre les objectifs de Julien, comme son augmentation de salaire, et la référence à Napoléon.

Conclusion

Nous avons d'abord constaté combien Stendhal parvient dans ce texte à fusionner les éléments du paysage et les états d'âme du personnage, la description et le discours. Bien que cette attitude du personnage isolé contemplant un paysage où il voit l'image de ses propres sentiments soit une tradition romantique, Stendhal prend ses distances par rapport à ce modèle, notamment par une touche d'ironie. Néanmoins, en émule de Rousseau ou de Lamartine, le héros solitaire parvient à l'affirmation exaltée de lui-même dans un lieu élevé. On y perçoit l'idéal de supériorité individuelle de Julien. Dans sa solitude, il reste cependant obsédé par ceux contre qui il affirme cet idéal : il n'est donc pas si solitaire qu'on pourrait le croire.

L'astuce du prof
En conclusion, reprenez clairement vos arguments afin de répondre à la problématique.

DISSERTATION

1. Analyse du sujet

« Célébration du monde » : éloge de la nature, regard mélioratif porté sur un objet mais aussi moment de joie. La célébration permet une union avec le monde et plus précisément avec la nature.
Négation « ne […] que » : seulement. Ces deux œuvres auraient pour seul but la célébration du monde.

2. Le plan

I. La célébration du monde est au cœur de *Sido* et des *Vrilles de la vigne*

A. Éloge de la nature

Colette ne cesse de célébrer la nature dans les deux œuvres. Qu'il s'agisse du jardin de sa mère au sein duquel elle aimait se réfugier ou encore du rossignol ou de la guêpe dans *Les Vrilles de la vigne*. La nature est partout et la narratrice porte un regard admiratif sur celle-ci.

B. Les sensations sont au cœur de l'œuvre

Le monde est avant tout célébré par les différentes sensations qu'il fait naître chez la narratrice. La nature offre une explosion de sensations propre à réjouir celui qui s'y trouve. C'est bien pour cette raison qu'elle défend la vie à la campagne au détriment de la ville dans *Sido*.

II. Toutefois, ces œuvres ne se réduisent pas à la célébration du monde

A. Une œuvre autobiographique ?

Si Colette fait de nombreuses références à la nature, l'œuvre *Sido* a surtout pour but de présenter sa famille. En effet, chaque chapitre est consacré à un ou plusieurs membres de sa famille qu'elle dépeint à partir d'anecdotes et de souvenirs. L'œuvre n'est donc pas que centrée sur la célébration du monde. Si elle parle tant de la nature, c'est surtout pour évoquer la passion de sa mère pour son jardin.

B. Des récits intimes

En effet, dans ces deux œuvres, elle parle surtout d'elle et de ce qu'elle ressent. La première personne est omniprésente, la narratrice dresse son autoportrait à travers ce qu'elle a pu observer, ce qui l'a touchée, et délivre des pensées et réflexions dans *Les Vrilles de la vigne*. La nature fait alors office de métaphore pour imager ce qu'elle ressent.

III. Communion entre la narratrice et la nature

A. La nature a eu une place décisive dans le devenir de la narratrice

À plusieurs reprises dans l'œuvre, la narratrice ne fait qu'un avec la nature, ce qui souligne le rôle décisif de cette dernière dans la construction de la jeune fille devenue femme. Cela est représenté par le chiasme qui marque l'union : « À force de coucher sur la terre, la terre m'a donné sa couleur. »

B. La célébration du monde donne lieu à une célébration de l'écriture

Grâce aux mots, à l'écriture, la nature va revivre sous la plume de l'autrice. Le lecteur pourra alors à son tour sentir le parfum des géraniums ou entendre le chant du rossignol.

Chapitre 4 Le théâtre du XVIIe siècle au XXIe siècle

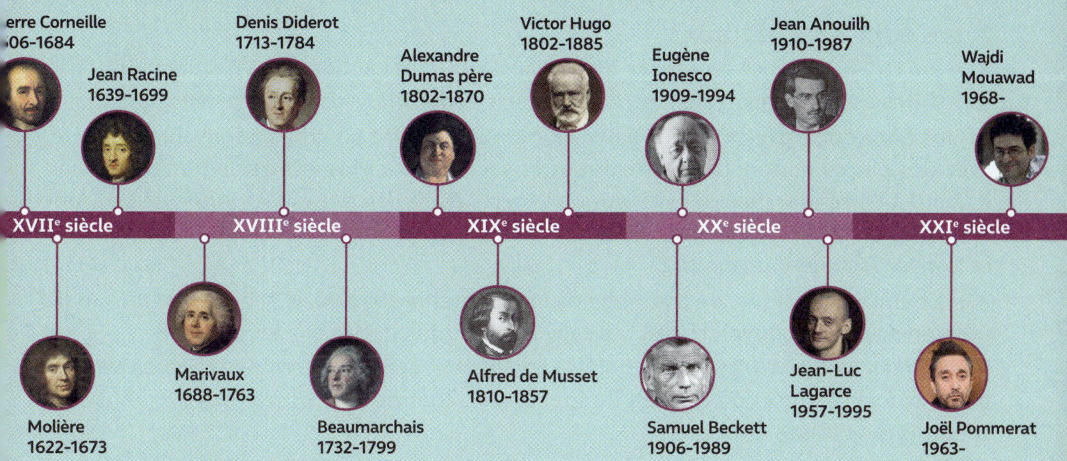

FICHE 1 L'espace théâtral et la mise en scène

1 Au commencement était l'espace

1. Les significations du mot « théâtre »

- Le mot « théâtre » désigne au départ le **lieu** où se déroulent les représentations, puis le spectacle lui-même, un **domaine artistique** et enfin un **genre littéraire**. Le premier sens du mot est donc **spatial** et **architectural** : le théâtre est un lieu avant d'être un texte.

2. Les édifices théâtraux

- Le théâtre est la **mise en espace d'une parole et d'une action**, d'où l'importance de la forme des édifices théâtraux, qui détermine les conditions de la représentation.
- Dans l'Antiquité grecque, le théâtre en **hémicycle** offre un accès à tous au spectacle, avec des places en fonction des catégories sociales. Au Moyen Âge, le théâtre se joue d'abord à l'intérieur puis à l'extérieur de l'église, au milieu des places publiques, et met en scène des œuvres sacrées (miracles, mystères) ou profanes (farces) pour l'édification et le divertissement du peuple.
- À la période classique, de triomphe de la monarchie absolue, le théâtre est un lieu de **mise en scène du pouvoir royal**. Les salles se multiplient aux siècles suivants.
- Les théâtres construits aujourd'hui se soucient essentiellement des critères de **visibilité**, d'**acoustique** et de **confort** du spectateur, comme des contraintes des nouvelles conditions de mises en scène.

2 Spécificités du texte théâtral

- Il existe deux types de discours : les **paroles** prononcées par les personnages, qui sont faites pour être jouées et les **didascalies**, qui sont faites pour être lues, et qui servent au metteur en scène et aux comédiens.
- Lorsqu'un personnage de théâtre parle, son discours a une **double destination** : il s'adresse à la fois à un ou plusieurs personnages, ou à lui-même, et au lecteur/spectateur. Le texte théâtral joue en permanence sur le décalage entre ce que le spectateur sait, voit et entend et ce que les personnages savent, voient et entendent.
- La caractérisation des personnages est donnée directement par leurs **discours** et leurs **actions**. La répartition de la parole dans une scène donne des indications précieuses sur les relations entre les personnages et leur importance dramatique.

3 Qu'est-ce que la mise en scène ?

- À la fin du XIXe siècle se produit une révolution dans l'art théâtral : la **mise en scène**, jusque-là assumée par le dramaturge (ou occasionnellement par un acteur de la troupe), est prise en charge par des amateurs éclairés qui vont en faire leur profession. Le metteur en scène est désormais un créateur à part entière et la mise en scène un art reconnu.
- La mise en scène recouvre : les **décors** (visuels et sonores), ou l'**espace scénique**, les **costumes** et **accessoires**, et la **direction d'acteur**.

POUR ALLER PLUS LOIN

QUELQUES METTEURS EN SCÈNE

> **André Antoine (1858-1943)** : considéré comme le créateur, en France, du métier de metteur en scène, il est influencé par les théories naturalistes de Zola et cherche à faire de la scène le reflet de la réalité sociale.

> **Aurélien Lugné-Poe (1869-1940)** : fondateur du théâtre de l'Œuvre, il prône un théâtre symboliste, à l'opposé de celui d'Antoine (dont il a été, au départ, le collaborateur). Il soutient et lance nombre de pièces qui marquent l'histoire du théâtre et de la mise en scène, comme *Pelléas et Mélisande* ou *Ubu Roi*

> **Jean-Louis Barrault (1910-1994)** : passionné de mime, il fonde en 1946 avec sa femme, la comédienne **Madeleine Renaud (1900-1994)**, la compagnie Renaud-Barrault et met en scène aussi bien des pièces du répertoire classique (Molière, Racine, Marivaux) que des pièces du répertoire contemporain (Ionesco, Beckett, Genet).

> **Jean Vilar (1912-1971)** : comédien, metteur en scène, auteur prolifique, soucieux d'amener tous les types de public aux spectacles, il crée le festival d'Avignon et dirige le Théâtre National Populaire.

> **Antoine Vitez (1930-1990)** : revendiquant un « théâtre élitaire pour tous », il met en scène *Le Soulier de satin*, de Paul Claudel en 1987, au festival d'Avignon. L'intégrale de la pièce dure onze heures, les spectateurs vont et viennent durant la représentation.

> **Peter Brook (1925-2022)** : en 2000, il met en scène *Hamlet* de Shakespeare, choisissant un acteur noir américain, Adrian Lester, pour incarner le rôle-titre, brisant ainsi un tabou.

> **Ariane Mnouchkine (née en 1939)** : fondatrice, en 1964, de la troupe du théâtre du Soleil, installée à la cartoucherie de Vincennes depuis 1970, elle conçoit la représentation théâtrale comme une aventure collective à laquelle les techniciens, le public et le lieu lui-même participent autant que le metteur en scène et les comédiens.

> **Joël Pommerat (né en 1963)** : auteur-metteur en scène, il a fondé la compagnie Louis Brouillard en 1990. Il présente la particularité de ne mettre en scène que ses propres textes, parfois des reprises de contes, et de pratiquer l'écriture de plateau. Voir p. 90

> **Olivier Py (né en 1965)** : acteur et metteur en scène de l'excès, il ose toutes les formes, tous les registres et tous les formats de la création théâtrale comme de l'opéra. En 1995, il est révélé au grand public par une pièce de vingt-quatre heures, *La Servante*, présentée au festival d'Avignon dont il deviendra le directeur jusqu'en 2021.

APPRENDRE AUTREMENT

Découvrir les mots du théâtre

Article

Vocabulaire

- **Théâtre :** le mot grec *theatron* puis le latin *theatrum* désignent « le lieu où il faut regarder », c'est-à-dire la scène du théâtre.
- **Dramaturge :** du grec *drama* (action), écrivain de pièces de théâtre et non seulement de drames.

Auteurs majeurs
Corneille, Racine, Molière, Marivaux, Beaumarchais

FICHE 2 Le théâtre aux XVIIe et XVIIIe siècles : la période classique respectée et dépassée

1 Un théâtre fortement codifié aux XVIIe et, en partie, XVIIIe siècles

- Les pièces classiques doivent respecter :
– la **règle des trois unités** : **lieu** unique, **temps**, 24 h au plus, **action**, une seule **intrigue** ;
– les **bienséances** : rien de choquant dans le langage ou dans l'action ne doit être représenté sur scène (la mort adviendra hors scène et sera racontée par un personnage) ;
– la **vraisemblance** : la pièce doit être crédible ;
– le **non-mélange** des genres et des tons.

2 Le XVIIe siècle ou le triomphe du classicisme

1. Le théâtre, un art royal

- Monarque absolu soucieux du **rayonnement de la France** autant que de son propre divertissement, Louis XIV mène une politique culturelle qui vise à encourager, soutenir, mais également unifier toute la production artistique, en donnant à chaque domaine et chaque genre ses **normes** et ses **codes** propres : c'est ce qu'on appelle le **classicisme**, phénomène typiquement français. Voir p. 132

Les règles strictes imposées n'empêchent pas de grands auteurs d'émerger, comme **Corneille, Racine** ou **Molière**, même si leurs pièces seront critiquées, voire censurées, autant qu'admirées et applaudies.

2. Les trois sous-genres du théâtre classique

- À l'imitation du théâtre antique, le théâtre classique se divise en deux sous-genres distincts et, à bien des égards, opposés : la **tragédie** qui, inspirant crainte et pitié au spectateur, provoque la *catharsis* (purgation des passions) et la **comédie** qui le fait rire par de multiples procédés. Voir p. 162
- La **tragi-comédie** ne mélange pas les genres, ce qui serait une entorse aux règles, c'est une tragédie qui finit bien (par exemple *Le Cid* de Corneille).

3 Le XVIIIe siècle ou la folie du théâtre

1. Un engouement sans précédent pour le théâtre

- Il devient un haut lieu de la **sociabilité** aristocrate avec également un public populaire. Certains auteurs, comme **Marivaux** ou **Beaumarchais**, en profitent pour diffuser des idées (pré-)révolutionnaires annonciatrices des **Lumières** : *L'Île des esclaves, La Colonie,* celles du valet Figaro dans la trilogie de Beaumarchais.

2. Un renouvellement des genres malgré les règles en vigueur

- De nouveaux genres naissent à la fin du siècle, comme le **vaudeville**, la **comédie larmoyante**, le **mélodrame** ou « tragédie des boulevards », le **drame bourgeois** (Diderot, Beaumarchais) qui disparaît assez vite, mais annonce le drame romantique au siècle suivant.

POUR ALLER PLUS LOIN

> Les principes classiques de la tragédie et de la comédie

	TRAGÉDIE CLASSIQUE	COMÉDIE CLASSIQUE
Structure de la pièce	Cinq actes	Un à cinq actes
Nature de l'intrigue	• Surtout politique • Intrigue amoureuse soumise à la dimension politique • Exemple : *Britannicus* de Racine	• Surtout amoureuse • Le dénouement : le plus souvent le mariage des amoureux • Exemples : presque toutes les comédies de Molière
Statut des personnages	• Élevé (distance avec le spectateur) • Nobles au pouvoir politique • Exemples : personnages mythologiques comme Phèdre, Iphigénie (Racine) ; historiques comme Suréna (Corneille)	• Bas ou moyen (proximité avec le spectateur) • Bourgeoisie, petite noblesse, valets et servantes • Exemple : la famille d'Argan et Toinette dans *Le Malade imaginaire* de Molière
Forme	• Langue soutenue, style élevé • Toujours en vers (alexandrins) • Exemples : « On a peine à haïr ce qu'on a bien aimé. / Et le feu mal éteint est bientôt rallumé » *Sertorius*, I, 3, Corneille, 1662 BÉRÉNICE - « Pour jamais ! Ah, Seigneur ! Songez-vous en vous-même Combien ce mot cruel est affreux quand on aime ? » *Bérénice*, Racine, 1670	• Langue courante et/ou familière, style bas et/ou moyen • En prose : TOINETTE - « Il faut manger de bon gros bœuf, de bon gros porc, de bon fromage de Hollande [...] pour coller et conglutiner. » *Le Malade imaginaire*, Molière. • En vers (alexandrins) dans les « grandes comédies » : « C'est une folie à nulle autre seconde / de vouloir se mêler de corriger le monde. » *Le Misanthrope*, I, 1, Molière
Époque à laquelle se déroule l'intrigue	Le passé (Antiquité gréco-romaine la plupart du temps)	L'époque contemporaine de l'auteur
Règle des trois unités	Unité de lieu : le palais ou une pièce du palais	Unité de lieu : la rue, la place du village/de la ville, une maison bourgeoise
	Unité de temps, unité d'action respectées	

APPRENDRE AUTREMENT

Voir *Le Mariage de Figaro* mis en scène par Colette Roumanoff

Vidéo

Vocabulaire

• **Intrigue :** fiction mise en scène, *action*, de la pièce de théâtre.

• **Lumières :** courant né au XVIIIe siècle contre l'obscurantisme, les privilèges de l'Ancien Régime, pour les valeurs de liberté, égalité, justice, tolérance.

FICHE 3

Le théâtre au XIXe siècle : l'âge des révolutions

Auteurs majeurs
Dumas, Hugo, Vigny, Musset, Antoine, Becque, Maeterlinck, Feydeau, Courteline, Jarry

1 Le drame romantique

- La nouvelle sensibilité littéraire qui se développe du début jusqu'au milieu du XIXe siècle environ, et qu'on appelle le **romantisme**, s'exprime en réaction aux codes et aux principes du théâtre classique. Ce refus se traduit, entre autres, par l'abandon de la barrière entre comédie et tragédie, et l'invention d'un nouveau genre : le **drame romantique** illustré par Dumas (père), Hugo, Musset, Vigny.

- Dans la préface de *Cromwell* (1827), véritable **manifeste**, Hugo fustige la règle des trois unités, et prône la « féconde union » du « grotesque » et du « **sublime** » : multiplication des lieux, des personnages et des intrigues, vers ou prose, mélange des tonalités (comique et tragique) et des styles...

Ces caractéristiques dérangent, comme le témoignent les conflits à la première représentation d'*Hernani* (Hugo).

- Le **héros romantique**, marginal, sensible et exalté, est un être incompris, dont les idéaux et les aspirations élevées se heurtent au prosaïsme des réalités sociales et politiques.

2 Le théâtre dans la deuxième moité du XIXe siècle

- Le **vaudeville** est une **comédie populaire** qui met en scène de manière légère des **réalités sociales** (mariage, adultère, héritage) : s'enchaînent quiproquos et rebondissements. Il connaît son apogée dans les années 1850-1870, avec Feydeau et Courteline et se prolonge, aujourd'hui, dans le « théâtre de boulevard ».

- Le **théâtre naturaliste**, s'il a peu survécu à son époque, est associé à l'**invention de la mise en scène**, par André Antoine, lecteur et ami de Zola. Décors et costumes **reconstituent fidèlement** le milieu social (Henry Becque, Eugène Brieux) et une attention nouvelle est portée au **naturel** recherché dans le jeu des comédiens.

- Le **théâtre symboliste**, tragique et spirituel, s'est développé à la fin du XIXe siècle, dans un mouvement de **réaction idéaliste** contre le drame bourgeois et le théâtre naturaliste. Ses auteurs, comme Claudel et Maeterlinck, ou le metteur en scène Lugné-Poe, **rejettent toute autorité**, les valeurs bourgeoises comme les contraintes formelles. Ils cultivent morbidement pessimisme et mélancolie sans renier pour autant l'ironie et la parodie. Les décors sont minimalistes et ornementaux (toiles peintes façon « tapisserie »). Les acteurs récitent le texte à la manière d'un poème plus qu'ils ne jouent.

- Le **théâtre d'avant-garde** regroupe plusieurs auteurs : l'inclassable Alfred Jarry, auteur d'*Ubu-Roi*, père de la « **pataphysique** » et précurseur du surréalisme et de l'absurde, Apollinaire qui invente le mot « surréaliste », et Antonin Artaud qui prône un « théâtre de la cruauté » emportant acteurs et spectateurs dans une transe quasi mystique.

Cours

POUR ALLER PLUS LOIN

> La scène d'exposition de *Hernani*

Une chambre à coucher. La nuit. Une lampe sur une table. Doña Josefa Duarte, vieille, en noir, avec le corps de sa jupe cousu de jais, à la mode d'Isabelle la Catholique, don Carlos.

DOÑA JOSEFA, *seule. Elle ferme les rideaux cramoisis de la fenêtre et met en ordre quelques fauteuils. On frappe à une petite porte dérobée à droite. Elle écoute. On frappe un second coup.*
Serait-ce déjà lui ?
Un nouveau coup.
C'est bien à l'escalier
Dérobé.
Un quatrième coup.
Vite ouvrons.
Elle ouvre la petite porte masquée. Entre don Carlos, le manteau sur le nez et le chapeau sur les yeux.
Bonjour, beau cavalier.
Elle l'introduit. Il écarte son manteau et laisse voir un riche costume de velours et de soie, à la mode castillane de 1519. Elle le regarde sous le nez et recule étonnée.
Quoi, seigneur Hernani, ce n'est pas vous ! Main forte !
Au feu !

DON CARLOS, *lui saisissant le bras.*
Deux mots de plus, duègne, vous êtes morte !
Il la regarde fixement. Elle se tait, effrayée.
Suis-je chez doña Sol ? fiancée au vieux duc
De Pastraña, son oncle, un bon seigneur, caduc,
Vénérable et jaloux ? dites ? La belle adore
Un cavalier sans barbe et sans moustache encore,
Et reçoit tous les soirs, malgré les envieux,
Le jeune amant sans barbe à la barbe du vieux.
Suis-je bien informé ? [...]

Victor Hugo, *Hernani*, acte I, scène 1, 1830

Les indices de l'exposition sont introduits *in medias res* : un conflit amoureux dans l'Espagne du XVIe siècle, trois hommes rivaux qui s'affrontent autour de la même femme dans un décor symbolique. D'emblée sont introduits des thèmes majeurs de la pièce : celui de l'identité et de la métamorphose, et celui des valeurs en mutation.

Aux antipodes des règles classiques et des habitudes esthétiques du public, Hugo multiplie les effets de décalage et de surprise, en introduisant des éléments mélodramatiques, créant ainsi une situation vaudevillesque dans des alexandrins disloqués, entre plusieurs locuteurs, et des bienséances méprisées. Il met en scène un roi, personnage historique de première grandeur, qui se déguise, s'introduit clandestinement dans la chambre d'une jeune fille, en opposition au personnage d'Hernani, seule figure tragique. Ainsi sont mélangés le grotesque et le sublime, la comédie et la tragédie, dans cette esthétique et ce genre dramatique nouveaux dont Hugo se fait ici le porte-parole : le drame romantique.

APPRENDRE AUTREMENT

Regarder la conférence de la spécialiste de Hugo sur *Hernani*

Vidéo

Vocabulaire

- **Sublime :** ce qu'il y a de plus élevé, dans l'ordre moral, esthétique et qui provoque l'émotion, l'admiration extrêmes.
- **Pataphysique :** parodie de la science « des solutions imaginaires ».

Auteurs majeurs
Giraudoux, Anouilh, Cocteau, Sartre, Camus, Genet, Ionesco, Beckett, Koltès, Lagarce, Pommerat, Mouawad

FICHE 4 Le théâtre aux XXe et XXIe siècles : l'âge des mutations

1 Une nouvelle approche du langage théâtral

- Les grands metteurs en scène des XXe et XXIe siècles alternent entre la reprise de pièces du **répertoire classique**, dont ils donnent leur lecture et leur vision, et la création de pièces **contemporaines** souvent en collaboration avec l'auteur.
- La naissance de la mise en scène ainsi que les avant-gardes de la fin du XIXe siècle et du début du XXe **bouleversent la conception et la représentation** du texte théâtral.
- La structure et la forme des pièces varient, non plus en fonction des codes inhérents au genre théâtral, mais en fonction des **choix esthétiques et dramaturgiques** de l'auteur. Certaines pièces sont ainsi divisées en « tableaux » au lieu d'actes et/ou de scènes voire ne comportent aucune division.
- On assiste à un éclatement des genres. Chaque auteur invente sa terminologie. Ainsi Ionesco : « anti-pièce » : *La Cantatrice chauve*, « drame comique » : *La Leçon*, « farce tragique » : *Le Roi se meurt*.
- Conséquence directe de l'importance accordée à la mise en scène, le **discours didascalique** envahit le texte théâtral (*Fin de partie* de Beckett). Le dispositif théâtral est même au cœur de l'écriture de certaines pièces (*Les Paravents* de Genet).
- Certains dramaturges intègrent dans leurs textes les propositions des comédiens au fil des répétitions, des circonstances et des improvisations (**théâtre de plateau**).

2 L'individu, la société et la condition humaine

- Giraudoux (*La guerre de Troie n'aura pas lieu*), Anouilh (*Antigone*) et Cocteau (*La Machine infernale*), entre les deux guerres mondiales, **modernisent les mythes antiques** pour sensibiliser aux tragédies qui naissent de leur temps.
- Camus, Sartre suivant Brecht, après 1945, développent la philosophie **existentialiste** et interrogent le sentiment de l'absurde, la responsabilité individuelle, l'engagement social et politique. Genet pratique un théâtre de la **transgression** avec les thèmes de la prison, les passions entre hommes, la grandeur de la sexualité et du crime.
- L'homme, mis en scène par Ionesco et Beckett, est condamné à la **solitude**, l'aliénation, l'absurde de la condition humaine. Koltès et Lagarce l'exposent à la maladie mortelle, le sida, en insistant sur la nécessaire incarnation physique de l'acteur. Voir p. 140
- Au XXIe siècle, le théâtre s'élargit au « spectacle vivant » : ***happenings***, formes musicales et chorégraphiées, cirque. Il **critique** souvent la société de consommation, la désinformation, l'insécurité politique et écologique, l'omniprésence de l'image et du virtuel.
- Le théâtre **post-dramatique** (Bernhard, Müller, Lepage, Koltès, Lagarce, Novarina, Mouawad, Pommerat) **remet en cause la fiction**, la logique de la narration et la représentation traditionnelles en transgressant les genres.

POUR ALLER PLUS LOIN

> Comique et pathétique dans une pièce en un acte du nouveau théâtre

NELL – Qu'est-ce que c'est, mon gros ? *(Un temps.)* C'est pour la bagatelle ?
NAGG – Tu dormais ?
NELL – Oh non !
NAGG – Embrasse.
NELL – On ne peut pas.
NAGG – Essayons.
Les têtes avancent péniblement l'une vers l'autre, n'arrivent pas à se toucher, s'écartent.
NELL – Pourquoi cette comédie, tous les jours ?
Un temps.
NAGG – J'ai perdu ma dent.
NELL – Quand cela ?
NAGG – Je l'avais hier.
NELL *(élégiaque)* – Ah hier !
Ils se tournent péniblement l'un vers l'autre.
NAGG – Tu me vois ?
NELL – Mal. Et toi ?
NAGG – Quoi ?
NELL – Tu me vois ?
NAGG – Mal.
NELL – Tant mieux, tant mieux.
NAGG – Ne dis pas ça. *(Un temps.)* Notre vue a baissé.
NELL – Oui.
Un temps. Ils se détournent l'un de l'autre.
NAGG – Tu m'entends ?
NELL – Oui. Et toi ?
NAGG – Oui. *(Un temps.)* Notre ouïe n'a pas baissé.
NELL – Notre quoi ?
NAGG – Notre ouïe.

Samuel Beckett, *Fin de partie*, 1957

Le couple formé par Nell et Nagg est indissociablement comique et pathétique. Le délabrement physique des deux personnages est, en soi, plutôt pathétique mais il occasionne également des échanges qui prêtent à rire. Il s'agit d'un couple de vieillards handicapés vivant dans des poubelles : cette situation peut donner lieu à une interprétation farcesque et des jeux de scène comiques comme à une interprétation tirant plus vers le tragique, métaphore de l'impuissance et de la faiblesse humaines.

Le comique et le pathétique sont les deux revers d'une même médaille : celle de la condition humaine, dont Beckett donne une vision à la fois sombre et dérisoire à travers des personnages indissociablement grotesques et émouvants.

APPRENDRE AUTREMENT

Découvrir le théâtre de l'absurde

Vidéo

Vocabulaire

- **Existentialisme :** doctrine selon laquelle l'homme est libre et responsable de son existence et donc uniquement déterminé par ses choix et ses actes.
- ***Happening* :** performance où la part d'imprévu est essentielle et qui exige la participation du public.

Révision Express

> Les principaux genres et courants théâtraux de la fin du XVIIIe siècle au XXIe siècle

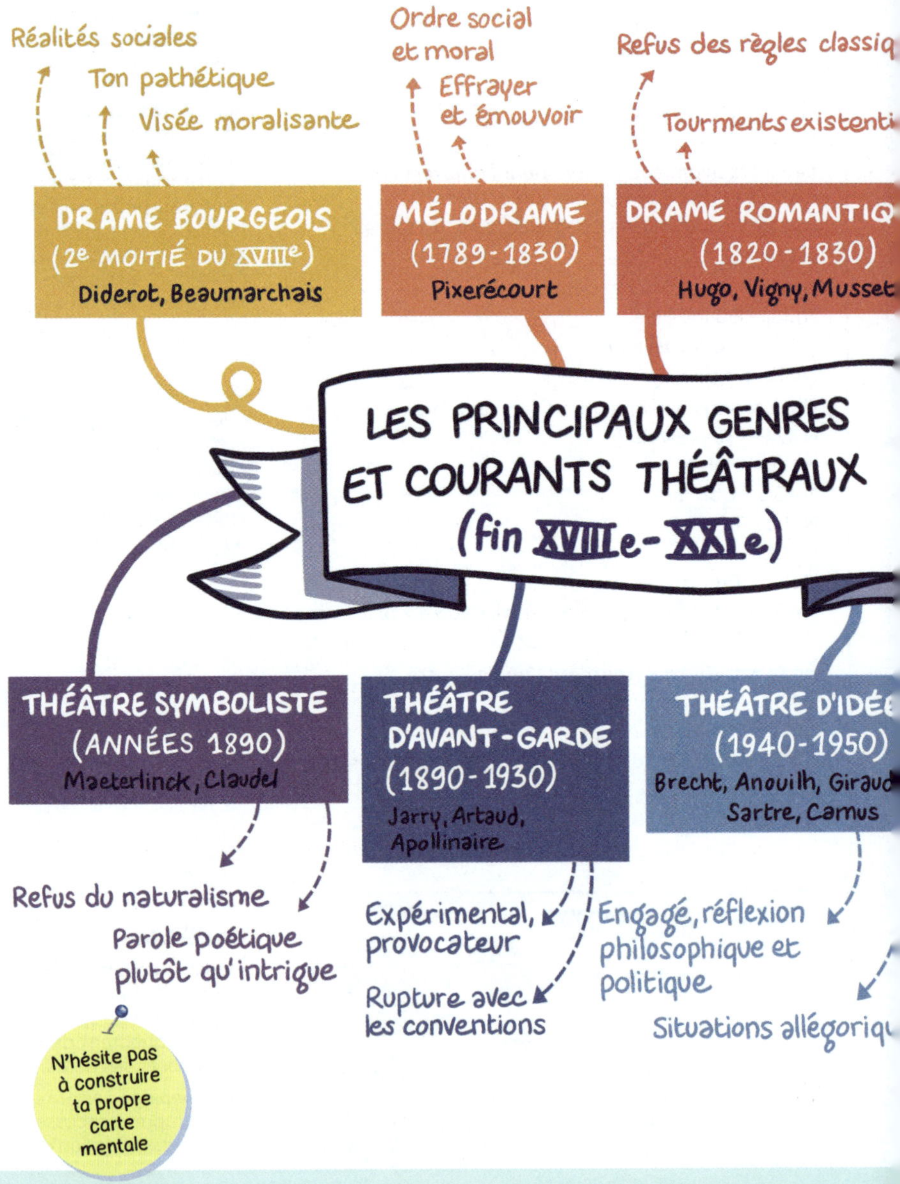

CARTE MENTALE

VAUDEVILLE
(1850-1870)
Labiche, Feydeau, Courteline

- Comédie populaire : quiproquos, rebondissements
- Réalités sociales

THÉÂTRE NATURALISTE
(1870-1890)
Becque, Brieux, Zola

- Tranches de vie réalistes
- Sujets sensibles voire tabous

NOUVEAU THÉÂTRE
(1940-1960)
Adamov, Beckett, Ionesco, Tardieu

- Théâtre de l'absurde
- Refus du réalisme
- Mise en scène du doute, du vide

THÉÂTRE POST-DRAMATIQUE
(FIN XXe-XXIe)
Koltès, Lagarce, Novarina, Pommerat, Mouawad

- Remise en question du dramatique
- Esthétique du discontinu, refus de la logique narrative

1 Analyser une scène d'exposition

LES RÉFLEXES À AVOIR

- Une scène d'exposition n'est pas toujours clairement identifiée en tant que telle : vous devrez parfois le déduire du **paratexte**, qui indiquera, s'il y a lieu car beaucoup de pièces contemporaines sont en un acte (cf. Genet, Ionesco, Beckett), après le titre de la pièce, le numéro de l'acte (en chiffres romains) et le numéro de la scène (en chiffres arabes). Soit, pour la scène d'exposition : acte I, scène 1 (ou I, 1).
- Posez-vous la question de savoir si la scène remplit ses **fonctions** : donner au spectateur les informations nécessaires pour comprendre les enjeux de la pièce et les relations entre les personnages ; amorcer l'intrigue ; installer le « ton », l'atmosphère de la pièce. Certains auteurs peuvent jouer sur les attentes du spectateur ou prendre, volontairement, le contre-pied de la norme.
- Parfois l'exposition n'est pas signalée par le paratexte et peut se poursuivre sur plusieurs scènes.

Remarque
Les Mains sales de Sartre est une pièce en sept tableaux, et *Les Bonnes* de Genet ne comporte aucune division.

Remarque
Les pièces du théâtre classique contiennent fort peu de didascalies, après la liste des « acteurs » (personnages) et l'indication du lieu de l'action.

LES PIÈGES À ÉVITER

- Attention à une erreur fréquente : la « scène d'introduction » n'existe pas !
- N'oubliez pas en lisant la scène d'exposition que le **spectateur** ne découvre l'intrigue et les personnages qu'à travers les discours de ces derniers, même si une introduction sur la pièce ou la liste des personnages sont fournis au **lecteur** avec cette scène d'exposition.

LES ASTUCES DU PROF

- Prêtez attention à la **forme** de la scène d'exposition : s'agit-il d'un monologue ? d'un dialogue vif et rythmé ? d'une tirade suivie d'un échange de répliques ? Ces remarques vous seront précieuses pour **caractériser** la scène.
- La scène d'exposition contient souvent des didascalies initiales (lieu, époque, indications de décors, de costumes…) : ne négligez pas ces informations qui vous aideront à visualiser la scène, à en percevoir l'ambiance générale et à éviter certains contresens.

Méthode

EXEMPLE

> Étudier une scène d'exposition

Décor : un salon plus « 1900 » que nature.
Au lever du rideau, Madame est seule. Elle est assise sur un « sopha » et lit un livre.

IRMA, *entrant et apportant le courrier.*
Madame, la poterne vient d'élimer le fourrage...
Elle tend le courrier à Madame, puis reste plantée devant elle, dans une attitude renfrognée et boudeuse.

MADAME, *prenant le courrier.*
C'est tronc !... Sourcil bien !... (*Elle commence à examiner les lettres puis, s'apercevant qu'Irma est toujours là :*) Eh bien, ma quille ! Pourquoi serpez-vous là ? (*Geste de congédiement.*) Vous pouvez vidanger !

IRMA
C'est que, Madame, c'est que...

MADAME
C'est que, c'est que, c'est que quoi-quoi ?

IRMA
C'est que je n'ai plus de « Pull-over » pour la crécelle...

MADAME, *prend son grand sac posé à terre à côté d'elle et après une recherche qui paraît laborieuse, en tire une pièce de monnaie qu'elle tend à Irma.*
Glousser ! Voici cinq gaulois ! Loupez chez le petit soutier d'en face : c'est le moins foreur du panier...

Jean Tardieu, *Un mot pour un autre*, 1951

Repérages

– Les didascalies montrent qu'il s'agit ici du début de la pièce, donc de la scène d'exposition.
– Le statut des personnages et leurs relations sont clairement établis : rapports tendus entre une maîtresse (« Madame ») et sa bonne, Irma, typiques du vaudeville.
– L'insistance sur la question de l'argent (*topos* de la comédie) montre qu'il s'agira d'un enjeu essentiel de l'intrigue.
– La tonalité comique de la scène est instaurée, entre autres, par les substitutions de mots.

Interprétation

- Cette scène d'exposition plonge d'emblée le lecteur/spectateur dans un univers de faux-semblants : décor « plus 1900 que nature », « Madame » qui n'a pas d'argent... jusqu'aux mots employés qui ne sont pas ceux logiquement attendus et qui virent à l'absurde !
- Le procédé de substitution (clairement annoncé par le titre de la pièce) permet ainsi à Tardieu de jouer sur les attentes des spectateurs en parodiant le vaudeville, et, plus profondément, de mettre au jour l'insignifiance des paroles et des échanges humains.

② Analyser le comique dans une scène de théâtre

LES RÉFLEXES À AVOIR

• Laissez-vous guider par votre intuition : qu'est-ce qui vous fait, spontanément, rire ou sourire dans le texte ? Faites confiance à vos **impressions de lecteur** face à un texte comique, mais vérifiez tout de même qu'elles sont fondées sur des éléments précis du texte.

• Repérez avant tout les types de comique exploités dans le texte théâtral : comique de situation, comique de caractère, comique de mots, comique de geste. **Surlignez-les** de différentes couleurs afin de repérer si un type de comique domine, s'ils sont tous présents, etc.

• Affinez votre analyse du comique en repérant ses variations : humoristique, farcesque, grotesque, burlesque, héroï-comique, absurde.

LES PIÈGES À ÉVITER

• Ne négligez pas de **situer** le texte dans son contexte, c'est essentiel pour en analyser la dimension comique. À la période classique (XVIIe-XVIIIe siècles), le comique est exclusivement réservé à la comédie. En revanche, à partir de la période romantique (XIXe siècle), une même pièce – voire une même scène – peut faire coexister comique et tragique.

• Attention aux anachronismes : ne passez pas à côté de certains gags sous prétexte que la scène date du XVIIe siècle, mais ne déclarez pas non plus d'emblée comique un texte parce que certains usages de la langue, aujourd'hui disparus, vous semblent étranges et cocasses.

LES ASTUCES DU PROF

• Soyez attentif aux spécificités du comique théâtral. Dans la comédie, les jeux de scènes, apartés, mimiques... sont particulièrement importants : n'oubliez pas la dimension visuelle et scénique quand vous analysez le comique au théâtre.

• Au théâtre, les situations de communication sont complexes, surtout dans la comédie où les personnages se cachent, mentent, rusent, dissimulent et manient volontiers l'ironie et le double discours. Tenez-en compte : c'est précisément là qu'est l'enjeu de l'analyse.

APPRENDRE AUTREMENT

Voir *Le Malade imaginaire* de Molière, mis en scène par Colette Roumanoff

Vidéo

EXEMPLE

> Analyser le comique dans une comédie classique

TARTUFFE, *apercevant Dorine*
Laurent, serrez ma haire avec ma discipline
Et priez que le Ciel toujours vous illumine.
Si l'on vient pour me voir, je vais aux prisonniers
Des aumônes que j'ai partager les deniers.

DORINE
Que d'affectation et de forfanterie !

TARTUFFE
Que voulez-vous ?

DORINE
Vous dire…

TARTUFFE. *Il tire un mouchoir de sa poche.*
Ah ! mon Dieu, je vous prie,
Avant que de parler prenez-moi ce mouchoir.

DORINE
Comment ?

TARTUFFE
Couvrez ce sein que je ne saurais voir :
Par de pareils objets les âmes sont blessées,
Et cela fait venir de coupables pensées.

DORINE
Vous êtes donc bien tendre à la tentation,
Et la chair sur vos sens fait grande impression ?
Certes je ne sais pas quelle chaleur vous monte :
Mais à convoiter, moi, je ne suis pas si prompte,
Et je vous verrais nu du haut jusques en bas,
Que toute votre peau ne me tenterait pas.

Molière, *Tartuffe*, acte III, scène 2, 1669

Vocabulaire
Haire : chemise rugueuse.
Discipline : fouet (censé punir le pêcheur).
« Si l'on vient pour me voir, je vais aux prisonniers / Des aumônes que j'ai partager les deniers » : feinte générosité de Tartuffe.

1. Tartuffe feint d'être choqué par le décolleté de Dorine qu'il trouve provocant.
2. L'attitude forcée et la rhétorique artificielle de Tartuffe s'opposent à la spontanéité, à la franchise et au bon sens de la servante, qui retourne sans peine le discours religieux de l'imposteur contre lui.

- Le comique de situation (faux dévot accusé de lubricité), de caractère (hypocrisie, rhétorique artificielle de Tartuffe face à la franchise et au bon sens de Dorine), de mots (Dorine reprend ironiquement le vocabulaire religieux dont use abondamment Tartuffe ; les nombreuses diérèses soulignent l'emphase qu'elle met volontairement dans son discours afin de se moquer de l'imposteur), de geste (jeux de mouchoir).

Fiche test *Ce que je sais*

QCM

15 min

◯ À revoir
◯ Acquis

1 Cochez la bonne réponse.

1 Les règles du théâtre classique sont en vigueur :
◯ a. aux XVIIe et XVIIIe siècles.
◯ b. uniquement au XVIIe siècle.
◯ c. uniquement au XVIIIe siècle.
FICHE 2

2 Le principe de bienséance exige qu'une pièce de théâtre :
◯ a. soit crédible.
◯ b. se déroule en un lieu unique.
◯ c. soit sur scène conforme à la morale, aux bonnes mœurs.
FICHE 2

3 La tragi-comédie :
◯ a. mélange les tons.
◯ b. mélange les genres.
◯ c. est une tragédie qui se termine bien.
FICHE 2

4 Les romantiques :
◯ a. appliquent les règles du théâtre classique.
◯ b. rejettent les règles du théâtre classique.
◯ c. n'ont aucune opinion particulière au sujet des règles du théâtre classique.
FICHE 3

5 Alfred de Musset appartient au courant littéraire du :
◯ a. classicisme.
◯ b. romantisme.
◯ c. symbolisme.
FICHE 3

6 Quelle pièce de Hugo a déclenché une célèbre « bataille » entre partisans et détracteurs du théâtre romantique ?
◯ a. *Hernani*.
◯ b. *Ruy Blas*.
◯ c. *Lucrèce Borgia*.
FICHE 3

7 Le drame bourgeois a été inauguré par :
◯ a. Racine.
◯ b. Diderot.
◯ c. Vigny.
FICHE 2

8 Le vaudeville est :
◯ a. une comédie légère.
◯ b. un genre pratiqué par les auteurs symbolistes.
◯ c. une pièce politique.
FICHE 3

9 La notion de théâtre d'avant-garde désigne :
◯ a. un théâtre réaliste.
◯ b. un théâtre engagé.
◯ c. un théâtre novateur.
FICHE 3

10 Le théâtre de l'absurde est illustré notamment par :
◯ a. Eugène Labiche.
◯ b. Maurice Maeterlinck.
◯ c. Eugène Ionesco.
FICHE 4

11 Samuel Beckett est un représentant du :
◯ a. théâtre naturaliste.
◯ b. théâtre classique.
◯ c. théâtre de l'absurde.
FICHE 4

12 Toinette est un personnage créé par :
◯ a. Feydeau.
◯ b. Molière.
◯ c. Pommerat.
FICHE 2

13 Les didascalies constituent :
◯ a. une suite de répliques courtes.
◯ b. des indications scéniques.
◯ c. l'essentiel d'une scène d'exposition.
FICHE 1

14 *Les Fausses Confidences* sont écrites par :
◯ a. Beaumarchais.
◯ b. Marivaux.
◯ c. Tardieu.
FICHE 2

15 Jean-Luc Lagarce dans *Juste la fin du monde* met en scène :
◯ a. la maladie.
◯ b. l'apocalypse.
◯ c. les dangers du nucléaire.
FICHE 4

SCORE : ___ / 15

EXERCICES D'ENTRAÎNEMENT

2 D'après leur titre, ces pièces relèvent-elles de la comédie ou de la tragédie ? Justifiez rapidement votre réponse.

1. *Le Mariage de Figaro*
2. *Andromaque*
3. *Le Jeu de l'amour et du hasard*
4. *Britannicus*
5. *L'Avare*
6. *Esther*
7. *Les Fourberies de Scapin*
8. *Le Malade imaginaire*

VERS LE BAC

COMMENTAIRE

- **Le texte à commenter est d'habitude choisi non pas dans le cadre d'un parcours mais au sein de l'objet d'étude. Ici, le travail permettra d'approfondir la connaissance de l'œuvre théâtrale au programme 2025. Vous ferez le commentaire du texte suivant.**

Texte **Alfred de Musset, *On ne badine pas avec l'amour* (1834), III, 3.**

Perdican et Camille reviennent, après des années de séparation, sur les lieux où ils ont grandi ensemble dans leur enfance, et où le Baron, père de Perdican et oncle de Camille, compte les marier. Mais la jeune fille, qui a été élevée au couvent, s'est forgé, d'après les récits des religieuses, une image extrêmement négative de l'amour et des hommes et refuse d'épouser son cousin, ainsi que d'admettre les sentiments qu'elle éprouve pour lui. Quand elle annonce son départ pour le couvent, Perdican lui tend un piège.

CAMILLE, *lisant*[1].
Perdican me demande de lui dire adieu, avant de partir, près de la petite fontaine où je l'ai fait venir hier. Que peut-il avoir à me dire ? Voilà justement la fontaine, et je suis toute portée[2]. Dois-je accorder ce second rendez-vous ? Ah ! (*Elle se cache derrière un arbre.*) Voilà Perdican qui approche avec Rosette, ma sœur de lait[3]. Je suppose qu'il va la quitter ; je suis bien aise de ne pas avoir l'air d'arriver la première.
Entrent Perdican et Rosette, qui s'assoient.
CAMILLE, *cachée, à part.*
Que veut dire cela ? Il la fait asseoir près de lui ? Me demande-t-il un rendez-vous pour y venir causer avec une autre ? Je suis curieuse de savoir ce qu'il lui dit.
PERDICAN, *à haute voix, de manière que Camille l'entende.*

Je t'aime, Rosette ! Toi seule au monde tu n'as rien oublié de nos beaux jours passés ; toi seule tu te souviens de la vie qui n'est plus ; prends ta part de ma vie nouvelle ; donne-moi ton cœur, chère enfant ; voilà le gage de notre amour.

Il lui pose sa chaîne sur le cou.

ROSETTE

Vous me donnez votre chaîne d'or ?

PERDICAN

Regarde à présent cette bague. Lève-toi, et approchons-nous de cette fontaine. Nous vois-tu tous les deux, dans la source, appuyés l'un sur l'autre ? Vois-tu tes beaux yeux près des miens, ta main dans la mienne ? Regarde tout cela s'effacer. (*Il jette sa bague dans l'eau.*) Regarde comme notre image a disparu ; la voilà qui revient peu à peu ; l'eau qui s'était troublée reprend son équilibre ; elle tremble encore ; de grands cercles noirs courent à sa surface ; patience, nous reparaissons ; déjà je distingue de nouveau tes bras enlacés dans les miens ; encore une minute, et il n'y aura plus une ride sur ton joli visage ; regarde ! c'était une bague que m'avait donnée Camille.

CAMILLE, à part.

Il a jeté ma bague dans l'eau.

PERDICAN

Sais-tu ce que c'est que l'amour, Rosette ? Écoute ! le vent se tait ; la pluie du matin roule en perles sur les feuilles séchées que le soleil ranime. Par la lumière du ciel, par le soleil que voilà, je t'aime ! Tu veux bien de moi, n'est-ce pas ? On n'a pas flétri ta jeunesse ? On n'a pas infiltré dans ton sang vermeil les restes d'un sang affadi ? Tu ne veux pas te faire religieuse ; te voilà jeune et belle dans les bras d'un jeune homme. Ô Rosette, Rosette ! Sais-tu ce que c'est que l'amour ?

ROSETTE

Hélas ! monsieur le docteur[4], je vous aimerai comme je pourrai.

PERDICAN

Oui, comme tu pourras ; et tu m'aimeras mieux, tout docteur que je suis et toute paysanne que tu es, que ces pâles statues fabriquées par les nonnes, qui ont la tête à la place du cœur, et qui sortent des cloîtres pour venir répandre dans la vie l'atmosphère humide de leurs cellules ; tu ne sais rien ; tu ne lirais pas dans un livre la prière que ta mère t'apprend, comme elle l'a apprise de sa mère ; tu ne comprends même pas le sens des paroles que tu répètes, quand tu t'agenouilles au pied de ton lit ; mais tu comprends bien que tu pries, et c'est tout ce qu'il faut à Dieu.

ROSETTE

Comme vous me parlez, monseigneur !

PERDICAN

Tu ne sais pas lire ; mais tu sais ce que disent ces bois et ces prairies, ces tièdes rivières, ces beaux champs couverts de moissons, toute cette nature splendide de jeunesse. Tu reconnais tous ces milliers de frères, et moi pour l'un d'entre eux ; lève-toi, tu seras ma femme, et nous prendrons racine ensemble dans la sève du monde tout-puissant.

Il sort avec Rosette.

1. Perdican a écrit à Camille une lettre, qui vient de lui être transmise.
2. Émue.
3. Rosette est la fille de la nourrice de Camille.
4. Perdican est docteur, c'est-à-dire diplômé, en droit ; il n'est pas médecin.

DISSERTATION GUIDÉE

Parcours Les jeux du cœur et de la parole

Comédie, drame, tragédie : la pièce d'Alfred de Musset, *On ne badine pas avec l'amour* échappe à une classification rigoureuse. Dès son titre en forme de proverbe, elle suggère, avec un dénouement malheureux, l'interaction étroite du langage et des sentiments : en quoi le badinage, les jeux de la parole conduisent-ils à la douleur des cœurs ? Vous répondrez à cette question dans un développement organisé en vous appuyant sur votre lecture de la pièce, sur les textes que vous avez étudiés dans le cadre du parcours associé, et sur votre culture personnelle.

Le sujet de la dissertation
Il porte sur un programme d'œuvres imposées et peut être constitué d'une simple question ou d'une citation qu'il sera alors nécessaire de reformuler pour la problématiser.

1. Analysez le sujet suivant : définition des termes, délimitation du sujet.

2. Proposez un plan rapide pour résoudre la problématique.

Corrigés

Fiche test *Ce que je sais*

1 **1. a.** Elles sont abandonnées aux XIXe siècle avec les romantiques.
2. c. Rien ne doit être choquant dans le langage ou l'action représentés sur la scène.
3. c. Conformément aux préceptes du classicisme, pas ici de mélange des genres, ni des tons.
4. b. Multiplication des lieux, intrigues, personnages et tonalités.
5. b. Il écrit des drames romantiques.
6. a. C'est la bataille d'*Hernani* : la représentation est perturbée par le conflit entre partisans et détracteurs du romantisme.
7. b. Il est l'inventeur du genre, avec Le *Fils naturel* (1757).
8. a. Il sera relayé par le «théâtre de boulevard».
9. c. Par exemple le théâtre de l'absurde ou le surréalisme.
10. c. Ainsi que Beckett, Adamov et Jarry.
11. c. Même s'il a toujours nié faire partie de ce mouvement.
12. b. Dans *Le Malade imaginaire*.

13. b. Indiquées en italiques.
14. b. Il a aussi écrit des pièces représentatives des idées des Lumières.
15. b. Il a fait partie, comme Koltès, de cette génération d'artistes décimée par le Sida.

EXERCICES D'ENTRAÎNEMENT

2 1. Comédie : le mariage est un thème de comédie.

2. Tragédie : nom grec.

3. Comédie : les trois mots-clés du titre appartiennent au domaine de la comédie.

4. Tragédie : nom romain.

5. Comédie : renvoie à un défaut de caractère ; l'argent est un thème de comédie.

6. Tragédie : nom biblique.

7. Comédie : le terme de « fourberies » renvoie à la duperie typique de la comédie.

8. Comédie : le thème de la maladie relève du corps, donc, le plus souvent, de la comédie. Mais ce ne sera pas le cas avec Bernard-Marie Koltès et Jean-Luc Lagarce, dramaturges contemporains morts prématurément du sida.

VERS LE BAC

COMMENTAIRE

Le corrigé du commentaire est intégralement rédigé. Pour faciliter votre lecture, nous avons conservé les titres des différentes étapes du développement. Dans votre copie, vous ne devrez pas les conserver.

Introduction

Publiée en 1834, *On ne badine pas avec l'amour* est, avec *Lorenzaccio*, la plus célèbre des pièces de Musset. Elle raconte les amours tumultueuses de Perdican et Camille, deux cousins destinés à se marier, mais dont l'union est compromise par les réticences de la jeune fille, rendue méfiante par les mises en garde des religieuses qui l'ont élevée au couvent. Afin de la forcer à (s')avouer ses sentiments, Perdican va donc chercher à éveiller sa jalousie. À la scène 3 de l'acte III, il s'arrange ainsi pour que Camille assiste, cachée, aux déclarations d'amour passionné qu'il fait à une jeune paysanne, Rosette. Comment Musset revisite-t-il la scène à témoin caché ?
On verra comment, exploitant une situation traditionnelle de comédie, Musset, fidèle à l'esthétique romantique, met en effet en œuvre des éléments et des perspectives qui débordent, de loin, à la fois la comédie et le registre comique, livrant finalement une scène très ambiguë.

I. Une situation traditionnelle de comédie

À bien des égards, la scène 3 de l'acte III d'*On ne badine pas avec l'amour* relève d'une situation traditionnelle de comédie.

A. Un univers de comédie

L'univers de la scène est typique du genre : les personnages sont des jeunes gens et il est question d'amour. Les objets et les lieux eux-mêmes contribuent à renforcer cette impression : la fontaine est, dans toute une tradition littéraire qui remonte au Moyen Âge, un lieu symbolisant l'amour, un lieu intime de rendez-vous galant ; la lettre est un *topos* de l'intrigue amoureuse ; bague et chaîne sont les symboles du mariage et de l'union.

Gagnez des points

N'hésitez pas à recourir aux connaissances que vous devez maîtriser de l'histoire du genre, de ses traditions et procédés.

B. Le stratagème de Perdican

De plus, cette scène repose sur un stratagème, une ruse mise en œuvre par Perdican, et qui consiste à attirer Camille près de la fontaine pour qu'elle croie l'y surprendre en pleine conversation amoureuse avec Rosette. Le dispositif de la scène à témoin caché, comme celui de la **mise en abyme** puisque Perdican va jouer la comédie, fonctionne donc ici sur un double niveau : Camille pense qu'elle épie cette entrevue entre Perdican et Rosette, alors qu'en réalité, cette entrevue n'est destinée qu'à la tromper. On retrouve ici l'un des principaux ressorts comiques au théâtre : le dupeur dupé. Ce dispositif est soutenu par le double-discours constant de Perdican. En effet, lorsqu'il parle à Rosette, Perdican s'adresse en réalité à Camille, comme le montre la didascalie : « Perdican, à haute voix, de manière que Camille l'entende ». Il fait semblant d'ignorer sa présence alors qu'il ne parle que pour elle, et Rosette ne se doute de rien. Tout le discours de Perdican est rempli d'allusions transparentes à Camille (« ces pâles statues fabriquées par les nonnes ») et à leur situation amoureuse (« toi seule », répété deux fois ; « Tu ne veux pas te faire religieuse »), allusions que Rosette ne peut pas saisir. Camille a donc tout lieu de croire que Perdican ne l'aime pas et Rosette toutes les raisons de penser qu'il l'aime, tout cela n'étant que des faux-semblants.

Vocabulaire

La **mise en abyme** est un procédé consistant à représenter une œuvre dans une œuvre similaire, ici le théâtre dans le théâtre.

C. Le théâtre dans le théâtre

Perdican, dont les répliques dominent largement la scène, est donc tout à la fois auteur, metteur en scène et acteur de la « comédie » qu'il donne à Camille avec la participation innocente de Rosette. Il l'a imaginée et a écrit la lettre conviant Camille au rendez-vous, règle les déplacements sur la scène (« Lève-toi, et approchons-nous... »), et (sur) joue l'amour passionné. Le « théâtre dans le théâtre », la mise en abyme viennent ici redoubler et remotiver le dispositif du témoin caché, dans un raffinement dramatique qui n'est pas sans rappeler les comédies de Marivaux.

II. Une scène marquée par l'esthétique romantique

Malgré la présence d'un univers et d'un dispositif typiques de la comédie, cette scène, très marquée par l'esthétique romantique, mêle plusieurs tonalités.

L'astuce du prof

La transition doit également vous servir à introduire une partie.

A. Le lyrisme de Perdican...

À quelques exceptions près (comme le dépit de Camille lorsque Perdican jette sa bague), le ton comique est très peu présent dans cette scène, où domine le lyrisme de Perdican. Emporté par la nostalgie des « beaux jours passés », c'est-à-dire de l'époque où Camille l'aimait, il demande aux lieux (et à Rosette) de lui rendre ce que le temps (et Camille) lui a volé. Il chante son amour sur un ton particulièrement exalté, qui se traduit par de nombreuses exclamations et interrogations, et lui donne une dimension cosmique, associant sans cesse Rosette aux éléments naturels (il regarde ses « beaux yeux » dans le reflet de l'eau ; lui prête le pouvoir de déchiffrer le monde), et prend la nature à témoin de son amour pour elle (« Par la lumière du ciel, par le soleil que voilà, je t'aime ! »).

B. ...miné par l'amertume

Mais ce lyrisme est lui-même comme miné, au fur et à mesure, par l'amertume qui envahit le discours de Perdican, et qui se traduit notamment par l'emploi de nombreuses tournures négatives : « On n'a pas flétri », « on n'a pas infiltré », « Tu ne veux pas », « tu ne sais rien », « Tu ne sais pas lire »... Sous le badinage amoureux du jeune homme séduisant une jeune fille pour en rendre jalouse une autre, perce la blessure à vif de l'amoureux éconduit.

C. Mélange des registres et confusion des sentiments

Typique de l'esthétique romantique, le mélange des genres et des tonalités traduit ici la confusion des sentiments, perceptible également dans certains motifs, comme l'eau troublée par la bague qu'y jette Perdican, ou certaines images dont l'incohérence reflète l'état d'esprit de l'amoureux : « la pluie du matin roule en perles sur les feuilles séchées que le soleil ranime ». Ces ombres au tableau idyllique de la comédie font de ce passage une scène ambiguë.

III. Un succès relatif pour une scène ambiguë

Le succès du stratagème de Perdican semble en effet tout relatif, voire très contestable.

A. Perdican pris à son propre piège ?

Les répliques du personnage de Rosette expriment la surprise (« Vous me donnez votre chaîne d'or ? »), ou l'embarras (« Comme vous me parlez, monseigneur »), pas vraiment l'amour, et Camille ne réagit qu'une seule fois (« Il a jeté ma bague dans l'eau ») à ses provocations. Plus encore, il semble pris à son propre jeu, passant de la simple déclaration (« Je t'aime, Rosette ») à une sorte de prophétie imaginaire (« tu seras ma femme, et nous prendrons racine ensemble dans la sève du monde tout-puissant »), comme si le fantasme de toute-puissance contenu dans son stratagème finissait par le dépasser.

B. Sous des allures badines, une scène cruelle

Cette mégalomanie de Perdican en fait d'ailleurs un personnage très ambigu, sinon cruel. Pour rendre Camille jalouse, il instrumentalise Rosette, la rendant complice de sa ruse à son insu. D'ailleurs, s'il la regarde et la touche au début de la scène, il semble l'oublier au fur et à mesure que la figure de Camille envahit son discours, allant même jusqu'à ignorer sa dernière réplique. Les propos que Musset lui prête sont pleins de condescendance, voire franchement méprisants (« Oui, comme tu pourras » ; « tu ne comprends même pas le sens des paroles que tu répètes »). Quant à Camille, le portrait extrêmement négatif qu'il en fait comme d'une sorte de morte-vivante sous influence (« sang affadi », « pâles statues fabriquées par les nonnes ») a largement de quoi blesser la jeune fille.

> **Remarque**
> Un même exemple peut être analysé sous deux angles différents.

Conclusion

Ainsi, Musset, s'appuyant sur des dispositifs et des éléments typiques de la comédie traditionnelle mis au service d'une esthétique romantique, nous offre une scène qui cache sous des dehors badins une réelle cruauté. Passage-charnière dans la pièce, elle annonce et préfigure le moment où la comédie tourne au drame et le badinage à la tragédie, où un stratagème digne d'un valet de Molière cause la mort d'une innocente. Influencée, à bien des égards, par les comédies de Marivaux, *On ne badine pas avec l'amour* s'en distingue pourtant par le pessimisme dont elle fait preuve, séparant définitivement les amoureux au lieu de les réunir par le mariage traditionnel.

DISSERTATION GUIDÉE

1. Analyse du sujet

Définition des termes

– « Badinage » : propos léger, qui ne prête pas à conséquences, où règnent la plaisanterie, la fantaisie. Le **badinage** amoureux, comme le **marivaudage**, le *flirt*, vise à séduire par ces propos légers, galants, spirituels, parfois précieux.

> **Marivaudage**
> Nom commun forgé sur le patronyme de Marivaux (1688-1763), dramaturge célèbre pour être l'inventeur d'une langue nouvelle, un langage dramatique qui joue sur/avec les sentiments

Délimitation du sujet

Le sujet porte sur la pièce de Musset. Il est étroitement inspiré par le libellé du parcours : *les jeux du cœur et de la parole*. Il se présente comme une question directe, sans citation à l'appui, qui propose d'emblée la problématique de la dissertation.

> **Méthode**
> Pour comprendre et délimiter le sujet, définissez les termes principaux et observez les connecteurs logiques.

Il souligne la puissance de la parole qui influence, domine, voire conditionne fortement les sentiments, les émotions, le cœur. Avec la mention du badinage, il restreint l'étude de la parole au langage amoureux (on ne s'arrêtera donc pas sur le burlesque fréquent amené par les personnages du Baron, des Maîtres Bridaine, Blazius et Dame Pluche). Il suppose une tension (//) entre la connotation positive du mot « jeux » et la connotation négative du mot « douleur ». Il sous-entend que le jeu va fort mal se terminer.

L'injonction met en évidence le **raisonnement** à produire dans ce devoir sous la forme d'un **plan** non dialectique mais analytique – qui répond à la question « en quoi » - en deux ou trois parties.

Le recours aux textes **étudiés** dans le cadre du parcours associé et à la culture personnelle n'est recommandé qu'en référence à la réflexion sur la pièce de Musset.

2. Le plan :

I. La fonction contrastée de la parole : du duo au duel, entre badinage léger et sérieux revendiqué

A. Le désir d'une complicité ludique de Perdican, expert en un badinage souvent marqué par le lyrisme.

1. D'après Blazius, Acte I, 1, il arrive « la bouche toute pleine de façons de parler si belles, et si fleuries qu'on ne sait que lui répondre les trois quarts du temps ».
2. Avec Camille et Rosette : multiplicité des compliments sur leur beauté, lyrisme séducteur à l'œuvre : acte II, 5, acte III, 3.

B. Le désir de sérieux chez les jeunes femmes.

1. de Camille, refus total du badinage, insensible au lyrisme.
2. de Rosette, innocente, sincère et crédule, sensible au badinage, Acte III, 4.

C. Le duel, la joute verbale

Le baron déplore la « discordance » entre les deux jeunes gens, acte I, 3.

1. Camille reproche le manque d'authenticité des discours de Perdican, acte II, 5.
2. Perdican reproche à Camille les discours qu'elle a appris sur l'amour.

Les discours que les personnages tiennent ne sont pas en accord avec leur cœur, la vérité de leurs sentiments.

II. La fonction dramatique de la parole → Jeux de masque, mise en abyme, - mensonge et vérité

A. Le langage se révèle obscur et générateur de cruels duplicité, mensonge, malentendus

1. Le baron déclare que les femmes « aiment à avoir de la poudre dans les yeux ».
2. Camille ment à Perdican, Perdican ment à Rosette et Camille. Rosette croit naïvement aux mots mensongers et réclame sans l'obtenir, la vérité (Acte III, 7).
3. Acte III, 6 : débat sur le mensonge entre Camille qui en avoue, la nécessité, Perdican qui affirme ne jamais mentir.

La parole montre sa puissance à véhiculer le mensonge qui agit sur autrui de façon radicale.

B. Le langage est ce qui permet de se jouer la comédie. Mise en abyme et mystification.

Les trois scènes en écho avec témoin caché.

1. Acte III, 3 : Perdican, acteur et metteur en scène, adresse à Rosette des paroles d'amour. Mais discours à double sens destiné à blesser Camille cachée.
2. Acte III, 6 : Camille, actrice et metteuse en scène, veut démystifier Rosette, cachée par ses soins. Perdican déclare en effet : « Je ne mens jamais, je t'aime, Camille, voilà tout ce que je sais ». La jeune paysanne s'évanouit de douleur. Mais Perdican, piégé par Camille, persiste dans sa promesse de mariage.

> **Fonction dramatique** : qui joue sur l'action, la fait progresser, génératrice de péripéties et de coups de théâtre.
>
> **Mystification** : tromperie. Démystifier : détromper.

C. Le langage dévoile enfin la vérité

Acte III, 8 : Rosette, dissimulée derrière l'autel, assiste, désespérée, au duo amoureux de Camille et de Perdican.

III. La fonction tragique de la parole → Quand le jeu tourne mal

A. Évocation fréquente des souffrances de l'amour

1. Répétitions multiples des mots « malheur, malheureux ».
2. La souffrance de Perdican : « Tu me fends l'âme ! » dit-il à Camille.
3. « Blessures profondes » des religieuses, dont Louise au couvent.
4. Craintes et refus de Camille qui préfère le voile au mariage arrangé et à un amour soumis à l'infidélité, forcément désenchanté.

B. La catastrophe brutale : le dénouement pathétique et tragique.

1. La parole assassine : la mort de Rosette annoncée acte III, 4 : Coup de théâtre dans une réplique particulièrement brève. Camille revient des coulisses : « Elle est morte ».
2. L'échec, l'amour devenu impossible des deux amants, exprimés en deux mots qui terminent la pièce : « Adieu Perdican ».

> **Catastrophe** : d'après Aristote, le dénouement tragique est amené par l'action d'un fait violent.

Le proverbe *On ne badine pas avec l'amour* révèle tout son sens : les **jeux** de la parole ne peuvent que conduire à la **douleur** des cœurs.

Partie 2

Œuvres et parcours

ŒUVRE 1 Colette, *Sido*, 1930, et *Les Vrilles de la vigne*, 1908

1 Résumé des œuvres

SIDO	Sido	L'œuvre s'ouvre sur un chapitre consacré à la **mère, Sido.** L'autrice dresse tout d'abord le **portrait** d'une femme aimant la province. On apprend alors qu'elle a du caractère, qu'elle est fantaisiste et qu'elle apprécie peu les tâches ménagères. Ce que l'autrice souligne surtout, c'est le **rapport particulier que sa mère entretient avec son jardin.** Celui-ci lui offre un véritable apaisement et constitue pour elle un **havre de paix**. Par cette description du jardin, on ressent toute l'**admiration** que la fillette a pour sa mère qui apparaît comme un être exceptionnel. Ainsi, **la célébration de la nature s'entremêle à celle de la mère.** La jeune fille évoque aussi le souvenir d'une visite à Adrienne, l'« amie singulière » et qui a été pour elle une première expérience de la séduction.
	Le capitaine	Si la figure de la mère irradie dans tout le livre, cette deuxième partie est davantage consacrée au **père, Jules-Joseph Colette**. L'autrice précise d'emblée qu'elle a peu connu son père et tente de **reconstruire** son portrait à partir de ce qu'elle pense qu'il était. On apprend tout d'abord qu'il était très amoureux de Sido, qu'il était capitaine dans l'armée, qu'il a participé à la guerre et qu'il était, contrairement au reste de sa famille, citadin. La narratrice partage aussi avec le lecteur des **souvenirs d'enfance** tels qu'une partie de campagne, des chansons ou des échanges sur ses habits. Cette partie se termine sur une visite de l'autrice, adulte, rendant visite à Mme B., capable de communiquer avec les esprits.
	Les sauvages	Cette dernière partie est consacrée à ses **frères, Achille** et **Léo**, et sa **demi-sœur Juliette**. On apprend qu'au moment de l'écriture, son frère aîné est décédé. Elle confie avoir dû questionner sa mère pour en savoir davantage sur ses frères. On apprend qu'Achille entreprendra des études de médecine tandis que Léo se détournera de la musique. Enfin, elle évoque leurs **jeux** et taquineries d'enfants.
LES VRILLES DE LA VIGNE		Cette œuvre rassemble un **ensemble de textes** écrits à des époques différentes mais pour la plupart en 1907-1908. Ce sont des textes brefs dans lesquels nous retrouvons des dialogues de bêtes mais aussi des évocations de la nature, des méditations sur l'amour, la solitude, la liberté ou encore le passage du temps.

2 Les personnages dans *Sido*

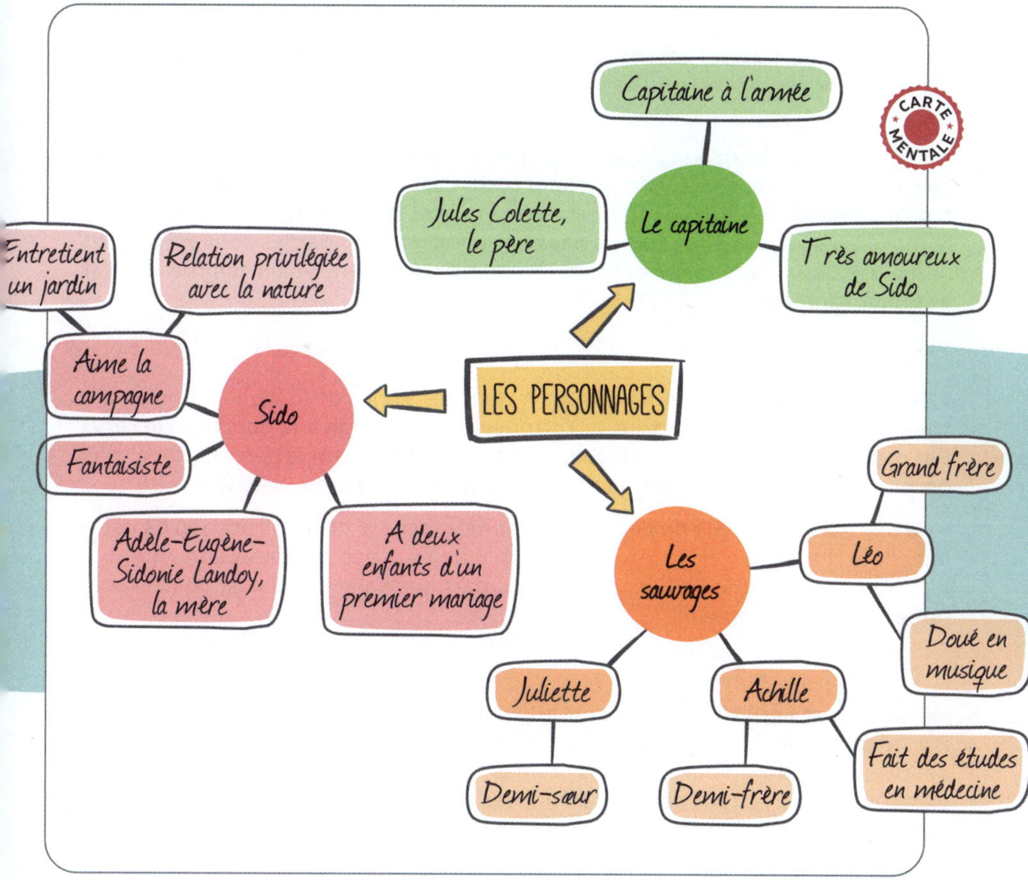

BIOGRAPHIE DE L'AUTRICE

- Naît le 28 janvier 1873, meurt le 3 août 1954.
- En 1893, elle épouse Henri Gauthier-Willars, écrivain plus âgé connu sous son nom de plume Willy.
- En 1900, Colette publie son premier roman *Claudine à l'école* sous le nom de son mari.
- En 1906, elle divorce et commence à signer ses œuvres.
- En 1945, elle est élue membre de l'académie Goncourt.

POUR ALLER PLUS LOIN

> Des récits autobiographiques ?

• *Les Vrilles de la vigne* est un **recueil d'articles** dans lequel Colette ne revient ni sur son passé ni ne tente d'analyser sa personne. On retrouve au contraire des textes qui s'apparentent à des **contes**, des **chroniques**, des **poèmes en prose** ou encore des **scènes de théâtre**. En cela, cette œuvre n'est pas un récit autobiographique.

• Dans *Sido*, si Colette semble se consacrer au portrait de sa mère, elle n'en fait pas moins un véritable **autoportrait** de l'enfant qu'elle a été et plus particulièrement pendant la période entre huit et douze ans. L'écriture est alors le moyen de **retrouver ce temps passé** et de retourner, par les souvenirs et les mots, dans le village de son enfance. En cela, *Sido* apparaît bien comme un **récit autobiographique**.

> Le rossignol

• Ce texte, qui sert d'introduction au recueil *Les Vrilles de la vigne,* annonce les **thèmes majeurs** que le lecteur va retrouver : l'**aspiration à la liberté** et le **refus des contraintes**. Cette œuvre marque un tournant dans sa carrière puisqu'elle lui permet de s'affirmer en tant que femme suite à son divorce avec Willy.

• Ce texte est constitué de **deux parties**, une anecdote et l'explicitation de cette anecdote. Le lecteur doit comprendre qu'il ne faut pas se laisser enfermer par les habitudes comme l'a fait le rossignol mais que l'apprentissage de la liberté ne sera pas sans douleur.

> La reconstruction du lieu

• Dans *Sido* et *Les Vrilles de la vigne*, le **lieu de l'enfance** est constamment idéalisé par la jeune fille. Le lecteur est alors invité au sein de ce lieu par les mots qui le décrivent. Il peut en découvrir les mêmes sensations : « Viens, toi qui l'ignores, viens que je te dise tout bas : le parfum des bois de mon pays égale la fraise et la rose ». Les mots permettent alors de **reconstituer** le lieu et ainsi de le faire revivre.

LES CITATIONS

> *Sido*

« Ô géraniums, ô digitales... Celles-ci fusant des bois-taillis, ceux-là en rampe allumés au long de la terrasse, c'est de votre reflet que ma joue d'enfant reçut un don vermeil. »

« C'est sur ce chemin, c'est à cette heure que je prenais conscience de mon prix, d'un état de grâce indicible et de ma connivence avec le premier souffle accouru, le premier oiseau, le soleil encore ovale, déformé par son éclosion... »

> *Les Vrilles de la vigne*

« À force de coucher sur la terre, la terre m'a donné sa couleur. »

Parcours La célébration du monde

1 La célébration

- Célébrer consiste à **louer** quelque chose, à en faire l'éloge dans le but de l'honorer. La célébration implique donc une **description méliorative** et tout un **vocabulaire laudatif** propre à mettre en avant les qualités et ainsi de les faire constater aux yeux de tous.

- La célébration s'apparente aussi à une **fête**. Elle est un moment collectif de joie permettant une **union**. Colette, par sa célébration du monde, crée une union avec le lecteur qu'elle invite à poser un nouveau regard sur ce lieu.

2 La célébration du monde

- Dans ces deux œuvres, Colette ne cesse de célébrer le monde qui l'entoure et plus particulièrement la **nature**. Cela commence par la beauté du jardin de sa mère pour ensuite s'étendre à l'univers. La **beauté du paysage** est ainsi retranscrite par la **poésie des mots** qui nous font entendre les bruits, sentir les odeurs…

- Colette observe le monde avec **minutie** afin d'en saisir toutes les nuances et le retranscrit par un **vocabulaire précis** sur la nature qui l'entoure. Elle fait preuve d'un regard attentif. D'autre part, c'est bien par des associations avec la nature que l'autrice développe sa **conception de la vie** puisqu'elle n'hésite pas à se comparer au rossignol dans *Les Vrilles de la vigne*.

- Ce paysage célébré est aussi l'expression des émotions intimes de la jeune fille puisqu'on le découvre par le prisme de son regard. À l'instar des auteurs romantiques, elle nous dévoile, par sa perception du monde, son **paysage intérieur**.

POUR ALLER PLUS LOIN

- Le *locus amoenus* est une expression latine désignant un **lieu idyllique**. On retrouve fréquemment cette thématique dans les œuvres littéraires pour décrire un lieu idéalisé où règnent bien-être, confort et sécurité. Le jardin de Sido semble bien être un *locus amoenus*..

LES CITATIONS

> *Sido*

« Il faut du temps à l'absent pour prendre sa vraie forme en nous. »

> *Les Vrilles de la vigne*

« Je voudrais dire, dire, dire tout ce que je sais, tout ce que je pense, tout ce que je devine, tout ce qui m'enchante et me blesse et m'étonne ; mais il y a toujours, vers l'aube de cette nuit sonore, une sage main fraîche qui se pose sur ma bouche, et mon cri, qui s'exaltait, redescend au verbiage modéré, à la volubilité de l'enfant qui parle haut pour se rassurer et s'étourdir. »

ŒUVRE 2 L'Abbé Prévost, *Manon Lescaut*, 1731

1 Résumé de l'œuvre

AVIS DE L'AUTEUR	L'auteur explique qu'il a choisi de publier à part l'*Histoire de Des Grieux et de Manon Lescaut* du reste des *Mémoires et aventures d'un homme de qualité* afin de ne pas briser le rythme de ses *Mémoires*. Il se concentre sur le personnage de **Des Grieux** qu'il présente comme « un exemple terrible de la force des passions ». Puis il réfléchit à la difficulté à **mettre en pratique des principes moraux** qui sont pourtant estimés.
PREMIÈRE PARTIE	**Renoncour**, l'homme de qualité, raconte sa rencontre avec Des Grieux qu'il a croisé à Pacy-sur-Eure lors de l'arrivée d'un convoi de filles de joie déportées en Louisiane. Des Grieux ne dévoile pas leur identité mais lui confie sa tentative pour **délivrer Manon** en suivant le convoi. Touché, Renoncour lui donne un peu d'argent et poursuit sa route. Deux ans plus tard, Renoncour rencontre de nouveau Des Grieux à Calais. Ce dernier accepte de lui **raconter son histoire**. On apprend alors que Des Grieux a eu un véritable **coup de foudre** pour Manon et qu'ils s'enfuient ensemble. Mais après quelques semaines à vivre leur amour et sans réserve financière, Manon le trompe avec **M. de B...** qui est vieux mais riche. Le père de Des Grieux envoie ses laquais afin de ramener son fils à la maison. Il reprend alors ses études de théologie mais Manon le retrouve. Il quitte tout pour partir avec elle. Ils s'installent ensemble à Chaillot et rencontrent **Lescaut**, le frère de Manon. Ce dernier est prêt à prostituer sa sœur pour avoir plus d'argent. Leur maison brûle et l'argent commence à manquer. Manon **tend alors un piège** à **M. de G. M.** à qui elle a promis de se vendre pour finalement lui voler ses biens. Ce dernier les dénonce à la police et Des Grieux et Manon sont enfermés. Des Grieux s'évade et parvient à libérer Manon avec l'aide de Lescaut et de **M. de T.** Lescaut meurt lors d'une bagarre. Des Grieux recontacte son ami **Tiberge** afin de lui réclamer une aide financière.
SECONDE PARTIE	Manon souhaite **se venger** de M. de G. M. en séduisant et dupant son fils. Mais finalement, elle apprécie de **vivre dans le luxe** et envoie alors une lettre à Des Grieux lui disant qu'elle ne le rejoindra pas. Des Grieux la menace de la quitter ou de se tuer. Elle accepte alors de le rejoindre. Le vieux G. M. **les fait enfermer** au Châtelet mais le père de Des Grieux intervient et parvient à obtenir la libération de son fils tandis que Manon sera envoyée en **exil** au Mississippi. Des Grieux suit donc le convoi et embarque pour l'Amérique. À la colonie, on les croit mariés. Des Grieux demande à régulariser cette situation mais le gouverneur refuse car son neveu est amoureux de Manon. Des Grieux s'en prend alors au neveu et s'enfuit dans le désert avec Manon. Manon, épuisée, meurt. Deux mois plus tard, Tiberge vient retrouver Des Grieux et les deux amis rentrent ensemble. C'est là qu'il rencontre pour la deuxième fois Renoncour.

2 Les personnages

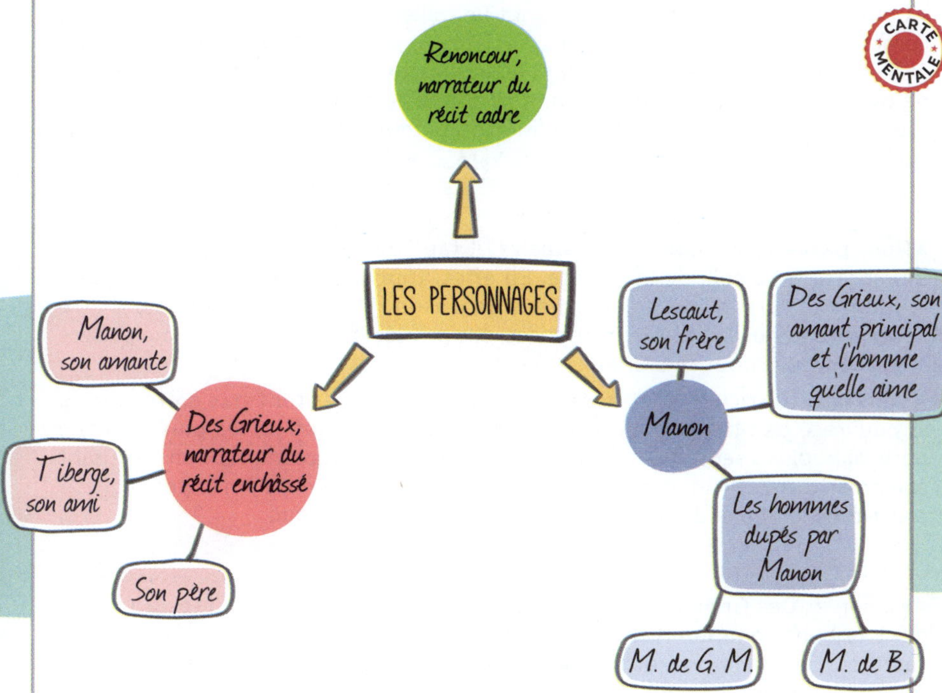

BIOGRAPHIE DE L'AUTEUR

- Naît en 1697, meurt en 1763.
- Il est ordonné prêtre en 1726.
- Il rencontre des ennuis avec la censure et s'exile pendant deux ans en 1740.
- Le pape lui octroie un prieuré près du Mans.

POUR ALLER PLUS LOIN

> Le libertinage

• Le mot **libertinage** désigne la liberté de l'esprit en matière de pensée religieuse ou de mœurs. Au XVIIIe siècle, il est employé pour nommer un comportement humain mais aussi un **courant littéraire**.

• L'œuvre *Manon Lescaut* restitue tout un **milieu social**, immoral et corrompu, caractéristique de l'époque. Dans la société au sein de laquelle évoluent Manon et Des Grieux, les hommes semblent être seulement motivés par la seule notion de **plaisir** sans aucune considération pour le bien et le mal. Si Manon s'adapte rapidement à ce milieu, Des Grieux finira à son tour par y succomber et le lecteur sera le témoin de sa **déchéance**.

> L'argent

• Pour parvenir à **assouvir ses désirs**, il faut de l'**argent**. L'argent est ainsi omniprésent au sein de la société. En effet, **tout se monnaye**, des baisers de Manon à la corruption des gardiens de prison. Manon est incapable d'être heureuse sans luxe. À plusieurs reprises, elle privilégie le confort à l'amour sincère qu'elle éprouve pour Des Grieux.

• Mais les plus riches sont aussi critiqués car ils n'hésitent pas à profiter de la pauvreté de Manon pour assouvir leurs envies. En effet, les plus vieux ne parvenant plus à séduire les jeunes femmes compensent ce manque en recourant à la prostitution. Manon, véritable courtisane, sera assimilée à n'importe quelle prostituée lorsqu'elle sera déportée par convoi en Amérique.

> Une histoire d'amour

• Manon et Des Grieux font partie des **couples mythiques** de la littérature. En effet, le jeune homme est entièrement asservi par sa passion et est prêt à tous les sacrifices pour la femme qu'il aime. Si Manon est plus frivole, elle semble malgré tout sincèrement attachée à Des Grieux.

• Leur passion, parce qu'elle apparaît **instinctive** et **naturelle**, semble vraie. Mais surtout, cette passion leur sera **fatale** en les conduisant à leur perte. En effet, Des Grieux devient un criminel par amour et Manon finira par mourir.

LES CITATIONS

> Première partie

« Il [M. de B.] avait fait sa déclaration en fermier général, c'est-à-dire en lui marquant dans une lettre que le payement serait proportionné aux faveurs. »

« J'étais [Des Grieux] plus fier et plus content, avec Manon et mes cent pistoles, que le plus riche partisan de Paris avec ses trésors entassés. »

Parcours Personnages en marge, plaisirs du romanesque

1 Personnages en marge

- **Être en marge** signifie être à l'écart. Les personnages en marge sont donc ceux qui ne s'intègrent pas à la société : il s'agit ici principalement des bandits, des tricheurs et des prostituées.
- Manon est une **courtisane**, c'est-à-dire qu'elle accepte de vivre avec un homme en échange de son argent. Pour elle, seule la **fidélité du cœur** compte, celle du corps lui importe peu. Cela explique pourquoi elle peut aimer Des Grieux tout en vendant son corps à un autre homme. Elle dit d'ailleurs à Des Grieux que si elle fait cela, c'est pour qu'il puisse être heureux puisque, pour elle, **bonheur et richesse sont indissociables**.
- Des Grieux est issu d'une bonne famille de la jeunesse picarde. Mais sa passion pour Manon va le mener à sa perte et le conduit à devenir un véritable escroc.
- Lescaut, le frère de Manon, est un soldat fanfaron qui recherche de l'argent dans le jeu quitte à tricher.
- M. de B. et M. de G. M. sont des **personnages influents** qui, face au charme de Manon, vont profiter de leur situation sociale afin de parvenir à leur but.

2 Plaisirs du romanesque

- *Manon Lescaut* est avant tout le récit de Des Grieux. Prévost a utilisé la forme des **mémoires** qui lui permet de présenter son récit comme un témoignage.
- On retrouve aussi les caractéristiques du **roman picaresque** qui allie épisodes extraordinaires et exagérations au sein d'un récit rythmé. Le picaresque désigne des œuvres où domine le thème du **marginal rusé** qui, face à une société hostile, a recours à différents masques pour s'adapter aux situations auxquelles sa vie itinérante le confronte.
- Le roman est constitué de nombreuses **analepses** et **prolepses** qui rythment le récit et annoncent ainsi la **fin tragique**. Ainsi, l'œuvre s'ouvre *in medias res* sur la scène du convoi qui marquera la fin du récit.

POUR ALLER PLUS LOIN

- Le **roman libertin** reprend la trame du jeune noble initié à la sensualité par une femme légère et plus expérimentée (ou l'inverse). On retrouve ce schéma dans l'œuvre *Les Liaisons dangereuses* de Choderlos de Laclos avec les personnages de Mme de Merteuil et du chevalier Danceny.

LES CITATIONS

› Première partie

« S'il est vrai que les secours célestes sont à tous moments d'une force égale à celle des passions, qu'on m'explique donc par quel funeste ascendant on se trouve emporté tout d'un coup loin de son devoir, sans se trouver capable de la moindre résistance, et sans ressentir le moindre remords. »

« Il m'exhorta à profiter de cette erreur de jeunesse pour ouvrir les yeux sur la vanité des plaisirs. »

ŒUVRE 3 Balzac, *La Peau de chagrin*, 1831

1 Résumé de l'œuvre

LE TALISMAN	Un après-midi d'octobre 1830, un jeune homme entre dans une maison de jeu du Palais Royal à Paris afin d'y jouer sa dernière pièce. Après l'avoir perdue, il décide de **mettre fin à son existence** misérable en se jetant dans la Seine. Mais pour cela, il attend la nuit afin de ne pas être vu. Il erre alors dans la rue et finit par entrer dans une boutique d'antiquités. En discutant avec **l'antiquaire**, il lui confie son projet de mourir. L'antiquaire lui offre alors une **peau de chagrin** qui aurait le pouvoir de réaliser tous les vœux de celui qui la détient. Mais en contrepartie, la vie du détenteur s'amenuise un peu plus à chaque souhait. Le jeune homme accepte et formule son premier vœu qui est d'assister à une orgie. En sortant du magasin, il croise des amis qui se rendent au banquet du banquier Taillefer. Le vœu de **Raphaël de Valentin** (le lecteur connaît à présent son nom) se réalise alors. Lors de la soirée, Raphaël boit et échange avec des courtisanes. Il finit par se confier à son ami Émile sur son projet de suicide et lui fait alors le **récit de sa vie passée**.
LA FEMME SANS CŒUR	On apprend que sa mère est décédée tôt et qu'il a suivi les choix d'un père autoritaire. Pour aider son père financièrement, il choisit de vendre la majeure partie de l'héritage de sa mère. Son père est sauvé du déshonneur mais ne supporte pas la ruine de son fils. Il meurt de chagrin en 1826. Raphaël se retrouve alors **seul et ruiné**. Il s'installe dans une mansarde et consacre son temps à l'écriture. Raphaël est séduit par **Pauline Gaudin**, fille de la propriétaire de l'hôtel, mais se refuse de l'épouser car il rêve de vivre dans le luxe. En décembre 1829, Raphaël croise son ami **Rastignac** qui lui présente la riche comtesse **Foedora** dont il s'éprend immédiatement. Il lui rend régulièrement visite mais l'attachement n'est pas réciproque. Sous l'influence de Rastignac, il accepte de rédiger de faux-mémoires afin de gagner de l'argent. Il continue de fréquenter la comtesse mais découvre rapidement qu'elle se moque de lui. Raphaël interrompt alors son récit et repense à la peau de chagrin. Il fait le vœu de recevoir une grosse somme d'argent. Si son souhait est exaucé en apprenant qu'il a hérité d'un oncle, il découvre aussi que son talisman a rétréci.
L'AGONIE	En décembre 1830, Raphaël vit reclus dans un hôtel luxueux. Il s'en remet à son domestique **Jonathas** et refuse toute visite afin de ne pas risquer d'émettre un souhait. Il accepte exceptionnellement de recevoir **Porriquet**, son ancien professeur, mais formule par mégarde un souhait faisant rétrécir davantage la peau de chagrin. Raphaël choisit de se rendre au théâtre où il y croise ses amis mais surtout Pauline qui est devenue riche. Raphaël et elle peuvent alors vivre pleinement leur amour. Mais le talisman continue de diminuer car tout désir, même non formulé, est pris en compte. Voyant sa santé faiblir, Raphaël lui révèle tout. Celle-ci, comprenant qu'elle est la cause de ses désirs, tente de se suicider afin d'épargner le jeune homme. Mais Raphaël l'en empêche et meurt en la mordant au sein.
ÉPILOGUE	Le narrateur explique que Pauline représente l'idéal et Foedora la société.

2 Les personnages

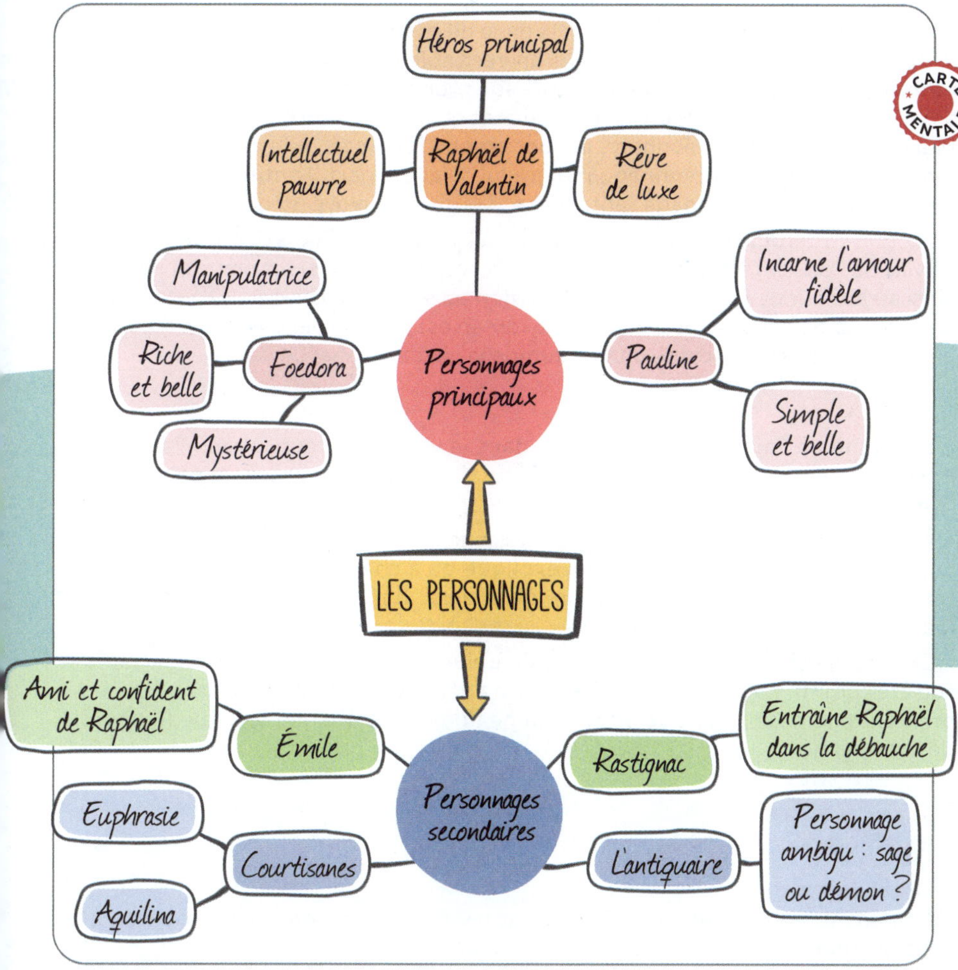

BIOGRAPHIE DE L'AUTEUR

- Naît le 20 mai 1799, meurt le 18 août 1850.
- Après ses études, Balzac refuse de devenir notaire. Sa famille accepte qu'il se lance dans le domaine littéraire.
- Il écrit de nombreuses œuvres mais est couvert de dettes.
- À partir des années 1832-1833, il commence à réfléchir au grand projet que sera *La Comédie humaine*.

POUR ALLER PLUS LOIN

> Un récit fantastique

- Le fantastique est **l'intrusion du surnaturel au cœur du quotidien.**
- L'élément fantastique principal est la peau de chagrin qui est présentée comme inaltérable. De plus, on lui reconnaît un **véritable pouvoir magique** puisqu'elle permet d'exaucer n'importe quel vœu de son propriétaire. C'est ainsi que Raphaël assistera au banquet de Monsieur Taillefer et qu'il recevra un héritage inattendu. Mais si elle exauce les souhaits explicitement formulés, elle réalise aussi les **moindres désirs du personnage** malgré lui. D'autre part, l'antiquaire apparaît aussi comme un personnage fantastique, véritable **envoyé du diable**.
- L'action se déroule dans une époque tout à fait réelle : le **Paris des années 1830**. La ville de Paris est mentionnée par ses rues, ses monuments, ses ponts et permet ainsi au lecteur de **se repérer avec précision** au sein de la capitale. D'autre part, la **chronologie** est elle aussi précise. Le roman est jalonné par des dates qui nous permettent de reconstruire dans le temps la vie de Raphaël.

> Le mythe de Faust

- Le **mythe de Faust** trouve sa source dans la vie du docteur Johann Faust qui intriguait par ses pratiques occultes. Il aurait révélé avoir passé un **pacte avec le diable**.
- À son tour, Raphaël passe un pacte avec le diable en acceptant de prendre la peau de chagrin. L'antiquaire lui explique qu'à chaque vœu exaucé, la peau rétrécira et la vie de son propriétaire diminuera. Il précise aussi que jusqu'à ce jour personne n'a accepté ce pacte.
- La peau de chagrin représente le **désir**. Celui pour l'argent qui est érigé par la société comme valeur suprême (Raphaël ne peut concevoir l'amour sans argent) mais aussi le désir physique puisque la peau diminue chaque fois que Raphaël désire Pauline.

LES CITATIONS

> Le talisman

« *Vouloir* nous brûle et *pouvoir* nous détruit ; mais *savoir* laisse notre faible organisation dans un perpétuel état de calme. »

> La femme sans cœur

« Eh bien, avec de l'or nous pouvons toujours créer autour de nous les sentiments qui sont nécessaires à notre bien-être. »

Parcours Les romans de l'énergie : création et destruction

1 Les romans de l'énergie

• Balzac pense que tout homme possède à sa naissance une certaine quantité d'**énergie vitale**. La vie va ainsi consister à utiliser cette énergie jusqu'à la mort. Il réfléchit alors sur la possibilité d'**influencer ce processus** (que ce soit en le ralentissant ou en l'accélérant) mais aussi sur les éventuelles **conséquences** d'une telle intervention.

• Dans *La Peau de chagrin*, le **talisman** devient la métaphore de cette énergie qui diminue et qui est ainsi dépensée de vœu en vœu. Le roman illustre aussi les conséquences d'un tel acte. En voulant influencer son destin, Raphaël va perdre le contrôle de sa vie qui va se consumer plus rapidement.

2 Création et destruction

• Création et destruction sont deux termes qui **s'opposent**. La création est l'acte consistant à produire et à former un être ou une chose qui n'existait pas auparavant. La création peut aussi renvoyer à la figure divine, créatrice de toutes choses. À l'inverse, la destruction implique la perte.

• Avec la peau de chagrin, Raphaël devient un véritable **créateur** puisqu'il peut influencer son destin qui est normalement entre les mains de Dieu. Mais cet acte s'accompagne d'une **destruction essentielle** qui est celle de sa vie. En effet, s'il peut connaître la richesse, l'amour, la gloire, il ne peut pas prolonger sa vie et au contraire la diminue. L'homme ne peut pactiser avec le diable sans en subir de **tragiques conséquences**. Pour Balzac, l'énergie représente le pouvoir de la création mais elle détient aussi le **pouvoir de détruire**.

POUR ALLER PLUS LOIN

• *La Peau de chagrin* revêt une dimension autobiographique. En effet, nous pouvons reconnaître Balzac dans le personnage de Raphaël. Dans la deuxième partie, lorsque ce dernier fait le récit de sa vie, nombreux sont les événements que Balzac a véritablement vécus.

LES CITATIONS

> La femme sans cœur

« Comment un jeune homme naturellement avide d'émotions renoncerait-il aux attraits d'une vie aussi riche d'oppositions et qui lui donne les plaisirs de la guerre en temps de paix ? »

> L'agonie

« Le pouvoir nous laisse tels que nous sommes et ne grandit que les grands. »

> Épilogue

« Foedora, vous la rencontrerez. Elle était hier aux Bouffons, elle ira ce soir à l'Opéra, elle est partout, c'est, si vous voulez, la Société. »

ŒUVRE 4 Rabelais, *Gargantua*, 1534

1 Résumé de l'œuvre

PROLOGUE	L'auteur s'adresse au lecteur et lui demande de ne pas se fier à l'apparence triviale du livre mais de chercher la « **substantifique moelle** ».
LA NAISSANCE DE GARGANTUA Chapitres 1 à 7	**Alcofibras**, le narrateur, rappelle qu'il a déjà donné la généalogie de Gargantua dans l'œuvre *Pantagruel*. Il fait ensuite le portrait de **Gargamelle et Grandgousier, parents de Gargantua**. On apprend que l'enfant est resté onze mois dans le ventre de la mère et que celle-ci a accouché après avoir abusé de tripes. Gargantua sort alors par l'oreille gauche de sa mère et crie « À boire ! À boire ! À boire » dès sa naissance.
L'ENFANCE DE GARGANTUA Chapitres 8 à 24	Un intérêt est accordé aux habits donnés à Gargantua. On apprend que ses couleurs sont **le blanc et le bleu** et cela donne lieu à une digression sur la symbolique des couleurs. Le jeune homme se fait ensuite remarquer positivement par son père avec son invention, le « torche-cul ». Son père décide alors de lui donner un précepteur. Après avoir reçu un enseignement ennuyeux de **Thubal Holoferne** puis de **Jobelin Bridé**, Gargantua est confié à **Ponocrates**, pédagogue moderne.
LA GUERRE PICROCHOLINE Chapitres 25 à 49	Une altercation entre les fouaciers de Lerné ayant pour roi **Picrochole** et les bergers de Grandgousier est à l'origine de la **guerre picrocholine**. Picrochole attaque alors l'abbaye de Seuilly que le moine **Frère Jean des Entommeures** parvient à défendre à lui seul. Grandgousier envoie un ambassadeur, **Ulrich Gallet**, à la rencontre de Picrochole afin de le raisonner et de lui rappeler le traité d'amitié conclu entre les deux rois. Mais, sous l'influence de Toucquedillon, **Picrochole s'obstine à vouloir faire la guerre**. Gargantua rejoint alors son père et fait prisonnier Toucquedillon. Ce dernier sera renvoyé à Picrochole avec des cadeaux dans le but de retrouver la paix, mais Picrochole ordonne son exécution immédiate. Gargantua remporte alors la dernière bataille, entraînant la fuite de Picrochole.
APRÈS LA GUERRE, L'ABBAYE DE THÉLÈME Chapitres 50 à 58	Pour récompenser Frère Jean, Gargantua l'autorise à fonder son abbaye à Thélème. Il fait alors construire une abbaye somptueuse dans laquelle la seule règle est « **Fais ce que tu voudras** ». L'œuvre se termine par la découverte d'un **texte énigmatique** dans les fondements de l'abbaye.

2 Les personnages

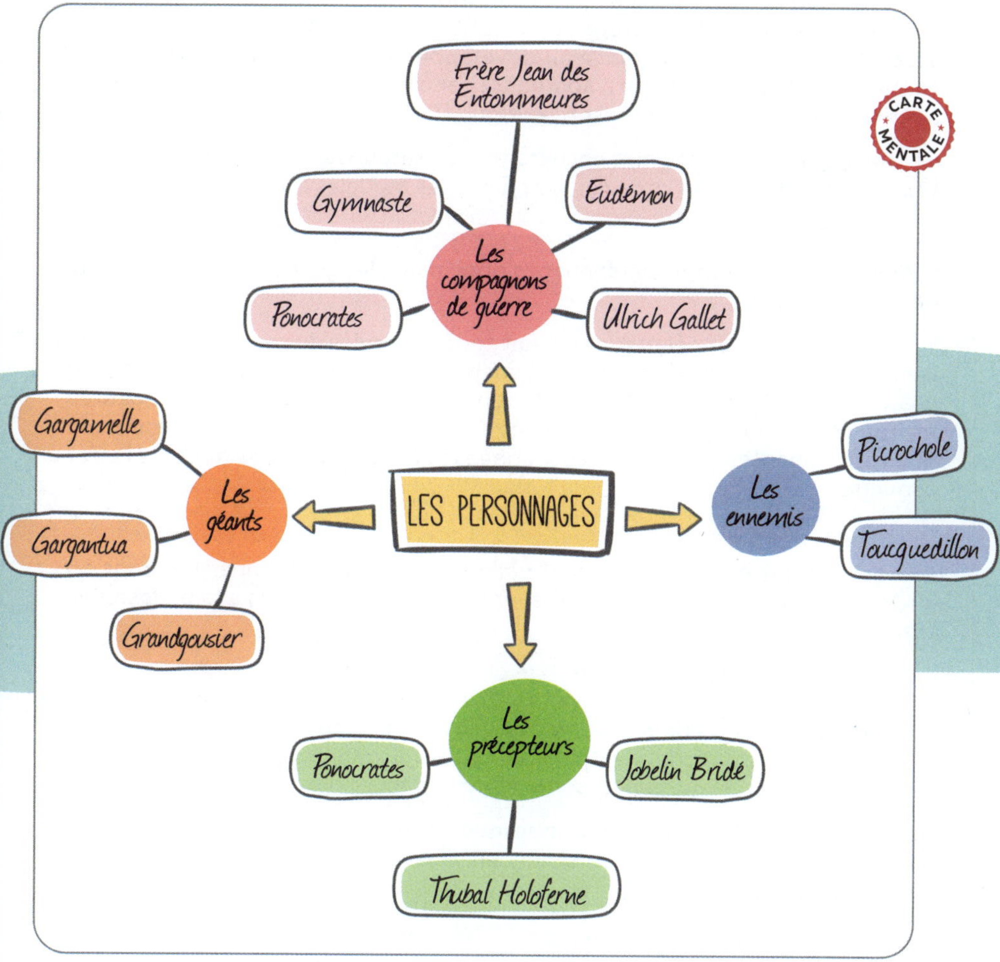

BIOGRAPHIE DE L'AUTEUR

- Naît vers 1494, meurt en 1553.
- D'abord moine, il étudie le droit mais abandonne rapidement la vie monastique.
- Il se consacre alors à ses études de médecine. Une fois diplômé, il exerce à l'hôpital et édite des textes de droit et de médecine.
- En 1532, il publie l'œuvre *Pantagruel* dans laquelle il met en scène le fils de Gargantua.

POUR ALLER PLUS LOIN

> Le modèle humaniste

- **L'éducation est au cœur des préoccupations humanistes.** Les pédagogues modernes respectent la nature de l'enfant et l'aident à se perfectionner. Ils accordent autant d'importance au **développement de l'esprit** qu'au **soin du corps**. Loin de pousser l'élève à apprendre par cœur, on lui apprend au contraire à **réfléchir** et à faire preuve d'**esprit critique**.

- D'autre part, les humanistes encouragent un **retour vers les œuvres antiques**. Les auteurs latins et grecs deviennent alors des modèles à suivre.

> Le gigantisme

- Rabelais choisit comme **personnages principaux** des **géants** auxquels il donne des traits humains.

- Les dimensions des géants sont avant tout **au service du registre comique** de l'œuvre. L'effet comique naît essentiellement du décalage entre les dimensions du géant et celles du milieu dans lequel il est plongé. Cela apparaît quand Gargantua manque de manger des pèlerins cachés dans sa salade. De plus, l'évocation de **quantités gigantesques** souvent soulignées par des **hyperboles** renforce **l'effet comique**.

> La critique de l'éducation médiévale

- La **scolastique** est l'enseignement philosophique qui fut donné en Europe du Xᵉ au XVIᵉ siècle et qui consistait à relier les dogmes chrétiens à la philosophie traditionnelle

- Elle se caractérise par :
  - l'étude des arts libéraux : le trivium (grammaire, rhétorique, dialectique) et le quadrivium (arithmétique, géométrie, astronomie, musique) ;
  - le commentaire des commentaires (ce qui éloigne du texte d'origine) ;
  - l'initiation logique, qui est censée renforcer la foi.

- Au Moyen Âge, **les études sont livresques,** sans rapport avec la vie ni avec la connaissance du monde. Elles consistent en un seul appel à la mémoire mécanique et non à l'intelligence.

LES CITATIONS

> Prologue de l'auteur

« Et en admettant que le sens littéral vous procure des matières assez joyeuses et correspondant bien au titre, il ne faut pourtant pas s'y arrêter, comme au chant des sirènes, mais interpréter à plus haut sens [...]. »

> Chapitre 23

« Il lui imposa un tel rythme d'études qu'il ne perdait pas un moment de la journée, mais passait tout son temps à étudier les Lettres et le savoir utile. »

Parcours Rire et savoir

1 Le rire

- Le rire a un **rôle divertissant.** Il procure du plaisir lors de la lecture et crée une complicité entre le lecteur et le narrateur. Il est une **réaction physique**.
- Mais le rire peut être aussi plus mordant et servir la **critique**. En effet, le rire permet de se moquer et de **tourner en dérision** un personnage ou une situation. On le retrouve dans la satire qui est une critique moqueuse.
- Au XVIe siècle, le rire est associé à la **culture carnavalesque**. Le carnaval est une fête lors de laquelle les hiérarchies habituelles sont inversées : on se moque de ce qui est sérieux, comme par exemple l'Église.
- Le rire dans *Gargantua* repose souvent sur un comique de **farce**, d'où les nombreuses références au bas corporel.

2 Le savoir

- Le savoir est l'ensemble des **connaissances acquises** par l'étude, par l'observation, par l'apprentissage et/ou par l'expérience. Le savoir est ce qui permet **d'élever** l'homme et ainsi de le rendre meilleur.
- Au XVIe siècle, le savoir implique autant le **soin de l'esprit** que le **soin du corps**. On développe de nouvelles pédagogies afin de s'émanciper des apprentissages du Moyen Âge (qui reposaient principalement sur un travail de mémoire) et ainsi encourager l'élève à réfléchir par lui-même.
- Dans l'Antiquité, le poète **Horace** soulignait par son principe ***placere docere*** (« **plaire et instruire** ») la nécessité de proposer un texte divertissant au lecteur afin d'en favoriser l'instruction. Le rire serait alors un **moyen de transmission du savoir**, il permettrait de véhiculer, de façon plaisante, un enseignement au lecteur. Mais il semble aussi s'**opposer au savoir**. Lorsqu'on rit, on manque de sérieux, on se déconcentre et on empêche ainsi la progression de l'apprentissage. Le rire peut alors apparaître comme un contrepoint léger afin de mettre en lumière des discours plus sérieux.

POUR ALLER PLUS LOIN

- L'**apologue** est un genre argumentatif qui se soucie de la forme pour délivrer une leçon. En font partie les **contes philosophiques** de **Voltaire** dont le rire a pour but de dénoncer les dérives de son temps ou encore les **fables** de **La Fontaine** qui associent un récit divertissant à une morale et dont l'enjeu initial était l'éducation des enfants.

LA CITATION

> Prologue

« Réjouissez-vous, mes amours, lisez gaiement le reste pour l'agrément du corps et le profit des reins ! »

ŒUVRE 5

La Bruyère, *Les Caractères*, Livres V à X, 1696

1 Résumé de l'œuvre

« DE LA SOCIETÉ ET DE LA CONVERSATION » Chapitre V	Ce livre évoque les différentes **attitudes en société** et les **types de locuteurs**. Il formule aussi les règles qui devraient régir la conversation. Le moraliste montre que **la parole est étroitement liée à l'esprit** et que celui qui manque d'esprit va utiliser la conversation pour dominer, rabaisser ou attirer l'attention sur lui. Le chapitre se clôt sur la **figure du sage** reculé du monde.
« DES BIENS DE FORTUNE » Chapitre VI	Le moraliste révèle que la société est dominée par l'**argent**. L'homme n'est pas jugé selon son « mérite personnel » (chapitre II) mais selon ses biens. De fait, on veut être proche de celui qui est riche et, par la même occasion, on souhaite qu'il échoue. Il dénonce alors l'idée que l'homme passe sa vie à courir après l'argent, qu'il est prêt à tout pour en avoir plus, même lorsqu'il a déjà une fortune importante.
« DE LA VILLE » Chapitre VII	La ville de Paris est décrite comme un véritable **théâtre** où chacun s'apprête et joue son rôle. Peu importent la sagesse et la vertu, ce qui compte est de **se faire remarquer**. Ce chapitre fait ainsi écho au thème du *theatrum mundi* faisant du monde un théâtre au sein duquel chacun tient son rôle.
« DE LA COUR » Chapitre VIII	La Bruyère peint un tableau de la **cour de Louis XIV**, avec ses règles et ses codes. Il dresse alors un portrait du courtisan, véritable **prodige du paraître**. Pour conserver honneur et vertu, il semble nécessaire de fuir la cour.
« DES GRANDS » Chapitre IX	L'auteur brosse un portrait accablant des grands du royaume qui apparaissent **orgueilleux, corrompus et méprisants**. Dénués d'esprit, leur reconnaissance n'est pas la conséquence de leur mérite.
« DU SOUVERAIN OU DE LA RÉPUBLIQUE » Chapitre X	L'œuvre *Les Caractères* est un véritable **traité de politique** au sein duquel La Bruyère formule des conseils et esquisse le **portrait du monarque idéal**. Il n'attaque pas Louis XIV mais remet en question les fondements de la guerre. En effet, il n'hésite pas à comparer le souverain au berger afin de lui rappeler le rôle essentiel qu'il a face à son peuple, l'invitant ainsi à se soucier du bien-être de ses sujets.

2 Le contexte littéraire

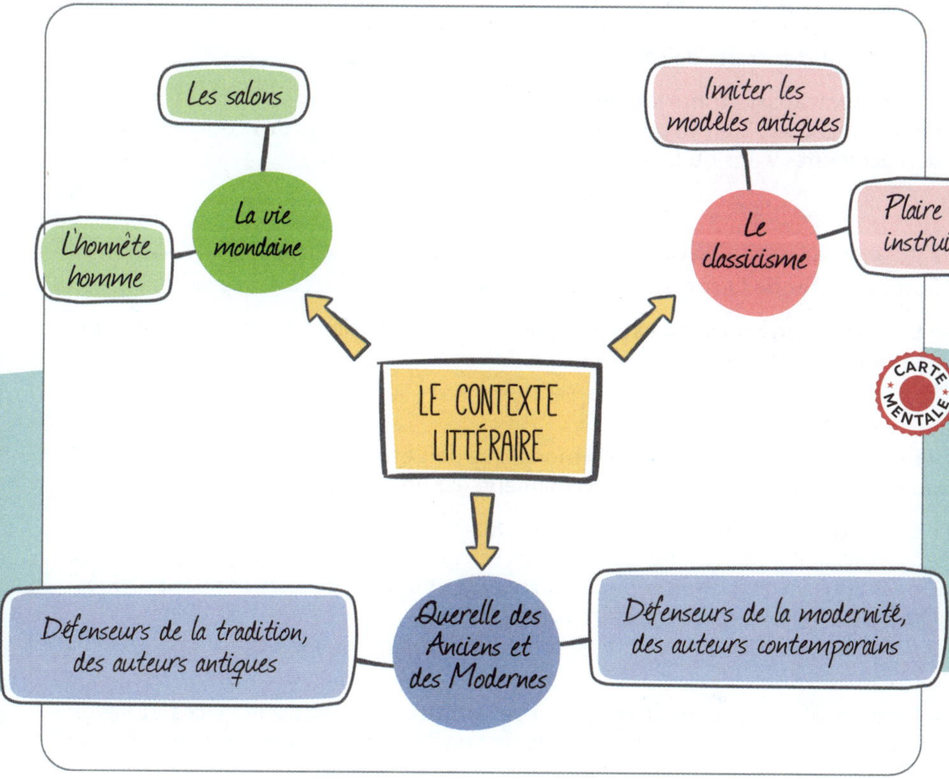

BIOGRAPHIE DE L'AUTEUR

- Naît en 1645, meurt en 1696.
- Il fait des études de droit et achète un office de trésorier des finances afin de débuter sa carrière.
- De 1684 à 1687, il est sous-précepteur du duc de Bourbon. Cette expérience lui permet d'observer le fonctionnement de la cour.
- En 1693, il est élu à l'Académie française.

POUR ALLER PLUS LOIN

> La caricature

- En un sens premier, **est comique ce qui appartient au théâtre**. La Bruyère emprunte au théâtre ses types comiques. Les portraits amusent en ce qu'ils grossissent des traits de caractère chez les personnages.

- Il recourt aussi au **burlesque** qui consiste à traiter un sujet élevé en style dégradant. C'est bien ce qu'il fait lorsqu'il réduit les tâches des courtisans à des déplacements vains ou qu'il les compare à des machines.

> Fuir la société

- Face à tant de bassesse et d'hypocrisie, le moraliste délivre une leçon claire : il faut **se retirer de la société**. Le thème de la fuite parcourt alors le recueil.

- Le **personnage du sage** est celui qui a su s'extraire de la médiocrité qui règne à la cour afin de s'en préserver.

> L'éducation du prince

- La préoccupation principale du monarque doit être le **bonheur du peuple**. C'est pourquoi la tyrannie, qui fait son malheur, est un sujet incontournable.

- La monarchie est un régime politique idéal tant que le roi fait preuve de **sagesse** et de **vertu** alors qu' « il ne faut ni art ni science pour exercer la tyrannie » (X, 2). De fait, le roi a des devoirs envers son peuple et ceux-ci s'inscrivent dans un **idéal chrétien de gouvernement des peuples**.

> La satire sociale

- Pour La Bruyère, connaître la cour revient à en connaître les **vices** et savoir jouer le jeu de la **dissimulation**. La cour est un lieu moralement condamnable car il éloigne l'homme de la vertu en l'incitant au mensonge et à la dissimulation (le choix du retrait est ainsi le choix de la vertu).

LES CITATIONS

> Chapitre IX, « Des grands »

« Un homme du peuple ne saurait faire aucun mal ; un grand ne veut faire aucun bien, et est capable de grands maux. »

> Chapitre VIII, « De la cour »

« Un esprit saint puise à la cour le goût de la solitude et de la retraite. »

« La vie de la cour est un jeu sérieux, mélancolique, qui applique : il faut arranger ses pièces et ses batteries, avoir un dessein, le suivre, parer celui de son adversaire, hasarder quelquefois, et jouer de caprice ; et après toutes ses rêveries et toutes ses mesures, on est en échec, quelquefois mat ; souvent, avec des pions qu'on ménage bien, on va à la dame, et l'on gagne la partie : le plus habile l'emporte, ou le plus heureux. »

Parcours La comédie sociale

1 La comédie

- Au XVIIe siècle, le mot désigne une pièce ayant pour but la **peinture de travers privés ou de vices sociaux**. Si le genre vise à divertir et a un but moral, il n'est pas nécessairement destiné à faire rire. La comédie peut désigner un genre d'écriture mais renvoie aussi au jeu théâtral.

- Les protagonistes mis en scène par La Bruyère deviennent des **types comiques** au même titre que les personnages des pièces de Molière. Parce qu'ils sont **caricaturés**, l'auteur met en scène un caractère qu'il peut alors ridiculiser.

2 Une comédie sociale

- La cour du roi devient un véritable théâtre où chacun **se met en scène** afin de se faire remarquer.

- Le *theatrum mundi* est une métaphore, d'origine antique, approfondie pendant la période baroque. Elle illustre l'idée que **la vie sociale est un spectacle vain fait de divertissements** et, en donnant une représentation de ce théâtre du monde, on vise à **édifier le lecteur**, à l'inciter à renoncer aux illusions de la comédie sociale, à se repentir de ses erreurs et assurer ainsi son salut.

- La Bruyère la reprend pour rendre compte du **spectacle de la vie sociale**. Le monde est un théâtre où se joue une comédie créée par un dramaturge et metteur en scène qui s'appelle Dieu et dont les acteurs sont les hommes.

- Cette comédie sociale a un **but moral** : ironie, maximes et portraits dénoncent les vices (l'amour-propre, la cupidité, la flagornerie) et invitent le lecteur à réfléchir sur la nature humaine.

POUR ALLER PLUS LOIN

- La Bruyère ne sera pas le seul auteur à révéler la comédie sociale qui se joue au sein de la société. Au XIXe siècle, Balzac publie *La Comédie humaine* dont le but est de mettre en scène la société tout en révélant ce que l'on ne voit pas habituellement (manipulation, tromperie, etc).

LA CITATION

> Préface des *Caractères*

« Je rends au public ce qu'il m'a prêté ; j'ai emprunté de lui la matière de cet ouvrage : il est juste que, l'ayant achevé avec toute l'attention pour la vérité dont je suis capable, et qu'il mérite de moi, je lui en fasse la restitution. Il peut regarder avec loisir ce portrait que j'ai fait de lui d'après nature, et s'il connaît quelques-uns des défauts que je touche, s'en corriger. »

ŒUVRE 6

Olympe de Gouges, *Déclaration de la femme et de la citoyenne*, 1791

1 Résumé de l'œuvre

À LA REINE	Olympe de Gouges écrit à la reine Marie-Antoinette afin de l'inviter à soutenir le combat en faveur des droits de la femme. Elle espère ainsi éveiller en elle une sorte de solidarité féminine propre à soutenir son combat.
« HOMME, ES-TU CAPABLE D'ÊTRE JUSTE ? »	Elle s'adresse aux hommes afin d'**interroger leur capacité à être justes**. Elle remet ainsi en question leur légitimité en comparant les deux sexes au reste de la nature et elle constate que cette inégalité est inexistante. Par cette analogie, elle dénonce leur prétendue supériorité.
PRÉAMBULE	Porte-parole de toutes les femmes, elle rappelle leur rôle au sein de la nation et affirme ainsi leur **légitimité politique**. Elle justifie cette reconnaissance en suggérant que cela permettrait de parvenir au bonheur collectif dont les hommes doivent se préoccuper.
LES DIX-SEPT ARTICLES	Olympe de Gouges s'inspire de la *Déclaration des droits de l'homme et du citoyen* pour rédiger ce chapitre. Elle évoque ainsi les droits et les devoirs de la femme et de l'homme en insistant sur l'**égalité entre les sexes**. Elle souligne que les femmes obéissent aux mêmes lois que les hommes et qu'elles doivent ainsi **bénéficier des mêmes droits** aussi bien économiques, sociaux que politiques. Elle affirme enfin que la Constitution n'est valable qu'à condition qu'elle soit **représentative** de l'ensemble de la société.
POSTAMBULE	Lors d'une adresse aux femmes, elle les encourage à **se battre pour leurs droits**. Elle souligne leur force et leur capacité à obtenir leur liberté.
FORME DU CONTRAT SOCIAL DE LA FEMME ET DE L'HOMME	Olympe de Gouges rédige un contrat qui aurait pour but de protéger les femmes et les enfants lors des unions hors mariages mais aussi lors des séparations. Elle aborde alors le partage des biens mais aussi la reconnaissance de la paternité. Enfin, elle évoque aussi les droits des hommes noirs en esquissant un parallèle avec la condition de la femme.

2 Chronologie

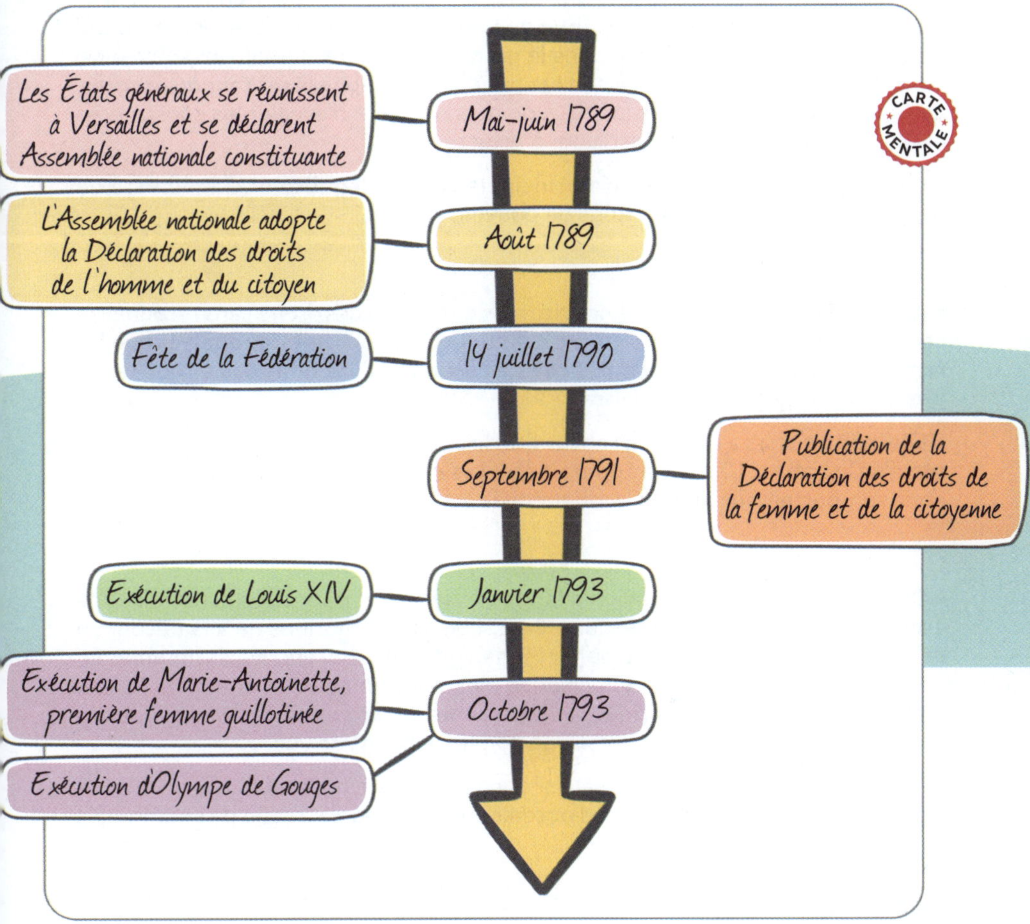

BIOGRAPHIE DE L'AUTRICE

- Naît en 1748, meurt en 1793.
- À 17 ans, elle épouse un homme qui mourra peu de temps après la naissance de leur enfant. Par la suite, elle refuse de se marier à nouveau.
- Ne souhaitant pas être appelée la « veuve Aubry », Marie Gouze prend l'un des prénoms de sa mère, transforme son patronyme en « Gouges » et y ajoute une particule nobiliaire pour se faire accepter dans les milieux littéraires.
- En 1793, elle est arrêtée pour ses prises de position engagées et sera ensuite guillotinée.

POUR ALLER PLUS LOIN

> Les Lumières

- Ce mouvement littéraire du XVIIIe **siècle** a pour but de **lutter contre l'obscurantisme** que représentent les abus de la religion et de la sphère politique. Il se caractérise par la confiance dans le progrès de l'esprit humain et prône ainsi l'esprit critique. En effet, la **Raison est pour le philosophe le moteur du progrès**. Les auteurs favorisent alors la diffusion du savoir afin d'éveiller les consciences et de permettre à tous de participer à la lutte.

- Le combat des Lumières vise principalement à **l'égalité** et à la **liberté** en dénonçant l'esclavage et les abus de pouvoir.

> Le combat pour l'égalité

- Après la Révolution française, les citoyens ont acquis des droits sans reconnaître ceux des femmes. Le texte d'Olympe de Gouges a pour but de rappeler que les **femmes devraient bénéficier des mêmes droits que les hommes** et qu'il est à présent temps de les reconnaître.

- Elle montre alors à l'homme l'absurdité de ses agissements en le comparant au reste de la nature. **L'homme apparaît être la seule espèce à dominer l'autre sexe** et ce comportement nuit au bonheur de la société tout entière.

> L'argumentation

- Olympe de Gouges sait manier la langue française et parvient à construire une **argumentation efficace** en recourant aussi bien aux émotions qu'à la raison. En effet, elle n'hésite pas à **apostropher** Marie-Antoinette ou encore les hommes en général afin de les obliger à réfléchir et à ainsi à se remettre en question. Par les différentes questions rhétoriques, elle présente ses arguments comme évidents aux yeux du lecteur et invite ainsi à partager son point de vue.

- Par son discours, elle montre aussi que **la femme est capable d'érudition et de raison** et qu'elle mérite alors d'obtenir une place égale à celle de l'homme.

LES CITATIONS

> Préambule

« Qui t'a donné le souverain empire d'opprimer mon sexe ? Ta force ? Tes talents ? »

> Postambule

« Femme, réveille-toi ; le tocsin de la raison se fait entendre dans tout l'univers ; reconnais tes droits. »

> Article 10

« La femme a le droit de monter sur l'échafaud : elle doit avoir également celui de monter à la tribune. »

Parcours Écrire et combattre pour l'égalité

1 Écrire et combattre

• La **littérature engagée**, si elle a été **théorisée au XXe siècle**, existe depuis toujours. Les auteurs s'impliquent par leurs écrits en défendant une cause. C'est bien ce que fait Olympe de Gouges par ses écrits : elle s'engage en faveur des droits des femmes.

• La **plume devient alors une véritable arme de combat** propre à blesser par les mots. Celle d'Olympe de Gouges est particulièrement affutée lorsqu'elle interpelle les hommes en remettant en question leur capacité à être justes dans le préambule. Le but de son écriture est alors de favoriser une prise de conscience et d'induire ainsi un changement au sein de la société.

• Si son combat s'ancre dans une époque donnée en évoquant par exemple le statut des enfants non reconnus, son écriture accède à une forme d'**universalité** par les thèmes abordés.

2 L'égalité

• Olympe de Gouges s'engage avant tout en faveur de la **reconnaissance de la condition des femmes** et ainsi de l'égalité homme/femme. En effet, elle se présente comme le **porte-parole des femmes de la société** qui a été oubliée aux lendemains de la révolution alors même que tous se sont battus pour les mêmes droits.

• Toutefois, son discours ne se réduit pas à la seule condition des femmes, elle dénonce toutes les inégalités en effectuant un parallèle entre la servitude des femmes et l'esclavage des Noirs. Par cette analogie, elle souligne finalement **l'importance de l'égalité entre tous les êtres** et pas seulement une partie de la société. Son engagement acquiert alors une portée universelle.

POUR ALLER PLUS LOIN

• Si le terme « féminisme » prend son sens actuel au XIXe siècle, cela ne signifie pas que le combat des femmes n'a pas commencé plus tôt. Il n'était simplement pas encore nommé.

LES CITATIONS

> Article un
« La femme naît libre et demeure égale à l'homme en droits. »

> Article seize
« Toute société dans laquelle la garantie des droits n'est pas assurée, ni la séparation des pouvoirs déterminée, n'a point de constitution ».

ŒUVRE 7

Corneille, *Le Menteur*, 1643

1 Résumé de l'œuvre

ACTE I	Dorante revient tout juste de Poitiers après avoir mis fin à ses études de droit. De retour à Paris, il souhaite profiter pleinement de sa jeunesse. Lors de sa rencontre avec Clarice, il n'hésite pas à mentir à la jeune fille pour la séduire en lui expliquant qu'il a fait la guerre en Allemagne et que cela fait déjà un an qu'il est amoureux d'elle. Mais Dorante pense avoir avoué son amour à Lucrèce alors qu'il s'agit de Clarice.
ACTE II	Géronte dit à Clarisse qu'il souhaiterait qu'elle épouse son fils Dorante. Mais cette dernière est déjà engagée auprès d'Alcippe qu'elle ne peut pas épouser tant que le père du jeune homme ne rentre pas. Pour échapper au projet de mariage de son père, Dorante invente une histoire rocambolesque et explique qu'il est déjà marié. Alcippe, qui pense que Dorante cherche à lui prendre Clarice, souhaite l'affronter en duel.
ACTE III	Dorante rassure Alcippe et le duel n'a pas lieu. Clarice, que Dorante prend pour Lucrèce, révèle au jeune homme qu'elle sait qu'il a menti.
ACTE IV	Dorante fait croire à Cliton qu'il a tué Alcippe lors du duel mais ce dernier arrive pour annoncer que son père est de retour et qu'il va pouvoir enfin épouser la jeune fille dont il est épris. Géronte souhaite rencontrer la prétendue femme de son fils mais Dorante invente une fausse grossesse qui empêcherait sa femme de voyager. Pendant ce temps, le jeune homme donne de l'argent à Sabine dans le but qu'elle intervienne en sa faveur auprès de Lucrèce.
ACTE V	Géronte découvre que son fils lui a menti et exprime son mécontentement. Dorante lui avoue alors être amoureux de Lucrèce et demande à son père d'intercéder en sa faveur. Lors d'un échange avec Clarisse et Lucrèce, Dorante découvre qu'il a confondu les deux jeunes femmes. Il ment de nouveau pour justifier les discours tenus à Clarice. La pièce se termine sur l'annonce des deux mariages : celui de Clarice et Alcippe ainsi que celui de Lucrèce et Dorante.

2 Les personnages

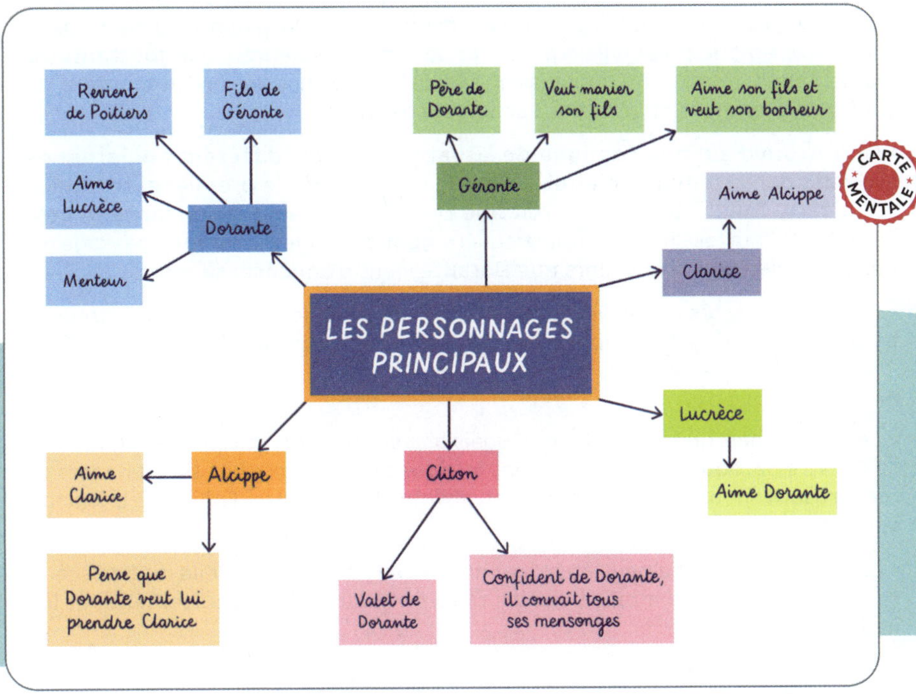

BIOGRAPHIE DE L'AUTEUR

- Il naît en 1606 et meurt en 1684.
- Il fait des études de droit. Après avoir acheté deux offices en 1628, il devient avocat chargé de défendre les intérêts du roi.
- En 1629, il fait jouer sa première comédie, *Mélite*, à Paris et devient très rapidement célèbre. Son succès se confirmera plus tard avec *le Cid*.
- En 1647, il entre à l'Académie française.

POUR ALLER PLUS LOIN

> L'effet comique

• Le nom même de la pièce annonce un comique de caractère. Dorante ne peut s'empêcher de mentir à tout le monde et crée des mensonges plus rocambolesques les uns que les autres. En effet, son premier mensonge, par exemple, s'inscrit dans le registre épique puisqu'il se présente comme un valeureux combattant. De même, l'évocation de son faux mariage et de la naissance de son futur enfant ne peut que faire rire le spectateur par son exagération.

• On retrouve aussi le comique de situation avec les différents quiproquos présents dans l'œuvre. En effet, Dorante confond dès le premier acte Clarice et Lucrèce, tandis qu'Alcippe croit que Dorante est l'amant de Clarice. À cela s'ajoutent d'autres situations particulièrement comiques comme le passage où Alcippe revient sur scène alors que Dorante vient d'annoncer sa mort...

• Enfin, les apartés entre Dorante et Cliton sont particulièrement savoureuses en ce qu'elles révèlent l'ampleur des mensonges de Dorante.

> Une pièce baroque

• Le terme « baroque » vient du portugais *barroco* qui signifie « perle irrégulière ». Le théâtre baroque met en scène des intrigues foisonnantes et surprenantes et recourt souvent au procédé de mise en abyme afin d'illustrer l'idée que le monde est un théâtre.

• La pièce de Corneille peut être qualifiée de baroque en ce qu'elle met en scène des personnages qui multiplient les faux-semblants, les déguisements et les mensonges.

LES CITATIONS

> Acte I, scène 4, Cliton

« Monsieur, quand une femme a le don de se taire,
Elle a des qualités au-dessus du vulgaire. »

> Acte III, scène 2, Philiste

« [Sa collation] n'est rien qu'un pur mensonge,
Ou quand il l'a donnée, il l'a donnée en songe. »

> Acte V, scène 3, Géronte

« Qui se dit Gentilhomme, et ment comme tu fais,
Il ment quand il le dit, et ne le fut jamais. »

Parcours Mensonge et comédie

1 Mensonge

- Le mensonge consiste à ne pas dire la vérité dans le but de tromper.

- Si Dorante est le principal menteur de la pièce, il n'est pas le seul. La plupart des personnages sont amenés à mentir chacun à leur tour. C'est le cas de Clarice et Lucrèce lors de la scène du balcon puisque Clarice se fait passer pour Lucrèce ; mais c'est aussi le cas d'Alcippe et Clarice qui gardent leur relation secrète. De même, Isabelle n'hésite pas à mentir à sa maîtresse en se laissant acheter par Dorante...

- Si les mensonges exagérés de Dorante font sourire, le spectateur découvre tout de même une société qui n'hésite pas à mentir pour parvenir à ses fins.

2 Comédie

- A l'origine, la comédie est une pièce mettant en scène des personnages de moyenne ou basse condition et dont l'intrigue finit bien.

- Corneille choisit de mettre en scène dans ses comédies des jeunes gens faisant partie de la bonne société. On retrouve alors les thématiques propres à l'élite sociale que sont le mariage arrangé, le jeune homme qui revient de ses études, le choix d'un bon parti, etc. Le projet de Corneille était avant tout de faire rire les gens de qualité et c'est pour cela que sa comédie ne s'inspire pas du genre de la farce dont le but principal était de faire rire par une intrigue grossière.

- Corneille ancre alors sa pièce dans une forme de réalisme en évoquant le Paris de l'époque et en faisant indirectement référence à la guerre de Trente Ans ou à l'interdiction des duels par Richelieu.

POUR ALLER PLUS LOIN

- La pièce de Corneille est une réécriture de *La Verdad sospechosa* (*La Vérité suspecte*) de Jean Ruiz de Alarcón. À la différence de Corneille, l'auteur espagnol punit le héros de sa pièce en l'empêchant d'épouser celle qu'il l'aime.

LA CITATION

> Acte V, scène 6, Dorante

« Ne me découvre point, et dans ce nouveau feu
Tu me vas voir, Cliton, jouer un nouveau jeu ;
Sans changer de discours, changeons de batterie. »

> Acte V, scène 7, Cliton

« Vous autres qui doutiez s'il en pourrait sortir,
Par un si rare exemple, apprenez à mentir. »

ŒUVRE 8

Musset, *On ne badine pas avec l'amour*, 1834

1 Résumé de l'œuvre

ACTE I	La pièce s'ouvre sur l'arrivée de Maître Blazius et de Dame Pluche au château du Baron. Ils seront suivis par Camille et Perdican. Le Baron souhaite marier son fils à sa cousine, mais les retrouvailles des deux jeunes gens ne se passent pas comme prévu. Le Baron se désole du comportement des deux êtres qu'il prédestinait l'un à l'autre. De leur côté, Maître Blazius et Maître Bridaine se soucient plus de la bonne chair et de la boisson que des projets du Baron. Perdican, quant à lui, est très heureux de retrouver les paysans qui ont partagé son enfance et plus particulièrement la belle Rosette avec qui il se montre séducteur.
ACTE II	Perdican n'est pas indifférent au charme de Camille et accepte de l'épouser mais il se confronte au refus de la jeune fille qui préfère retourner au couvent. Perdican se montre alors plus entreprenant avec Rosette mais ne parvient pas pour autant à masquer les sentiments qu'il ressent pour Camille. Auprès du Baron, Blazius accuse Camille d'avoir écrit une lettre destinée à un courtisan. À la fin de l'acte, Camille et Perdican débattent au sujet de l'amour et évoquent des idées bien opposées. Camille dit sa crainte de tomber amoureuse et de souffrir tandis que Perdican défend l'idée que l'on ne peut vivre pleinement sans aimer.
ACTE III	Le Baron chasse Blazius car ce dernier a volé des bouteilles et a accusé Camille. Perdican découvre la lettre que Camille a écrite à sœur Louise. Dans cette lettre, elle explique qu'elle sera bientôt de retour au couvent et qu'elle laissera derrière elle le jeune homme au désespoir. Perdican choisit alors de se venger en organisant un faux rendez-vous qui a pour but d'amener Camille à le voir séduire et demander en mariage Rosette afin de susciter sa jalousie. Ce procédé fonctionne puisque Camille choisit à son tour de se venger en révélant à Rosette que Perdican lui a menti. Rosette demande alors à Perdican de la laisser retourner chez ses parents mais le jeune homme réitère son souhait de l'épouser. L'acte se termine sur la scène tragique de la mort de Rosette qui assiste à l'aveu d'amour de Camille et Perdican.

2 Les personnages

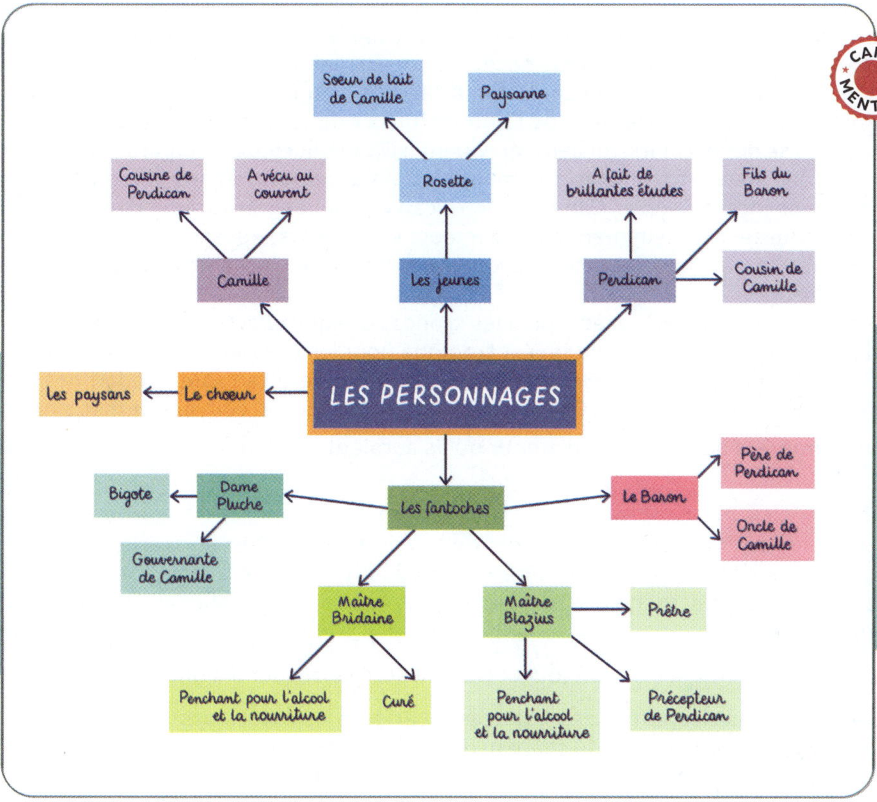

BIOGRAPHIE DE L'AUTEUR

- Naît en 1810, meurt en 1857.
- Il poursuit de brillantes études au collège Henri IV et commence à écrire des vers dès l'âge de 14 ans.
- Dès 1828, il est introduit dans les cénacles romantiques et fréquente ainsi les auteurs influents du siècle. Il reste toutefois en marge du mouvement.
- En 1832, il est particulièrement affecté par le décès de son père et choisit alors de vivre exclusivement de sa plume.
- Pendant presque trois ans, il vit une passion tumultueuse avec George Sand qui lui inspire *On ne badine* pas avec *l'amour.*
- Alors que ses premières pièces n'avaient pas eu le succès espéré, Musset est enfin véritablement reconnu en tant que dramaturge avec sa pièce *Un caprice*.

POUR ALLER PLUS LOIN

> Les registres : comique et tragique

- Les deux registres cohabitent au sein de la pièce.

– Les personnages comiques sont les fantoches. Le Baron ne comprend pas ce qu'il se passe et est ainsi impuissant. Il est parfaitement incapable de faire respecter sa volonté. De leur côté, Maître Bridaine et Maître Blazius, qui sont pourtant les représentants de la religion, multiplient les péchés en se préoccupant principalement de la nourriture et de l'alcool et en passant leur temps à se dénoncer mutuellement. Quant à Dame Pluche, elle apparaît ridicule par sa bigoterie et son physique maigrelet. - Par opposition, les personnages tragiques sont les jeunes. Camille et Perdican vont jouer avec l'amour dans le but de se pousser mutuellement à révéler leurs sentiments. Rosette est la victime de l'orgueil des deux jeunes gens qui ne parviennent pas à être simplement sincères.

– Plus on avance dans la pièce, plus les scènes comiques s'amenuisent au profit de scènes plus sérieuses. La fin est tragique pour les trois jeunes gens puisque Rosette meurt de désespoir tandis que Camille et Perdican sont condamnés à être malheureux. En effet, Camille choisit de retourner au couvent et met ainsi un terme à la belle histoire d'amour qu'ils auraient pu vivre.

> Les trois unités

- Suite aux critiques rencontrées lors de ses premières mises en scène, Musset a choisi d'écrire des pièces destinées non pas à être jouées, mais à être lues. De ce fait, il ne s'attache pas au respect des règles des auteurs classiques ou romantiques.

- La pièce se déroule sur trois jours : chaque acte correspond à une journée.

- Le lieu s'organise entre des espaces intérieurs et extérieurs. Les espaces intérieurs se situent au sein du château du Baron tandis que les espaces extérieurs se trouvent au sein du village (dans un champ, près d'une fontaine...).

- L'intrigue se concentre principalement sur l'histoire d'amour qui unit Camille et Perdican. Le premier acte met en scène les retrouvailles des deux jeunes gens. Le deuxième acte oppose leurs conceptions de l'amour tandis que le dernier acte représente l'issue tragique de leurs jeux orgueilleux.

LES CITATIONS

> Acte II, scène 5, Camille

« Il se peut bien qu'on m'ait fait la leçon, et que je ne sois qu'un perroquet mal appris. »

> Acte III, scène 4, Le Chœur

« Hélas ! la pauvre fille ne sait pas quel danger elle court, en écoutant les discours d'un jeune et galant seigneur. »

Parcours Jeux du cœur et de la parole

1 Le badinage amoureux

• Le badinage est avant tout une façon de plaisanter avec légèreté. Il fait ainsi partie des codes sociaux qui régissent la société et il devient alors tout naturel de badiner lors d'échanges mondains. Entre un jeune homme et une jeune fille, le badinage s'apparente à une tentative de séduction qui ne s'accompagne pas nécessairement de sentiments. Il s'agit alors d'une attitude galante qui consiste à flatter l'autre et à se présenter favorablement.

• Le badinage amoureux est particulièrement présent dans les pièces de Marivaux puisque ce dernier met en scène des jeunes gens issus de l'aristocratie qui vont être confrontés à l'amour et à ses problématiques telles que le mariage arrangé.

• On constate que Perdican adopte la même attitude face à Camille et Rosette. Lors de ses échanges avec les deux jeunes filles, il les complimente sur leur beauté. Le propos apparaît davantage comme une marque de galanterie que comme un aveu intime.

2 La parole

• La parole peut être utilisée pour partager des sentiments profonds et sincères mais aussi à des fins plus dangereuses. En effet, Camille et Perdican vont utiliser les mots pour masquer leur orgueil et pousser l'autre dans ses retranchements. Les deux jeunes gens ayant reçu une éducation, ils maîtrisent les mots et les échanges mondains. Face à eux, la jeune Rosette, simple paysanne, ne connaît pas les rouages de la parole et se laisse manipuler par Camille et Perdican. La parole, malhonnête, conduit alors à une fin tragique.

2 Le jeu

• Les personnages n'hésitent pas à tromper pour se venger. C'est le cas par exemple de Perdican qui organise un faux rendez-vous avec Camille dans le but de l'amener à observer son échange amoureux avec Rosette et ainsi éveiller sa jalousie. Rosette est alors la victime innocente du jeu des deux jeunes gens.

POUR ALLER PLUS LOIN

• La fin de la célèbre tirade de Perdican à la scène 5 de l'acte II est en fait un emprunt à une lettre que George Sand lui a écrite.

LA CITATION

> Acte III, scène 8, Perdican

« Orgueil, le plus fatal des conseillers humains, qu'es-tu venu faire entre cette fille et moi ? »

ŒUVRE 9

Nathalie Sarraute, *Pour un oui pour un non*, 1982

1 Résumé de l'œuvre

H.1 vient retrouver H.2 afin de lui demander pourquoi il lui en veut. Il pense cela car H.2 ne le contacte jamais. Ce dernier explique qu'il n'est pas dans sa nature de prendre l'initiative. Ils reviennent alors sur la qualité de leur amitié en évoquant des moments passés. H.1 insiste pour savoir ce qui a changé pour H.2 et qui justifierait sa prise de distance. Mais H.2 ne souhaite pas s'expliquer car ce qui l'a gêné ne semble pas important. Il révèle alors que c'est la réponse de H.1 « c'est bien... ça... » qui l'a dérangé. Alors que H.2 a entrepris les démarches pour mettre fin à leur amitié, il découvre qu'il a lui-même un casier judiciaire et qu'il est désigné comme « celui qui rompt pour un oui pour un non ». H.1 l'aide alors à définir ce qui a pu tant le gêner dans ses propos en nommant le ton employé de condescendant.

H.2 souhaite faire une nouvelle demande d'autorisation de rupture. Pour cela, il suggère que ses voisins, F. et H.3 fassent office de jurys. Ils expliquent alors leur différend aux voisins en revenant sur la situation passée. On apprend que H.2 avait félicité H.1 pour sa promotion et que ce dernier lui avait proposé de lui trouver une tournée de conférences pour lui permettre de voyager. En guise de réponse, H.2 s'était vanté en disant qu'on lui avait déjà fait cette offre. Face à cette explication peu compréhensible, H.3 et F. choisissent de s'en aller.

H.2 reproche alors à H.1 d'exposer son bonheur de façon subtile et ce dernier estime qu'il est jaloux. H.2 explique que H.1 faisait tout pour qu'il soit jaloux mais qu'il ne l'était pas car ce qui rend heureux H.1 ne l'attire pas. Selon lui, H.1 pourrait tolérer un autre bonheur à condition que celui-ci soit catégorisé.

H.1 est sur le point de partir mais H.2 s'excuse. Ils s'accordent sur la qualité de vie offerte par le lieu qu'habite H.2 mais H.1 complète la phrase de son ami en citant Verlaine et le conflit reprend. H.1 lui reproche alors d'avoir fait exprès d'employer le début d'une citation de Verlaine pour le piéger. Il lui avoue considérer la fonction de poète de H.2 avec beaucoup d'ironie. H.1 revient alors sur un souvenir. Les deux hommes faisaient de l'alpinisme avec un groupe et H.2 avait demandé à ce que tout le monde s'arrête afin de contempler la vue. H.1 lui avait alors répondu qu'il trouverait plus tard de jolies cartes postales.

H.2 reconnaît alors qu'ils sont en conflit et H.1 les oppose en précisant que lui fait partie des hommes qui luttent tandis que H.2 appartient aux « ratés ». Le conflit s'envenime et les reproches se multiplient.

H.1 évoque à son tour l'idée de faire une demande pour rompre. Mais l'œuvre se conclut sur leur désaccord avec l'antithèse « oui » / « non ».

2 Les personnages

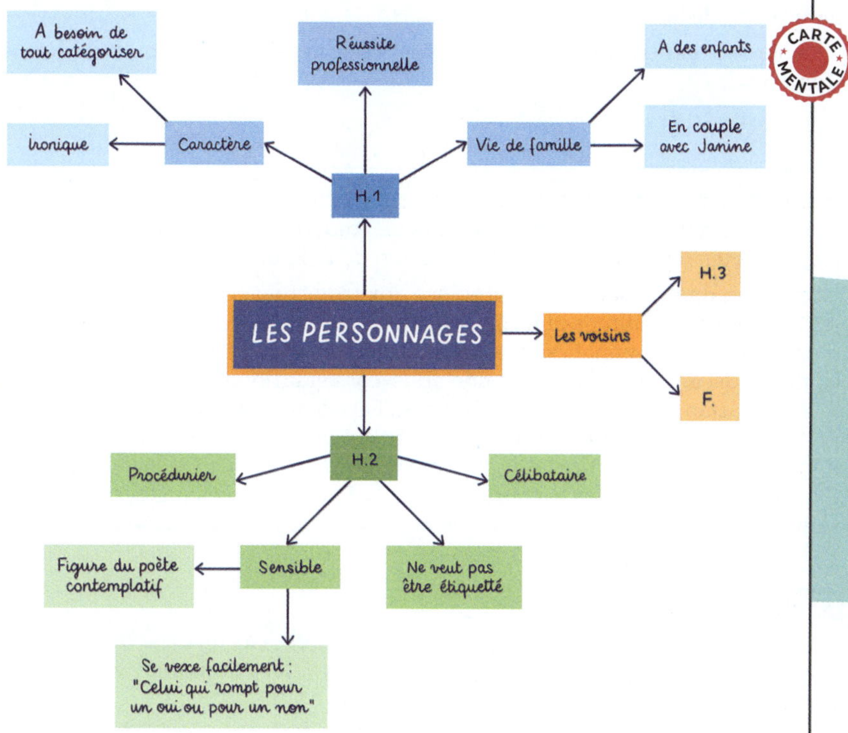

BIOGRAPHIE DE L'AUTEUR

- Naît en 1900 et meurt en 1999.
- Issue d'un milieu d'intellectuels russes, elle fera de nombreux allers-retours entre la Russie et la France à la suite de la séparation de ses parents.
- Lors de ses études de droit, elle rencontre l'homme qu'elle épousera, Raymond Sarraute et qui la soutiendra dans son travail d'écrivain.
- Parution de *L'Ère du soupçon* en 1956. Nathalie Sarraute est reconnue comme autrice du Nouveau Roman.

POUR ALLER PLUS LOIN

> Les personnages

- Les personnages n'ont pas d'identité précise et cela apparaît clairement par leur absence de nom. Ils sont désignés par des lettres qui renvoient probablement à leur sexe. Comme il y a plusieurs hommes dans la pièce, un numéro leur sera ajouté afin de les distinguer. Il y a ainsi H.1, H.2, H.3 et F.
- La perte d'identité des personnages est l'une des caractéristiques du Nouveau Roman.

> Le langage

- L'omniprésence du terme « mots » dès la scène d'exposition indique que l'enjeu même de la pièce sera le langage et plus particulièrement le choix des mots. En effet, si les actions semblent absentes de l'œuvre, c'est bien parce que tout se joue dans les répliques et dans l'utilisation du langage.
- Dans son œuvre, Sarraute s'intéresse aux tropismes. Les tropismes désignent les mouvements infimes que l'on ressent et qui influencent notre interprétation d'une phrase aussi banale soit-elle en tenant compte de l'intonation, des silences et des sous-entendus qui sont une sous-conversation propre à modifier notre interprétation du contenu d'une réplique. Face à une phrase stéréotypée comme « c'est bien ça », le personnage ressent un certain malaise car il interprète négativement l'intonation et le silence soulignés ainsi : « c'est biiien... ça... ». Ces tropismes révèlent alors le conflit qui divise H.1 et H.2 puisque ces personnages s'opposent quant à leur mode de vie et à leur vision l'un de l'autre.

LES CITATIONS

> « H.2, soupire : [...] il y avait entre «c'est bien» et «ça» un intervalle plus grand : «c'est biiien... ça... « Un accent mis sur «bien»... un étirement : «biiien...» et un suspens avant que «ça» arrive... ce n'est pas sans importance. »

> « H.2 : Voilà. Je crois qu'on y est. Tu l'as touché. Voilà le point. C'est ici qu'est la source. Les guillemets, c'est pour moi. Dès que je regarde par la fenêtre, dès que je me permets de dire «la vie est là», me voilà aussitôt enfermé à la section des «poètes»... de ceux qu'on place entre guillemets... qu'on met aux fers... »

> L'intonation des personnages a alors un rôle important puisqu'elle influence la réception des propos en ce qu'elle révèle la subjectivité du locuteur. L'interlocuteur peut y déceler des allusions cachées ou des marques de jugement qui peuvent conduire à des malentendus. Cela apparaît particulièrement dans l'usage des guillemets qui selon H.2 sont la marque d'une « distance », d'une « ironie ». Les guillemets retranscrivent alors un changement d'attitude, de ton, de la part du locuteur. H.2 reproche cela à H.1 car en le qualifiant ainsi de poète, il comprend qu'il n'est pas reconnu en tant que « vrai » poète, comme il l'explique.

Parcours Théâtre et dispute

1 La particularité du théâtre

• Une œuvre théâtrale est constituée exclusivement de dialogues (et de didascalies) mettant ainsi au centre des préoccupations l'expression et les échanges entre les personnages et plus généralement les êtres.

• L'intérêt du dialogue théâtral dans la pièce de Sarraute réside autant dans son contenu que dans la manière de dire les choses. La façon de s'exprimer d'un personnage influencera nécessairement la réception de ses propos. Cela apparaît d'autant plus dans l'œuvre que le contenu des répliques apparaît bien souvent banal et insignifiant. C'est alors l'intonation qui permet de révéler les allusions qui peuvent être des jugements, des reproches, etc.

• Parce que le théâtre repose sur des échanges de paroles, les silences sont alors particulièrement perceptibles et revêtent ainsi un rôle fondamental. En effet, les silences, marqués par les non-dits et les points de suspension, participent à la montée de la tension dramatique.

2 La dispute

• Dans son théâtre, Nathalie Sarraute s'intéresse au conflit. Le conflit trouve alors son origine dans ce que l'on dit mais aussi dans la manière de le dire. Les mots peuvent faire mal, ils peuvent aussi créer des différends lorsqu'ils sont mal interprétés. Le simple malentendu qui ouvre la pièce devient alors un véritable conflit qui oppose H1 et H2.

• La pièce met en scène un huis-clos qui favorise une évolution tragique de la situation en ce qu'il ne permet pas une intervention extérieure qui rendrait possible la résolution des disputes. Certes, les voisins sont appelés par les protagonistes, mais ils ne permettent pas de faire évoluer l'échange positivement. H1 et H2 s'enferment ainsi dans une situation inextricable.

POUR ALLER PLUS LOIN

• Dans « Le Gant retourné », texte théorique portant sur le théâtre, Nathalie Sarraute écrit que le langage joue le rôle de « détonateur » et souligne ainsi son importance au sein des relations humaines.

LA CITATION

« H.2 : [...] Mais après, quand tu as senti en moi ce frémissement... comme une nostalgie... un regret... alors tu t'es mis à déployer, à étaler... comme tu fais toujours quand tu étales devant moi... »
« H.2 : [...] Il faut bien voir ce qui est : nous sommes dans deux camps adverses. Deux soldats de deux camps ennemis qui s'affrontent. »

ŒUVRE 10

Arthur Rimbaud, *Les Cahiers de Douai*, 1870

1 Structure de l'œuvre

	Premier cahier
« PREMIÈRE SOIRÉE »	Scène charnelle entre deux amants.
« SENSATION »	La nature, associée à l'image de la femme, est présentée comme un lieu paisible et épanouissant.
« LE FORGERON »	À travers la figure du forgeron, le poète donne la parole au peuple face à un pouvoir tyrannique. Si c'est Louis XVI qui est mis en scène, le lecteur est implicitement invité à faire le parallèle avec Napoléon III.
« SOLEIL ET CHAIR »	Dans un contexte antique, Rimbaud fait revivre les figures de la mythologie afin de célébrer l'amour et la nature.
« OPHÉLIE »	Reprise du personnage de Shakespeare, Ophélie, qui s'est suicidée en se noyant après s'être couronnée de fleurs.
« BAL DES PENDUS »	Danse macabre parodique.
« LE CHÂTIMENT DE TARTUFE »	Reprise du personnage de Molière afin de critiquer la religion.
« VENUS ANADYOMÈNE »	Sonnet parodique sur la naissance de Vénus.
« LES RÉPARTIES DE NINA »	Échec amoureux.
« À LA MUSIQUE »	Satire des bourgeois.
« LES ÉFFARÉS »	Critique de la misère.
« ROMAN »	Aventure amoureuse à dix-sept ans.
« MORTS DE QUATRE-VINGT-DOUZE… »	Hommage aux combattants et dénonciation de l'hypocrisie politique.
« LE MAL »	Dénonciation de la guerre et de la religion.
« RAGES DE CÉSARS »	Portrait satirique de Napoléon III.
	Deuxième cahier
« RÊVE POUR L'HIVER »	Rêve sensuel.
« LE DORMEUR DU VAL »	Mort d'un jeune soldat à la guerre.
« AU CABARET-VERT »	Évocation d'un moment de bonheur.
« LA MALINE »	Récit d'une rencontre avec une jeune serveuse séduisante.
« L'ÉCLATANTE VICTOIRE DE SARREBRÜCK »	Critique de la guerre et des journalistes.
« LE BUFFET »	Description d'un buffet présenté comme le gardien des souvenirs.
« MA BOHÈME »	Hymne à la liberté.

2 Les personnages

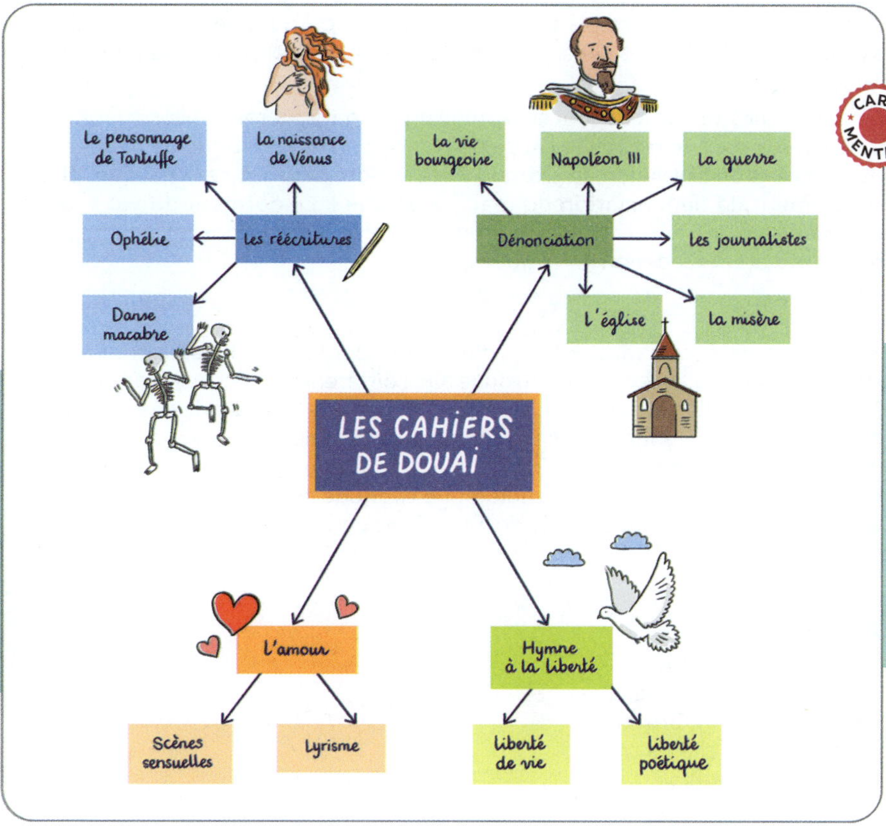

BIOGRAPHIE DE L'AUTEUR

- Naît en 1854 et meurt en 1891.
- Il rencontre Verlaine à Paris en 1871.
- En 1873, Verlaine tire sur Rimbaud et le blesse. Rimbaud publie *Une saison en enfer.*
- Il abandonne la littérature en 1875.

POUR ALLER PLUS LOIN

> Deux thèmes : l'un personnel et l'autre collectif

- Le poète propose une poésie intime dans laquelle il décrit des scènes sensuelles. Le lecteur découvre alors les premières amours d'un jeune homme qui se laisse aller aux plaisirs des sens. Dans cette poésie, la nature occupe une place privilégiée.
- Rimbaud n'hésite pas à dénoncer ce qu'il juge négatif au sein de la société. On retrouve alors dans le recueil la satire de Napoléon III, la critique de la guerre, de la misère et de la religion, la critique de la société bourgeoise, ainsi que, plus généralement, la dénonciation du mal. Le poème « Le dormeur du val », par la description d'une nature paisible, étonne le lecteur en proposant une pointe surprenante propre à dénoncer la guerre.

> Les réécritures

- *Les Cahiers de Douai* sont l'œuvre d'un jeune poète dont l'inspiration a été nourrie par d'autres auteurs. On retrouve ainsi différentes réécritures au sein du recueil. En effet, « Le bal des pendus » reprend le poème la « Ballade des pendus » de Villon, « Ophélie » s'inspire du personnage de Shakespeare qui avait déjà été un sujet poétique pour Banville, « Vénus anadyomène » propose une nouvelle variation à partir de la figure mythologique évoquée chez d'autres poètes tels que Baudelaire et « Le Châtiment de Tartufe » reprend le célèbre personnage de Molière.

LES CITATIONS

> « Première soirée »

« – Je baisai ses fines chevilles.
Elle eut un doux rire brutal
Qui s'égrenait en claires trilles,
Un joli rire de cristal. »

> « L'éclatante victoire de Sarrebrück »

« Au milieu, l'Empereur, dans une apothéose
Bleue et jaune, s'en va, raide, sur son dada
Flamboyant ; très heureux, – car il voit tout en rose,
Féroce comme Zeus et doux comme un papa ; »

> « Le Buffet »

« – Ô buffet du vieux temps, tu sais bien des histoires,
Et tu voudrais conter tes contes, et tu bruis
Quand s'ouvrent lentement tes grandes portes noires. »

Parcours Émancipations créatrices

1 Émancipations

• Le terme employé au pluriel suggère plusieurs émancipations. L'émancipation est avant tout l'action de se libérer, de s'affranchir d'un état de dépendance.

• On peut relever tout d'abord l'émancipation de l'enfant qui quitte le foyer familial. En effet, l'adolescence de Rimbaud est marquée par ses nombreuses fugues qui lui permettent de voyager mais qui lui vaudront aussi un séjour en prison puisqu'il voyage sans billet de train.

• L'émancipation est aussi celle du citoyen qui refuse le conformisme social et donc critique la bourgeoisie. C'est aussi l'émancipation de celui qui refuse le pouvoir en place et qui dénonce la politique de Napoléon III.

• Enfin, l'émancipation apparaît aussi poétique. Il s'agit de s'émanciper de ses modèles pour parvenir à une poésie plus personnelle.

2 Émancipations créatrices

• Les émancipations du poète sont présentées comme autant de sources d'inspiration pour le jeune homme. En effet, le recueil évoque bien la recherche de liberté du poète. Celle-ci apparaît dans :

– les thèmes évoqués tels que la bohème, la politique, etc. ;

– la liberté prise avec les formes (il s'émancipe, par exemple, des règles strictes du sonnet) ;

– les allusions grivoises ;

– le jeu avec les interjections.

POUR ALLER PLUS LOIN

• Dans la lettre du 2 novembre 1870 à Georges Izambard, Rimbaud souligne son adoration pour la « liberté libre ».

LES CITATIONS

> « Vénus anadyomène »

« Les reins portent deux mots gravés : Clara Vénus ;

– Et tout ce corps remue et tend sa large croupe

Belle hideusement d'un ulcère à l'anus. »

> « Ma bohème »

« Je m'en allais, les poings dans mes poches crevées ;
Mon paletot aussi devenait idéal ;
J'allais sous le ciel, Muse ! et j'étais ton féal ; »

ŒUVRE 11

Francis Ponge, *La rage de l'expression*, 1952

1 Structure de l'œuvre

« BERGES DE LA LOIRE »	Ce premier texte s'apparente à une préface. Ponge annonce son projet poétique au lecteur en insistant sur la place primordiale de l'objet et comment la poésie peut le servir.
« LA GUÊPE »	Le poète s'intéresse autant au physique de la guêpe qu'à sa psychologie. Il décrit aussi ce qu'elle fait, comment elle agit (son attirance pour le sucre, les piqûres qu'elle infliges aux hommes) et n'hésite pas à la comparer au tramway ou encore à la femme afin de clarifier sa description.
« NOTES PRISES POUR UN OISEAU »	Ponge s'intéresse à l'oiseau. D'abord il le décrit, s'arrête sur les définitions du mot mais aussi ses différents emplois ainsi que son étymologie. À partir des définitions, le poète est amené à découvrir d'autres mots et à les définir à leur tour. Ces notes sont parsemées de réflexions sur l'observation et l'écriture.
« L'ŒILLET »	Ponge commence cette section en s'adressant au lecteur afin de lui expliquer sa méthode. Le lecteur accède ainsi à l'atelier du poète, ce qui lui permettra de mieux comprendre son écriture. Le texte argumentatif est suivi de quinze morceaux dans lesquels il met en application sa méthode à partir de l'évocation de cette fleur.
« LE MIMOSA »	Le poète décrit le mimosa puis se laisse aller à des analogies à partir du mot afin de le donner à voir autrement. Le texte s'enrichit alors de définitions qui permettent d'approfondir la vision de l'objet poétique. Par les mots, le poète a pour but de recréer le mimosa afin de le donner à voir et sentir au lecteur.
« LE CARNET DU BOIS DE PINS »	**« Leur assemblée »** Le pin, évoqué à travers les cinq sens, est décrit aussi bien en tant qu'arbre individuel que dans ce qu'il apporte au sein d'une forêt. Le poète apporte alors différentes variations à ses poèmes en prose en reprenant les mêmes mots. C'est aussi l'occasion pour lui de réfléchir à son écriture. **« Formation d'un abcès poétique »** Plusieurs poèmes en vers sur le bois de pins qui sont autant de variantes à partir d'un même thème et qui permettent de découvrir le travail du poète. **« Tout cela n'est pas sérieux »** Le poète revient sur ce qu'il a écrit puis s'intéresse à la dimension sociale de l'arbre. **« Appendice au «Carnet du Bois de Pins »** Il explique que son écriture a une dimension politique et morale.
« LA MOUNINE »	Ponge essaie de restituer ce qu'il a ressenti un matin à La Mounine.

2 Les thèmes

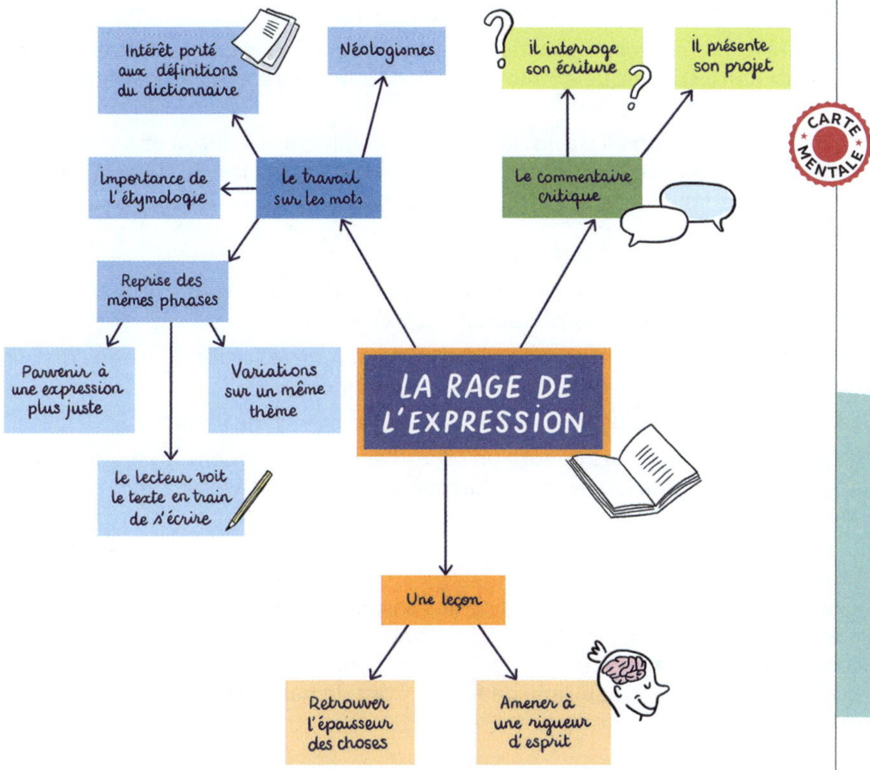

BIOGRAPHIE DE L'AUTEUR

- Naît en 1899, meurt en 1988.
- Adhère au parti communiste en 1937 et le quitte en 1946.
- Il publie *Le parti pris des choses* en 1942.
- Il reçoit en 1972 le Grand prix de poésie de l'Académie française.

POUR ALLER PLUS LOIN

> Le titre

- « La rage » renvoie à la notion de lyrisme mais celle-ci n'est plus associée à l'homme mais aux mots, à « l'expression ». Ceci est une façon de se détourner d'une poésie trop centrée sur l'homme.
- Le titre annonce alors une attention particulière aux mots. Cela se traduit par le vocabulaire spécifique employé et les nombreux recours aux définitions du dictionnaire.
- L'expression marque à la fois la volonté et la difficulté à dire, à parvenir au mot juste, d'où les différentes variations à partir d'un même thème. La recherche du mot exact semble devenir une véritable obsession pour le poète.

> Le travail sur les mots

- Ponge joue avec les différents sens des mots qui permettent d'enrichir le texte et de proposer des images poétiques surprenantes.
- Il s'appuie aussi sur l'étymologie des mots afin de restaurer leur sens premier qui apparaît comme la définition la plus permanente.
- Il recourt à des néologismes pour mieux exprimer ce qu'il perçoit.
- Si le travail sur les mots dénote un souci d'approcher du sens le plus juste, il est aussi le résultat d'un jeu de la part du poète qui s'amuse avec les sons et les sens afin de créer des images poétiques propres à enrichir la signification du texte.

> Dire la nature

- Alors que son recueil *Le parti pris des choses* se concentrait sur les objets du quotidien, dans *La rage de l'expression*, le poète s'intéresse davantage à la nature comme le suggèrent les titres « L'œillet », « Le mimosa » ou encore « Le Carnet de Bois de Pins ». Le projet ultime de Ponge était de parvenir à écrire sur l'homme, mais il est décédé avant d'y arriver.

LES CITATIONS

> « Notes prises pour un oiseau »

« Je croyais pouvoir écrire mille pages sur n'importe quel objet, et voici qu'à moins de cinq je suis essoufflé, et me tourne vers la compilation ! Non, je sens bien que de moi (et de l'oiseau) je peux naïvement tirer autre chose. Mais au fond ce qui importe, n'est-ce pas de saisir le nœud ? »

> « Le mimosa »

« Il ne me reste qu'un procédé. Il faut que je prenne le lecteur par la main, que je sollicite de sa part une assez longue complaisance, le suppliant de se laisser conduire au risque de s'ennuyer par mes longs détours, en lui affirmant qu'il goûtera sa récompense lorsqu'il se trouvera enfin amené par mes soins au cœur du bosquet de mimosas, entre deux infinis azur. »

Parcours Dans l'atelier du poète

1 Dans l'atelier du poète

- Cette expression renvoie à un ouvrage qui réunit différents textes rédigés par René Char, poète du XXe siècle. Le but de ce recueil est de montrer le travail du poète en révélant la progression de son écriture par la publication de ses brouillons et manuscrits. *L'atelier du poète* renvoie ainsi au travail qui précède la publication d'un travail abouti et achevé.

2 Le travail du poète

- L'intitulé du parcours interroge le travail du poète par opposition à l'inspiration. En effet, au XIXe siècle, les romantiques ont développé l'idée que l'écriture serait le fruit de l'inspiration et qu'elle dépendrait ainsi d'une puissance extérieure et non de leur travail propre. Cette idée a été rejetée par les auteurs du Parnasse qui refusent le sentimentalisme et privilégient le travail formel. Le poème est bien le résultat de la sueur du poète et non d'une inspiration divine.

- Le travail transparaît alors dans les différents essais effectués par le poète. Dans l'œuvre de Ponge, on peut lire ses doutes, ses interrogations et découvrir ses différentes tentatives pour parvenir au poème souhaité. Le recueil prend l'apparence d'un véritable laboratoire en nous exposant les expériences faites par Ponge.

- En même temps qu'il fabrique la nature qu'il décrit au lecteur, il propose une réflexion sur le langage et les mots qu'il emploie dans le but de la fabriquer par les mots. Le travail lexical est alors crucial pour parvenir à dire les choses.

3 Les commentaires du poète

- Dans l'œuvre, Ponge recourt à plusieurs reprises à la première personne afin de clarifier son projet ou d'évoquer ses doutes et difficultés. Son propos, plus intime, dévoile les préoccupations du poète tout au long du processus de création.

POUR ALLER PLUS LOIN

- La correspondance des poètes est souvent l'occasion d'entrer dans l'atelier du poète. On peut penser, par exemple, à la célèbre lettre dite « du voyant » de Rimbaud au sein de laquelle il expose son projet poétique.

LA CITATION

> « Notes prises pour un oiseau »

« Le poète (est un moraliste qui) dissocie les qualités de l'objet puis les recompose, comme le peintre dissocie les couleurs, la lumière et les recompose dans sa toile. »

> « Le Carnet du Bois de Pins »

« Que de choses j'aurais à écrire, si j'étais un simple écrivain..., et peut-être le devrais-je. »

ŒUVRE 12 Hélène Dorion, *Mes forêts*, 2021

1 Structure de l'œuvre

« MES FORÊTS »	Ce premier poème annonce l'enjeu métaphorique du sujet choisi que sont les forêts.
« L'ÉCORCE INCERTAINE »	Dans cette partie, Hélène Dorion nous fait parcourir la forêt en en mentionnant les différents éléments tels que l'arbre, le ruisseau, le rocher ou encore les feuilles. Le lecteur est ainsi amené à parcourir cette forêt qui apparaît bien souvent inquiétante mais aussi protectrice.
« MES FORÊTS »	La poétesse revient sur ses forêts. Pour elle, la forêt conserve le souvenir des choses puisqu'elle perdure tandis que l'homme n'est que de passage avant de redevenir « poussière ». La forêt est aussi le poème qui se construit et qui est source de vie pour son auteur. Il s'agit alors de la forêt intérieure qui est faite de rêves mais aussi de désillusions.
« UNE CHUTE DE GALETS »	Cette partie est composée d'un long poème déstructuré afin de mimer « le bruit du monde » et « l'écoulement du temps ». La forêt prend véritablement vie grâce aux mots qui convoquent tous les sens. Mais le « murmure » de la forêt a rencontré le monde moderne qui est fait de « sirènes, klaxon » et « tintamarre ».
« MES FORÊTS »	Les forêts sont présentées en opposition au monde moderne qui se laisse dominer par les réseaux sociaux.
« L'ONDE DU CHAOS »	Hélène Dorion incarne, par ses poèmes, la question écologique en évoquant le système moderne qui s'éloigne de la nature pour devenir esclave de la machine.
« MES FORÊTS »	La poétesse revient sur l'origine du monde et en retrace l'évolution. Elle montre comment l'homme s'est éloigné de la nature pour commettre des actes tragiques. Elle présente alors les mots, et plus particulièrement la lecture, comme un moyen de renouer avec la nature et de redonner du sens à l'humanité.
« LE BRUISSEMENT DU TEMPS »	Hélène Dorion évoque l'origine du monde en rappelant que celui-ci était avant tout habité par les végétaux et les animaux. Le ton change avec l'apparition de l'homme qui n'hésite pas à détruire par orgueil. Elle parcourt le temps jusqu'au monde contemporain qui se caractérise par « l'ère numérique ». Elle présente alors la littérature comme échappatoire possible à ce monde puisqu'elle permet de rêver, de voyager à travers les mots et surtout de redonner du sens à l'humanité.
« MES FORÊTS »	Lieu intime pour l'autrice, les forêts désignent les poèmes qu'elle écrit. L'écriture apparaît à la fois douloureuse et salvatrice en ce qu'elle permet de se retrouver.

2 Les thèmes

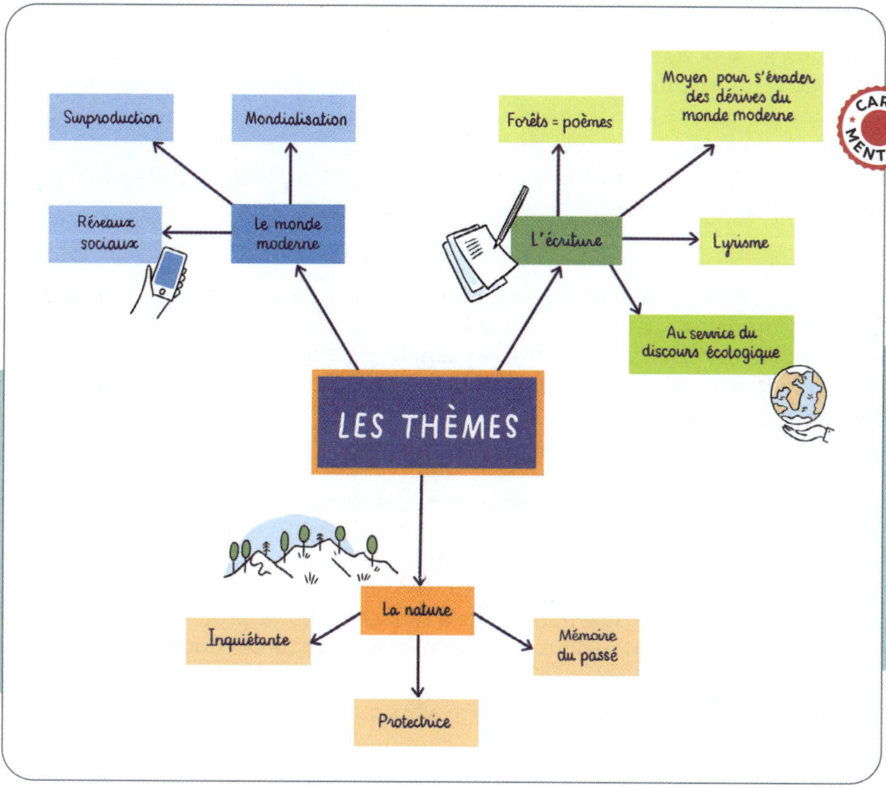

BIOGRAPHIE DE L'AUTEUR

- Naît le 21 avril 1958 à Québec.
- Elle fait des études en littérature puis dispense des cours. En parallèle, elle rédige ses premiers textes.
- En 1991, elle devient directrice des éditions Noroït.
- En 1999, elle est écrivaine en résidence à l'Université du Québec.
- Tout au long de sa carrière, elle a remporté de nombreux prix dont le prix Athanase-David, la plus haute distinction décernée par le gouvernement du Québec en littérature.

POUR ALLER PLUS LOIN

> La reconstruction d'un lieu

- Par les mots, Hélène Dorion reconstitue le lieu. En effet, les forêts prennent forme sous les yeux du lecteur au fur et à mesure qu'il avance la lecture du recueil. Il chemine au sein de cette forêt et arrête son attention devant « l'arbre », le « ruisseau », le « rocher » ou encore le « tronc ». Le lecteur déambule au sein de cette forêt qui éveille tous les sens.
- La poétesse s'intéresse à tout ce qui compose la forêt, aux moindres détails tels que l'humus ou la cime des arbres. Par cette attention particulière, elle ancre son rapport au monde, et plus particulièrement à la nature.

> Les forêts intérieures

- Les forêts, de manière métaphorique, renvoient aussi à l'intime. Il s'agit alors des forêts intérieures. La poétesse, par l'écriture, partage ce qu'elle ressent avec son lecteur. Elle dévoile ses craintes, ses espoirs, ses regrets ou encore ses rêves. Selon Hélène Dorion, écrire de la poésie, c'est aller vers l'autre et ainsi partager son espace intérieur.

> Le monde contemporain

- La poétesse met en garde face au monde contemporain qui se laisse envahir par le numérique. En effet, la chaleur du vivant est remplacée par la froideur d'un « temps de pixels d'algorithmes ». Elle interroge alors la place des réseaux sociaux au sein de notre communauté. Sont-ils bons pour l'homme ou au contraire sont-ils nocifs ? Par sa poésie, elle nous invite à réfléchir à notre propre utilisation de la technologie. Ne sommes-nous pas devenus esclaves de ces nouveaux moyens de communication ?
- L'homme n'est que de passage sur terre alors que la forêt perdure. En cela, elle conserve en mémoire le passé.

LES CITATIONS

> « L'écorce incertaine », « Le silence »

« je ne sais pas
ce qui se tait en moi
quand la forêt
cesse de rêver »

> « L'onde du chaos »

« est-ce une joie
dans le poème
qui soulève l'aube
un insondable horizon
ou ce monde incertain »

Parcours La poésie, la nature, l'intime

1 La poésie et l'intime

• Dès le mythe d'Orphée, la poésie est associée à l'intime. En effet, Orphée chantait son amour pour Eurydice accompagné de sa lyre. Sa poésie était alors des plus personnelles et cela a donné naissance au lyrisme qui renvoie à l'expression des sentiments intimes.

• Dans le recueil d'Hélène Dorion, l'intime est présent dès le titre avec l'emploi du déterminant possessif « mes ». C'est aussi la première personne qui ferme le recueil (« moi-même »). L'écriture permet alors de partager ses sentiments personnels avec autrui mais elle est aussi l'occasion d'un retour sur soi dans un monde qui perd en humanité au profit des nouvelles technologies.

2 La poésie et la nature

• Le mythe d'Orphée crée aussi un lien entre poésie et nature puisqu'Orphée avait le pouvoir de charmer, par son chant, végétaux et minéraux. La nature apparaît alors comme le confident attentif du poète qui livre ses émotions intimes.

• Au XIXe siècle, les poètes romantiques ont choisi la nature afin de transmettre leurs émotions. En effet, le paysage-état d'âme reflète les émotions du poète afin de les représenter au lecteur. Cela illustre alors le lien étroit entre nature et poésie.

• Le recueil d'Hélène Dorion devient lui-même la forêt. En effet, son écriture très visuelle reconstruit le lieu afin de le donner à voir au lecteur. Le lecteur arpente alors la forêt au fil de sa lecture.

3 La poésie, la nature, l'intime

• La poétesse crée un lien étroit entre les trois notions puisque ses poèmes représentent aussi bien la forêt que l'on peut parcourir que sa forêt intime, c'est-à-dire ses sentiments personnels qu'elle partage avec le lecteur. La poésie semble alors détenir le pouvoir de réunir l'universel et l'intime afin d'interroger la place de l'homme dans le monde.

POUR ALLER PLUS LOIN

• Lors de l'écriture de son recueil, Hélène Dorion s'est imprégnée de pièces musicales. Le lecteur peut à son tour les écouter lors de sa lecture afin de s'immerger pleinement dans les forêts de la poétesse.

LES CITATIONS

> « L'onde du chaos »

« il fait un temps de foudre et de lambeaux
d'arbres abattus
au-dedans de soi »

Partie 3

Vers le Bac

Chapitre

5 Les outils d'analyse littéraire et iconographique

FICHE 1

Les figures de style

1 Définition

- Les figures de style constituent un écart par rapport à l'usage courant de la langue. **Procédé stylistique**, elles marquent la volonté de produire un **effet** sur le lecteur.
- Elles caractérisent le texte littéraire mais sont aussi présentes dans le langage courant. La publicité en fait grand usage.

2 Figures jouant sur la syntaxe et la place des mots

- **Anaphore** : reprise de mots en tête de segment de phrase, de phrase ou de vers.
- **Énumération :** juxtaposition de mots de mêmes nature et fonction.
- **Accumulation** : énumération longue donnant un effet de profusion.
- **Parallélisme** : reprise de termes en parallèle.
- **Chiasme** : reprise de termes en croix.
- **Antithèse** : jeu d'oppositions.
- **Oxymore** : alliance de mots en opposition de sens.
- **Zeugma** : « attelage » de mots au sens incohérent.

3 Figures jouant sur le sens des mots

- **Image ou métaphore** : expression suggérant une réalité par analogie ou similitude avec un élément d'un autre domaine ou champ lexical.
- **Comparaison** : image qui comprend le comparant, le comparé et un outil de comparaison.
- **Métonymie** : désigne une chose par un autre nom que celui qui convient : la partie pour le tout, la matière ou la marque de l'objet.
- **Allégorie** : personnification d'une abstraction.
- **Symbole** : utilisation d'un élément concret pour exprimer une abstraction.
- **Litote** : atténuation, minoration qui suggère le plus en disant le moins, souvent à l'aide d'une tournure négative.
- **Euphémisme** : adoucissement, minoration d'une idée désagréable, odieuse ou triste qui consiste à la déguiser sous une expression voilée.
- **Hyperbole** : exagération, majoration dans les termes et dans la syntaxe.
- **Périphrase** : remplacement du mot par une expression explicative.

4 Figures jouant sur la sonorité des mots

- **Allitération** : répétition d'une consonne.
- **Assonance** : répétition d'une voyelle.
- **Homéotéleute** : jeu sur les mots et les sons, accumulation dans un texte en prose.
- **Paronomase** : jeu de paronymes, mots se rapprochant par les sons.

POUR ALLER PLUS LOIN

LES EXEMPLES

> Figures jouant sur la syntaxe

– Anaphore : « **Rome**, l'unique objet de mon ressentiment ! / **Rome**, à qui vient ton bras d'immoler mon amant ! », Corneille
– Énumération : « Adieu **veau, vache, cochon, couvée** », La Fontaine
– Accumulation : « ...vieux flacon **désolé,**
Décrépit, poudreux, sale, abject, visqueux, fêlé », Baudelaire
– Parallélisme : « **Je meurs si je vous perds** ; mais **je meurs si j'attends**. », Racine
– Chiasme : Un roi chantait **en bas, en haut** mourait un Dieu », Hugo
– Antithèse : « Es-tu si las de **vivre** ? As-tu peur de **mourir** ? », Corneille
– Oxymore : « Le **soleil noir** », Nerval
– Zeugma : « reprendre ses **esprits** et une **banane** »

> Figures jouant sur le sens des mots

– Image : « Soleil cou coupé », Apollinaire
– Comparaison : « La terre est bleue **comme** une orange », Éluard
– Métaphore : « L'expérience est une **lanterne** accrochée dans le dos qui éclaire le passé », Confucius
– Métonymie : « J'ai lu **un Maupassant** »
– Allégorie : l'**Espérance**, l'**Angoisse** dans « Spleen » de Baudelaire
– Symbole : la **rose**, symbole du **caractère éphémère de la beauté et de l'amour** chez Ronsard
– Litote : « Va, je **ne** te hais **point** », Corneille
– Euphémisme : « Elle **a vécu**, Myrto, la jeune Tarentine », Chénier
– Hyperbole : « L'ombre.../Semble **élargir jusqu'aux** étoiles / Le geste **auguste** du semeur », Hugo
– Périphrase : L'astre du jour : le soleil

> Figures jouant sur la sonorité des mots

– **Allitération** et assonance : « Je fais souvent ce rêve étrange et pénétrant », Verlaine
– Homéotéleute : « Tiens, capon, félon, histrion, fripon, souillon, polochon. », Jarry.
– Paronomase : « poison/poisson »

APPRENDRE AUTREMENT

Mémoriser les figures de style

Vidéo

Vocabulaire

Procédé : outil utilisé par un écrivain afin de produire un effet sur le lecteur. Le même procédé peut être utilisé à des fins sérieuses ou comiques (exemple : le quiproquo). Il est stylistique quand il réside surtout dans la forme du texte ; il comprend alors toutes les figures de style dites métaphoriquement « fleurs de rhétorique ».

FICHE 2 Les différents tons et leur visée

1 Les tons et tonalités

- Ils témoignent de la volonté qu'a l'auteur de produire un **effet** sur le lecteur par l'utilisation d'outils, de procédés variés.

2 Les tons, tonalités associés à un domaine sérieux

- **Dramatique** : tout ce qui influe sur l'action (*drama* : « action »).
- **Tragique** : caractérise des personnages dans une situation sans issue, soumis à la mort, au destin ou à la fatalité (*fatum*) ; provoque la crainte et la pitié du spectateur, et donc la *catharsis*.
- **Pathétique** : situation qui suscite le bouleversement des lecteurs.
- **Mélodramatique** : pathétique et dramatique poussés à l'extrême.
- **Épique** : vient d'« épopée », évocation grandiose de hauts faits ; utilise **l'emphase.**
- **Symbolique** : dont le sens apparent suggère un sens caché.
- **Réaliste** : vise à donner des « effets de réel ».
- **Critique, polémique** : qui attaque ; un texte violent devient un « **pamphlet** ».
- **Didactique** : qui professe, enseigne, donne des conseils.

3 Les tons associés à un domaine plaisant

- **Comique** : prête au rire par des procédés variés : mots, gestes, situations.
- **Humoristique** : comique provenant de la façon inhabituelle de présenter choses, faits, situations, gestes.
- **Farcesque** : provient de la farce médiévale ; fondé sur un comique lourd.
- **Satirique** : critique moqueuse de personnages, de phénomènes sociaux.
- **Dérision** : tourne quelqu'un ou quelque chose en ridicule.
- **Burlesque** : comique né de la dégradation d'institutions ou de personnages respectés.
- **Parodique** : caractérise l'imitation moqueuse ; excessive, elle devient **caricature.**
- **Grandiloquent** : emphase poussée à l'extrême, jusqu'au ridicule.
- **Héroï-comique** : parodie de l'épique

4 Les tons qui déforment ou transfigurent la réalité

- **Poétique** : **transfigure** la réalité dans un texte non obligatoirement versifié.
- **Lyrique** : expression poétique, très musicale (*lyre*), des sentiments personnels du poète ; thèmes lyriques : vieillesse, mort, amour, nature, solitude…
- **Élégiaque** : lyrisme triste, qui exprime la plainte.
- **Fantaisiste** : refuse comiquement les règles formelles, rationnelles ; aboutit à l'absurde.
- **Merveilleux** : introduit dans un monde magique fait de conventions.
- **Fantastique** : caractérise l'hésitation angoissante entre le réel et le surnaturel.

Cours

POUR ALLER PLUS LOIN

> Analyser les tonalités d'un texte

Bon dieu de bon dieu que j'ai envie d'écrire un petit poème
Tiens en voilà justement un qui passe
Petit petit petit viens ici que je t'enfile
sur le fil du collier de mes autres poèmes
viens ici que je t'entube
dans le comprimé de mes œuvres complètes
viens ici que je t'enpapouète et que je t'enrime
et que je t'enrythme
et que je t'enlyre
et que je t'enpégase
et que je t'enverse
et que je t'enprose
la vache
il a foutu le camp

Raymond Queneau, *L'Instant fatal*, © Éditions Gallimard, 1948

Notez : le vers libre non ponctué, le monologue adressé au poème personnifié, la familiarité du niveau de langue, les répétitions souvent anaphoriques, les jeux de mots, les sous-entendus coquins, les néologismes, la chute à la fois dramatique et cocasse.

Constatez le décalage entre le sujet traité, la recherche vaine de l'inspiration, et son traitement fantaisiste, ce qui en fait un texte **burlesque** : le poème se dérobe au poète en même temps qu'il s'achève pour le lecteur.

HERMIONE, seule.
Où suis-je ? / Qu'ai-je fait ? / Que dois-je faire encore ?
Quel transport me saisit ? / Quel chagrin me dévore ?
Errante, / et sans dessein, / je cours dans ce palais.
Ah ! / Ne puis-je savoir si j'aime ou si je hais ?

Jean Racine, *Andromaque*, V, 1, 1667

Notez les marques de l'émotion, la ponctuation expressive, les coupes (/) qui évoquent la douleur et le dilemme d'Hermione, personnage **tragique**, partagée entre l'impatience de sa vengeance et sa passion pour Pyrrhus. Ces procédés vont servir le ton **pathétique** de ce monologue **dramatique**.

APPRENDRE AUTREMENT

Repérer l'ironie

Vidéo

Vocabulaire

- **Emphase** (adjectif : **emphatique**) : le fait de majorer l'expression, d'utiliser un ton déclamatoire, un vocabulaire hyperbolique, des effets rythmiques et sonores forts, qui accentuent les impressions.
- **Caricature** : imitation moqueuse qui, par la déformation, l'exagération de détails, vise à ridiculiser le modèle.
- **Transfigurer** : transformer, métamorphoser en imprimant un éclat ou un relief particulier.

FICHE 3 Les outils d'analyse iconographique

1 L'observation de l'image

- L'**image**, fixe ou mobile, accompagnée ou pas d'écriture, offre un **message visuel** synchrone, à la différence du texte dont la lecture est linéaire, mais on peut l'étudier avec la même méthode.
- Vous vous interrogerez sur la **situation**, la **nature**, l'**idée générale**, la **composition** de l'image ce qui vous permettra de dégager une problématique de lecture.

2 L'interprétation de l'image

- Vous devez comprendre la dénotation et la connotation, la portée **explicite**, **implicite** et **symbolique** de l'image, document polysémique. Vous serez attentifs aux procédés rhétoriques, aux usages commerciaux, culturels comme aux **signes** que vous décrypterez.
- Les **signes sociaux** – noms, sigles, logos, vêtements, insignes – vous renseigneront sur l'identité personnelle ou collective du sujet. Vous examinerez les relations suggérées entre individus – les mimiques (sourire, grimaces), la gestuelle (poignée de main, poing fermé), – entre groupes sociaux ou au sein de la société, notamment les rapports hiérarchiques, les manifestations collectives et festives (présence de drapeaux : fête nationale).
- Vous analyserez les éléments du décor, leur fonction référentielle, les effets de réel.
- Vous serez sensible aux **codes**, **signes** et **symboles** qui agissent sur l'inconscient individuel ou collectif : le bestiaire (loup, serpent, renard), les couleurs (manichéisme du blanc et du noir, rouge de la passion ou de la mort).
- Dans le cas particulier de l'image mobile (film), souvenez-vous que le récit filmique, la captation théâtrale sont composés d'images mais aussi de **son**.
- Ces observations orienteront l'explication linéaire du document.
- Vous pourrez donc formuler la **visée** esthétique, narrative, persuasive, dénonciatrice, provocatrice du message iconographique.

3 Les différents plans

- Le **plan rapproché** permet de caractériser l'expression des personnages, dialogues : très gros plan, gros plan, insert (pour un objet), plan poitrine.
- Le **plan moyen** permet de saisir les personnages en action : plan taille, plan américain, plan italien.
- Les **plans larges** décrivent l'environnement : plan d'ensemble, plan général.

POUR ALLER PLUS LOIN

> Grille de lecture de l'image

Situation (paratexte)	– **Auteur**, commanditaire – **Œuvre :** titre du document, de l'œuvre complète ou du périodique – **Contexte** : date, circonstances, courant artistique ou culturel
Nature	– **Genre** : tableau, gravure, photographie, dessin, affiche publicitaire, bande dessinée, film (photogramme), scène de théâtre captée – **Type(s)** : narration, description, explication, argumentation, scène, nature morte, autoportrait, reproduction de paroles et de pensées – **Tonalité(s), ton(s)** : quels effets sont produits sur le récepteur, quelles émotions sont mobilisées ?
Idée générale	– **Sujet** : personnages, objets, paysage, décor – Dans le cas d'une scène : où ? quand ? – S'il y a lieu : les **légendes** et l'écriture (le sens comme la typographie) et leur rapport avec l'image
Composition	– **Couleurs**, contrastes, jeux d'ombre et de lumière, clair-obscur, relief – **Formes** : arrondi, carré, triangle... – **Perspectives**, point de fuite – **Point de vue**, cadrage, prise de vue : **plongée** (l'appareil est placé au-dessus de l'objet, le sujet paraît écrasé, petit) et **contre-plongée** (prise de vue par le bas, le sujet apparaît grand, valorisé, parfois déformé) – **Plan** et échelle des plans – Pour l'image mobile, **montage** des plans et des séquences
Problématique	Permet d'analyser le document en faisant émerger ses enjeux

APPRENDRE AUTREMENT

Initiation au vocabulaire de l'analyse filmique

Vidéo

Vocabulaire

- **Synchrone** : dont les informations sont produites et repérées dans le même temps.
- **Dénotation** : le sens littéral d'un terme, sa définition.
- **Connotation** : l'ensemble des éléments de sens qui peuvent s'ajouter à ce sens littéral, ce que suggère voire symbolise le mot.
- **Référentiel :** qui renvoie à la réalité tangible, matérielle.
- **Effet de réel :** qui donne l'impression de la réalité.
- **Manichéisme :** jugement tranché sans nuance.

Révision Express

> Les figures de style

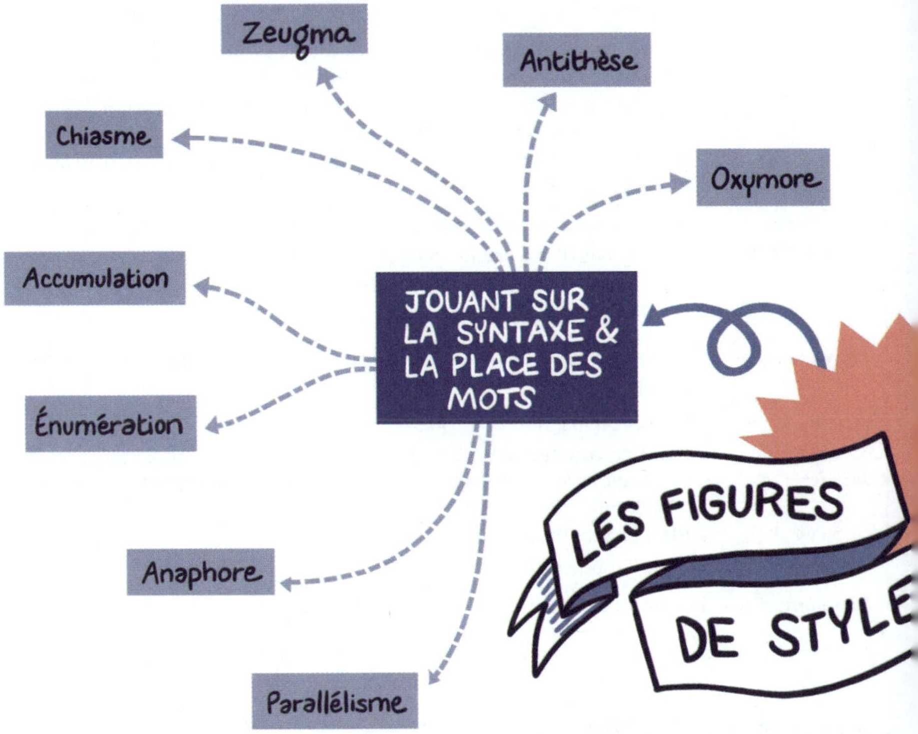

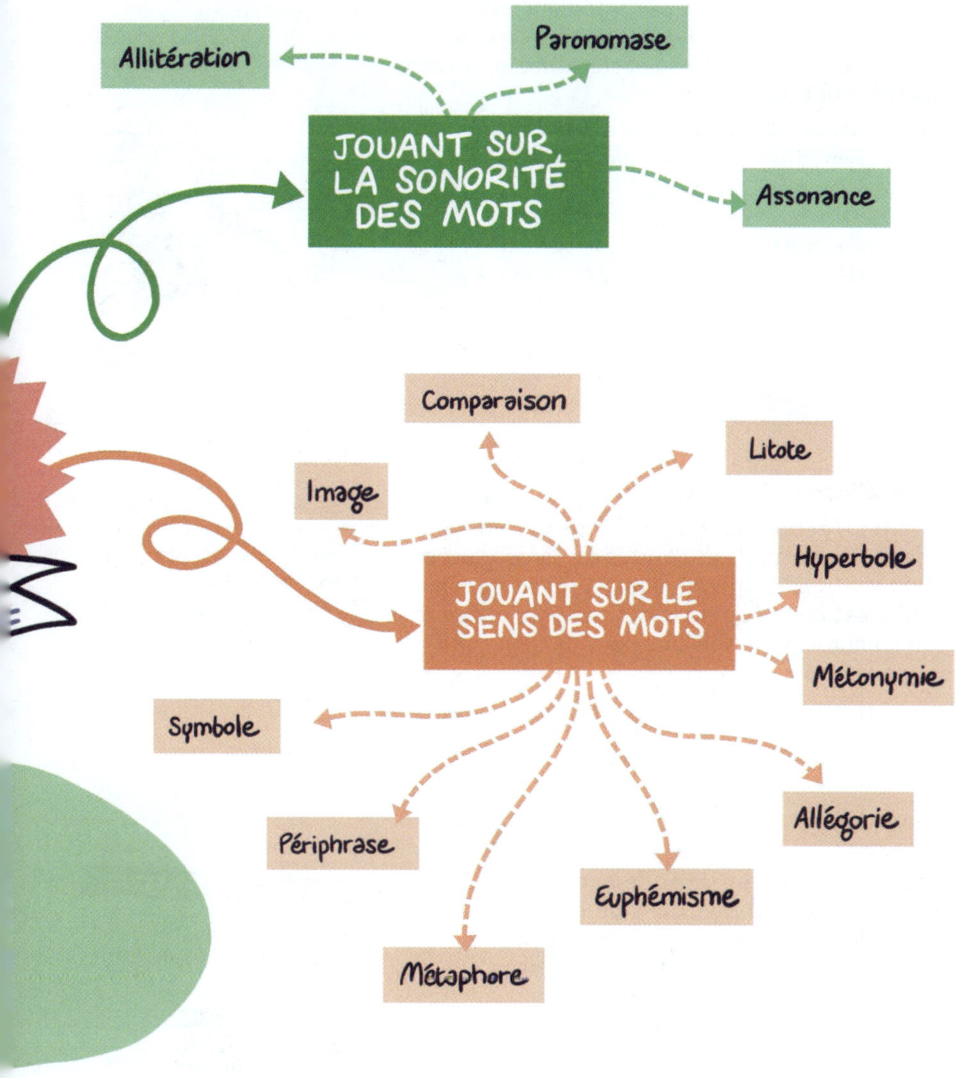
Allitération
Paronomase
JOUANT SUR LA SONORITÉ DES MOTS
Assonance
Comparaison
Litote
Image
Hyperbole
JOUANT SUR LE SENS DES MOTS
Métonymie
Symbole
Allégorie
Périphrase
Euphémisme
Métaphore

1 Repérer les figures de style

LES RÉFLEXES À AVOIR

- Relevez dans le texte les écarts avec le langage courant, les détournements de sens, les effets stylistiques : ils constituent certainement des **figures de rhétorique** que vous devrez identifier et nommer. Elles inscrivent le texte dans la littérature en servant la **fonction poétique** du langage.

Fonction poétique : d'après Jakobson, le message est centré sur sa forme esthétique. Le langage joue sur son propre code, la matérialité des signes et des sons.

- L'observation des figures de style doit toujours participer à l'interprétation du texte. Ne restez pas au stade du repérage, soyez attentifs aux réseaux que ces figures – métaphores filées, répétitions… – tissent dans le texte. Analysez les effets produits et leur implication sur le sens et les enjeux du texte.

LES PIÈGES À ÉVITER

- Attention au genre des figures de style : on dit **une hypallage** mais **un oxymore**.
- Sachez reconnaître la métaphore malgré l'absence du comparé et d'outils de comparaison. Différenciez-la de la périphrase : « Le pays du **soleil** levant » est une périphrase qui désigne le Japon, « ton amour a mis le **soleil** au pays de mon cœur » est une métaphore.

Hypallage : figure par laquelle on attribue à certains mots (souvent un adjectif) d'une phrase ce qui appartient à d'autres mots de cette phrase (glissement de sens) : « Je suis d'un **pas rêveur** le **sentier solitaire** » (Lamartine).

LES ASTUCES DU PROF

- Pensez aux figures de style comme à des épices que l'on met dans un plat et qui en relèvent la saveur, ou à des bijoux qui accessoirisent une tenue trop austère.
- Exploitez vous-même les figures de style notamment dans l'écriture d'invention. C'est ainsi que vous enrichirez votre production écrite.

APPRENDRE AUTREMENT

« L'Albatros » illustré par Arnaud d'Hauterives, 1985

Image

EXEMPLE

> Identifier les procédés littéraires d'un texte

L'Albatros

Souvent, pour s'amuser, les hommes d'équipage
Prennent des albatros, vastes oiseaux des mers,
Qui suivent, indolents compagnons de voyage,
Le navire glissant sur les gouffres amers.

À peine les ont-ils déposés sur les planches,
Que ces rois de l'azur, maladroits et honteux,
Laissent piteusement leurs grandes ailes blanches
Comme des avirons traîner à côté d'eux.

Ce voyageur ailé, comme il est gauche et veule !
Lui, naguère si beau, qu'il est comique et laid !
L'un agace son bec avec un brûle-gueule,
L'autre mime, en boitant, l'infirme qui volait !

Le Poète est semblable au prince des nuées
Qui hante la tempête et se rit de l'archer ;
Exilé sur le sol au milieu des huées,
Ses ailes de géant l'empêchent de marcher.

Charles Baudelaire, *Les Fleurs du mal*, II, 1857

Repérages

– Les périphrases à valeur emphatique miment l'aspect majestueux et souverain de l'oiseau dans les airs.
– Les comparaisons ont une valeur poétique et symbolique : la dernière élucide l'analogie.
– Les antithèses (trop nombreuses pour être toutes surlignées), sont souvent présentes au sein du même vers (6, 7, 8, 9, 10), ce qui les rend plus frappantes, mais elles parcourent tout le texte. On passe ainsi du vol princier (v. 3), à la comparaison péjorative (v. 7-8) et au boitement de l'infirme (v. 12). Le procédé offre de l'albatros deux images radicalement opposées : autant l'oiseau en vol est majestueux et sublime, ce qui est souligné par les nombreuses périphrases mélioratives, autant, lorsqu'il se pose, il paraît ridicule.
– Les symboles : les « planches » évoquent le théâtre, métaphore baroque du monde, les autres symboles associent l'oiseau au poète.

Interprétation

– L'albatros, personnifié, est le symbole du poète. Tous deux appartiennent aux sphères aériennes de l'Idéal.
– Les « ailes de géants » de l'oiseau symbolisent le génie créateur du poète solitaire, victime comme elles de l'incompréhension, du rejet et de la cruauté du peuple.

② Analyser une image

LES RÉFLEXES À AVOIR

Pour analyser efficacement une image, il faut procéder par étapes :

- **Étape 1 :** précisez la situation (paratexte)
  - Auteur
  - Œuvre(s)
  - Contexte culturel
- **Étape 2 :** dégagez la nature
  - Genre
  - Type(s)
  - Ton(s)
- **Étape 3 :** synthétisez l'idée générale, le sujet
- **Étape 4 :** dégagez la composition
- **Étape 5 :** observez et pratiquez des relevés linéaires

Pour être le plus objectif possible et faire un relevé exhaustif des éléments constitutifs du message iconographique, balayez le document de gauche à droite, de bas en haut et de haut en bas ; soyez attentif à tous les indices, notez-les successivement.

- **Étape 6 :** formulez une problématique

Interrogez les points d'intérêt du document iconographique révélés par l'étude des procédés, des intentions de l'auteur et des enjeux du texte.

- **Étape 7 :** organisez une interprétation

LES PIÈGES À ÉVITER

- Ne vous laissez pas berner par le caractère mensonger de l'image, exprimé de façon ludique par Magritte quand il légende deux de ses natures mortes, représentant respectivement une pipe et une pomme : *Ceci n'est pas une pipe* (1928) ou *Ceci n'est pas une pomme* (1964).

LES ASTUCES DU PROF

- Soyez réceptif à l'explicite mais aussi à l'implicite possible du message iconographique.
- Soyez attentif au rapport texte/image, au cadrage, parfois trompeur.

EXEMPLE

> Analyser un tableau

ÉTAPE 1 Je précise la situation (paratexte)

- Œuvre et auteur : *Le Premier Consul franchissant les Alpes au col du Grand-Saint-Bernard*, de Jacques-Louis David
- Contexte :
  - historique, début des guerres de conquête napoléoniennes avant l'Empire
  - culturel : néo-classicisme

Le Premier consul franchissant les Alpes au col du Grand Saint-Bernard, Jacques-Louis David, 1800, huile sur toile, 260 x 221 cm.

ÉTAPE 2 Je dégage la nature

- Genre : huile sur toile
- Type(s) : portrait équestre sur décor
- Tonalité(s), ton(s) : dramatique, épique

ÉTAPE 3 Je synthétise l'idée générale, le sujet

Bonaparte franchit les Alpes à cheval, entraînant son armée.

ÉTAPES 4 ET 5 Je dégage la composition, j'observe et pratique des relevés linéaires

Tableau de grandes dimensions (260 x 221 cm). Jeu sur les lignes obliques qui mettent en valeur dans un décor grandiose de montagnes et de ciel le personnage qui occupe presque tout l'espace : Bonaparte, de profil, tête coiffée d'un bicorne tournée face au spectateur, sur un cheval cabré, en grand uniforme et manteau de couleur vive gonflé par le vent, sabre au côté. D'une main, il maîtrise sa fougueuse monture ; de l'autre, il indique une direction. Au premier plan, des rocs sur lesquels sont gravés *Bonaparte*, *Hannibal*, *Karolus Magnus* (*Charlemagne* en latin). En arrière-plan, des fantassins dont on ne voit que le haut du corps.

ÉTAPE 6 Je formule une problématique

En quoi et pourquoi ce tableau magnifie-t-il la figure de Bonaparte ?

ÉTAPE 7 Je propose une interprétation

Les procédés de grandissement font de Bonaparte une figure héroïque à l'image et au niveau des grands conquérants antiques et médiévaux. Le tableau épique devient œuvre de propagande. Il ouvre la route à l'Empire et permet à son sujet d'entrer dans l'histoire comme dans la légende, contrairement à la représentation qu'en fait Delaroche.

Site

Fiche test *Ce que je sais*

QCM

15 min

☐ À revoir
☐ Acquis

1 Cochez la bonne réponse.

1 L'antithèse concerne :
- ☐ a. la syntaxe.
- ☐ b. le sens.
- ☐ c. les deux.

FICHE 1

2 La métonymie peut désigner :
- ☐ a. la partie pour le tout.
- ☐ b. la répétition en tête de phrase.
- ☐ c. l'interpellation.

FICHE 1

3 L'expression « cette obscure clarté » est :
- ☐ a. une périphrase.
- ☐ b. un oxymore.
- ☐ c. une hypallage.

FICHE 1

4 Le ton élégiaque :
- ☐ a. émeut.
- ☐ b. fait rire.
- ☐ c. horrifie.

FICHE 2

5 La dégradation comique de la royauté appartient au ton :
- ☐ a. fantastique.
- ☐ b. burlesque.
- ☐ c. épique.

FICHE 2

6 Le *fatum* appartient à la tonalité :
- ☐ a. tragique.
- ☐ b. pathétique.
- ☐ c. mélodramatique.

FICHE 2

7 Ionesco et Beckett ont écrit des :
- ☐ a. drames bourgeois.
- ☐ b. farces tragiques.
- ☐ c. mélodrames.

8 Le discours ironique :
- ☐ a. est à comprendre au second degré.
- ☐ b. est forcément moqueur.
- ☐ c. révèle l'opinion réelle du locuteur.

9 L'anaphore est :
- ☐ a. une image poétique.
- ☐ b. une répétition en tête de vers ou de phrase.
- ☐ c. synonyme de comparaison.

FICHE 1

10 L'image occupe une fonction :
- ☐ a. uniquement illustrative.
- ☐ b. uniquement dénonciatrice.
- ☐ c. multiple.

FICHE 3

11 Magritte montre que l'image est :
- ☐ a. réaliste.
- ☐ b. merveilleuse.
- ☐ c. mensongère.

12 La prise de vue en contre-plongée :
- ☐ a. écrase.
- ☐ b. valorise.
- ☐ c. restitue la réalité du sujet.

FICHE 3

13 Le « montage » des images dans un film est :
- ☐ a. essentiel.
- ☐ b. accessoire.
- ☐ c. utile.

FICHE 3

14 Le contexte de l'image :
- ☐ a. doit être exploité.
- ☐ b. est sans importance.
- ☐ c. est indépendant de sa réalisation.

FICHE 3

15 Un pastiche est :
- ☐ a. un apéritif anisé.
- ☐ b. une réécriture hommage.
- ☐ c. une réécriture outrage.

SCORE : ____ / 15

EXERCICES D'ENTRAÎNEMENT

2 **Vous rédigerez quatre phrases dans lesquelles vous jouerez sur les paronomases.**

3 **Vous préciserez les tonalités des extraits suivants en montrant comment elles suggèrent les enjeux des textes. Justifiez votre réponse.**

Texte A **Émile Zola, *Thérèse Raquin* (1867).**

Au bout de la rue Guénégaud, lorsqu'on vient des quais, on trouve le passage du Pont-Neuf, une sorte de corridor étroit et sombre qui va de la rue Mazarine à la rue de Seine. Ce passage a trente pas de long et deux de large ; il est pavé de dalles jaunâtres, usées, descellées, suant toujours une humidité âcre ; le vitrage qui le couvre, coupé à angle droit, est noir de crasse. Par les beaux jours d'été, quand un lourd soleil brûle les rues, une clarté blanchâtre tombe des vitres sales et traîne misérablement dans le passage. Par les vilains jours d'hiver, par les matinées de brouillard, les vitres ne jettent que de la nuit sur les dalles gluantes, de la nuit salie et ignoble. À gauche, se creusent des boutiques obscures, basses, écrasées, laissant échapper des souffles froids de caveau. [...] Les vitrines, faites de petits carreaux, moirent étrangement les marchandises de reflets verdâtres au-delà, derrière les étalages, les boutiques pleines de ténèbres sont autant de trous lugubres dans lesquels s'agitent des formes bizarres.

Texte B **René de Obaldia, *Innocentines* (1969).**

Le plus beau vers de la langue française

« Le geai gélatineux geignait dans le jasmin »
Voici, mes zinfints
Sans en avoir l'air
Le plus beau vers
De la langue française

Ai, eu, ai, in
Le geai gélatineux geignait dans le jasmin...

Le poite aurait pu dire
Tout à son aise :
« Le geai volumineux picorait des pois fins »
Eh bien ! non, mes zinfints.
Le poite qui a du génie
Jusque dans son délire
D'une main moite
A écrit :
« C'était l'heure divine où, sous le ciel gamin,
LE GEAI GÉLATINEUX GEIGNAIT DANS LE JASMIN »

[...]
Admirez comme
Voyelles et consonnes sont étroitement liées
Les zunes zappuyant les zuns de leurs zailes.
Admirez aussi, mes zinfints,
Ces gé à vif
Ces gé sans fin
Tous ces gé zingénus qui sonnent comme un glas :
Le geai géla... « Blaise ! Trois heures de retenue.
Motif : Tape le rythme avec son soulier froid
Sur la tête nue de son voisin.
Me copierez cent fois :
Le geai gélatineux geignait dans le jasmin. »

Texte C **Paul Éluard, *Derniers poèmes d'amour* (1947).**

Le poème est inspiré par la mort subite et prématurée de Nusch (de son vrai nom Maria Benz) qu'Éluard rencontre en 1929 et qui sera sa compagne et sa muse.

Ma morte vivante

Dans mon chagrin, rien n'est en mouvement
J'attends, personne ne viendra
Ni de jour, ni de nuit
Ni jamais plus de ce qui fut moi-même
Mes yeux se sont séparés de tes yeux
Ils perdent leur confiance ils perdent leur lumière
Ma bouche s'est séparée de ta bouche
Ma bouche s'est séparée du plaisir
Et du sens de l'amour et du sens de la vie
Mes mains se sont séparées de tes mains
Mes mains laissent tout échapper
Mes pieds se sont séparés de tes pieds
Ils n'avanceront plus il n'y a plus de routes
Ils ne connaîtront plus mon poids ni le repos
Il m'est donné de voir ma vie finir
Avec la tienne
Ma vie en ton pouvoir
Que j'ai crue infinie

Et l'avenir mon seul espoir c'est mon tombeau
Pareil au tien, cerné d'un monde indifférent

J'étais si près de toi que j'ai froid près des autres.

4 Vous comparerez les tableaux d'Ingres et de Moreau représentant Œdipe et le Sphinx. Vous rédigerez entièrement votre réponse.

Œdipe explique l'énigme du sphinx,
Jean-Auguste-Dominique Ingres,
1808-1827, huile sur toile,
189 x 144 cm.

Jean-Auguste-Dominique Ingres, né le 29 août 1780 à Montauban et mort le 14 janvier 1867 à Paris, est un peintre néo-classique français connu notamment pour ses Odalisques qui l'inscrivent tout autant dans l'histoire de l'orientalisme que dans la tradition des grands maîtres de la peinture occidentale.

Œdipe et le Sphinx,
Gustave Moreau, 1861,
aquarelle sur traits de crayon, 35 x 18 cm.

Gustave Moreau, né le 6 avril 1826 à Paris et mort dans la même ville le 18 avril 1898, peintre, graveur, dessinateur et sculpteur est l'un des principaux représentants du courant symboliste empreint de mysticisme.

Fiche test Ce que je sais

1 **1. c.** L'antithèse joue à la fois sur une opposition dans la syntaxe et le sens.

2. a. La métonymie peut désigner : la partie pour le tout, la matière ou la marque pour l'objet.

3. b. Elle allie deux mots de sens opposés.

4. a. Le ton élégiaque exprime la plainte.

5. b. Le burlesque se fonde sur la dégradation d'institutions ou de personnages respectés.

6. a. Le *fatum*, ou fatalité, est associé à la tonalité tragique.

7. b. Ces représentants éminents du théâtre de l'absurde, contrairement aux principes du classicisme, vont mélanger les tons : alors que le propos évoque le tragique de la condition humaine, ils vont employer farce et burlesque pour le mettre en scène.

8. a. L'ironie verbale est un cas particulier, elle est caractérisée par la polyphonie : un discours apparent cache un discours réel qui le contredit. Elle nécessite la présence d'un naïf qui est dupe du discours apparent et d'un récepteur complice qui comprend l'implicite.

9. b. L'anaphore produit un effet aussi bien sur le sens – insistance – que sur le rythme et les sons.

10. c. L'image peut avoir à la fois une fonction illustrative et une fonction symbolique, laudative, critique, dénonciatrice, etc.

11. c. Pensez à ses œuvres *Ceci n'est pas une pipe* et *Ceci n'est pas une pomme.* Voir p. 170

12. b. La contre-plongée est une prise de vue par le bas : le sujet apparaît donc plus imposant, valorisé.

13. a. Le montage des images structure le film, le rythme et lui donne un sens.

14. a. C'est l'une des premières étapes d'analyse et de présentation d'une image.

15. b. Ne confondez pas le pastiche, œuvre dans laquelle un auteur en imite un autre en hommage, et la parodie, imitation moqueuse, en outrage. Et méfiez-vous des paronomases : pastiche/pastis.

EXERCICES D'ENTRAÎNEMENT

2 Montaigne travaille aussi bien la **manière** que la **matière** de ses livres
Les économistes se perdent en **conjectures** sur la **conjoncture**.
Qui vole un œuf, vole un **bœuf**.
Je préfère la **pâtisserie** à la **tapisserie**.

3 **Texte A** L'incipit de *Thérèse Raquin* mêle les tonalités pour impressionner les lecteurs dès le début de ce roman. Dans cette description de la rue Guénégaud, tout est fait pour donner un effet de réel : les noms propres, la précision des détails. Le lieu étant réel, les événements fictifs qui s'y

> **Gagnez des points**
> Exploitez l'importance du « seuil » que constitue l'incipit.

déroulent le paraîtront également. Mais Zola propose un regard subjectif et installe une atmosphère de malaise et d'étrangeté. Le lieu est répugnant, il est aussi lugubre et devient fantastique avec les personnifications, les symboles et l'omniprésence des signes de mort. L'extrait montre bien comment les frontières du réalisme et du naturalisme s'élargissent vers le fantastique et le symbole.

Texte B Le poème en vers libres de René de Obaldia parodie un cours de français mené par un professeur caricaturé. Il permet la satire fantaisiste de l'enseignement des lettres à une époque datée (aux alentours de mai 1968). On privilégie alors le cours magistral se limitant à des impressions personnelles sur l'œuvre littéraire et la répression des élèves perturbateurs. Il vise aussi la poésie traditionnelle et ce que les critiques traditionnels tiennent pour l'essence même de la poésie : un alexandrin parfaitement régulier et accentué, écrit selon la conception antique et romantique par le délire d'un poète génial, à l'inspiration sublime.

Texte C Le poème en vers libres d'Éluard inspiré par la mort subite de sa compagne Nusch dit, dans un discours adressé à la jeune défunte, le désespoir du poète désormais solitaire, sa nostalgie du bonheur tragiquement perdu. Il déploie un lyrisme sobre avec un travail musical sur les sons, le rythme et aussi la typographie quand il isole le dernier vers, un alexandrin, pour le rendre plus frappant. Cette sobriété sert un pathétique dépouillé d'autant plus émouvant qu'il en appelle à des sensations qu'il fait partager à son lecteur.
Il renoue ainsi tout en la renouvelant avec la tradition du « tombeau » dans lequel les poètes lyriques des siècles passés célébraient leurs chers disparus.

L'astuce du prof
Utilisez le paratexte pour l'interprétation.

Gagnez des points
Exploitez votre connaissance de l'histoire littéraire.

4 *Le commentaire d'images est intégralement rédigé. Pour faciliter votre lecture, nous avons conservé les titres des différentes étapes du développement. Dans votre copie, vous ne devrez pas les garder.*

Introduction

L'huile sur toile monumentale de Jean-Auguste-Dominique Ingres (1808-1827) et la petite aquarelle de Gustave Moreau (1861) illustrent la même scène des tragédies antiques grecques autour du mythe d'Œdipe.
Le Sphinx est une créature au corps de lion, avec la figure et les seins d'une femme, et des ailes. Génie funèbre, c'est un fléau envoyé par les dieux. Juché sur un rocher, il hurle et dévore tous les malheureux à sa portée. Les Thébains ne savent comment y échapper jusqu'à l'arrivée d'Œdipe auquel le Sphinx pose la question : « Quel est l'être doué de la voix qui marche sur quatre pattes le matin, sur deux à midi et sur trois le soir ? » « L'homme », répond Œdipe : il résout ainsi l'énigme et tuera le Sphinx de sa lance.

I. Ressemblances

Les deux peintres ont choisi de représenter le tête-à-tête merveilleux (païen) des deux protagonistes dans un décor rocheux et escarpé. Le héros nu, juste ceint d'une étoffe rouge, avec un liseré vert chez Moreau, porte deux lances annonciatrices de la mort du monstre. Au premier plan, en bas des tableaux, on

L'astuce du prof
Soyez synthétique dans la présentation des documents.

distingue la plante d'un pied et des ossements humains : ce sont les restes des voyageurs précédents qui ont péri parce qu'ils n'ont pas su répondre à la question du Sphinx.

II. Différences

Mais le traitement de la scène et l'effet qui s'en dégage sont différents, notamment avec les jeux de lumière, du clair-obscur et des couleurs. Chez Ingres, la confrontation se passe dans l'obscurité d'une grotte. L'échappée lumineuse est vers la terre alors qu'elle est vers le ciel chez Moreau. On voit en arrière-plan la ville de Thèbes et un autre personnage qui semble être un fuyard nu comme Œdipe et portant une étoffe de même couleur. C'est sans doute le messager qui informera Thèbes de la victoire d'Œdipe. Chez Moreau, les personnages sont seuls.

> **Réflexe à avoir**
> Cherchez d'abord les ressemblances puis les différences entre les documents.

La différence essentielle réside dans la position des personnages. Chez Ingres, ils sont rivés l'un à l'autre par l'intermédiaire du regard. On peut y voir l'annonce du duel. La pose du héros met en valeur ses muscles, sa virilité, sa force, sa détermination et son orgueil, cette *hybris* qui le perdra.

Moreau, lui, suggère une intimité troublante et angoissante avec cette chimère littéralement accrochée à la poitrine d'un héros plus **androgyne**. Celui-ci semble fasciné par cette ambiguïté frôlant l'érotisme.

> **Androgyne** : dont le sexe est incertain.

Conclusion

Ces deux peintures de la même scène fabuleuse montrent la variété, la richesse des réécritures et la fertilité du mythe antique.

> **Rappel du mythe**
> Quand Laïos, roi de Thèbes, époux de Jocaste, interroge l'oracle de Delphes, il apprend qu'il mourra de la main de son fils. À sa naissance, il lui perce les pieds pour les lier et l'abandonne sur le mont Cithéron. Le bébé, recueilli par un berger, est adopté par les souverains de Corinthe, Polybe et Mérope. Œdipe devenu adulte, nourrissant des doutes sur ses origines, consulte aussi l'oracle qui lui répète la prédiction. Horrifié par la prophétie, il quitte Corinthe et ses parents adoptifs. Sur la route de Thèbes, il se dispute avec Laïos qu'il tue. C'est alors qu'il rencontre le sphinx, créature légendaire avec la tête d'un humain, d'un faucon, d'un chat ou d'un bélier et le corps d'un lion avec, dans certaines versions du mythe, les ailes d'un aigle. Le monstre terrorise Thèbes, mais affirme qu'il quittera la région si quelqu'un résout son énigme : « Quel être, pourvu d'une seule voix, a d'abord quatre jambes le matin, puis deux jambes le midi, et trois jambes le soir » ? Œdipe répond qu'il s'agit de l'homme : lorsqu'il est enfant, il a quatre jambes, car il se déplace à quatre pattes ; adulte, il marche sur deux jambes ; quand il est vieux, il a trois jambes lorsqu'il s'appuie sur son bâton. Œdipe a résolu l'énigme. Son destin funeste peut s'accomplir...

Chapitre 6

Le commentaire

FICHE 1

La lecture et les premières recherches sur le texte

1 Qu'est-ce qu'un commentaire de texte ?

• Le commentaire présente l'analyse d'un texte littéraire **dans sa forme comme dans son fond**, en expliquant son sens, son but, ses **enjeux**.

• C'est une **argumentation organisée** qui se développe en deux ou trois parties, précédée d'une introduction et suivie d'une conclusion.

> Évitez de vous cantonner à la simple *paraphrase*, c'est-à-dire la reformulation du sens d'un texte.

• Le commentaire doit étudier :
- les **intentions « conscientes »** de l'auteur qui anticipe les émotions de son lecteur. Il veut émouvoir, attrister, bouleverser, horrifier, faire rire, réfléchir, prendre conscience, passer un message ;
- les **procédés, tons, tonalités** mis en œuvre pour y parvenir, notamment les figures de style ;
- les **effets, les réactions et les sensations** que ces intentions provoquent chez le lecteur.

> Considérez le texte comme une construction, le fruit d'un travail sur l'écriture.

> Analysez les procédés qui produisent vos émotions, n'exprimez pas vos impressions spontanées face au texte ou son auteur.

• Votre travail s'apparente à une enquête policière, où le texte est la scène du crime. L'enquêteur que vous êtes doit **interroger, investiguer, observer, relever les indices, les analyser, les confronter pour, enfin, les interpréter.** C'est ainsi que vous résoudrez l'énigme sans erreur judiciaire et éviterez faux-sens et contresens.

2 Comment commencer à travailler le commentaire ?

• Lisez le texte plusieurs fois, puis, après le recueil de vos impressions spontanées, **remplissez une grille proposant des clés de lecture déterminées par la situation** (auteur, œuvre, **contexte** d'écriture), la nature (genre, type(s), tons), les thèmes, la composition du texte.

• **Approfondissez l'analyse du texte** dans son déroulement linéaire de façon à en dégager l'intérêt, les enjeux et proposer une interprétation.

• **Annotez directement le document**, surlignez de couleurs différentes les procédés, utilisez les marges pour préciser vos observations.

• Pratiquez des va-et-vient constants entre le texte, votre brouillon, la grille présentant les premiers éléments d'observation, pour **préciser, au fil du texte, les intentions de l'auteur, les procédés, l'explicite et l'implicite.**

• En même temps que vous menez cette étude linéaire, vous pouvez **classer vos analyses dans un tableau** indiquant les différents types, tons et tonalités, thèmes et procédés. Ils représentent les points d'intérêt du texte.

> Ne jamais vous satisfaire de vos premières découvertes, toujours revenir sur les premières étapes pour conforter, remanier, compléter, nuancer…

POUR ALLER PLUS LOIN

> Grille de lecture

PRÉCISEZ LA SITUATION, LE « PARATEXTE »	**1. Nom de l'auteur** Exploitez dans sa biographie seulement ce qui peut éclairer le texte.
	2. Situation dans l'œuvre – Titre de l'œuvre complète et éventuellement du texte. – Moment de l'histoire où le texte s'insère pour le roman ou le théâtre.
	3. Contextualisation (ce qui se passe à l'époque où le texte a été écrit) : indiquez obligatoirement la date de publication et, si nécessaire, le **contexte** historique, politique, économique, social, culturel.
ANALYSEZ LA NATURE	**1. Genre** – Quatre principaux : poésie, roman, théâtre, littérature d'idées, essai ou réflexion. – Nouvelle, conte, fable, autobiographie, mémoires, journal intime, littérature épistolaire : correspondance fictive ou réelle, roman par lettres.
	2. Types, formes de discours – Récit, description ou portrait. – Paroles rapportées : monologue, dialogue. – Restitution de la pensée d'un personnage : monologue intérieur. – Réflexion, théorie, argumentation, raisonnement, explication.
	3. Ton, tonalité, registre(s) Ils concernent la manière dont l'auteur livre son message et l'effet qu'il veut produire sur le lecteur.
DÉGAGEZ L'IDÉE, LES THÈMES GÉNÉRAUX	Synthétisez-les en une phrase.
REPÉREZ LA COMPOSITION, LA STRUCTURE D'ENSEMBLE	**1. Organisation formelle, « physionomie » du texte** Dans un texte en prose, notez tout ce qui échappe à la normale (paragraphes, ponctuation, typographie). Dans un poème, observez la versification. **2. Composition du « fond », plan, suite des idées de l'auteur** Dégagez les différentes parties du texte et donnez-leur un titre.

APPRENDRE AUTREMENT

Réviser les genres et registres / tons, tonalités

Vidéo

Vocabulaire

- **Enjeu :** finalité, portée d'un texte, d'une quête ou d'une situation.
- **Ton, tonalité, registre :** effet produit sur les émotions du lecteur par l'utilisation d'un certain nombre de procédés.
- **Contexte :** actuel, historique, culturel : ensemble de circonstances dans lequel se situe un fait, une œuvre et qui lui donne sa signification.
- **Essai :** œuvre en prose à visée argumentative, ne relevant pas de la fiction.

FICHE 2

Comment approfondir l'analyse du texte ?

1 Les questions incontournables

• Pour approfondir l'analyse d'un texte, il faut impérativement, outre évidemment la question du sens, s'interroger sur quatre aspects du texte : les effets, procédés ou figures de **rhétorique** ; le vocabulaire, le style, les niveaux de langue (soutenu, courant, familier, argotique) ; la musicalité ; l'aspect traditionnel ou l'originalité du style ou des thèmes.

2 Les questions à se poser face à une description

• Face à une description, on peut s'interroger sur sa fonction, son sujet, la façon dont elle sollicite les sens.

• Une description est une représentation de personnages, d'objets ou de lieux qui constitue une pause dans le récit. Elle remplit **quatre fonctions** : ornementale, narrative, expressive, symbolique. Quel est son sujet ? Un lieu (intérieur, extérieur, ville ou campagne ?), un personnage (portrait), une foule...

• Comment l'auteur sollicite-t-il les sens ? Par la vue (les couleurs, la luminosité, le mouvement, les volumes, la répartition des masses, les perspectives, les formes), le toucher (froid, chaleur, moiteur, humidité, vent, douceur, rugosité), l'ouïe, l'odorat, le goût.

3 Les éléments à interroger dans un récit

• **Les circonstances (temps, lieu) : le chronotope.**

• Le **sujet** – l'**action** – l'**intrigue** : déroulement (chronologie, introduction ***in medias res***, ***analepse***, ***prolepse***, **ellipse**), le temps réel correspond-il au temps du récit ?

• Les **personnages** : importance dramatique ; portrait physique, psychologique, social ; position par rapport au lecteur.

• Le **narrateur** ou le **point de vue** : le différencier de l'auteur et du personnage (sauf pour une autobiographie), le situer par rapport à l'action (extérieur ou intérieur, témoin), aux personnages, au lecteur (sympathie, antipathie, neutralité) ; variation des points de vue et **focalisations** (externe, interne, zéro).

4 Les éléments à analyser dans un texte théâtral

• Observez ces éléments : **didascalies** (décor et jeux de scène), double **énonciation** et destination, mise en scène et jeu d'acteur, intérêts dramatiques et psychologiques (évolution, rapports des personnages), éventuel respect des règles « classiques » (les trois unités, **bienséances**, vraisemblance, non mélange des genres et des registres).

POUR ALLER PLUS LOIN

> Caractériser le récit

Avec la vivacité et la grâce qui lui étaient naturelles quand elle était loin des regards des hommes, Mme de Rênal sortait par la porte-fenêtre du salon qui donnait sur le jardin, quand elle aperçut près de la porte d'entrée la figure d'un jeune paysan presque encore enfant, extrêmement pâle et qui venait de pleurer. Il était en chemise bien blanche, et avait sous le bras une veste fort propre de ratine violette [...]. Julien, tourné vers la porte, ne la voyait pas s'avancer. Il tressaillit quand une voix douce lui dit tout près de l'oreille :

– Que voulez-vous ici, mon enfant ?

Julien se tourna vivement, et frappé du regard si rempli de grâce de Mme de Rênal, il oublia une partie de sa timidité. Bientôt, étonné de sa beauté, il oublia tout, même ce qu'il venait faire. Mme de Rênal avait répété sa question.

– Je viens pour être précepteur, madame, lui dit-il enfin, tout honteux de ses larmes qu'il essuyait de son mieux.

Mme de Rênal resta interdite ; ils étaient fort près l'un de l'autre à se regarder. Julien n'avait jamais vu un être aussi bien vêtu et surtout une femme avec un teint si éblouissant, lui parler d'un air doux.

Stendhal, *Le Rouge et le Noir*, chapitre 6, 1830

- Circonstances (chronotope) : devant la maison de Mme de Rénal, Verrières, 1830
- Action : un *topos*, la rencontre amoureuse (ou scène de « première vue »)
- Personnages : Mme de Rénal, Julien Sorel
- Narrateur : extérieur et omniscient, variation des points de vue

> Identifier les didascalies

LE GARDE, annonçant.

Sa Majesté, la reine Marguerite, première épouse du Roi, suivie de Juliette, femme de ménage et infirmière de Leurs Majestés. Vive la Reine !

Marguerite, suivie de Juliette, entre par la porte à droite premier plan et sort par la grande porte.

Ionesco, *Le roi se meurt*, © Éditions Gallimard, 1962

Vocabulaire

- **Rhétorique :** ensemble de règles et de procédés de style, art de persuader par la parole.
- **Chronotope :** cadre spatio-temporel.
- ***In medias res* :** introduction du lecteur/spectateur d'emblée « au milieu des choses », de l'action.
- **Analepse :** retour en arrière, flash-back au cinéma.
- **Prolepse :** anticipation, dans le récit, d'une action future (adjectif : proleptique).
- **Ellipse :** omission volontaire d'un élément dans le style (ellipse stylistique) ou dans la conduite d'un récit (ellipse dramatique), ce qui permet de ménager le suspens.
- **Focalisation :** point de vue.
- **Énonciation :** production d'un énoncé adressé à **un destinataire dans certaines circonstances.**
- **Bienséance :** conduite sociale conforme aux normes et usages, à respecter dans l'idéal classique.

FICHE 3 Construire un plan de commentaire

1 Dégagez une problématique

• La problématique à dégager du texte découle de son **centre d'intérêt**, de sa **singularité**, de ses **enjeux**. Elle peut émerger des thèmes traités, du contexte, des caractéristiques d'écriture.

Attention au risque de faux-sens.

• Plusieurs problématiques, de la plus simple à la plus complexe, pour le même texte peuvent être envisagées et validées.

• Ainsi pour la fable de La Fontaine « La Cigale et la Fourmi » (Voir p. 191) trois problématiques sont possibles :
- Nous verrons donc en quoi ce texte est un apologue (*problématique un peu trop générale*).
- Comment, dans cette réécriture de la fable d'Ésope, La Fontaine suggère-t-il une dénonciation de la société contemporaine ?
- Comment La Fontaine réécrit-il *Ésope* pour mettre en scène et satiriser la société du XVIIe siècle ?

• Cette problématique s'intéressant aux enjeux du texte et dont la résolution composera votre commentaire constitue ce qu'on appelle également un **projet de lecture** et déterminera le plan du commentaire.

2 Élaborez un plan détaillé

• À partir du tableau dressé lors du travail préparatoire et de cette problématique, établissez un **plan détaillé** pour le commentaire. Chacune des colonnes du tableau peut constituer un axe ou un « sous-axe » de partie.

• Vous pouvez partir de l'observation pour aboutir à l'interprétation. Une démarche possible : que produit l'auteur ? Comment ? Pourquoi ?

• Classez les centres d'intérêt du plus au moins évident, du moins au plus important, du plus superficiel au plus profond ; votre devoir doit proposer une démonstration et une argumentation **progressives**.

• Gardez-vous de plaquer n'importe quel plan (ou une correction préalable) sur n'importe quel texte. Chaque texte doit faire l'objet d'un plan **spécifique** faisant ressortir sa singularité.

Vous devrez absolument détailler votre plan au brouillon.

• Ne vous contentez pas de trouver deux ou trois grands titres ; justifiez-les par des sous-titres qui supposeront des « sous-parties » et des analyses précises des procédés et des citations du texte.

POUR ALLER PLUS LOIN

> Centres d'intérêts pouvant constituer les axes ou « sous-axes » du commentaire

Selon la richesse du texte, ces centres d'intérêt pourront être étudiés seuls ou conjugués.

CONSTRUIRE UN AXE SELON :	EXEMPLES DANS DES EXTRAITS D'ŒUVRE
Un genre	**La lettre** et ses contraintes dans *Les Liaisons dangereuses*, Choderlos de Laclos, 1781
Un type	**Le récit** du combat du Cid contre les Maures dans *Le Cid*, Corneille, 1636
Des types conjugués	**Le récit descriptif** dans « Une allée du Luxembourg », Gérard de Nerval, 1832
Un ou plusieurs thèmes	Les images de la **femme** et de l'**amour** dans « Ma morte vivante », Paul Éluard, 1947
Un ou plusieurs tons, registres	**Épique** et **poétique** dans *La Chanson de Roland*, fin du XIe siècle
Un ou plusieurs types et tons, registres	La **description poétique** des rives du meschacébé dans *Atala*, Chateaubriand, 1801
Un ou plusieurs types et thèmes	La **réflexion** sur la **guerre** dans l'article « Guerre », *Dictionnaire philosophique*, Voltaire, 1764
Un ou plusieurs tons, registres et thèmes	L'image **satirique** de la **bourgeoisie** dans « Monsieur Prudhomme », Paul Verlaine, 1866
Un ou plusieurs tons, registres, types et thèmes	Le **récit dramatique** et **tragique** du **suicide** de Boris dans *Les Faux-Monnayeurs*, André Gide, 1925
Penser aussi : Tradition et originalité	Un **objet moderne** du quotidien **poétiquement** transformé dans « La Bicyclette », Jacques Réda, 1989

> Un plan possible pour la fable « La Cigale et la Fourmi » de La Fontaine

(Voir p. 191)

I. La réécriture plaisante de la fable d'Ésope → *placere*

- A. Un récit enlevé et amplifié par rapport à celui d'Ésope
- B. Des insectes personnifiés et allégoriques
- C. L'importance du dialogue qui actualise le récit
- D. Le mélange des tons et la versification

II… qui suggère une dimension morale (*docere*) complexe
***Ou* II. … qui suggère une triple interprétation (*docere*)**

- A. Morale implicite au premier degré (explicite chez Ésope) : critique de l'artiste insouciant
- B. Morale implicite inversée, le discours réel supposé de La Fontaine : promotion de l'artiste contre la bourgeoisie avare
- C. Une fable à clés ? (suggère des personnages réels : Fouquet contre Colbert)

FICHE 4 Rédiger le commentaire

1 L'introduction

LES 4 ÉTAPES DE L'INTRODUCTION	1. Amorcer l'intérêt	2. Présenter le texte	3. Formuler la problématique	4. Annoncer le plan
CE QU'ELLES DOIVENT CONTENIR	L'amorce, l'ouverture, selon le texte, pourra être inspirée par la situation, la nature, le thème abordé.	- Situation du texte, nom de l'auteur, situation dans l'œuvre de l'auteur (titres), situation dans le contexte - Nature, genre(s), type(s), ton(s) et tonalité(s) - Idée générale, thèmes du texte	La problématique déterminera le projet de lecture du texte.	Dans la dernière phrase de l'introduction, il faut annoncer de façon subtile les grands titres (et seulement eux) du plan de votre commentaire.

2 La conclusion

- **Les deux étapes de la conclusion :**

– obligatoire : synthétisez les grandes idées du développement, de l'analyse détaillée, tant sur le plan de la forme que sur le plan du fond ;
– facultative : élargissez, ouvrez votre synthèse vers des problématiques ou des textes voisins.

- Elle doit être complète, bien préparée, bien formulée. N'oubliez pas que c'est la **dernière impression** que vous laisserez à l'examinateur. Vous devez donc commencer à la rédiger dès que vous aurez terminé votre introduction.

3 La rédaction du développement

- Pour introduire vos parties et **ménager des transitions**, la rédaction doit transformer chaque titre du plan en une phrase en faisant sauter les « puces » (I, A, -...).
- Chaque idée doit être argumentée et illustrée par l'insertion de citations qui ne doivent pas être trop longues.
- Pour éviter la **paraphrase** et le « psychologisme », préférez comme sujet de vos phrases l'auteur plutôt que le personnage, par exemple « Corneille nous présente une Chimène censée penser... » plutôt que « Chimène pense ».

> Attention à ne pas faire disparaître votre plan en rédigeant dans la même phrase des titres de niveau 1, 2 et 3

- Ne confondez pas l'auteur, le personnage historique qui a écrit l'œuvre avec le personnage même si celui-ci s'exprime à la première personne. Le Chevalier des Grieux, narrateur de l'histoire de *Manon Lescaut*, n'est pas l'Abbé Prévost, auteur du roman.
- Utilisez le vocabulaire technique, le **langage grammatical et littéraire**, la figure de style adaptés au lieu d'abuser de périphrases imprécises.
- La citation d'un ou plusieurs vers d'un poème doit respecter leur typographie.

POUR ALLER PLUS LOIN

LA STRUCTURE

> Plan-type d'un commentaire

INTRODUCTION	DÉVELOPPEMENT	CONCLUSION
Amorce	**1re partie** Introduction Développement Conclusion partielle	**Synthèse** Reprise des différentes conclusions du développement
Présentation du ou des textes Situation Nature Idée générale	**2e partie** Introduction Développement Conclusion partielle	**Élargissement** facultatif
Problématique	**3e partie** (non obligatoire) Introduction Développement Conclusion partielle	
Annonce du plan		

> Pour chaque partie du développement

TRANSITION	Conclusion partielle
	Introduction de chacune des parties

Sautez des lignes, ménagez des alinéas.

> Comment insérer des citations pour illustrer, justifier vos réflexions

CONSEIL	EXEMPLE
Utiliser des expressions qui permettent l'articulation de la citation à la phrase d'analyse.	*Nous voyons avec…, par exemple, comme le suggère…, c'est le cas de…*
Varier ce vocabulaire introducteur avec : – des verbes ; – des termes grammaticaux ; – des figures de rhétorique.	*L'auteur souligne « … »* dans… *L'adjectif, l'adverbe modalisateur « … »* *La métaphore, la métonymie « … »*
Utiliser la ponctuation appropriée : – l'usage des guillemets ; – avec ou sans les deux points.	*L'adjectif « … » dénonce…* *Le texte recèle de nombreux adjectifs de couleur : « … »*
Ne pas transformer la citation ou si nécessaire jouer sur la ponctuation et l'utilisation des crochets.	*Le poète soutient [qu'] « Il… »*
Éviter l'usage de parenthèses, sauf par exception pour préciser la référence.	*L'oxymore « … » (l. X) pointe…*

Révision Express

> La démarche à adopter pour le commentaire de texte

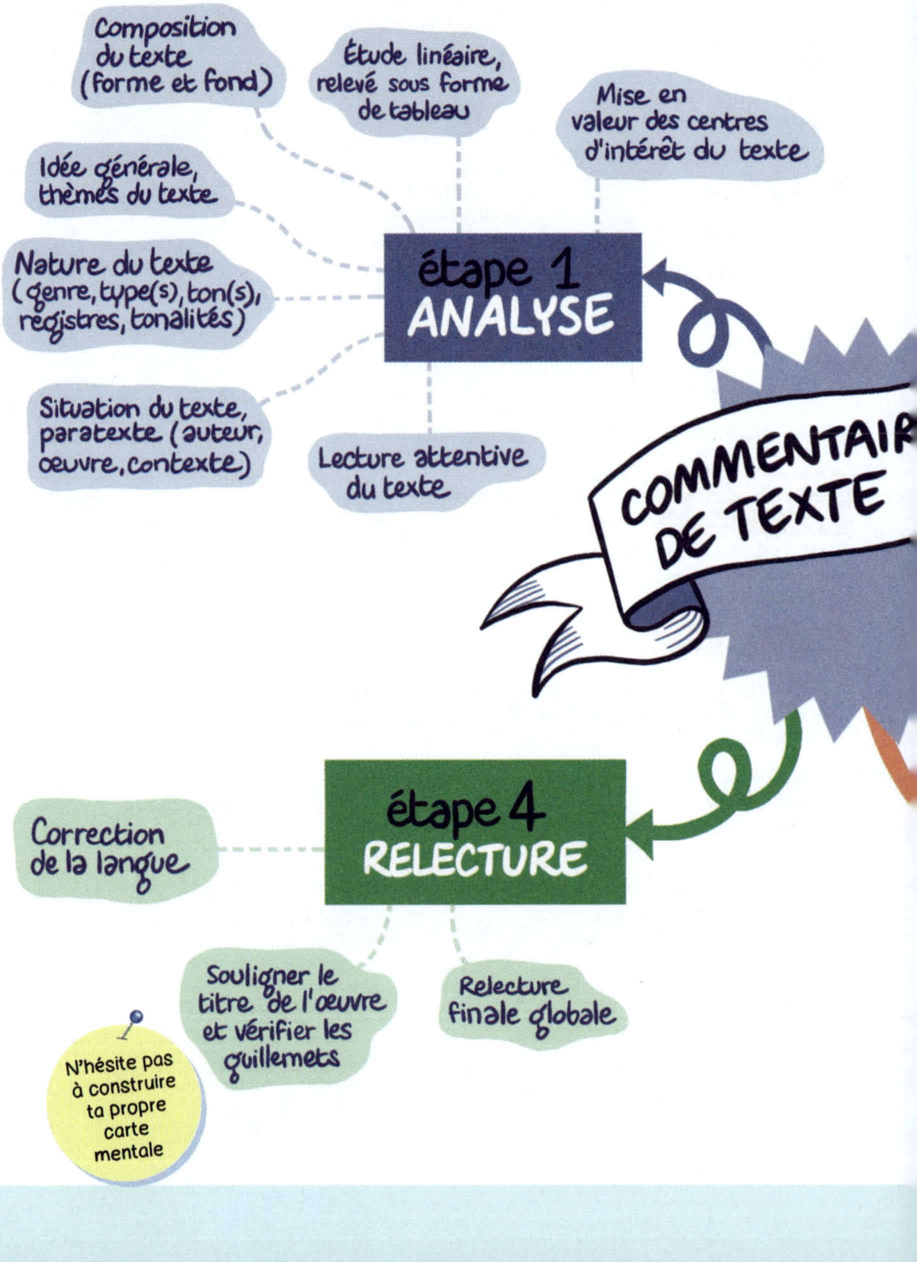

étape 2
CONSTRUCTION DU COMMENTAIRE

- Problématique dégagée des centres d'intérêt du texte
- Plan cohérent, précis et progressif
- Introduction
  - Amorce, ouverture
  - Présentation du texte : situation, nature, idée générale
  - Problématique
  - Annonce du plan
- Rédaction de la conclusion
  - Synthèse des différentes parties
  - Élargissement (facultatif)

étape 3
RÉDACTION

- Illustration des idées par des citations
- Utilisation du langage littéraire et grammatical
- Ménager des transitions
- Mise en forme avec des alinéas

Analyser l'implicite d'un texte

LES RÉFLEXES À AVOIR

- Interrogez-vous systématiquement sur la présence possible d'un **contenu implicite**, d'une **dimension symbolique** du texte. N'oubliez pas, par exemple, que durant des siècles, les écrivains ont contourné la censure grâce à une écriture « oblique » que les lettrés étaient capables de décoder.
- Rappelez-vous que l'utilisation de l'implicite et du symbole convient particulièrement à certains genres. La poésie sollicite les émotions, l'imaginaire. L'**apologue**, court récit, veut à la fois séduire – *placere* – et instruire – *docere* : la fiction est élaborée de façon à suggérer un enseignement, une leçon, une morale ; le lecteur, intelligent et actif, est amené à **décrypter**, sous l'explicite, le **sens caché**, le message que le texte veut délivrer.

LES PIÈGES À ÉVITER

- Vous ne devez pas vous laisser tromper par une lecture naïve : vous devez pouvoir identifier l'**ironie**, la présence d'un discours réel, sous-jacent, qui contredit le discours apparent. L'usage de l'ironie suppose une **connivence**, une complicité, entre l'auteur et son lecteur et aussi la présence d'un naïf. Évitez de tenir ce rôle et de prendre, comme beaucoup, Montesquieu pour un affreux esclavagiste quand il écrit « De l'esclavage des nègres » dans *De l'Esprit des Lois* (1748).
- Toutefois, gardez votre **esprit critique** : un texte ne contient pas forcément d'implicite, ni d'ironie.

LES ASTUCES DU PROF

- Vous devez être attentif à la concordance de plusieurs indices que vous devez confronter.
- L'élucidation d'un symbole doit être éclairée par le contexte. Dans notre culture, par exemple, le blanc symbolise souvent l'innocence, la pureté, la virginité ; dans d'autres, il symbolise le deuil. Un oiseau peut représenter la liberté (Hugo, « Liberté/ De quel droit mettez-vous des oiseaux dans des cages ? »), l'image du Poète (« L'Albatros » de Baudelaire, « Pour faire le portrait d'un oiseau » de Prévert), il peut même devenir un symbole sexuel masculin chez beaucoup d'artistes et dans l'imaginaire collectif, sauf s'il s'agit d'un vautour…

EXEMPLE

> Analyse de l'implicite d'une fable

« La Cigale et la Fourmi » est une fable très connue mais on méconnaît son sens parce qu'elle présente plusieurs niveaux de lecture.

La cigale, ayant chanté
Tout l'été,
Se trouva fort dépourvue
Quand la bise fut venue :
Pas un seul petit morceau
De mouche ou de vermisseau.
Elle alla crier famine
Chez la fourmi sa voisine,
La priant de lui prêter
Quelque grain pour subsister
Jusqu'à la saison nouvelle.
« Je vous paierai, lui dit-elle,
Avant l'oût[1], foi d'animal,
Intérêt et principal. »
La fourmi n'est pas prêteuse :
C'est là son moindre défaut.
« Que faisiez-vous au temps chaud ?
Dit-elle à cette emprunteuse.
– Nuit et jour à tout venant.
Je chantais, ne vous déplaise.
– Vous chantiez ? J'en suis fort aise :
Eh bien ! dansez maintenant. »

La Fontaine, *Fables*, I, 1668

1. Le mois d'août.

Lecture au premier degré

Aucune moralité explicite avant ou après le récit, contrairement à la tradition. La morale qui semble d'abord se dégager est celle du châtiment de l'imprévoyance, de la paresse, du principe de plaisir incarné par la Cigale opposé au travail, à l'épargne, au principe de réalité incarné par la Fourmi.

Lecture implicite

La Fourmi apparaît comme un personnage bien peu sympathique alors que la Cigale attire la compassion du lecteur. On peut donc interpréter autrement la dimension allégorique des personnages : le chant a toujours été associé à la poésie et à l'art. La Cigale devient alors la figure de l'artiste qui apporte le chant, la poésie, la fantaisie dans une société où commence à se former une idéologie bourgeoise mercantile et productiviste.

Lecture « à clés »

La mise en scène de personnages et de conflits, de rivalités historiques. La Fourmi serait Colbert (ministre des finances du roi) et la Cigale Fouquet (ancien surintendant des finances, protecteur de La Fontaine), disgracié à cause de la jalousie du roi devant la magnificence de son château de Vaux-le-Vicomte.

Vocabulaire

- **Apologue :** court récit allégorique suggérant un enseignement, une leçon de morale pratique, qui vise à plaire (*placere*) en instruisant (*docere*) et en émouvant (*movere*).
- **Ironie** : discours apparent qui cache un discours implicite à décoder. Voir p. 176

Fiche test *Ce que je sais*

QCM

15 min

◯ À revoir
◯ Acquis

1 Cochez la bonne réponse.

1 L'autobiographie constitue :
◯ a. un type.
◯ b. un genre.
◯ c. un courant littéraire.

FICHE 1

2 La double énonciation caractérise :
◯ a. le texte théâtral.
◯ b. la poésie.
◯ c. le roman.

FICHE 2

3 Le « je lyrique » représente :
◯ a. l'auteur.
◯ b. un personnage dans le récit.
◯ c. le locuteur dans un poème.

4 Connaître le courant littéraire contemporain d'une œuvre est :
◯ a. indispensable à sa compréhension.
◯ b. inutile, le texte se suffit à lui-même.
◯ c. soit l'un, soit l'autre.

5 La problématique du commentaire est axée sur :
◯ a. le fond, le contenu du texte.
◯ b. sa forme.
◯ c. l'un et l'autre.

FICHE 3

6 L'étude des figures de style est indispensable :
◯ a. pour la poésie.
◯ b. pour la prose.
◯ c. pour tout texte.

7 L'introduction du commentaire doit :
◯ a. développer la biographie de l'auteur.
◯ b. annoncer la problématique et le plan du commentaire.
◯ c. préciser d'emblée ce qui fait la singularité du texte.

FICHE 4

8 L'étude de la musicalité dans la prose est :
◯ a. superflue.
◯ b. indispensable.
◯ c. plutôt utile.

9 Le commentaire propose la paraphrase d'un texte littéraire.
◯ Vrai ◯ Faux

FICHE 4

10 L'exercice du commentaire exige de connaître la biographie de l'auteur.
◯ Vrai ◯ Faux

11 Les réponses à la problématique doivent permettre de structurer le commentaire.
◯ Vrai ◯ Faux

12 Le plan du commentaire doit comporter obligatoirement trois parties.
◯ Vrai ◯ Faux

FICHE 3

13 Le plan du commentaire suit passivement le mouvement du texte.
◯ Vrai ◯ Faux

FICHE 3

14 Chaque centre d'intérêt du texte peut constituer une partie ou sous-partie du commentaire.
◯ Vrai ◯ Faux

FICHE 3

15 Les centres d'intérêt concernent uniquement la thématique du texte.
◯ Vrai ◯ Faux

FICHE 3

SCORE : ___ / 15

EXERCICES D'ENTRAÎNEMENT

2 Vous observerez ces deux incipits de roman et analyserez leur singularité.

Texte A Diderot, *Jacques le fataliste et son maître*, édition posthume (1796).

Comment s'étaient-ils rencontrés ? Par hasard, comme tout le monde. Comment s'appelaient-ils ? Que vous importe ? D'où venaient-ils ? Du lieu le plus prochain. Où allaient-ils ? Est-ce que l'on sait où l'on va ? Que disaient-ils ? Le maître ne disait rien, et Jacques disait que son capitaine disait que tout ce qui nous arrive de bien et de mal ici-bas était écrit là-haut.

LE MAÎTRE – C'est un grand mot que cela.

JACQUES – Mon capitaine ajoutait que chaque balle qui partait d'un fusil avait son billet[1].

LE MAÎTRE – Et il avait raison…

Après une courte pause, Jacques s'écria : « Que le diable emporte le cabaretier et son cabaret ! »

LE MAÎTRE – Pourquoi donner au diable son prochain ? Cela n'est pas chrétien.

JACQUES – C'est que, tandis que je m'enivre de son mauvais vin, j'oublie de mener nos chevaux à l'abreuvoir. Mon père s'en aperçoit ; il se fâche. Je hoche de la tête : il prend un bâton et m'en frotte un peu durement les épaules. Un régiment passait pour aller au camp devant Fontenoy[2], de dépit je m'enrôle. Nous arrivons ; la bataille se donne…

LE MAÎTRE – Et tu reçois la balle à ton adresse.

1. Reprise textuelle de *Tristram Shandy*, de Laurence Sterne. Le billet constitue une espèce de passeport permettant le passage ou l'accès dans certains lieux.
2. L'une des seules indications spatiales du récit. Il s'agit de la bataille du 11 mai 1745, qui se clôt par la victoire française du maréchal de Saxe sur la coalition anglo-hollando-autrichienne et met fin à la guerre de Succession d'Espagne.

Texte B Italo Calvino, *Si par une nuit d'hiver un voyageur* (1980).

Le roman commence dans une gare de chemin de fer, une locomotive souffle, un sifflement de piston couvre l'ouverture du chapitre, un nuage de fumée cache en partie le premier alinéa. Dans l'odeur de gare passe une bouffée d'odeur de buffet. Quelqu'un regarde à travers les vitres embuées, ouvre la porte vitrée du bar, tout est brumeux à l'intérieur, comme vu à travers des yeux de myope ou que des escarbilles ont irrités. Ce sont les pages du livre qui sont embuées, comme les vitres d'un vieux train ; c'est sur les phrases que se pose le nuage de fumée. Soir pluvieux ; l'homme entre dans le bar, déboutonne son pardessus humide, un nuage de vapeur l'enveloppe ; un coup de sifflet s'éloigne le long des voies luisantes de pluie à perte de vue.

VERS LE BAC

COMMENTAIRE

• Le texte est d'habitude choisi non pas dans le cadre d'un parcours mais au sein de l'objet d'étude. Ici, le travail permettra d'approfondir la connaissance de l'œuvre poétique au programme à la rentrée 2023 dans le parcours ***Modernité poétique ?***

Texte **Rimbaud, *Poésies* (1891).**

Roman

I

On n'est pas sérieux, quand on a dix-sept ans.
– Un beau soir, foin[1] des bocks et de la limonade,
Des cafés tapageurs aux lustres éclatants !
– On va sous les tilleuls verts de la promenade.
Les tilleuls sentent bon dans les bons soirs de juin !
L'air est parfois si doux, qu'on ferme la paupière ;
Le vent chargé de bruits – la ville n'est pas loin –
A des parfums de vigne et des parfums de bière...

II

– Voilà qu'on aperçoit un tout petit chiffon
D'azur sombre, encadré d'une petite branche,
Piqué d'une mauvaise étoile, qui se fond
Avec de doux frissons, petite et toute blanche...
Nuit de juin ! Dix-sept ans ! – On se laisse griser
La sève est du champagne et vous monte à la tête...
On divague ; on se sent aux lèvres un baiser
Qui palpite là, comme une petite bête...

III

Le cœur fou robinsonne à travers les romans,
– Lorsque, dans la clarté d'un pâle réverbère,
Passe une demoiselle aux petits airs charmants,
Sous l'ombre du faux col effrayant de son père...
Et, comme elle vous trouve immensément naïf,
Tout en faisant trotter ses petites bottines,
Elle se tourne, alerte et d'un mouvement vif...
– Sur vos lèvres alors meurent les cavatines[2]...

IV

Vous êtes amoureux. Loué jusqu'au mois d'août.
Vous êtes amoureux. – Vos sonnets La font rire.
Tous vos amis s'en vont, vous êtes mauvais goût.
– Puis l'adorée, un soir a daigné vous écrire... !
– Ce soir-là,... – vous rentrez aux cafés éclatants,
Vous demandez des bocks ou de la limonade...
– On n'est pas sérieux, quand on a dix-sept ans
Et qu'on a des tilleuls verts sur la promenade.

1. Interjection qui marque le rejet, le mépris. 2. Airs d'opéra, courtes pièces vocales, ici chansonnettes.

Corrigés

Fiche test — Ce que je sais

1 **1. b.** Elle appartient à l'écriture de soi comme le journal, les mémoires ou l'autofiction.

2. a. Les paroles d'un personnage sont adressées au public en même temps qu'aux autres personnages.

3. c. Ne pas confondre l'écrivain et le personnage mis en scène à la première personne.

4. c. Selon la visée du texte.

5. c. Il ne faut pas les dissocier.

6. c. Elle en signale le caractère littéraire.

7. b. Une allusion à la biographie n'est utile que si le sens du texte l'exige. Annoncez que le texte est singulier, mais ménagez l'intérêt en évitant d'emblée de dire pourquoi.

8. b. Elle caractérise le caractère littéraire du texte en prose.

9. Faux. Le commentaire analyse le texte littéraire.

10. Faux. Le texte doit se suffire à lui-même.

11. Vrai.

12. Faux. Le plan du commentaire peut se décliner aussi en deux parties.

13. Faux. Sauf si la construction spécifique du texte en fait un centre d'intérêt.

14. Vrai. Développez votre plan jusqu'aux sous-sous-sous-parties. Commentez, argumentez d'abord et citez ensuite.

15. Faux. L'étude de la forme est essentielle.

Exercices d'entraînement

2 **Texte A** Diderot, dans cet incipit, joue avec le lecteur en brouillant les codes, les genres, la situation d'énonciation. Le lecteur surprend *in medias res* une conversation au vol et se demande qui parle. Il comprend plus tard que l'écrivain met en scène un lecteur fictif, double de lui-même. Il interroge un narrateur impatienté qui joue avec lui ; il le frustre dans ses attentes traditionnelles face à un début de roman en brisant toute illusion romanesque. Sous une forme ludique sont ainsi d'emblée posés tous les enjeux de cette œuvre subversive, la remise en cause sociale, philosophique, et aussi littéraire : Diderot, en un certain sens précurseur du Nouveau roman de Robbe-Grillet, Butor, Sarraute, compte sur l'intelligence, la lucidité, la complicité d'un lecteur authentique. À l'opposé du lecteur naïf moqué dans le roman, il refuse l'identification aux personnages et l'investissement dans la fiction, l'illusion romanesque ; il préfère s'interroger sur la visée et la singularité de l'entreprise romanesque.

Texte B Calvino, dans cet incipit, joue avec le lecteur en brouillant les codes, la lisière entre la narration et la fiction, mettant en évidence ses artifices. Il brise toute identification, toute illusion romanesque, exhibant les coulisses de la fabrique de l'écriture. Le roman est en train de s'écrire devant le lecteur démystifié démontant toutes les règles qu'un incipit observe traditionnellement.

VERS LE BAC

COMMENTAIRE

Le corrigé du commentaire est intégralement rédigé. Pour faciliter votre lecture, nous avons conservé les titres des différentes étapes du développement. Dans votre copie, vous ne devrez pas les garder.

Introduction

En quatre ans, Rimbaud a révolutionné la poésie française. Ses premières œuvres respectent encore les règles de Malherbe, comme ce poème intitulé « Roman » écrit en septembre 1870, qui sera publié après sa mort en 1891.

Gagnez des points
Votre amorce doit permettre la présentation du texte.

Nous allons voir comment un poète de seize ans joue avec les stéréotypes, les *topoï* du genre, des thèmes et du romantisme. Il suggère ainsi, dans un genre ambigu, par un récit et une description lyriques, une réflexion à la fois didactique et amusée sur les amours adolescentes.

Gagnez des points
L'annonce du plan est subtile.

I. Une ambiguïté des genres : poème ou « roman » ?

A. Un roman

D'emblée, le lecteur s'interroge sur le genre du texte : « poème ou roman » ? En effet, les huit quatrains sont organisés deux par deux, et précédés de chiffres romains (I, II, III, IV), comme la numérotation des chapitres dans un roman. La composition relate l'attente et la découverte de l'amour chez les adolescents dans un récit particulièrement romanesque en quatre étapes.

Chaque partie doit être introduite par la rédaction du titre.

Rimbaud met en scène un *topos*, la scène de première rencontre ou de « première vue ». L'action suit un déroulement chronologique ; elle est annoncée par la formule traditionnelle du récit : « un beau soir » qui introduit l'élément perturbateur du schéma narratif, le refus de la fête bruyante dans les cafés ; elle est censée avoir eu lieu dans le passé mais elle est racontée au présent, ce qui l'actualise et la généralise.
Le narrateur semble extérieur ; le pronom indéfini « on » témoigne de la volonté d'une prise de distance qui généralise cette expérience de l'attente de l'amour à tous les adolescents. L'emploi du pronom personnel « vous », quand intervient la découverte de l'amour, implique le lecteur et fait apparaître l'aventure comme universelle, celle de l'adolescence en général.

B. Un poème versifié : un récit et une description lyriques

Pourtant, ce texte présente bien des aspects poétiques. D'abord par l'utilisation de la versification : huit quatrains d'alexandrins couplés deux par deux, (il faut faire toutes les liaisons et la diérèse à « séri/eux »), et une composition cyclique avec les répétitions et variations entre la première et la dernière strophe.
Ensuite, il met en scène, dans une description poétique et symbolique, un décor contrasté naturel mais « civilisé » : d'une part la ville où règnent le bruit et la lumière, les « cafés tapageurs aux lustres éclatants », dont la trivialité est rejetée dans l'exclamation de mépris « foin de [...] ! » ; d'autre part la « promenade », le jardin public, lieu voisin propice à la solitude rêveuse et à la rencontre amoureuse.
Le poète sollicite les sensations, la sensualité, olfactive aux vers 5 et 8, tactile aux vers 6 et 15, auditive (v. 7), visuelle dans tout le troisième quatrain.

Il livre des images poétiques, avec par exemple l'évocation métaphorique du ciel (v. 9-12). Il se souvient du romantisme : la nature vit et vibre en même temps que l'adolescent.
Enfin, le lyrisme est très présent. Même si le poète prend ses distances avec l'investissement personnel – l'emploi des pronoms « on » et « vous » masque le « je lyrique » –, il se manifeste par l'expression de l'émotion, de l'exaltation amoureuse avec la métaphore de l'ivresse.

L'astuce du prof
Utilisez des connecteurs logiques pour marquer la progression des sous-parties.

Les sentiments se montrent formellement par une ponctuation aux marques abondantes et significatives avec les tirets, points, points de suspensions, points virgules, virgules.
La musicalité est particulièrement travaillée. La ponctuation syncope les phrases (v. 7, 13, 26, 29), ménage des pauses ; à la fin de presque chaque strophe, des points de suspension suggèrent le non-dit.
Le travail sur les sonorités est très important dans tout le poème, avec beaucoup d'allitérations, d'échos sonores : « petite et toute blanche » reprend par paronomase « petite branche ». Les répétitions jouent un rôle à la fois rythmique et sonore comme on le voit aux vers 5, 8, 25, 26.
Ainsi, dans un genre à la fois romanesque et poétique, le poète met en scène avec lyrisme le *topos* de la rencontre amoureuse. Mais ne prend-il pas ses distances quand il propose une évocation des amours adolescentes imbriquée dans la réflexion qu'elles inspirent ?

Méthode
N'oubliez pas la transition.

II. L'évocation des amours adolescentes imbriquée dans la réflexion qu'elles inspirent

A. L'évocation de ces amours

Le poète dramatise ces amours et montre que le désir naît avant le sentiment lui-même. Il le suggère par la métaphore filée de la griserie (et également par la sensation du baiser tellement désiré qu'il en devient présent, vers 15 et 16 à la quatrième strophe).
Ce désir d'amour est alimenté par la littérature romanesque comme on le voit dès le titre et au vers 17 ; le néologisme « robinsonner », tiré du nom propre Robinson Crusoé, souligne le caractère imaginaire des rêveries adolescentes où l'on vit des aventures à la manière du héros de Daniel Defoe.

Gagnez des points
Exploitez votre culture littéraire.

Soudain le rêve se concrétise avec les vers 18 à 23 qui mettent en scène l'apparition d'une « demoiselle » hypocoristiquement pourvue de « petits airs charmants », en contraste avec le personnage de « son père » qui la chaperonne ; elle est mise en valeur par la lumière. Sa vivacité est soulignée par l'allitération en [t] du vers 22 « <u>T</u>ou<u>t</u> en faisant <u>t</u>ro<u>tt</u>er ses pe<u>t</u>i<u>t</u>es bo<u>tt</u>ines » qui mime le bruit des pas. Le « père » est dans « l'ombre » réduit à son « faux col effrayant », symbole de la respectabilité bourgeoise comme dans « Monsieur Prudhomme » de Verlaine. Son mouvement s'interrompt dans les points de suspension : « Elle se tourne, alerte et d'un mouvement vif... » et une ellipse laisse imaginer le traditionnel coup de foudre (v. 23-24).

L'astuce du prof
Soulignez les sons.

Le contraste est marqué dans ce couple adolescent. Lui est caractérisé par sa timidité, sa gaucherie, sa naïveté, le goût du romanesque et de la poésie (v. 17, 26), sa crainte enfantine du père de la jeune fille (« sous l'omb<u>r</u>e du <u>f</u>aux-col e<u>ffr</u>ayant », v. 20). La jeune fille est beaucoup moins réservée (v. 21-26) ; elle manifeste espièglerie et assurance malgré son appartenance à la classe bourgeoise (« demoiselle ») et la présence de son père.

Le poème met en abyme une réminiscence de l'amour courtois : le jeune homme qui voue un culte à la jeune fille d'abord indifférente, exprime son amour et tente de la séduire par sa poésie (v. 26) comme les troubadours médiévaux. Il doit passer par des épreuves pour mériter l'amour de sa belle assimilée à une idole (v. 28) qui enfin répond : « - Puis l'adorée, un soir a daigné vous écrire… ! »

Mais c'est un amour éphémère : « loué jusqu'au mois d'août ».

La dernière strophe suggère les conséquences de cette lettre tout en jouant sur un effet de surprise. Le jeune amoureux (« vous ») retourne dans les cafés qu'il avait fuis au début pour commander « des bocks et de la limonade ». Faut-il y voir une entrée dans le monde adulte, avec sa trivialité, loin des rêveries romanesques ? En tout cas, cette aventure est imbriquée dans une réflexion didactique empreinte de dérision.

L'astuce du prof

Variez l'insertion des citations.

B. Une réflexion quelquefois didactique empreinte de dérision

Le poème met à distance les émois adolescents. Il commence et finit par une maxime au présent de vérité générale : « On n'est pas sérieux quand on a dix-sept ans. » La jeunesse est ici caractérisée par sa légèreté, son insouciance dans la négation de l'adjectif qualificatif « sérieux ».

Méthode

Aérez votre devoir. Sautez des lignes entre les sous-parties.

Le poète ne parle pas directement en son nom propre mais, en moraliste, il généralise par l'emploi de l'indéfini « on », puis il implique le lecteur dont il se dissocie par l'usage du « vous ».

Le lecteur a l'impression qu'il considère les événements de loin avec un attendrissement amusé, de la dérision, et que ce n'est pas un adolescent, comme c'est pourtant le cas, qui a écrit ce poème.

Le poème témoigne aussi d'une mise à distance de l'écriture. L'effervescence et les tentatives poétiques du jeune homme provoquent le rire de la jeune fille au lieu de l'émouvoir, ce qui reflète bien l'ambiguïté essentielle du poème « Roman » dans son ensemble, empreint de lyrisme mais s'en dégageant sans cesse par le second degré et la dérision. « L'adorée » aussi écrit finalement mais le contenu du message et l'issue de la relation restent inconnus. Les points de suspension (« Ce soir-là… ») achèvent le poème par une ouverture équivoque.

Conclusion

Ainsi, ce poème de jeunesse évoque avec une distance amusée l'état d'esprit d'un adolescent naïf et romanesque en proie au désir d'amour et qui finit, un temps, par le rencontrer. Il esquisse, avec un lyrisme essentiellement musical mais mis à distance, le tableau d'un adolescent à la sensualité en éveil, recherchant la solitude dans un cadre naturel et poétique, avant la rencontre d'une jeune fille vive et spirituelle.

Toutefois, sous ce récit et cette description lyriques se déguise une réflexion critique sur les rapports amoureusement platoniques de deux adolescents-types de l'époque dans un milieu bourgeois, sur le caractère éphémère de ces amours, comme sur la littérature qui véhicule les *topoï* du romanesque.

Gagnez des points

L'ouverture n'est pas obligatoire mais elle montre votre capacité à élargir le commentaire.

Ce rejet de « la vieillerie poétique », exacerbé, amènera Rimbaud à la révolution d'une « alchimie du verbe » dans *Une saison en enfer* et les *Illuminations*.

Chapitre 7

La dissertation

FICHE 1 Analyser le sujet et faire un plan

1 Qu'est-ce qu'une dissertation ?

- La dissertation répond à un sujet en développant une **argumentation** qui fait le tour du problème. Cette réflexion écrite est charpentée par un **plan**, et s'appuie sur des **exemples précis**. C'est l'un des deux sujets d'écriture proposés lors de l'écrit du bac de français.
- Le sujet porte toujours sur une **œuvre au programme**.

Chaque année, douze œuvres sont proposées au programme parmi lesquelles votre professeur en choisit quatre. Le jour de l'écrit, vous êtes donc susceptibles de tomber sur une des quatre œuvres retenues par votre enseignant.

2 Comment commencer à travailler face au sujet ?

- Recopiez le sujet au brouillon. Relisez-le et **surlignez** les termes importants. Écrivez la définition des **mots-clés**, les **notions** que vous devrez approfondir. Reformulez l'énoncé. Notez la question posée par le sujet telle que vous l'avez interprétée personnellement : c'est la **problématique.**
- Écrivez ensuite tout ce qui vous vient à l'esprit pour y répondre : arguments, exemples... Faites d'abord un **brouillon** désordonné, sans rédiger ! Constituez une réserve de références et d'idées, la plus large possible.
- **Ordonnez** ensuite votre brouillon pour constituer un **plan**. Regroupez les idées qui vont ensemble. Associez un argument à un exemple. Une idée qui ne s'appuie pas sur un exemple ne vaut rien ! Le plan ne doit pas être constitué de plus de trois parties. Celles-ci doivent elles-mêmes reposer sur plusieurs sous-parties.

3 Quels sont les différents types de plan ?

1. Plan dialectique

- Si je peux répondre par oui ou par non, je choisis un **plan dialectique**. Il s'agit de discuter la validité d'une thèse, de montrer **les limites d'un point de vue**. Le raisonnement suit le plan : **thèse** (on va dans le sens de la thèse) / **antithèse** (on montre les limites de la thèse) / **synthèse** (on dépasse la contradiction).

Prenez le temps de bien analyser le sujet afin de choisir le plan qui lui correspond. Cette étape est essentielle.

2. Plan thématique

- Si le sujet pose une question partielle (*Quels sont...*) : je choisis un **plan thématique** dans lequel **les thèmes sont progressifs** et vont du plus évident au plus subtil.

3. Plan analytique

- Si le sujet invite à approfondir une affirmation, il ne faut pas la discuter mais juste l'**expliquer** : je choisis un **plan analytique**.

POUR ALLER PLUS LOIN

> Les sujets sur une œuvre

EXEMPLE D'ÉNONCÉ	TYPE DE SUJET	ŒUVRE ET PARCOURS
Dans *Gargantua*, Rabelais écrit qu'il faut « interpréter à plus haut sens ce que par hasard vous croyiez dit de gaieté de cœur ». En quoi ces propos illustrent-t-il bien son œuvre ?	Vous devez commenter une citation.	• *Gargantua*, Rabelais • Parcours : « Rire et savoir »
Pensez-vous que l'écriture des « caractères » de La Bruyère soit un moyen efficace pour dénoncer la comédie sociale qui règne à la cour ?	Cet énoncé demande un avis personnel.	• *Les Caractères*, La Bruyère • Parcours : « La comédie sociale »
L'argumentation directe vous semble-t-elle être la plus efficace pour combattre les inégalités ?	Vous devez répondre à une question générale en vous appuyant principalement sur l'œuvre au programme.	• *Déclaration des droits de la femme et de la citoyenne*, Olympe de Gouges • Parcours : « Écrire et combattre pour l'égalité »

> Les principaux types de sujets

Le plan thématique

Quelles sont les fonctions du rire dans *Gargantua* de Rabelais ?

- **Premier thème** → Une fonction divertissante
- **Deuxième thème** → Une fonction argumentative
- **Troisième thème** → Le comique attire l'attention

Le plan dialectique

L'objectif principal des *Caractères* de La Bruyère est-il de dénoncer la comédie humaine ?

- **Thèse** → Il dénonce la comédie humaine
- **Antithèse** → Mais son but est aussi d'amuser son lecteur
- **Synthèse** → Le rire permet ainsi de renforcer la satire

FICHE 2

Rédiger une introduction et une conclusion de dissertation

1 L'introduction

• Il convient de ne rédiger une introduction de dissertation **qu'après en avoir conçu au brouillon le plan détaillé**. Prenez le temps de **rédiger soigneusement** cette partie très stratégique ! Le correcteur jugera dès ce premier paragraphe votre bonne compréhension du sujet, et la façon dont vous allez l'aborder... Il faut lui faire bonne impression !

• En un seul paragraphe, l'introduction d'une dissertation, rédigée avec soin au brouillon, doit comporter **quatre étapes** :

L'amorce
Elle amène le sujet par un biais général : un mouvement littéraire, un registre, une définition...

La présentation du sujet
Recopiez le sujet et proposez une analyse des mots-clés.

Formulez la **problématique.**

Annoncez **le plan.**

Pour le plan : n'annoncez que les grandes parties.

2 La conclusion

• Il est conseillé de **rédiger soigneusement la conclusion au brouillon** avant le développement, pour éviter d'en bâcler une à la dernière minute, pris par le temps. C'est un choix déterminant : improviser quelques lignes d'urgence à la fin du devoir risque de décevoir le correcteur juste au moment où il va mettre la note.

• En un seul paragraphe, la conclusion comporte **deux étapes** :

Répondez à la problématique en reprenant les arguments de vos trois parties.

Proposez une **ouverture** afin d'élargir la réflexion : un parallèle avec une référence littéraire, picturale ou cinématographique, l'évocation d'un mouvement littéraire...

À l'inverse de l'introduction, la conclusion va du plus précis au plus général.

Cours

POUR ALLER PLUS LOIN

SUJET

- **L'œuvre d'Olympe de Gouges n'a-t-elle pour but que de défendre les droits des femmes ?**

> Introduction

Le mouvement des Lumières qui naît au XVIIIe siècle se donne pour guide la raison afin de lutter contre l'obscurantisme. Les philosophes cherchent alors à vulgariser les connaissances afin de les rendre accessibles au plus grand nombre. Cela motivera l'écriture de l'*Encyclopédie* qui est tout autant un outil de connaissance que de contestation. En effet, les auteurs dénoncent l'horreur de la guerre, critiquent la monarchie absolue de droit divin mais aussi les inégalités entre les hommes. Ce mouvement contribue alors au souffle révolutionnaire qui se crée pendant le siècle et qui aboutira à la Révolution perçue comme une véritable avancée sociale. Or, dans son œuvre *Déclaration des droits de la femme et de la citoyenne*, Olympe de Gouges souligne que les femmes sont les grandes oubliées de cette nouvelle ère. Alors même qu'elles ont participé aux différents combats, leur statut au sein de la société n'évolue pas. Si l'oeuvre d'Olympe de Gouges se consacre particulièrement à la défense des femmes, on peut se demander si cela est son but. Dans un premier temps, nous verrons que son œuvre est un véritable plaidoyer en faveur des femmes. Toutefois, Olympe de Gouges ne manque pas de rappeler les dérives des hommes et d'ainsi condamner leurs agissements. Enfin, nous constaterons que son combat revêt davantage une portée universelle.

L'amorce doit avoir un lien direct avec le sujet et permet ainsi de l'introduire.

> Conclusion

Ainsi, Olympe de Gouges construit un véritable plaidoyer en faveur des femmes. Dans son œuvre, elle insiste sur la nécessité de reconnaître leurs droits au même titre que ceux des hommes et elle encourage les femmes à s'unir pour y parvenir. Néanmoins, les propos d'Olympe de Gouges ont aussi pour but de souligner les manquements des hommes. En effet, elle dénonce l'hypocrisie des hommes qui se sont battus pour l'égalité et qui pourtant continuent d'asservir les femmes. De plus, elle met en lumière la misogynie particulièrement présente au sein de la société afin de la combattre. Finalement, l'autrice rédige un véritable plaidoyer en faveur de l'égalité de tous. Son texte n'a pas pour seul but de défendre les femmes mais de défendre tous les opprimés afin de faire reconnaître l'égalité du genre humain. Il acquiert ainsi une portée universelle. Cependant, la voix d'Olympe de Gouges n'aura pas suffi à faire ouvrir les yeux à la société puisque le combat perdurera au XXe siècle avec des figures comme Simone de Beauvoir et les femmes devront attendre l'année 1944 pour pouvoir voter et davantage (1965) pour être autorisées à ouvrir un compte en banque.

En ouverture, vous pouvez proposer un prolongement historique afin de montrer l'évolution du sujet.

FICHE 3

Rédiger le développement

1 La structure du développement

• **Écrivez directement votre développement au propre** en suivant votre brouillon. Soyez très clair, la structure du devoir doit être apparente : sautez une ligne entre chaque grande partie.

• **Consacrez un paragraphe à chaque argument.** Pour que cette structure apparaisse nettement aux yeux du correcteur, débutez chaque paragraphe par un alinéa (retrait de deux à trois carreaux), et par des **connecteurs** logiques (« d'abord », « ensuite », « enfin »...) qui articuleront l'ensemble.

• Au début de **chaque partie**, faites une **phrase d'introduction partielle** qui rappelle le thème que vous allez développer. Cette phrase d'accueil joue le rôle d'un titre. À la fin de chaque grand axe du développement, faites un bilan partiel de votre analyse, et ménagez une transition avec la partie suivante. Insistez sur les articulations de votre devoir, pour mettre en évidence la logique de votre raisonnement.

> La présentation de votre copie est très importante. Elle révèle l'organisation de votre argumentation et facilite la correction. De plus, elle témoigne de votre sérieux et de votre capacité à produire un écrit soigné. Alors surtout, soyez-y attentifs !

2 L'utilisation des exemples

• **Un paragraphe** doit correspondre à **une seule idée**, toujours **illustrée** par un ou plusieurs exemples précis. Ceux-ci peuvent être utilisés sous différentes formes :

– Vous pouvez utiliser des **citations**, pas trop longues, entre guillemets. Puisez dans les documents du cours, dans votre manuel ! Une citation doit être exacte, au mot près. Expliquez toujours les phrases que vous relevez.

– Vous pouvez aussi faire **allusion à des œuvres lues** en classe ou chez vous : comme si le correcteur ne les connaissait pas du tout, résumez avec exactitude les passages utiles à votre analyse. Dans ce cas-là, vous n'avez pas besoin de connaître par cœur des phrases de l'ouvrage, mais expliquez en quoi telle œuvre, tel texte ou tel auteur est utile pour illustrer votre raisonnement. Pensez à souligner les titres des livres cités.

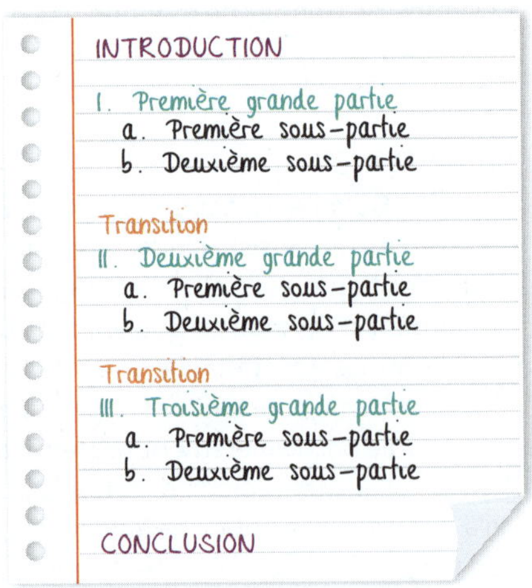

• Si votre professeur a fourni un corpus de documents qui accompagnent le sujet, vous y trouverez forcément des exemples pertinents. Vous pouvez aussi en chercher dans vos cours, dans un manuel, et dans vos lectures personnelles.

POUR ALLER PLUS LOIN

> Quel vocabulaire utiliser pour rédiger mon développement ?

	EXEMPLES	ATTENTION !
Conseils généraux pour l'ensemble du développement	– Les verbes doivent être conjugués au présent. – Privilégier les phrases courtes, sans abuser des subordonnées.	– Ne pas utiliser « je », ni « tu », ni « vous » mais « nous » ou « on ». – Ne pas employer de mots familiers.
Pour présenter le thème d'un axe	Verbes : *décrire, définir, démontrer, développer, éclairer, expliquer, exposer, justifier, illustrer, montrer, prouver, envisager...*	Proscrire les formules trop « passe-partout » comme « *Il y a* ».
Pour enchaîner les arguments	– Connecteurs : *d'abord, tout d'abord, premièrement, en premier lieu/en second lieu, de plus, ensuite, de surcroît, par ailleurs, puis, d'une part/d'autre part, en outre...* – Pour présenter une hypothèse : *à supposer que, dans le cas où...*	Ne pas abuser des mots de liaison : les utiliser principalement en début de paragraphe.
Pour opposer une idée contraire	Connecteurs : *mais, néanmoins, cependant, pourtant, toutefois...*	Ne jamais employer deux connecteurs d'opposition à la suite : ils s'annulent.
Pour introduire un exemple	*Pour illustrer cette thèse, ainsi, c'est notamment le cas de, on peut illustrer ce propos par, on peut mentionner, on peut citer l'exemple de, comme en témoigne, on peut signaler, comme le signale, comme l'indique...*	Ne pas écrire : « comme par exemple », c'est un pléonasme.
Pour conclure l'axe développé	*Enfin, pour (en) conclure, en conclusion, en définitive, en fin de compte, finalement, pour (en) finir, pour toutes ces raisons...*	Reformulez les idées principales sans vous répéter mot à mot.
Pour écrire une transition avec la partie suivante	*S'il est vrai que ..., il est vrai aussi que... ; Si l'on peut dire pour... que..., on ne peut pas dire la même chose pour... ; au contraire... ; Même si l'on a admis que... ; il faut toutefois convenir que...*	Ne pas se contredire de façon trop abrupte dans le cas d'une **thèse** et d'une antithèse.

Révision Express

> La dissertation

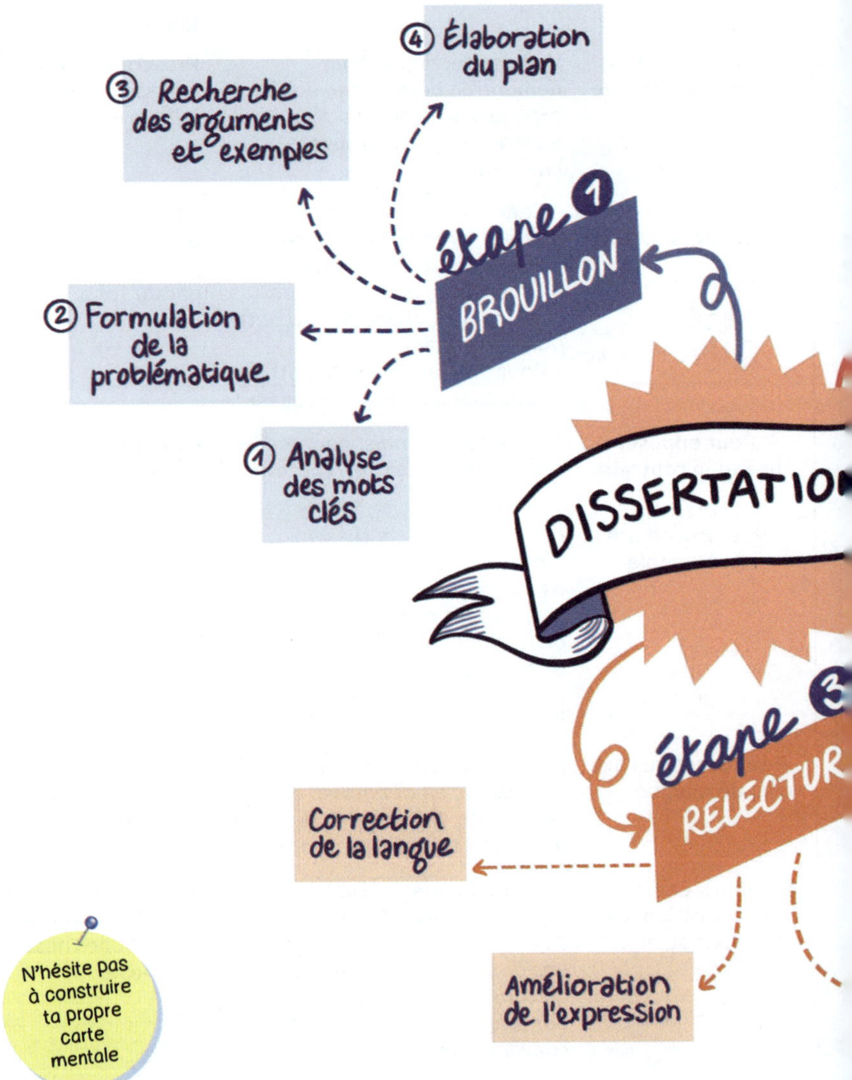

Analyser le sujet et élaborer le plan

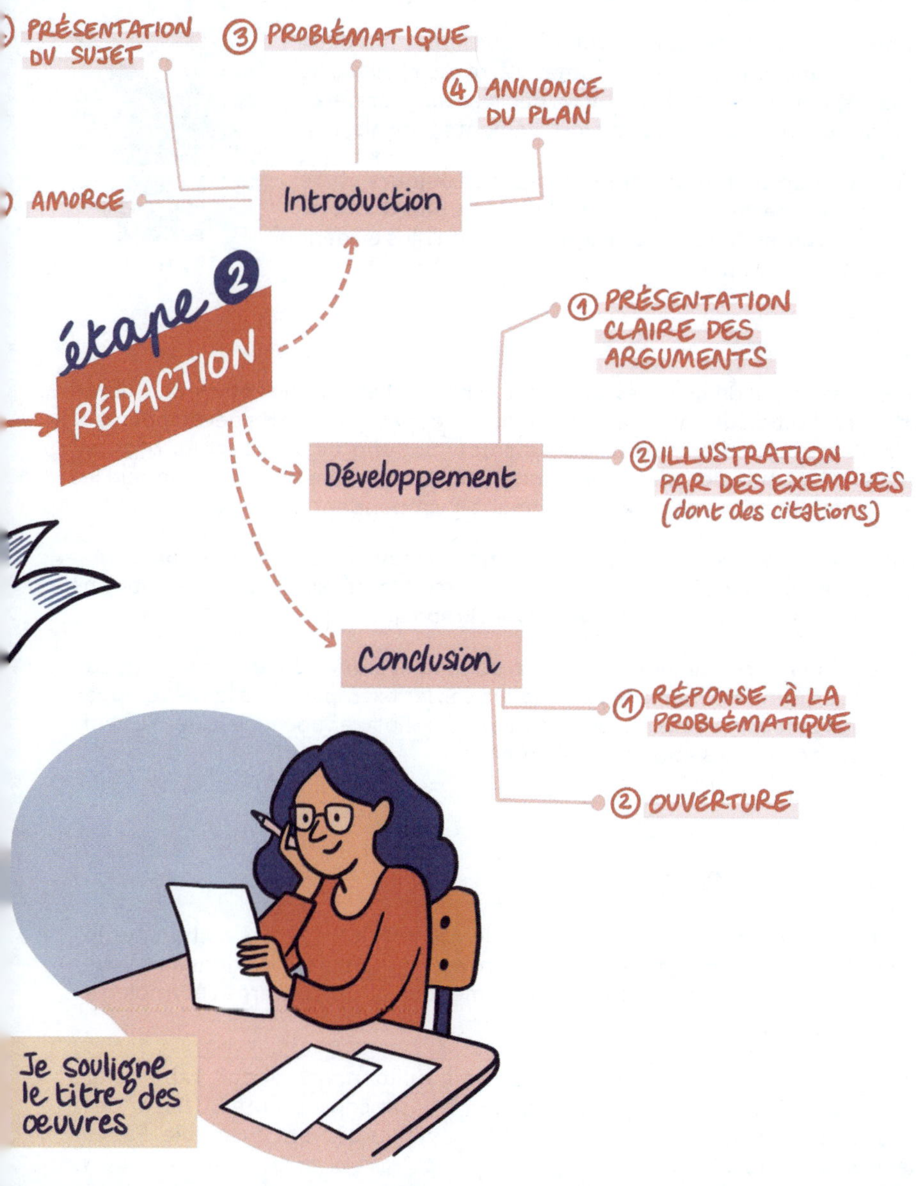

1 Analyser le sujet et élaborer le plan

LES RÉFLEXES À AVOIR

- Ne développez pas plus de trois parties dans votre plan.

- Vous pouvez faire un très bon devoir en vous limitant à **deux thèmes seulement** : si le troisième promet d'être moins riche, ne risquez pas de finir votre devoir de façon décevante, et préférez deux grandes parties **équilibrées** à trois éléments bancals.

- Dans le cas d'un plan **dialectique**, finissez toujours votre dissertation par la partie avec laquelle vous êtes le plus d'accord. Ménagez une **progression** dans vos arguments : du plus évident au plus subtil par exemple.

LES PIÈGES À ÉVITER

- Le plus gros écueil de la dissertation est le **hors-sujet**. Vérifiez plusieurs fois au cours de la réalisation de votre devoir que toutes les parties de votre développement répondent à la question posée par le sujet. Si l'une de vos parties reprend entièrement l'intitulé du sujet, c'est souvent mauvais signe : cela signifie que les autres mouvements de votre développement n'y répondent pas...

- Attention à la **synthèse** dans le plan dialectique. Souvent, les élèves se contentent d'y répéter des idées déjà citées dans la première et la deuxième partie. Si vous ne trouvez pas d'idée nouvelle, ce sera votre conclusion qui jouera un rôle de synthèse.

- Évitez les plans trop énumératifs : au sein de chaque grande partie, trois ou quatre arguments suffisent. De même, **ne multipliez pas les exemples sans les développer**. Il vaut mieux un seul exemple **bien expliqué** pour illustrer une idée, que plusieurs titres de livres cités sans approfondissement.

LES ASTUCES DU PROF

- Ayez toujours un dictionnaire à portée de main. N'hésitez pas à chercher la définition des mots importants que vous croyez connaître : le dictionnaire vous donnera des précisions intéressantes, notamment en ce qui concerne l'étymologie des mots.

- Le brouillon est un support dynamique et bouillonnant qui doit faire jaillir des idées nouvelles. Il ne doit pas ressembler à votre copie propre ! Utilisez des couleurs : elles vous permettront de visualiser les idées qui vont ensemble. Faites des flèches, des ratures...

Méthode

EXEMPLE

> Analyse d'un sujet comportant une citation

Sujet **Paul Léautaud à la sortie du recueil *Alcools* de Guillaume Apollinaire en 1913 en évoquait : « Le rythme étrange souvent, mais pénétrant, comme une musique à la fois barbare et raffinée ». Qu'en pensez-vous ?**

ÉTAPE 1 J'analyse la forme et le fond de la citation

- Je remarque que le sujet principal de ce sujet concerne le rythme des poèmes. La phrase de Léautaud, globalement élogieuse, fait penser au premier vers du poème de Verlaine « Mon rêve familier » : « J'ai souvent fait un rêve étrange et pénétrant. » Il emploie une antithèse qui précise cette étrangeté, car « barbare » s'oppose à « raffinée » : cela suggère une dissonance.
- La comparaison avec la musique est un élément assez classique, puisqu'à l'origine la poésie était chantée : on peut sans doute faire un parallèle entre la musicalité de la poésie d'Apollinaire et les compositeurs de son époque, comme Debussy, qui utilisent les dissonances au lieu de les éviter.

Commencez d'abord par repérer les mots-clés. Surlignez-les directement sur le sujet. Ensuite, définissez-les afin de bien en comprendre le sens puis analysez-les en rapport avec l'œuvre étudiée. Il est nécessaire de bien comprendre le sens des mots (sens propre et figuré) avant de les associer à l'œuvre du programme. À la maison, vous pouvez vous aider du dictionnaire, mais le jour J, il faudra faire sans !

ÉTAPE 2 Je me renseigne sur le contexte de la citation

- Paul Léautaud est un écrivain et critique français contemporain d'Apollinaire, et il a donné son avis sur le livre au moment de sa parution.

ÉTAPE 3 Je délimite les frontières du sujet

- Cette dissertation portera exclusivement sur le recueil *Alcools* d'Apollinaire. Il est toutefois recommandé de faire référence, au sein de votre développement, à d'autres textes renvoyant au parcours associé afin d'appuyer votre propos et ainsi d'enrichir votre copie. Ainsi, 90 % de la copie traitera d'Apollinaire et 10 % s'appuiera sur d'autres auteurs.

ÉTAPE 4 J'analyse les sous-entendus de la question

- Celle-ci laisse de la liberté puisqu'elle demande un avis personnel. On ne peut pas être en accord ou en désaccord avec la question posée, il faut plus expliquer la façon dont on comprend l'image, elle-même poétique, utilisée par Léautaud pour qualifier la poésie d'Apollinaire. Pourquoi peut-on trouver le rythme des poésies d'*Alcools* étranges ? En quoi sont-ils à la fois « barbares et raffinés » ?

2 Rédiger une introduction et une conclusion

LES RÉFLEXES À AVOIR

- Une première phrase est stratégique pour faire bonne impression. Vous pouvez utiliser une définition, une idée reçue, des exemples historiques marquants, mais il faut que cette **accroche** permette d'aborder le sujet en douceur et avec élégance.

- **L'annonce du plan doit être claire sans être lourde.** Variez les verbes de présentation, en évitant le verbe « voir ». N'hésitez pas à employer des formules du type : « Dans un premier temps, nous étudierons…, puis nous envisagerons…, avant d'aborder le thème de… » Évitez d'utiliser le mot « partie ».

- Une introduction et une conclusion, même si elles comportent plusieurs étapes, se rédigent toujours en un seul paragraphe. L'introduction peut comporter jusqu'à vingt lignes, mais elle doit rester bien plus courte qu'une partie de développement.

LES PIÈGES À ÉVITER

- Ne répondez jamais à la question posée par le sujet dans l'introduction ! Vous devez attendre la conclusion pour donner votre avis.

- L'utilisation de la première personne du singulier est à éviter, même si elle est tolérée dans la conclusion si l'on vous demandait un avis personnel. Préférez le « nous » de modestie. Si vous choisissez d'utiliser « on », ne le mélangez pas à « nous » dans le même paragraphe.

- Pour démarrer l'introduction, **proscrivez les formules trop rebattues** comme « De tout temps », « De nos jours », « Depuis toujours », qui conduisent souvent à des banalités sans intérêt.

LES ASTUCES DU PROF

- Si vous avez du mal à finir votre devoir en temps limité, vous aurez tout intérêt à recopier au propre, à l'avance, votre conclusion sur un intercalaire avant d'avoir rédigé votre développement. Vous l'ajouterez à la fin à votre devoir pour le finir de façon soignée.

- Ne vous forcez pas à trouver une ouverture en fin de conclusion si elle ne vous semble pas naturelle. Rien n'est pire que l'effet « cheveu sur la soupe » pour conclure un devoir ! Pensez à évoquer les éventuelles **limites** du sujet que vous avez traité.

EXEMPLE

> Analyse d'une introduction

Sujet **Pourquoi les personnages de comédie se déguisent-ils si souvent ?**
Vous vous demanderez quelles fonctions peut avoir le travestissement des personnages au théâtre.

Introduction

Depuis ses origines, la comédie est liée aux masques : la *commedia dell'arte* utilisait des masques traditionnels, qui fixaient les types de personnages. Ces masques étaient eux-mêmes issus des comédies de l'Antiquité. Si cette tradition s'est perdue, dans les comédies du théâtre classique comme dans les plus récentes, nombreux sont les personnages qui se déguisent, empruntant l'identité d'un autre pour se cacher, par ruse… Quelles sont les fonctions de ces travestissements ? Le déguisement est-il plutôt un obstacle à l'expression des sentiments des personnages, ou bien au contraire un révélateur de leurs personnalités et de leurs passions ? Nous étudierons tout d'abord le jeu théâtral que constitue le travestissement. Ensuite, nous l'envisagerons en tant qu'obstacle. Enfin, nous considérerons l'aspect paradoxalement révélateur des déguisements des personnages.

ÉTAPE 1 L'accroche

● Un rappel historique sur la *commedia dell'arte* permet une entrée en matière générale, qui démontre une bonne culture de la part de l'élève. Celui-ci a relié la notion de déguisement contenue dans le sujet à celle de masque. On part d'une indication culturelle avant d'aborder le sujet lui-même.

ÉTAPE 2 La présentation du sujet

● On relie l'accroche au sujet lui-même, formulé de façon assez claire et brève : il s'agit de trouver quelle est la fonction des déguisements au théâtre.

ÉTAPE 3 La problématique

● On a reformulé la question posée par le sujet en l'interprétant d'une manière personnelle. On utilise la forme interrogative, plus percutante. Souligner une étrangeté, un paradoxe, peut être une bonne façon de soulever l'aspect problématique du sujet, que vous devez considérer comme une énigme à résoudre.

ÉTAPE 4 L'annonce du plan

● Celle-ci est très claire, structurée par des connecteurs : « *Tout d'abord* » « *Ensuite* », « *Enfin* ». On remarque que le sujet appelait un plan thématique. On varie les verbes d'annonce : « *étudierons* », « *envisagerons* » « *considérerons* ». On emploie un « *nous* » de modestie. Le vocabulaire est précis.

3 Rédiger le développement

LES RÉFLEXES À AVOIR

- **Votre devoir doit être bien proportionné** : il faut que les différents axes du développement soient globalement équilibrés, même si vous n'êtes pas obligé d'utiliser exactement le même nombre de lignes pour chacun d'entre eux. Chaque partie développée doit être bien plus longue que votre introduction.

- Ménagez une **progression** entre vos différentes parties : allez du plus simple au plus complexe. Les mots de liaison logiques vous aideront à faire sentir cette progression au lecteur.

LES PIÈGES À ÉVITER

- **Ne faites pas de listes d'exemples.** Développez longuement chacun d'entre eux et reliez-le à un argument qu'il illustre.

- Attention à ne pas faire d'erreurs dans vos citations : celles-ci doivent être **exactes** au mot près. Si vous êtes obligé de modifier un pronom ou un verbe pour que la citation s'intègre grammaticalement dans votre phrase, mettez celui-ci **entre crochets** : « Richard Wright savait "qu['il] ne pourrai[t] jamais quitter réellement le Sud." » Bien sûr, ne faites pas de fautes dans l'orthographe du nom d'un auteur ou dans le titre d'une œuvre.

- **Évitez les phrases à rallonge** et faites une relecture spéciale pour vérifier la ponctuation. De même, relisez-vous pour détecter les fautes d'orthographe qui sont les plus fréquentes dans vos copies.

LES ASTUCES DU PROF

- Constituez-vous, au fil des années, un petit **répertoire de citations** intéressantes, glanées dans vos lectures ou dans vos cours. Notez également les **définitions des notions importantes** du programme et apprenez-les en cas de devoir sur table. Ce répertoire vous servira ensuite pour le bac, et peut-être même dans vos études supérieures.

- Au cours de la rédaction de votre développement, relisez à plusieurs reprises le sujet du devoir en vous posant simplement cette question : « Est-ce que ce que j'écris répond vraiment à la question posée dans l'énoncé ? » Ce réflexe vous évitera le hors-sujet.

EXEMPLE

> Insertion d'un exemple

Ce paragraphe est extrait de la dissertation qui a pour thème le travestissement au théâtre (Voir p. 211). Il correspond à une sous-partie du développement.

Enfin, le travestissement reste avant tout un obstacle psychologique parfois difficile à surmonter : il s'oppose à la révélation de la vérité. Vivre masqué, c'est vivre dans le mensonge, et les personnages le vivent parfois mal. Dans la pièce *Cyrano de Bergerac* d'Edmond Rostand, Cyrano souffre jusqu'à la fin de sa vie : par loyauté envers Christian qui est mort, il n'a jamais voulu révéler à Roxane la supercherie à laquelle il s'était livré en parlant et en écrivant à sa place. Il tait donc ses sentiments jusqu'à sa mort, à la fin de la pièce, ce qui l'empêche de vivre son amour avec Roxane : c'est une forme d'héroïsme, mais sous la forme paradoxale d'un renoncement douloureux. Cacher aux autres sa véritable identité peut donc avoir une dimension tragique.

- Enfin : ce connecteur logique montre que l'on ajoute un dernier argument à l'un des axes du développement.
- L'argument : on commence par exposer l'idée que l'exemple va ensuite illustrer. Ici, le travestissement des personnages est vu comme un obstacle, et c'est sa dimension psychologique qui est explorée.

Remarque

Dans le développement, un paragraphe est toujours organisé. On introduit une idée, puis on l'illustre par un exemple. On termine le paragraphe par une phrase qui résume l'idée principale.

- La présentation de l'exemple : sur une copie manuscrite, on prend bien soin de souligner le titre de l'œuvre, dont on a aussi mémorisé le nom de l'auteur. Il faut toujours faire comme si le correcteur ne connaissait pas la pièce. Ici, on résume donc l'intrigue, en nommant les personnages principaux pour montrer également sa bonne connaissance de l'œuvre. Un bon exemple est toujours précis !
- L'explication de l'exemple : après avoir été présenté, l'exemple est analysé et approfondi. Il ne suffit pas de citer une œuvre : il faut en tirer une véritable réflexion !
- La leçon donnée par l'exemple : cette dernière phrase montre en quoi l'exemple a permis de rejoindre l'argument exposé en début de paragraphe. Il clôt la démonstration. Un exemple sert à prouver une idée qu'on avance. Celle-ci ne vaut rien si elle ne s'appuie pas sur une illustration concrète.

Fiche test *Ce que je sais*

VRAI / FAUX

15 min

◯ À revoir
◯ Acquis

1 Cochez la bonne réponse.

1 Je dois trouver une entrée en matière générale avant de présenter le sujet : définition, idée reçue, citation originale !

◯ Vrai ◯ Faux

FICHE 2

2 Je dois répondre au sujet du devoir dès l'introduction, dans laquelle on attend que je donne mon avis personnel.

◯ Vrai ◯ Faux

FICHE 2

3 Je dois poser dans l'introduction la question posée par le sujet, je peux même la recopier si elle est courte, en développant sa problématique...

◯ Vrai ◯ Faux

FICHE 2

4 Un plan de dissertation est toujours annoncé à la fin de l'introduction : il est préférable qu'il comporte deux ou trois parties qui répondent à la problématique...

◯ Vrai ◯ Faux

FICHE 1

5 Un plan en quatre parties principales est conseillé.

◯ Vrai ◯ Faux

FICHE 1

6 Il convient de sauter une ligne entre les grands axes du développement.

◯ Vrai ◯ Faux

FICHE 3

7 Un exemple doit toujours être une citation.

◯ Vrai ◯ Faux

FICHE 3

8 Je dois forcément choisir un plan qui ait la forme « thèse/antithèse ».

◯ Vrai ◯ Faux

FICHE 1

9 Une conclusion ne doit pas rappeler le plan du devoir.

◯ Vrai ◯ Faux

FICHE 2

10 Je mets entre guillemets le nom des auteurs.

◯ Vrai ◯ Faux

FICHE 3

11 La dissertation peut porter sur n'importe quel auteur.

◯ Vrai ◯ Faux

FICHE 1

12 Je dois faire des transitions entre les grandes parties.

◯ Vrai ◯ Faux

FICHE 3

13 En ouverture de conclusion, je pose une question.

◯ Vrai ◯ Faux

FICHE 2

14 La dissertation est plus difficile que le commentaire.

◯ Vrai ◯ Faux

15 Il est préférable de ne pas employer le pronom « je ».

◯ Vrai ◯ Faux

FICHE 3

SCORE : ____ / 15

EXERCICES D'ENTRAÎNEMENT

2 Déterminez quel type de plan convient pour ces sujets de dissertation : plan dialectique, thématique ou analytique, et trouvez des idées pour leurs axes principaux.

1. Que veut dire La Fontaine quand il affirme, dans « Le Pâtre et le Lion » :

   « Une Morale nue apporte de l'ennui ;
   Le conte fait passer le précepte avec lui.
   En ces sortes de feinte il faut instruire et plaire,
   Et conter pour conter me semble peu d'affaire. »

2. Un roman réussi est-il celui qui permet l'identification du lecteur avec le personnage ?
3. Le théâtre de l'absurde a-t-il un sens ?
4. Pour quelles raisons la forme poétique du sonnet a-t-elle connu un tel succès depuis des siècles ?

3 Associez à ces arguments contradictoires les exemples qui conviendront pour les illustrer.

Arguments :

1. Le roman est un reflet de la société.
2. Le roman nous présente un monde fantaisiste.
3. Le metteur en scène ajoute du sens à la simple lecture d'une pièce de théâtre.
4. Une pièce de théâtre peut avoir pour but d'être lue plus que d'être jouée.
5. La poésie versifiée ne s'oppose pas à la fantaisie verbale.
6. Les poèmes en prose sont davantage propices à une inventivité sans contrainte.

Exemples :

a. Raymond Queneau a créé un recueil de poèmes aléatoires en alexandrins intitulé *Cent mille milliards de poèmes* : un système de languettes permet de combiner les vers entre eux de façon à ce que l'ensemble garde une cohérence syntaxique.

b. Le sous-titre des Rougon-Macquart de Zola est « Histoire naturelle et sociale d'une famille sous le Second Empire », et Zola affirme lui-même que : « Les Rougon-Macquart personnifieront l'époque, l'Empire lui-même. »

c. Alfred de Musset a écrit des pièces de théâtre très longues, qu'il n'a pas voulu faire jouer : il appelait ce concept un « spectacle dans un fauteuil ».

d. Dans *Le Seigneur des anneaux*, Tolkien développe un univers peuplé de créatures fantastiques et d'événements merveilleux. On a appelé ce genre romanesque « l'héroïc-fantasy ».

e. Dans *Voyage en grande Garabagne* (1936), Henri Michaux présente des carnets de voyages fictifs en prose, qui décrivent des peuples, animaux et flores oniriques. La grande sobriété de l'écriture contraste avec l'imagination et l'invention débridées de l'auteur.

f. Dans la mise en scène que Bernard Lévy fait de *Fin de Partie*, de Samuel Beckett, les limites de la pièce dans laquelle sont enfermés les personnages sont uniquement indiquées par des contours dessinés : cela met en évidence l'abstraction de cet enfermement, qui renvoie chacun aux limites de sa propre existence.

VERS LE BAC

DISSERTATION GUIDÉE

Parcours La comédie sociale

Les Caractères de la Bruyère sont-ils une mise en scène comique de la société du XVIIe siècle ?

1. Définissez le type du sujet et analysez les mots-clés.

2. Réfléchissez aux arguments et exemples en lien avec le sujet.

3. Trouvez-les sous-parties correspondant au plan suivant :

I. La Bruyère propose dans l'ensemble une mise en scène comique de la société de son temps

II. Mais certaines vérités évoquées sont graves et ne font pas sourire

III. La mise en scène proposée par La Bruyère est davantage grinçante que comique

DISSERTATION

Parcours Rire et savoir

Dans *Gargantua* de Rabelais, le rire vous semble-t-il le moyen le plus efficace pour délivrer un enseignement ?

Vous répondrez à cette question dans un développement organisé. Votre réflexion prendra appui sur l'œuvre de Rabelais au programme, sur le travail mené dans le cadre du parcours associé et sur votre culture littéraire.

Fiche test Ce que je sais

1 **1. Vrai.**

2. Faux.

3. Vrai.

4. Vrai.

5. Faux.

6. Vrai. Une bonne copie est aérée, on voit sa structure d'un coup d'œil.

7. Faux.

8. Faux. Ce plan est le plus répandu.

9. Vrai.

10. Faux.

11. Faux. La dissertation porte nécessairement sur un auteur au programme.

12. Vrai. Les transitions clarifient et structurent votre devoir.

13. Faux. En ouverture, je privilégie un parallèle pertinent avec un autre auteur, un autre genre, etc.

14. Faux. La dissertation est un exercice difficile mais que vous avez eu l'occasion de préparer pendant l'année. Si vous avez travaillé avec sérieux vos œuvres, vous ne serez pas démunis face au sujet.

15. Vrai. Il est préférable de recourir aux pronoms « on » ou « nous ».

EXERCICES D'ENTRAÎNEMENT

2 **1.** Un commentaire de citation appelle un plan analytique.

Proposition de plan :

I. « Une morale nue apporte de l'ennui » : les inconvénients d'une morale sans récit ;
II. « Conter pour conter me semble peu d'affaire » : les inconvénients d'un récit sans but moral ;
III. « Il faut plaire et instruire » : les avantages d'un récit combiné à une morale.

2. Une question à laquelle on répond par oui ou par non appelle un plan dialectique.

Proposition de plan :

I. Le lecteur aime s'identifier au personnage ;
II. Mais il y a des romans réussis dont les héros sont antipathiques.

3. C'est un plan dialectique puisqu'on peut répondre par oui ou par non.

Proposition de plan :

I. Le théâtre de l'absurde, comme son nom l'indique, exprime l'absurdité ;

II. Le théâtre de l'absurde repose cependant sur une réflexion philosophique profonde qui nous interroge sur le sens de notre existence.

4. Une question partielle appelle un plan thématique.

Proposition de plan :

I. Le sonnet : une forme brève, bien définie ;
II. L'inscription dans une tradition littéraire qui se perpétue inspire les poètes ;
III. Les contraintes formelles du sonnet favorisent la créativité.

3 **1. b.** Le roman est un reflet de la société. **En effet,** le sous-titre des Rougon-Macquart de Zola est « Histoire naturelle et sociale d'une famille sous le Second Empire », et Zola affirme lui-même que : « Les Rougon-Macquart personnifieront l'époque, l'Empire lui-même. »

2. d. Le roman nous présente un monde fantaisiste. **En effet,** dans *Le Seigneur des anneaux*, Tolkien développe un univers peuplé de créatures fantastiques et d'événements merveilleux. On a appelé ce genre romanesque « l'héroïc-fantasy ».

3. f. Le metteur en scène ajoute du sens à la simple lecture d'une pièce de théâtre. **Par exemple,** dans la mise en scène que Bernard Lévy fait de *Fin de partie*, de Samuel Beckett, les limites de la pièce dans laquelle sont enfermés les personnages sont uniquement indiquées par des contours dessinés : cela met en évidence l'abstraction de cet enfermement, qui renvoie chacun aux limites de sa propre existence.

4. c. Une pièce de théâtre peut avoir pour but d'être lue plus que d'être jouée. Alfred de Musset, **notamment**, a écrit des pièces de théâtre très longues, qu'il n'a pas voulu faire jouer : il appelait ce concept un « spectacle dans un fauteuil ».

5. a. La poésie versifiée ne s'oppose pas à la fantaisie verbale. **En effet,** Raymond Queneau a créé un recueil de poèmes aléatoires en alexandrins intitulé *Cent mille milliards de poèmes* : un système de languettes permet de combiner les vers entre eux de façon à ce que l'ensemble garde une cohérence syntaxique.

6. e. Les poèmes en prose sont davantage propices à une inventivité sans contrainte. **Par exemple,** *dans Voyage en grande Garabagne* (1936), Henri Michaux présente des carnets de voyages fictifs en prose, qui décrivent des peuples, animaux et flores oniriques. La grande sobriété de l'écriture contraste avec l'imagination et l'inventivité débridées de l'auteur.

VERS LE BAC

DISSERTATION GUIDÉE

1. Le sujet est dialectique.

« Mise en scène » renvoie au monde du théâtre. À la manière d'une pièce, La Bruyère ferait revivre la société de son temps, il la donne à voir au lecteur.
« comique » : le but est de faire rire. On retrouve alors les caractéristiques du registre comique : comique de geste, de situation, de caractère, de mots… Mais tout est-il comique dans l'œuvre ?

> Commencez dès l'analyse des mots-clés à interroger les limites du sujet.

« société du XVIIe siècle » : société dans laquelle il vit. La Bruyère peint ses contemporains ce qui suggère que les lecteurs pourraient éventuellement se reconnaître.

2. L'œuvre est effectivement comique : plusieurs portraits font rire car ce sont des caricatures (comme dans le théâtre de Molière), les personnages sont alors tournés en ridicule car souvent comparés à des animaux ou à des pantins. On retrouve à plusieurs reprises dans l'œuvre la comparaison de la cour à un théâtre. On peut relever de nombreux verbes de mouvement qui permettent de rendre vivantes les scènes.
Mais certains sujets ne font pas rire : La Bruyère évoque la misère du peuple, critique l'orgueil des puissants et dénonce les dérives de la guerre. Dans le dernier chapitre, le propos est plus didactique.

3. Le plan :

I. La Bruyère propose dans l'ensemble une mise en scène comique de la société de son temps

A. La Bruyère fait véritablement revivre la société de son temps

B. Et cette mise en scène suscite bien souvent le rire du lecteur

II. Mais certaines vérités sont évoquées de façon plus sérieuse

A. Le ton se fait plus pathétique quand il évoque la misère du peuple

B. Le moraliste s'adresse avec sérieux au roi afin de le conseiller

> Dans la 2e partie, il faut proposer un contrepoint. De nombreux passages de l'œuvre ne font pas rire, il convient alors d'expliquer pourquoi.

III. La mise en scène proposée par La Bruyère est davantage grinçante que comique

A. La Bruyère recourt à l'exagération propre au rire pour dénoncer des comportements réels

B. La Bruyère donne à voir l'hypocrisie de la société de cour : il démasque ses contemporains

> Dans cette partie, on se demande à quel point tout cela peut être comique. Si la forme est comique, le fond est plus grave.

DISSERTATION

Le corrigé de la dissertation est intégralement rédigé. Pour faciliter votre lecture, nous avons gardé les titres des différentes étapes du développement. Dans votre copie, vous ne devrez pas les conserver.

Introduction

Au XVIe siècle, les auteurs humanistes s'interrogent sur la meilleure façon de délivrer un enseignement et ainsi d'éduquer les jeunes gens. En effet, ils remettent en question l'éducation délivrée au Moyen Âge puisque celle-ci reposait principalement sur un travail de mémoire. On imposait ainsi des savoirs aux enfants sans les inviter à réfléchir et à se les approprier. Rabelais contestera lui aussi cette manière de faire et proposera un nouveau modèle éducatif dans son œuvre *Gargantua*. À son tour, il cherche à délivrer un enseignement, mais loin d'une écriture sérieuse et formelle, Rabelais choisit le rire comme outil pour véhiculer ses idées. On peut alors se se demander dans quelle mesure le rire apparaît comme le moyen le plus efficace pour délivrer un enseignement. Tout d'abord, le rire, parce qu'il est plaisant, semble particulièrement efficace. Toutefois, selon

> **Gagnez des points**
> Soignez l'amorce en proposant une contextualisation du sujet.

le public, les discours plus sérieux peuvent être préférables. Finalement, il convient, pour transmettre un savoir, de trouver une juste mesure entre rire et sérieux.

I. Le rire semble un moyen efficace pour transmettre un savoir

A. Il tourne en dérision et ainsi condamne un individu, une situation ou une institution

Tout d'abord, le rire apparaît comme un moyen particulièrement efficace pour critiquer et ainsi remettre en question la société. En effet, le rire permet de tourner en dérision des comportements ou des institutions et ainsi de délivrer une leçon au lecteur. En se moquant, le rire retire toute crédibilité et invite alors à voir le monde autrement. C'est le sort que subit Janotus de Braquemardo, docteur de théologie à la Sorbonne. Dans un premier temps, l'**onomastique** le ridiculise puisque Janotus désigne un personnage sot et « bragmarder » signifie paillarder. À cela s'ajoute un surnom peu valorisant puisqu'il est nommé le « tousseux ». De plus, sa harangue rapportée au discours direct, est ridicule. Il emploie un jargon scolaire et sa démonstration est vide de sens, comme lorsqu'il dit au chapitre 19 : « Toute cloche clochable clochant dans le clocher, en clochant fait clocher par le clochatif ceux qui clochent clochablement. Le Parisien a des cloches. Donc : et toc ! ». Enfin, la réaction de Ponocrates et Eudémon qui « éclatèrent de rire » finit de dresser un portrait risible et ridicule du sophiste et plus généralement de l'institution même de la Sorbonne à laquelle appartiennent sophistes et théologiens. Le rire, sous toutes ses formes, permet ainsi une critique sévère des institutions.

> **L'astuce du prof**
> Au brouillon, ne bâclez pas vos titres. Rédigez de véritables arguments.

> L'**onomastique** est l'étude des noms propres.

B. Le rire rabelaisien est tellement exagéré qu'il ne laisse aucune place au doute concernant l'enseignement à recevoir

De plus, le rire, parce qu'il repose chez Rabelais sur l'exagération, ne laisse aucun doute dans l'esprit du lecteur quant à la satire. Le rire apparaît efficace pour délivrer un savoir parce qu'il est univoque. Face à l'ampleur des situations grotesques dans *Gargantua*, le lecteur ne peut que rire au dépend de ceux qui sont critiqués. De ce fait, lorsque Ponocrates étudie les habitudes de Gargantua qui sont le résultat de l'éducation transmise par ses « anciens précepteurs », le comique de farce, les accumulations et les exagérations condamnent avec virulence la Sorbonne. En effet, au chapitre 21, on apprend que Gargantua « chiait, pissait, crachait, rotait, éternuait et se mouchait abondamment ». D'autre part, il justifie son appétit gargantuesque par le modèle de ses maîtres : « Mes premiers maîtres m'y ont habitué, disant que bon déjeuner donne bonne mémoire : c'est pourquoi ils y buvaient les premiers ». Le rire rabelaisien ne laisse aucune échappatoire à sa cible, et en cela il est particulièrement efficace et redoutable.

Ainsi, le rire semble être efficace pour transmettre un savoir en ce qu'il permet de tourner en dérision des individus, des situations ou encore des institutions sans laisser de doute sur le message à transmettre. Toutefois, le rire permet la critique alors qu'un discours sérieux construit un nouveau savoir. En cela, un ton plus neutre peut être parfois préférable.

> **Gagnez des points**
> N'oubliez pas la transition entre les grandes parties.

II. Mais des discours plus sérieux sont parfois préférables

A. Le discours sérieux est plus objectif alors que le rire est subjectif

Le rire, pour fonctionner, nécessite une adhésion de la part du lecteur tandis qu'un discours sérieux sera reçu plus universellement. En effet, le rire est subjectif et dépend bien souvent d'une époque. On ne rit pas tous des mêmes situations. De ce fait, ce qui amusait le lecteur du XVIe siècle risque de ne pas divertir celui du XXIe siècle. *A contrario*, le discours que Gargantua adresse aux vaincus au chapitre 50 revêt une dimension universelle en ce qu'il défend la paix et la bienveillance à l'égard d'autrui mais aussi de ses ennemis. Par la même occasion, il témoigne de ses progrès et de l'efficacité de l'éducation humaniste qu'il a reçue aux côtés de Ponocrates. On pourra relever à ce titre l'organisation rhétorique de son propos qui tient compte de son auditoire et qui s'appuie sur les figures de Moïse ou Jules César en guise d'exemples. Par la qualité de son discours, Gargantua montre que l'éducation améliore l'homme et qu'elle favorise la recherche de la paix. Ces paroles ne peuvent qu'encourager à suivre son exemple.

B. Le rire rabelaisien, parce qu'il repose sur le gigantisme, risque de lasser son lecteur

Le rire présent dans *Gargantua* est le résultat de la mise en scène de géants où tout est disproportionné. Les effets comiques reposent alors sur les exagérations comme le temps de gestation de Gargamelle (onze mois) ou la naissance de l'enfant par l'oreille. Mais à cela s'ajoutent de nombreuses accumulations qui s'étendent sur plusieurs lignes comme c'est le cas au chapitre 13 avec l'énumération farcesque : « Chiard,/ Foirard,/ Pétard,/ Breneux […] ». On retrouve à nouveau ce procédé par la multiplication des **blasphèmes** au chapitre 17 ou avec l'énumération des jeux au chapitre 22. Ces listes qui s'étendent sur plusieurs lignes voire pages risquent de lasser un lecteur éloigné de la culture carnavalesque propre à cette époque. De ce fait, le pouvoir du rire semble ainsi réduit et un ton plus neutre offre finalement des pauses salutaires au sein d'un livre qui multiplie les obscénités.

> **Gagnez des points**
> Des citations précises permettront d'enrichir votre devoir. Pensez à les intégrer à votre argumentation.

> Un **blasphème** est un discours outrageant à l'égard de la religion.

Ainsi, le rire étant subjectif, il risque de ne pas fonctionner si le lecteur n'adhère pas à ce qu'il lit. De ce fait, un discours plus sérieux apparaît davantage universel car il peut être reçu par tous. De plus, il permet aussi au lecteur de ne pas dépendre complètement du rire rabelaisien qui est le fruit d'une culture carnavalesque propre à une époque. Finalement, pour être efficace, il semble falloir trouver une juste mesure entre rire et sérieux.

III. Une juste mesure entre rire et sérieux

A. Le rire divertit et facilite ainsi la lecture de l'oeuvre

Dans l'Antiquité, le poète latin Horace défendait l'idée que le divertissement favoriserait l'enseignement. Ainsi, le rire aurait pour fonction principale de divertir le lecteur afin de lui donner envie de lire l'œuvre et ainsi lui permettre « par une lecture attentive et une méditation assidue, [de] rompre l'os et [de] sucer la substantifique moelle » (Prologue). Le rire sert alors une apparence plaisante qui inciterait le lecteur à rechercher l'enseignement plus sérieux qui se trouve au sein du texte.

> **Gagnez des points**
> Des références à d'autres auteurs seront un atout dans votre copie.

B. Alors que le rire attaque, le sérieux défend

De plus, rire et sérieux semblent se compléter. En effet, alors que le rire attaque, un discours sérieux peut défendre. On constate ce mouvement de bascule dans l'œuvre où la satire est suivie par un ton moins moqueur afin de délivrer le modèle à suivre. Cela apparaît dans les chapitres consacrés à l'éducation de Gargantua. Alors que l'éducation délivrée par Thubal Holoferne et Jobelin Bridé est tournée en dérision, celle donnée par Ponocrates est au contraire valorisée. Le rire laissant alors place à un ton plus neutre, le narrateur revient sur les principes de l'éducation humaniste qui est présentée comme positive. Aussi remarque-t-on que les deux pans se complètent. Le rire détruit des préjugés pour mieux reconstruire ensuite un nouvel idéal.

Conclusion

Ainsi, le rire revêt des atouts lorsqu'il s'agit de transmettre un enseignement. En effet, il permet de tourner en dérision une institution afin d'en montrer les travers et, parce qu'il exagère, n'offre aucun sursis possible à ses victimes. Toutefois, pour que cela fonctionne, le lecteur doit accepter d'être le complice du narrateur, autrement le rire n'opère pas. De ce fait, un discours plus sérieux permettrait de s'adresser à un plus grand nombre de lecteur. Finalement, le moyen le plus efficace pour délivrer une leçon consiste en l'association du rire et d'un ton plus sérieux. Alors que le rire divertit, le sérieux apporterait un contrepoint permettant de valoriser les idéaux humanistes. Cette association sera d'ailleurs reprise par La Fontaine au XVIIe siècle. Convaincu que le plaisir du récit favorise la réception de l'enseignement moral, il fera de ses fables un outil au service de l'éducation de tous.

L'astuce du prof

Afin d'éviter les généralités en ouverture, proposez un prolongement en évoquant un autre auteur en lien avec le parcours.

Chapitre 8

L'épreuve orale du bac

FICHE 1

Les modalités et le déroulement de l'épreuve orale au bac

1 Les modalités de l'épreuve

1. Généralités

- **Coefficient** : 5 à l'oral, comme à l'écrit.
- **Programme** : les objets d'étude de la classe de Première.
- **Durée de l'épreuve** : **30 minutes** de préparation et **20 minutes** de présentation.
- **Documents à fournir** : convocation ; pièce d'identité ; en double, récapitulatif des lectures signées par le professeur, textes et œuvres mentionnés sur le récapitulatif.

2. Le récapitulatif des lectures et activités

- Il indique les œuvres et textes, imposés ou non par le programme, étudiés durant l'année de Première, de façon détaillée ou cursive.
- Pour le baccalauréat général, au moins **16 textes** : 4 minimum par objet d'étude, dont 3 extraits minimum pour chaque œuvre et 1 extrait pour le parcours associé.
- Pour le baccalauréat technologique, au moins **12 textes :** 3 par objet d'étude, dont 2 extraits minimum pour chaque œuvre et 1 extrait pour le parcours associé.
- S'y ajoute une œuvre de votre choix parmi celles étudiées en classe ou proposées en lecture cursive obligatoire par l'enseignant.

3. Le déroulement de l'épreuve, en deux temps après la préparation

- **Première partie de l'épreuve** (12 minutes, 12 points) : l'examinateur vous fournit un **bordereau** qui présente le texte choisi dans le récapitulatif que vous devrez expliquer et une question de grammaire sur cet extrait. Vous devrez **situer** le texte dans l'œuvre ou le parcours associé, puis en faire une **lecture** à voix haute (2 points). Vous proposerez ensuite une **explication linéaire** du passage en question (8 points). Enfin, vous répondrez à la **question de grammaire** portant sur un point syntaxique du texte (2 points).
- **Seconde partie de l'épreuve** (8 minutes, 8 points) : vous devrez tout d'abord **présenter** de façon originale l'œuvre que vous avez choisie et **expliquer** les raisons de votre choix. Cette présentation est suivie d'un **entretien** : l'examinateur, sans revenir sur la première partie de l'épreuve, vous relance en s'appuyant sur votre exposé afin d'évaluer vos capacités à dialoguer, nuancer et étoffer votre réflexion, ou encore défendre votre point de vue.

2 L'épreuve : le temps de préparation (30 minutes)

- **Déroulez au brouillon les grandes étapes** de votre explication sans rédiger de phrases complètes. Soulignez dans le texte les procédés, les exemples à citer et à analyser.
- **Notez de lire le texte** pour être sûr de ne pas l'oublier.
- **Mobilisez** vos connaissances et prenez quelques notes rapides pour **présenter l'œuvre** de votre choix au début de la seconde partie de l'épreuve.

POUR ALLER PLUS LOIN

L'ÉPREUVE ORALE

> Les étapes et attentes de l'examinateur

<table>
<tr><th>LES ÉTAPES</th><th colspan="2">LES ATTENTES</th></tr>
<tr><td colspan="3">La première partie de l'épreuve – 12 minutes (notée sur 12)</td></tr>
<tr><td>L'explication du texte issu d'une œuvre intégrale ou d'un parcours imposés
(introduction : présentation du texte, problématique ; développement structuré par le mouvement du texte ; conclusion : réponse synthétique à la problématique, élargissement facultatif)</td><td colspan="2">– Maîtriser parfaitement le sens littéral du texte
– Savoir en analyser la visée, les enjeux
– Connaître le vocabulaire, les principaux procédés littéraires et les éventuelles références culturelles
– Savoir replacer le texte dans un ensemble plus large (œuvre intégrale ou groupement de textes)</td></tr>
<tr><td>La lecture</td><td colspan="2">La lecture du texte est obligatoire, et l'objet d'une évaluation particulière : elle se fait après la présentation du texte. Elle doit être sensible, expressive, théâtralisée.</td></tr>
<tr><td rowspan="2">La question de grammaire (2 minutes) porte essentiellement sur la syntaxe du texte expliqué : vous devez parfaitement connaître le programme de 2de et de 1re</td><td>Le programme de Seconde :
– Les accords : dans le GN, entre le sujet et le verbe
– Le verbe : valeurs temporelles, aspectuelles et modales ; concordance des temps
– Les relations au sein de la phrase complexe
– La syntaxe des propositions subordonnées relatives</td><td>Le programme de Première :
– Les subordonnées conjonctives circonstancielles
– L'interrogation : syntaxe, sémantique et pragmatique
– L'expression de la négation</td></tr>
<tr><td colspan="2">Lexique : modes de néologie
Relations lexicales : rappels et rencontres dans les textes</td></tr>
<tr><td colspan="3">La deuxième partie de l'épreuve – 8 minutes (notée sur 8)</td></tr>
<tr><td>La présentation de l'œuvre choisie</td><td colspan="2">Vous avez trois minutes au plus pour convaincre et persuader ! La présentation doit être originale, à la fois nourrie par les impressions de lecture, la qualité de l'analyse littéraire et la solidité des connaissances.</td></tr>
<tr><td>L'entretien</td><td colspan="2">Pendant cinq ou six minutes, vous devez être réactif aux questions portant seulement sur votre présentation, faire valoir votre sensibilité, votre sens critique, votre capacité à défendre votre point de vue, et aussi à reconnaître et corriger vos erreurs.</td></tr>
</table>

FICHE 2

Se préparer et s'entraîner à l'oral du bac

1 Comment se préparer ?

1. Lisez et relisez, écrivez, remplissez votre carnet de lecture

- Pour entrer dans les œuvres et accompagner votre lecture, exploitez les versions audio, les adaptations théâtrales, cinématographiques, artistiques, en BD.
- Exprimez dans votre **carnet de lecture**, vos impressions immédiates (émotions, liens avec d'autres livres ou œuvres), votre réflexion et vos analyses, illustrés de citations. Envisagez des anthologies, critiques, préfaces, pastiches.

2. Pour réviser

- Pour les **textes** que vous présenterez, composez des **fiches** claires, synthétiques et efficaces : notez bien les références du texte (auteur, titre, date), les éléments cruciaux – forme et fond – au fil du texte avec les principales citations analysées. Pour l'introduction et la conclusion, inscrivez les éléments essentiels qui peuvent vous servir, sans rédiger.
- Composez également des **fiches de synthèse** sur les œuvres intégrales (biographie de l'auteur, date de publication, contexte, intrigue, thématiques, parcours, procédés marquants) ; les mouvements littéraires et les notions étudiés.
- Procédez de la même façon pour les fiches de **grammaire**, sur les notions à maîtriser en Seconde et en Première. Ne faites aucune « impasse » !
- Composez vos fiches régulièrement, tout au long de l'année, **enregistrez-les**, et apprenez-les **au fur et à mesure**. La mémoire sature vite si on essaye, juste avant une épreuve, d'apprendre une vingtaine d'explications ou de points de grammaire en quelques jours !

2 Comment choisir l'œuvre intégrale et s'entraîner ?

1. Choisissez l'œuvre intégrale

- Évitez celles imposées par le programme : l'examinateur les connaît par cœur. Il préfèrera vous entendre sur une lecture cursive que vous lui ferez découvrir.
- Votre présentation doit être originale et personnalisée. Proscrivez celle de fiches stéréotypées, et les développements biographiques superflus.

2. Entraînez-vous régulièrement

- Exercez-vous à maîtriser le temps de préparation : 30 minutes, c'est court pour résoudre la question de grammaire, organiser l'explication de texte, présenter votre lecture intégrale et envisager le contenu de l'entretien.

> Exercez-vous à lire les textes à haute voix pour être à l'aise le jour de l'oral.

- Entraînez-vous devant quelqu'un, **en temps limité**, dans des conditions les plus proches de celles de l'examen.

POUR ALLER PLUS LOIN

LA DEUXIÈME PARTIE DE L'ÉPREUVE ORALE

> Présenter l'œuvre intégrale : exemple de *Lambeaux* (1995) de Charles Juliet

1. Bien la choisir : ne pas hésiter à promouvoir l'originalité dans la sélection des lectures cursives imposées par le professeur. Parfois l'examinateur interroge toute une classe. Il sera très vite lassé par la répétition de discours semblables sur l'œuvre la plus choisie.

2. Bien la présenter : envisager la présentation plutôt comme un article journalistique.

3. Bien commencer : une accroche (ou citation)

« Tous les hommes portent en eux les larmes de leur mère, rares sont ceux qui ont la chance de pouvoir en faire un livre qui les délivrera un peu. » Ce « livre », c'est Lambeaux, *récit biographique et autobiographique de Charles Juliet paru en 1995. Je l'ai choisi car il m'a profondément questionnée, émue.*

4. Soutenir l'intérêt : organiser les idées, multiplier les citations, varier les tons.

En effet…, c'est pourquoi…, etc.

5. Bien terminer : une synthèse, une chute.

Charles Juliet nous offre ainsi un livre à effet thérapeutique. Mais surtout, grâce à une écriture riche, sensible, simple et élaborée à la fois, mêlant prose romanesque et poème en vers libres, il édifie pour ses deux mères un « tombeau » littéraire délicat, rempli de poésie et de pure émotion qui nous bouscule encore aujourd'hui.

> Quelques questions possibles à l'entretien

– Avez-vous trouvé facile d'entrer dans la lecture ? Qu'est-ce qui vous y a aidé ?

– Voyez-vous un rapport avec le parcours associé ?

– Pourquoi ce titre ? Pourriez-vous en imaginer un autre ?

– Qu'a provoqué chez vous la lecture de cette œuvre ? Pourquoi ? Grâce à quelles tonalités ?

– Les personnages sont-ils attachants, des héros, des êtres médiocres ?

– Que pensez-vous de la fin ? Avez-vous eu envie d'en imaginer une autre ?

– En quoi cette œuvre peut-elle encore intéresser un lecteur contemporain ?

– Éditeur, qu'auriez-vous envie de proposer comme illustration pour la première de couverture ?

– À quelle musique, à quelle œuvre d'art auriez-vous envie d'associer l'œuvre ?

APPRENDRE AUTREMENT

S'informer grâce à la FAQ du site de l'académie de Montpellier

Site

Révision Express

> Préparer l'épreuve orale du bac tout au long de l'année

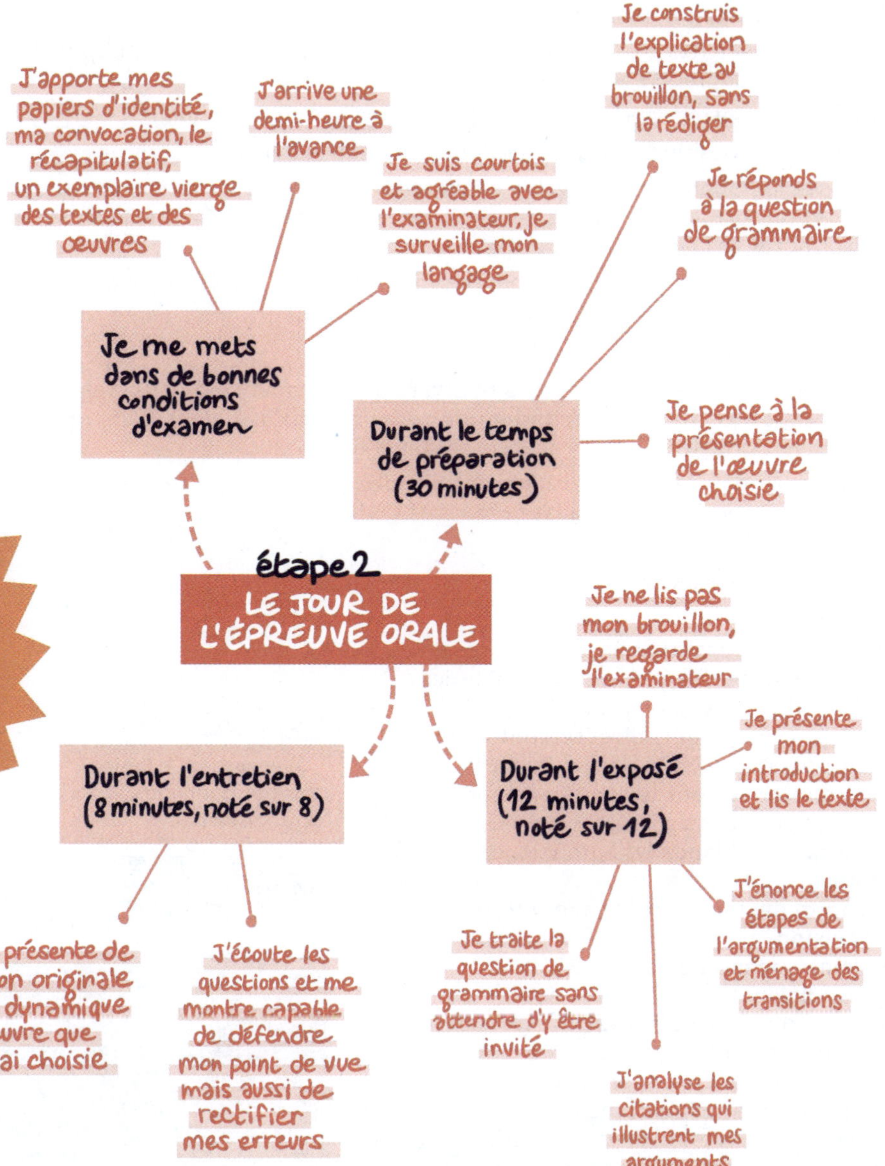
étape 2
LE JOUR DE L'ÉPREUVE ORALE
Je me mets dans de bonnes conditions d'examen
J'apporte mes papiers d'identité, ma convocation, le récapitulatif, un exemplaire vierge des textes et des oeuvres
J'arrive une demi-heure à l'avance
Je suis courtois et agréable avec l'examinateur, je surveille mon langage
Durant le temps de préparation (30 minutes)
Je construis l'explication de texte au brouillon, sans la rédiger
Je réponds à la question de grammaire
Je pense à la présentation de l'œuvre choisie
Durant l'exposé (12 minutes, noté sur 12)
Je ne lis pas mon brouillon, je regarde l'examinateur
Je présente mon introduction et lis le texte
J'énonce les étapes de l'argumentation et ménage des transitions
J'analyse les citations qui illustrent mes arguments
Je traite la question de grammaire sans attendre d'y être invité
Durant l'entretien (8 minutes, noté sur 8)
Je présente de façon originale et dynamique l'oeuvre que j'ai choisie
J'écoute les questions et me montre capable de défendre mon point de vue mais aussi de rectifier mes erreurs

Préparer une fiche de révision

LES RÉFLEXES À AVOIR

- Reprenez soigneusement, en les relisant et en les surlignant, le texte qui a été expliqué, vos notes, le cours.
- Composez des fiches très lisibles, manuscrites ou tapuscrites, en utilisant des couleurs, une typographie aérée.
- Détaillez votre introduction : présentation du texte, problématique.
- Précisez la composition du texte, ses différents mouvements.
- Organisez logiquement dans votre explication linéaire les idées, observations, interprétations d'après les mouvements du texte, grâce au travail préalable sur le texte, vos notes, le cours.
- Soignez la conclusion, surtout la réponse synthétique à la problématique.

LES PIÈGES À ÉVITER

- Une explication linéaire n'est pas la relecture puis le commentaire de fragments juxtaposés du texte : elle répond à une organisation des idées dans chaque mouvement du texte même si l'analyse en suit le fil.
- L'élargissement de la conclusion n'est pas obligatoire. Il peut même devenir pénalisant s'il consiste en une platitude.

LES ASTUCES DU PROF

- Pour pouvoir constituer ensuite le corps de la fiche, visualisez les éléments saillants – les « indices de la scène du crime » (Voir p. 180) du texte à expliquer, directement sur la photocopie en utilisant des surligneurs, en entourant, encadrant les mots porteurs de sens et les procédés significatifs, en exploitant les marges, les blancs typographiques pour annoter.
- Rangez de façon ordonnée vos fiches de révision, manuscrites sur bristol, ou imprimées, dans un classeur que vous rendrez le plus souvent accessible pour des révisions improvisées. Enregistrez-les sur votre téléphone portable.
- Lisez, écoutez, récitez en marchant : cela mobilisera vos capacités de mémoire aussi bien auditive que visuelle que kinesthésique (liée à la sensation de mouvement des parties du corps).

APPRENDRE AUTREMENT

Télécharger un logiciel gratuit pour vous enregistrer

Appli

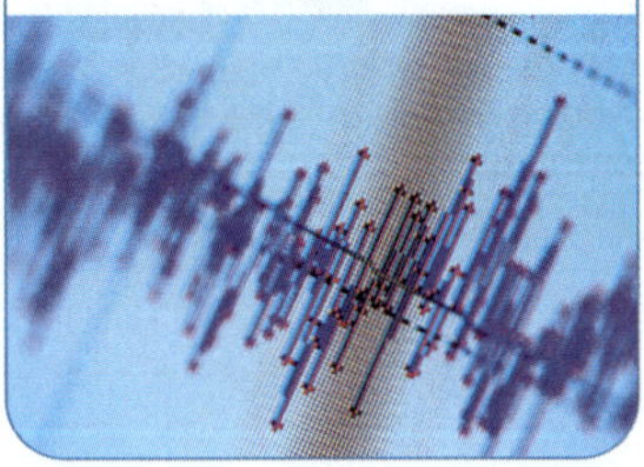

EXEMPLE

> Annoter un texte pour en faciliter l'analyse et la constitution d'une fiche

Jean reçoit un héritage inattendu, celui de Léon Maréchal, ancien ami de la famille Roland. Son frère Pierre ressent de l'étonnement et de la jalousie, avant d'éprouver des doutes : sa mère aurait-elle trompé son mari et mis au monde un enfant illégitime ?

[[Certes, elle avait pu aimer, comme une autre ! Car pourquoi serait-elle différente d'une autre, bien qu'elle fût sa mère ?

((Elle avait été jeune, avec toutes les défaillances poétiques qui troublent le cœur des jeunes êtres ! Enfermée, emprisonnée dans la boutique à côté d'un mari vulgaire et parlant toujours commerce, elle avait rêvé de clairs de lune, de voyages, de baisers donnés dans l'ombre des soirs. Et puis un homme, un jour, était entré comme entrent les amoureux dans les livres, et il avait parlé comme eux.

Elle l'avait aimé.)) Pourquoi pas ? C'était sa mère ! Eh bien ! Fallait-il être aveugle et stupide au point de rejeter l'évidence parce qu'il s'agissait de sa mère ?

S'était-elle donnée ?... Mais oui, puisque cet homme n'avait pas eu d'autre amie ; – mais oui, puisqu'il était resté fidèle à la femme éloignée et vieillie, – mais oui, puisqu'il avait laissé toute sa fortune à son fils, à leur fils !]]

((Et Pierre se leva, frémissant d'une telle fureur qu'il eût voulu tuer quelqu'un ! Son bras tendu, sa main grande ouverte avaient envie de frapper, de meurtrir, de broyer, d'étrangler !)) [[Qui ? tout le monde, son père, son frère, le mort, sa mère !]]

Maupassant, *Pierre et Jean*, Chapitre IV, 1888

Repérages

– Le brouillage des types de discours : **[...]** encadre le monologue intérieur restitué au mode indirect libre qui repart après le récit. À l'intérieur s'inscrit un dialogue, le débat intérieur entre Pierre et « l'autre qui est en lui ». **(...)** encadre les récits, l'un à l'intérieur du monologue intérieur qui reconstitue l'idylle romantique vécue entre Louise Roland et Léon Maréchal pour aboutir à la conviction de l'adultère maternel, l'autre qui évoque la fureur de Pierre à cette prise de conscience après le monologue intérieur, qui reprend à sa suite.

– La montée de la tension dramatique : les énumérations qui deviennent accumulations, une ponctuation forte et expressive, la musicalité travaillée (assonances, *allitérations*).

Interprétation et conclusion de la fiche

Ainsi ce texte multiplie les centres d'intérêt.

– L'intérêt narratif : jeu subtil entre le monologue qui se mue en dialogue au style indirect libre et le récit imaginé par le personnage, installation d'une grande tension dramatique, associée à une musicalité particulièrement expressive: [e, ɛ, i...], [*f*, *v*...] .

– L'intérêt psychologique : portrait de Pierre, sa violence, ses sentiments œdipiens, en creux le portrait de sa mère, héroïne d'une romance topique peinte avec une ironie subtile.

– L'intérêt satirique : critique des mariages arrangés qui aboutissent au malheur, celui des femmes, surtout, dans une société patriarcale bourgeoise matérialiste.

Vocabulaire

Œdipien : d'après Freud, les garçons doivent résoudre le « complexe d'Œdipe », comprendre qu'ils ne peuvent tuer symboliquement le père pour épouser la mère.

Fiche test *Ce que je sais*

QCM

15 min

◯ À revoir
◯ Acquis

1 Cochez la bonne réponse.

1 L'épreuve orale porte sur :
- ◯ a. des textes et œuvres étudiés au cours de l'année.
- ◯ b. des textes et œuvres imposés par l'examinateur.
- ◯ c. des textes et œuvres étudiés en Seconde.

2 Si on compte le temps de préparation et le temps de passage, l'épreuve orale dure environ :
- ◯ a. 40 minutes.
- ◯ b. 50 minutes.
- ◯ c. 20 minutes.

3 Pendant le temps de préparation, il est conseillé de :
- ◯ a. rédiger l'ensemble de la présentation.
- ◯ b. marquer au brouillon les grandes étapes et annoter le texte.
- ◯ c. se préparer à réciter la biographie de l'auteur.

4 L'explication de texte et l'entretien :
- ◯ a. occupent chacun 12 minutes du temps de l'épreuve.
- ◯ b. durent chacun 5 minutes et valent chacun la moitié de la note.
- ◯ c. occupent 12 et 8 minutes du temps de l'épreuve.

5 La question de grammaire porte :
- ◯ a. sur n'importe quelle notion à connaître depuis l'école primaire.
- ◯ b. sur le programme de Première.
- ◯ c. sur le programme de Seconde et de Première.

6 La question de grammaire interroge sur :
- ◯ a. un point de vocabulaire.
- ◯ b. un point de syntaxe.
- ◯ c. un point d'orthographe.

7 L'explication de texte :
- ◯ a. est linéaire.
- ◯ b. est composée.
- ◯ c. reformule le sens de l'extrait.

8 La lecture expressive de l'extrait est :
- ◯ a. indispensable.
- ◯ b. facultative.
- ◯ c. sans importance.

9 La conclusion de l'explication doit impérativement :
- ◯ a. répondre à la problématique.
- ◯ b. proposer un élargissement.
- ◯ c. introduire des éléments oubliés dans l'explication.

10 L'œuvre choisie pour la seconde partie de l'oral :
- ◯ a. est imposée par le programme.
- ◯ b. est librement choisie par l'élève.
- ◯ c. est choisie par l'élève dans une sélection imposée par le professeur.

11 Votre présentation de l'œuvre choisie doit proposer :
- ◯ a. une fiche scolaire.
- ◯ b. la biographie de l'auteur.
- ◯ c. une appréciation personnelle, sensible.

12 Pour guider l'entretien, l'examinateur s'appuie sur :
- ◯ a. les indications données par l'élève sur le travail de l'année.
- ◯ b. le récapitulatif du travail de l'année conçu par le professeur et complété par l'élève.
- ◯ c. le cahier de textes mis en ligne par le professeur.

13 Durant l'entretien, l'examinateur pose des questions :
- ◯ a. uniquement sur le texte expliqué.
- ◯ b. uniquement sur les œuvres intégrales imposées.
- ◯ c. uniquement sur l'œuvre que l'élève a choisi de présenter.

14 Votre attitude durant l'entretien :
- ◯ a. est finement réactive.
- ◯ b. soumise aux questions de l'examinateur.
- ◯ c. bavarde et impétueuse.

15 À l'issue de l'entretien :
- ◯ a. vous demandez votre note.
- ◯ b. vous disparaissez.
- ◯ c. vous restez présent(e), ouvert(e) et courtois(e) jusqu'aux salutations finales.

SCORE : ____ / 15

EXERCICES D'ENTRAÎNEMENT

Les exercices portent sur le texte de Maupassant, extrait de Pierre et Jean (Voir p. 231).

2 Faites émerger sur votre fiche de révision une problématique susceptible de guider l'analyse du texte.

3 Faites apparaître la composition, la succession des mouvements que vous avez dégagées du texte (à distinguer du plan du commentaire)

VERS LE BAC

Molière, *Dom Juan*, Acte V, scène 2 (1665)

Conformément aux Instructions officielles du BO, l'examinateur/trice peut ne vous proposer que 20 lignes du texte choisi pour l'épreuve même si votre récapitulatif présente des extraits plus longs. Adaptez-vous, ne rédigez pas, utilisez abréviations, code couleurs sur votre brouillon, et sur la photocopie de texte à expliquer..

Texte **Molière, *Dom Juan* (1665).**

SGANARELLE

Quoi ! vous ne croyez rien du tout, et vous voulez cependant vous ériger en homme de bien ?

DON JUAN

Et pourquoi non ? il y en a tant d'autres comme moi, qui se mêlent de ce métier, et qui se servent du même masque, pour abuser le monde !

SGANARELLE

Ah ! quel homme ! quel homme !

DON JUAN

Il n'y a plus de honte maintenant à cela ; l'hypocrisie est un vice à la mode, et tous les vices à la mode passent pour vertus. Le personnage d'homme de bien est le meilleur de tous les personnages qu'on puisse jouer. Aujourd'hui, la profession d'hypocrite a de merveilleux avantages. C'est un art de qui l'imposture est toujours respectée ; et, quoiqu'on la découvre, on n'ose rien dire contre elle. Tous les autres vices des hommes sont exposés à la censure, et chacun a la liberté de les attaquer hautement ; mais l'hypocrisie est un vice privilégié qui, de sa main, ferme la bouche à tout le monde, et jouit en repos d'une impunité souveraine. On lie, à force de grimaces, une société étroite avec tous les gens du parti. Qui en choque un, se les attire tous sur les bras ; et ceux que l'on sait même agir de bonne foi là-dessus, et que chacun connaît pour être véritablement touchés, ceux-là, dis-je, sont toujours les dupes des autres ; ils donnent bonnement dans le panneau des grimaciers, et appuient aveuglément les singes de leurs actions. Combien crois-tu que j'en connaisse qui, par ce stratagème, ont rhabillé adroitement les désordres de leur jeunesse, qui se font un bouclier du manteau de la religion, et, sous cet habit respecté, ont la permission d'être les plus méchants hommes du monde ? On a beau savoir leurs intrigues, et les connaître pour ce qu'ils sont, ils ne laissent pas pour cela d'être en crédit parmi les gens ; et quelque baissement de tête, un soupir mortifié, et deux roulements d'yeux, rajustent dans le monde tout ce qu'ils peuvent faire. C'est sous cet abri favorable que je veux me sauver, et mettre en sûreté mes affaires. Je ne quitterai point mes douces habitudes ; mais j'aurai soin de me cacher, et me divertirai à petit bruit. Que si je viens à être découvert, je verrai, sans me remuer, prendre mes intérêts à toute la cabale, et je serai défendu par elle envers et contre tous. Enfin, c'est là le vrai moyen de faire impunément tout ce que je voudrai. Je m'érigerai en censeur des actions d'autrui, jugerai mal de tout le monde, et n'aurai bonne opinion que de moi. Dès qu'une fois on m'aura choqué tant soit peu, je ne pardonnerai jamais, et garderai tout doucement une haine irréconciliable. Je ferai le vengeur des intérêts du ciel ; et, sous ce prétexte commode, je pousserai mes ennemis, je les accuserai d'impiété, et saurai déchaîner contre eux des zélés indiscrets, qui, sans connaissance de cause, crieront en public contre eux, qui les accableront d'injures, et les damneront hautement de leur autorité privée. C'est ainsi qu'il faut profiter des faiblesses des hommes, et qu'un sage esprit s'accommode aux vices de son siècle.

SGANARELLE

Ô ciel ! qu'entends-je ici ? Il ne vous manquait plus que d'être hypocrite, pour vous achever de tout point, et voilà le comble des abominations.

Corrigés

Fiche test Ce que je sais

1 **1. a.** Le texte est choisi d'après votre récupitulatif.

2. b. Vous avez 30 min de préparation et 20 min de présentation.

3. b. Il est impossible dans le temps imparti de rédiger l'ensemble de la prestation.

4. c.

5. c.

6. b. Révisez la grammaire dans la Partie 4 (Voir p. 239).

7. a. Même linéraire, l'explication devient une argumentation structurée par les mouvements du texte.

8. a. D'emblée, elle prédispose favorablement l'examinateur ; elle est notée sur 2 points.

9. a. Proscrivez l'élargissement peu pertinent.

10. c. Généralement dans les huit œuvres lues durant l'année de Première.

11. c. Expliquez en quoi votre choix est personnel et original (Voir p. 227).

12. b. L'élève y inscrit notamment le titre et les références de l'œuvre qu'il a choisi de présenter.

13. c. L'examinateur n'est pas censé revenir sur l'explication de texte même si elle aurait mérité des éclaircissements ou des rectifications.

14. a. N'hésitez pas à aller au-devant des questions et à développer vos réponses, en citant par exemple des passages intéressants de l'œuvre.

15. c. L'examinateur doit rester neutre et n'est pas autorisé, même s'il le voulait, à communiquer ses impressions, *a fortiori* sa note sur la prestation.

EXERCICES D'ENTRAÎNEMENT

2 Comment, dans cet extrait marqué par la tension dramatique et la poésie, l'alternance du monologue intérieur et du récit montre l'art du romancier et sa visée critique ?

3 Deux mouvements :

- Premier mouvement : du début jusqu'à « leur fils », monologue intérieur de Pierre
  – Première sous-partie → 2e paragraphe
  Pierre reconstitue dans un récit imaginaire l'idylle entre sa mère et Maréchal ; il reconnaît en elle l'éveil du sentiment amoureux né du contraste entre ses rêves amoureux, sous le signe du romanesque et du romantisme, et la réalité, triste et vulgaire.
  – Deuxième sous-partie :
  Débat, dialogue intérieur qui précipite la conviction de l'adultère maternel et de sa grossesse illégitime, jusqu'à cet héritage.

- Deuxième mouvement : dernier paragraphe

Reprise du récit puis du monologue intérieur insistant sur la fureur de Pierre et ses envies de meurtre.

VERS LE BAC

Introduction

Dans la scène précédente de *Dom Juan* (1665) de Molière, le personnage éponyme, libertin provocateur, séducteur impénitent, a reçu très dévotement son père et lui a fait croire qu'il allait s'amender. Mais aussitôt après, il détrompe son inséparable valet, le crédule Sganarelle, qui remerciait déjà le ciel de cette conversion. L'extrait de la deuxième scène de l'acte II nous présente, entouré des répliques de Sganarelle, une tirade très rhétorique – et polémique, satirique - que Don Juan tient sur les « vertus » de l'hypocrisie.

Nous verrons comment ce discours est aussi l'occasion pour Molière de stigmatiser les faux **dévots** dont il a eu à se plaindre à propos de *Tartuffe*, la pièce écrite juste avant *Dom Juan*, qui a déchaîné la « cabale des dévots ».

Utilisez des abréviations sur votre brouillon, par exemple DJ = Don Juan, S. = Sganarelle

Vocabulaire

Dévot : pieux, plein de zèle dans ses pratiques religieuses.

Composition

Bref échange de répliques entre Don Juan et Sganarelle (partie 1), qui introduit une longue tirade de Don Juan (partie 2), suivi d'une réplique du valet, ici coupée (partie 3).

La **tirade** peut être découpée en 3 mouvements :

1. De « Il n'y a plus de honte » jusqu'à « tout ce qu'ils peuvent faire » : développement général sur l'hypocrisie dans la société contemporaine de Molière.
2. De « c'est sous cet abri favorable » jusqu'à « autorité privée » : l'usage particulier que Don Juan compte faire de ce « vice à la mode ».
3. De « c'est ainsi » jusqu'à « vices de son siècle », dernière phase : **péroraison**.

Donc, composition très **rhétorique** qui part du général pour aboutir au particulier, et qui clôt le discours par une **péroraison**.

Vocabulaire

Péroraison : conclusion éloquente d'un discours.

Rhétorique : style éloquent, emphatique et déclamatoire qui utilise des procédés, moyens oratoires (figures de style, musicalité) pour persuader.

Analyse linéaire (sous la forme de notes très détaillées, à condenser dans le cadre de l'interrogation orale)

Première partie : Bref échange de répliques entre Don Juan et Sganarelle

Première réplique de Sganarelle doublement interrogative, marquée par son étonnement naïf, comique à deux niveaux.

Familiarité du ton : c'est un valet qui parle. Opposition entre la première partie de la phrase et la deuxième marquée par l'adverbe « cependant ».Sur le plan social et moral, chez les contemporains de Molière : « l'homme de bien » = l'homme qui croit en Dieu. Et qui l'exhibe. Sganarelle confond social et privé : les marques extérieures de la dévotion // la sincérité de la foi, ce que Don Juan contestera plus loin.

Réplique de Don Juan, aussi interrogative, légère et familière au départ : « Et pourquoi non ? ». Commence l'apologie de l'hypocrisie, dévoile son but : « pour abuser le monde ! », centrée d'abord sur l'importance de son « usage » : « il y en a **tant d'autres** comme moi ». « Qui se mêlent de ce **métier** » : image concrète qui présente l'hypocrisie, non comme un défaut inné, mais comme une attitude volontairement assumée ; « et qui se servent du même **masque** » celui de la piété > théâtre dans le théâtre. Étymologie

d'hypocrite : en grec hupokrites : acteur – il portait des masques sur scène. Phrase scandée par l'allitération en [m]) qui renforce la dimension rhétorique : « il y en a tant d'autres co**mm**e **m**oi, qui se **m**êlent de ce **m**étier, et qui se servent du **m**ê**m**e **m**asque, pour abuser le **m**onde ! »
Réplique exclamative comique de Sganarelle incapable d'argumenter, qui ne peut que répéter : « Ah ! quel homme ! quel homme ! ». Comique de caractères : contraste entre les deux personnages.

Deuxième partie : la tirade de Don Juan
Tirade de Don Juan, morceau de bravoure, très difficile à jouer pour maintenir l'attention du public. Sous le masque de Don Juan, c'est Molière qui a eu à souffrir de la « cabale des dévots » à propos de *Tartuffe*, qui prend polémiquement la parole.

Premier mouvement : développement général sur l'hypocrisie dans la société contemporaine de Molière.
Début ironique. Opposition entre présent et passé : « il n'y a plus », « maintenant ».Ton assuré, hyperbole dans les paradoxes affirmés. Relativisation ironique de la morale : « l'hypocrisie est un vice à la mode, et tous les vices à la mode passent pour vertus ». **>** Phrase marquée par rhétorique, jeux sonores : répétition (anadiplose), allitérations [v, s]. Syllogisme inversé : (majeure : « tous les vices à la mode passent pour vertus / mineure : or, « l'hypocrisie est un vice à la mode » / conclusion : donc, « il n'y a plus de honte maintenant à cela »). L'hypocrisie = celle des faux dévots. Molière, de mauvaise foi, feint, à travers son personnage, d'assimiler la vertu de la dévotion à son imitation mensongère. Opposition être / paraître ; essence / existence.

Vocabulaire

Relativisation : fait de considérer, réévaluer par rapport à autre chose.

Paradoxe : Affirmation surprenante qui va à l'encontre de l'opinion courante, des préjugés, idées reçues.

Syllogisme : raisonnement logique en trois étapes : on énonce deux propositions (les prémisses - majeure, mineure - dont on déduit une troisième : la conclusion.

Retour à la métaphore filée du théâtre après celle du « masque » : « personnage » 2 fois, « jouer » ; plus loin, « grimaces », « grimaciers », « singes », **>** caricature des gestes dévots. La « profession » d'hypocrite renvoie au « métier », devient « art » : pointe satirique. Toujours même sûreté du ton, hyperbole, présent de vérité générale, style gnomique qui n'admet pas de contradiction. DJ dénonce la supercherie, l'imposture de la société d'« aujourd'hui ».
d'« aujourd'hui » : caractère ancré dans le temps des usages et des jugements moraux.
Construction parallèle et antithétique : « **Tous** les autres vices des hommes sont exposés à la censure, **//** et **chacun** a la liberté de les attaquer hautement ; **mais** l'hypocrisie est un vice privilégié qui, de sa main, ferme la bouche à tout le monde » **>** Hypocrisie allégorisée, transformée en censeur despotique (allusion évidente à la censure exercée contre le théâtre en général et Tartuffe en particulier par la Compagnie du Saint-Sacrement) pour critiquer « l'impunité souveraine » de ceux qui la pratiquent, garantie par solidarité des faux dévots, « gens du parti », désignés par le pronom indéfini, « on » : « qui en choque **un**, **//** se les attire **tous** sur les bras ».

Vocabulaire

Style gnomique : sentencieux, qui exprime des vérités morales sous forme de proverbes ou de maximes souvent au présent de vérité générale.

Puis, Don Juan/Molière introduit une prudente différence entre vrais et faux dévots grotesquement évoqués (« grimaciers » néologisme burlesque, « singes »), mais critique la naïveté des premiers, « toujours les **dupes** des autres » : « ils donnent **bonnement dans le panneau** des grimaciers, et appuient **aveuglément** les singes de leurs actions ». Ample interrogation rhétorique périodique ensuite, qui s'adresse à S. : du général, on passe au particulier ; expérience personnelle du personnage qui évoque le « stratagème » fréquent des faux dévots pour se racheter une conduite après « les désordres de leur jeunesse » (le prince de Conti ?). Métaphore filée du vêtement les qui couvre et les déguise : « rhabiller », « manteau de la religion », « habit respecté ». Insistance sur leur habilité : « adroitement » ; « ont la permission » : ironie mordante, surtout avec le contraste qui suit, hyperbole avec le superlatif renforcé : « **les plus méchants hommes du monde** »
Poursuite de la critique de ceux qui se laissent duper par les « grimaces » des dévots caricaturés en quelques gestes : « quelque baissement de tête, un soupir mortifié, et deux roulements d'yeux » **>** jeu de scène grotesque qui donne à voir et à se moquer.

Deuxième mouvement - « c'est sous cet abri favorable » > « autorité privée » : l'usage particulier que Don Juan compte faire de ce « vice à la mode ».
Passage de la digression critique générale à l'usage que Don Juan, opportuniste, compte faire de « ce vice à la mode » et du « manteau de la religion ». Encore une image concrète de l'hypocrisie : « sous cet abri favorable ». Ambiguïté de l'expression : « je veux me **sauver** ». Les Chrétiens cherchent effectivement à se sauver du mal, désirent leur salut. Mais c'est le salut social, et non divin, que recherche Don Juan, **>** trivialité de l'expression coordonnée : « mettre en sûreté mes affaires ». Le libertin le reste clandestinement et devient Tartuffe : portrait satirique du parfait faux dévot ; application concrète de l'hypocrisie sociale, vocabulaire de la dissimulation : « Je ne quitterai point mes douces habitudes ; mais j'aurai soin de me cacher, et me d<u>i</u>vert<u>i</u>rai à pet<u>i</u>t bru<u>i</u>t », satire appuyée par la musicalité, asson. en [<u>i</u>].
Illustration personnelle de ce qui était dénoncé plus haut, et du pouvoir exorbitant de la cabale dans une proposition hypothétique potentielle : « **Que si <u>je</u> viens à être découvert** (participe passé polysémique, toujours thème implicite du vêtement), je verrai, sans me remuer, prendre mes intérêts à toute la cabale, et je serai défendu par elle envers et contre tous ».
Adverbe « enfin » prolonge l'argumentation autour des masques de DJ, qui jouera Tartuffe – avant la péroraison. Retour du thème de l'impunité : « c'est là le vrai moyen de faire **impunément** tout ce que je voudrai », lié à l'intolérance, l'intransigeance. Effets de contraste, jeu entre minoration et majoration de l'expression : « jugerai **mal** de tout le monde, **//** et n'aurai **bonne** opinion que de moi. Dès qu'une fois on m'aura **choqué** tant soit peu (minor.), **// je ne pardonnerai** jamais (major.) et garderai **tout doucement** (minor.) **//** une haine **irréconciliable** (major.) ». Emphase ironique avec rappel du jeu des masques : « Je ferai le (je jouerais le rôle du) vengeur des intérêts du ciel ».
Après le portrait en action du futur parfait faux dévot, explication de son utilité : « sous ce prétexte commode ». Structure ternaire avec crescendo rythmique, emphatique, + autre structure ternaire. Rhétorique dans micro structures, avec antithèses. Importance du regard social. Encore satire hyperbolique de l'orgueil, l'intransigeance, le fanatisme des dévots qui se laissent aveugler et qui crient avec les faux : « zélés indiscrets, qui, sans

connaissance de cause crieront en **public** contre eux (1), qui les accableront d'injures (2), et les damneront hautement de leur autorité **privée** (3).

Troisième mouvement - « c'est ainsi » > « vices de son siècle » : péroraison.
Conclusion à l'ampleur croissante, « pointe », marquée par un cynisme à l'emphase ironique + recherche musicale (allit. [s]. Style gnomique mais anti-morale exhibée : C'est ainsi qu'**il faut** profiter des **faiblesses des hommes**, et qu'un **sage esprit** s'accommode aux **vices** de son siècle ». Effondrement des valeurs morales au nom de la sagesse, détournée, subvertie.

Troisième partie : la réplique du valet
Réplique très comique du valet : Étonnement naïf, scandalisé de celui qui respecte les codes et les valeurs religieuses. Exclamation emphatique + interrogation rhétorique (« Ô ciel ! qu'entends-je ici ? »), critique hyperbolique (« Il **ne** vous manquait plus **que** d'être hypocrite, pour vous achever de tout point, et voilà le **comble des abominations** ») prêtées au valet qui closent grotesquement l'extrait.

Conclusion : dans le cadre étroit de la prestation orale, la réduire à la résolution synthétique de la problématique
Ainsi, Molière livre ici, avec une pause dans l'action, une scène peu dramatique où il laisse une place prépondérante à la parole et à une rhétorique particulièrement travaillée et persuasive. Il semble régler ses comptes à travers le personnage du libertin Don Juan en lui prêtant une peinture polémique et satirique de l'hypocrisie religieuse. Elle naît dans un monde où la religion intransigeante et les religieux intolérants sont tout-puissants. Elle revêt une importance sociologique dans cette France du XVIIe siècle où règnent le paraître et un regard social inquisiteur. Elle ne peut être « à la mode » que dans un pays et au moment où le social prime sur l'individu. Cette critique des faux dévots peut apparaître comme une vengeance de Molière, contre la compagnie du Saint-Sacrement, et du rôle qu'elle a joué dans la cabale des dévots envers *Tartuffe*.
De surcroît, cette scène apporte une nouvelle dimension à Don Juan, comme le souligne Sganarelle (« Il ne vous manquait plus que d'être... »). Le personnage fait preuve d'un opportunisme, d'un cynisme élégant et intelligent, qui emporte l'admiration, et il maintient son ambiguïté comme dans l'ensemble de la pièce. C'est ce qui en fait un mythe à valeur universelle, même si, comme le montre l'extrait, le personnage - et sa critique - sont enracinés dans leur temps, ce en quoi, dans cette pièce baroque, Molière est aussi un « classique ».

Partie 4

Étude de la langue

FICHE 1

L'expression de la cause

Les compléments circonstanciels indiquent les circonstances dans lesquelles se déroule l'action. Il existe plusieurs possibilités pour exprimer une même circonstance. Le complément circonstanciel de cause indique pourquoi, pour quelle raison s'effectue l'action exprimée par le verbe.

1 L'expression de la cause dans les indépendantes

- La relation causale peut être marquée par deux points : *Ne sors pas sans ton parapluie : il pleut.*
- Le lien logique peut être indiqué par la conjonction de coordination *car* ou un adverbe de liaison *en effet* au début de la proposition qui exprime la cause : *Ne sors pas sans ton parapluie car il pleut.*

2 La subordonnée circonstancielle de cause

- C'est une subordonnée conjonctive introduite par différentes conjonctions ou locutions conjonctives de subordination qui présentent des nuances de sens.

Vocabulaire
Elle est aussi appelée subordonnée causale.

CONJONCTION OU LOCUTION CONJONCTIVE	SENS	EXEMPLE
Parce que	La plus courante. La cause est considérée comme banale. Subordonnée placée après la principale.	*Il est allé voir le médecin parce qu'il était malade.*
Comme	Cause non connue. Subordonnée placée avant la principale.	*Comme elle est fatiguée, elle est restée couchée.*
Étant donné que, vu que	Pour les démonstrations avec des causes connues de tous. Subordonnée placée avant la principale.	*Étant donné qu'il a dix-huit ans, il sera déféré au parquet.*
D'autant que, surtout que	À l'oral.	*Ne viens pas, surtout que tu es malade.*
Puisque, du moment que, dès lors que	Pour argumenter ou se justifier en présentant une cause admise par tous.	*Puisque tu ne veux pas travailler, tu seras privé de sortie.*
Attendu que, considérant que	Langage juridique ou administratif.	*Attendu que le prévenu est mineur, il sera déféré au tribunal devant un juge pour mineurs.*
Sous prétexte que	Cause douteuse ou mensongère.	*Sous prétexte qu'elle est fatiguée, elle est restée couchée.*

CONJONCTION OU LOCUTION CONJONCTIVE	SENS	EXEMPLE
Non que	Si la cause attendue est écartée car non réelle, suivie par la cause réelle.	*Elle n'est pas venue à la réunion, non pas qu'elle soit malade mais parce qu'elle ne le voulait pas.*
Soit que… soit que	Cause incertaine ou indifférente.	*Elle est alitée soit qu'elle soit fatiguée, soit qu'elle n'ait pas envie de se lever.*

3 L'expression de la cause dans la phrase simple

PRÉPOSITION + NOM		
Préposition	**Sens**	**Exemple**
À cause de, pour, en raison de, du fait de, par	Cause neutre	*À cause de son absence, la réunion a été annulée.*
Grâce à	Cause positive	*Grâce à sa persévérance, il a réussi.*
Sous prétexte de	Cause douteuse	*Sous prétexte de maladie, il n'est pas venu.*
À force de	Répétition ou intensité	*À force de persévérance il a été promu.*
Faute de	Manque	*Faute de temps, il n'a pu venir.*

PRÉPOSITION + INFINITIF MÊME SUJET POUR LE VERBE ET L'INFINITIF	
De, pour, à force de, sous prétexte de	*Pars tôt pour ne pas être en retard !*

PARTICIPE PRÉSENT OU PASSÉ, GÉRONDIF	
Un même sujet pour les deux verbes	• *Fatiguée, elle est restée couchée.* • *Voulant éviter la réunion, il a prétexté une maladie.* • *En s'abstenant de répondre, elle a évité la polémique.*

EXERCICES

1 Relevez les différentes expressions qui expriment la cause et précisez leur nature.

CORRIGÉ p. 279

1. Fatiguée, elle n'est pas venue à la réunion.
2. Sous prétexte qu'il avait une extinction de voix, il n'a pas pris la parole.
3. En sautant les marches quatre à quatre, il s'est fait une entorse.
4. À force de travail, il a réussi à passer l'agrégation.
5. Grâce à la gentillesse du personnel soignant, le malade a repris courage.

2 Reliez les propositions indépendantes par une subordonnée causale puis par une autre tournure exprimant la cause.

CORRIGÉ p. 279

1. Tu n'as pas travaillé, tu seras puni.
2. De nombreux arbres ont été déracinés, la tempête était très violente.
3. La précédente manifestation a été marquée par des violences, le gouvernement a interdit de nouveaux rassemblements.
4. Vous refusez de m'aider ; j'abandonne mon projet.
5. Je ne vais pas faire de ski, il ne neige pas mais je suis enrhumé.
6. Ils ne sont pas venus, ils n'auront pas reçu notre lettre ou ils ont eu un contretemps.
7. Il n'a pas rendu son devoir, il a prétendu qu'il était malade.
8. Le coureur a remporté la course, il était dopé.
9. La fillette était à bout de souffle ; elle arrêta de courir.

3 Exercice bilan

CORRIGÉ p. 279

> Une chose n'est pas juste parce qu'elle est loi. Mais elle doit être loi parce qu'elle est juste.
>
> Montesquieu, *De l'esprit des lois*, 1748.

a. Par quelle autre locution conjonctive pourriez-vous remplacer « parce que » dans la première phrase qui permettrait de renforcer l'assertion de Montesquieu ?

b. Est-il possible de faire la même chose pour la seconde phrase ?

c. En quoi la formulation de Montesquieu est-elle préférable ?

FICHE 2 L'expression de la conséquence

La conséquence indique le résultat de l'action du verbe dont elle dépend, celui-ci indique la cause dont découle ce résultat. Cause et conséquence sont donc liées par une relation logique dite de causalité. Pour les distinguer il faut analyser l'enchaînement logique des actions : la cause est première et entraîne une conséquence qui est seconde : *elle est malade, elle est alitée*. La maladie est la cause et entraîne le fait d'être alité, qui en est la conséquence.

1 L'expression de la conséquence dans les indépendantes

- La relation peut être marquée par un signe de ponctuation : *Il pleut : ne sors pas sans ton parapluie.*
- Elle peut être indiquée par la conjonction de coordination *donc* ou un adverbe de liaison *c'est pourquoi, alors, aussi : Il pleut, aussi ne sors pas sans ton parapluie.*

Attention
Les deux points peuvent introduire aussi bien une explication (cause) qu'une conséquence.

2 La subordonnée circonstancielle de conséquence

- C'est une subordonnée conjonctive introduite par différentes **conjonctions** ou **locutions conjonctives de subordination** qui présentent des nuances de sens.
- Lorsque la conséquence est liée à la **manière** ou au **contexte**, elle est introduite par *de sorte que, de manière que, de façon que, si bien que, sans que* : *Il était malade si bien qu'il est allé voir le médecin.*
- Lorsque la conséquence est liée à **l'intensité**, elle est introduite par *si... que, tant... que, tellement... que, à tel point... que* : *Il était si malade qu'il a dû rester alité quinze jours.*
- *Pour que* est utilisé **après avoir été annoncé par des verbes impersonnels** : *il faut, il suffit*, des **adverbes d'intensité** : *assez, trop, peu*, **l'adjectif** *insuffisant* ou une **interrogative** : *Il suffit que je dise quelque chose pour qu'elle fasse le contraire. Que faut-il pour que je l'encourage ?*
- Les subordonnées consécutives sont :

– **à l'indicatif** si la conséquence est présentée comme **atteinte** : *Il est sorti sans manteau si bien qu'il est malade.*

Vocabulaire
Elle est aussi appelée subordonnée consécutive.

Remarque
Après une principale négative, *sans que* peut-être remplacé par *que* : *Il ne se passe pas un jour qu'il ne proteste.*
La locution *au point que* peut être réduite à *que* dans certaines expressions comme *Elle prend tout à la lettre que c'en est ridicule.*

– **au subjonctif** si la conséquence n'est **pas atteinte** :

• après une principale de sens négatif ou interrogative : *A-t-il si mal qu'il ne puisse concourir ?*

• avec *pour que* et *sans que : Tu dois partir sans que cela se sache.*

• avec le verbe *faire* et la locution *en sorte que : Fais en sorte qu'on ne te voie pas sortir.*

3 L'expression de la conséquence dans la phrase simple

- **Avec une préposition + un nom** : *Elle a réussi pour notre plus grand bonheur.*
- **Avec des prépositions** comme *à, assez, pour, au point de, de manière à, jusqu'à, trop … pour* **+ un infinitif** (même sujet pour les deux verbes) : *Il a couru à perdre haleine.*

EXERCICES

1 Délimitez les propositions subordonnées de conséquence.

CORRIGÉ p. 279

1. Il était tellement triste que j'ai proposé de l'aider.
2. Il suffit qu'il vienne pour que tu sois contente.
3. Il a beaucoup travaillé si bien qu'il a réussi son examen.
4. Est-il si occupé qu'il ne puisse venir ?
5. Il est assez grand pour que nous lui fassions confiance.
6. Il parle trop doucement pour qu'on le comprenne.

2 Relevez les différentes expressions qui expriment la conséquence et précisez leur nature.

CORRIGÉ p. 280

1. Elle a couru jusqu'à être à bout de souffle.
2. Il avait une extinction de voix si bien qu'il n'a pas pu faire sa conférence.
3. Ce chien est agressif au point de faire fuir tous les visiteurs.
4. Il a tellement travaillé qu'il a réussi à passer l'agrégation.
5. Vous n'avez pas votre pièce d'identité si bien que vous ne pouvez pas entrer.
6. Elle était en retard, alors nous ne l'avons pas attendue.
7. Il suffit d'un peu de beurre dans un plat pour lui donner de la saveur.

3 Dites si les propositions suivantes sont composées d'un système corrélatif. CORRIGÉ p. 280

1. Il était trop grand pour participer à cet atelier.
2. Il est suffisamment mature pour que nous l'invitions à participer.
3. Elle est fatiguée si bien qu'elle a dormi tout le jour.
4. Nous avons tellement travaillé que nous sommes exténués.
5. Il suffit qu'il parle pour que tout le monde l'écoute.

4 Reliez les propositions indépendantes par une subordonnée consécutive puis par une autre tournure exprimant la conséquence. CORRIGÉ p. 280

1. Tu n'as pas travaillé, tu seras puni.
2. De nombreux arbres ont été déracinés, la tempête était très violente.
3. La précédente manifestation a été marquée par des violences, le gouvernement a interdit de nouveaux rassemblements.
4. Vous refusez de m'aider ; j'abandonne mon projet.
5. Ils n'ont pas reçu notre lettre, ils ne sont pas venus.
6. Il n'a pas pu rendre son devoir, il était très malade.
7. Le coureur a remporté la course, il était dopé.
8. Je suis en retard ; la route était déviée.
9. Tu es sortie en silence, tu ne t'es pas fait voir.

5 Exercice bilan CORRIGÉ p. 281

Iphis voit à l'église un soulier d'une nouvelle mode, il regarde le sien et en rougit, il ne se croit plus habillé ; il était venu à la messe pour s'y montrer, et il se cache ; le voilà retenu par le pied dans sa chambre pour le reste du jour. Il a la main douce, et il l'entretient avec une pâte de senteur.

La Bruyère, « De la mode », *Les Caractères*, 1688.

a. Soulignez en rouge les tournures qui expriment la cause et en bleu la conséquence et identifiez leur nature.

b. Remplacez la conjonction « et » pour indiquer soit la cause, soit la conséquence chaque fois que c'est possible.

c. Y a-t-il d'autres passages où il serait possible d'exprimer la conséquence ?

d. En quoi les choix stylistiques de La Bruyère sont-ils au service de sa satire ?

FICHE 3 L'expression du but

Le but exprime dans quelle intention est effectuée l'action exprimée par le verbe dont dépend le complément circonstanciel.

1 La différence entre la conséquence et le but

- La conséquence est **réalisée** au contraire du but qui n'est qu'un projet dont on ignore s'il s'est réalisé ou s'il se réalisera :

– **Conséquence :** *Ses parents ont fait de gros sacrifices de sorte que leur <u>fils a pu</u> faire ses études de chirurgien.*

– **But :** *Ses parents ont fait de gros sacrifices pour que leur fils <u>fasse</u> ses études de chirurgien.*

Dans le 1er exemple, le fils a fait ses études, c'est une conséquence des efforts des parents qui ont porté leurs fruits tandis que dans le 2nd exemple on envisage la finalité dont on ne sait pas si elle s'est réalisée.

- C'est pourquoi la subordonnée de **but** est toujours au **subjonctif** alors que les subordonnées de conséquence sont majoritairement à **l'indicatif** sauf cas particulier.

2 La subordonnée circonstancielle de but

- Les subordonnées circonstancielles de but sont introduites par des locutions conjonctives.

Vocabulaire
Elles sont aussi appelées subordonnées finales.

TYPE DE BUT	LOCUTIONS CONJONCTIVES	EXEMPLE
But souhaité	*Pour que, afin que*	*Les parents travaillent pour que leurs enfants aient un meilleur avenir qu'eux.*
Finalité que l'on veut éviter	*Pour que (ne... pas), afin que (ne... pas) de crainte que, de peur que*	• *J'ai mis son manteau au bébé afin qu'il ne prenne pas froid.* • *J'ai mis son manteau au bébé de peur qu'il n'ait froid.*

Vocabulaire
Les locutions *dans la crainte que, de peur que* équivalentes à *afin que… ne pas* sont souvent accompagnées d'un *ne* (qui n'a pas obligatoirement de valeur négative), on dit qu'il est alors explétif mais il peut la conserver selon le contexte. *Sors vite qu'il ne te voie pas / Je l'ai caché de peur qu'il ne soit arrêté.*

- La conjonction ***que*** est utilisée derrière un verbe à l'impératif ou lorsque deux buts sont exprimés pour introduire le second but :

– *Sors discrètement, qu'on ne te voie pas.*
– *Elle a fait des courses pour que nous ayons quelque chose à manger à notre arrivée et que nous ne soyons pas obligés d'aller au restaurant.*

3 L'expression du but dans la phrase simple

• Le complément circonstanciel de but peut être :
– un **nom**, un pronom introduit par les prépositions *pour, en vue de, de crainte de, de peur de* : *Il travaille en vue de son examen.*
– un **infinitif** (si les deux sujets sont les mêmes) précédé des prépositions *pour, afin de, de peur de, dans l'intention de*, *Il travaille pour réussir son examen*.

• Avec les verbes de **mouvement** on peut **omettre la préposition** devant l'infinitif : *Elle descend à la cave chercher une bonne bouteille.*

• On peut aussi utiliser des **mots qui ont un sens de but** avec des nuances : dessein, fin, objectif, propos, terme, visée : *Il a eu des visées trop ambitieuses. Mon premier objectif est de gagner une médaille.*

EXERCICES

1 Relevez les différentes expressions qui expriment le but et précisez leur nature. CORRIGÉ p. 281

1. Je cherche une villa qui ait une piscine.
2. Le professeur parle lentement pour que les étudiants puissent le comprendre et qu'ils aient le temps de prendre des notes.
3. Faites photocopier ce document afin que chacun en ait un exemplaire.
4. De crainte d'une reprise des hostilités, les gouvernements ont entrepris des négociations.
5. Berce le bébé de peur qu'il ne pleure.

2 Précisez si les propositions subordonnées sont des subordonnées circonstancielles de but ou de conséquence. CORRIGÉ p. 281

1. Ses parents ont tellement travaillé qu'ils ont pu lui offrir un bel avenir.
2. Il fait son possible pour que tout le monde s'entende.
3. Elle est drôle si bien qu'elle fait rire tout le monde.
4. Elle fait des courses de peur de manquer de provisions.
5. J'ai rangé les bouteilles afin qu'elle ne puisse pas les atteindre.

6. Il est tellement étourdi qu'il a oublié son cartable.
7. Il vient la voir de crainte qu'elle se sente seule.

3 Reliez les phrases par une subordonnée consécutive et/ou par une autre tournure exprimant la conséquence. Que remarquez-vous ? CORRIGÉ p. 281

1. Il a pris une aspirine. Il ne voulait plus souffrir.
2. Le professeur a expliqué la difficulté. Il voulait être compris.
3. Au lieu du train nous prendrons l'avion. Nous voulons arriver plus vite.
4. La jeune fille s'était maquillée. Elle ne voulait pas qu'on la reconnaisse.
5. Je désire un plat. Il ne doit pas contenir de gluten.
6. Je vais vous faire un plan. Vous ne vous perdrez pas.

4 Répondez aux questions par une relative au subjonctif. CORRIGÉ p. 282

1. Voulez-vous un appartement orienté au nord ? Non je préfère un appartement qui…
2. Voulez-vous ce roman en version originale ? Non je cherche une traduction qui…
3. Quel genre d'études envisagez-vous ? Je voudrais faire des études qui…

5 Exercice bilan CORRIGÉ p. 282

Puisque pour t'empêcher de courir au trépas,
Ta vie et ton honneur sont de faibles appas,
Si jamais je t'aimais, cher Rodrigue, en revanche,
Défends-toi maintenant pour m'ôter à Don Sanche :
Combats pour m'affranchir d'une condition
Qui me donne à l'objet de mon aversion.

Corneille, *Le Cid*, V, I.

a. Relevez les différents compléments circonstanciels de but et précisez leur nature.
b. Essayez de trouver d'autres tournures grammaticales.
c. Que cherche à faire Chimène par cette utilisation conjointe des compléments de but et des impératifs ?

FICHE 4 L'opposition et la concession

On parle d'opposition lorsqu'on oppose deux faits, et de concession lorsque deux faits sont en contradiction : *Pierre travaille alors que Paul joue / Pierre travaille bien qu'il soit en vacances.*

Dans le 1er exemple travailler et jouer sont opposés mais pas contradictoires alors que dans le 2nd, la cause (les vacances) n'entraîne pas la conséquence attendue (ne pas travailler). Parfois la nuance entre les deux est difficile à percevoir.

1 L'expression de l'opposition et de la concession dans les indépendantes

OPPOSITION	CONCESSION
• **Mais** : *Je viens mais je ne reste pas.* • **Au contraire** • **En revanche** (niveau de langue soutenu) • **Par contre** (à l'oral)	• **Mais** : *Paul a fait des efforts mais cela reste insuffisant.* • **Cependant, pourtant** • **Néanmoins** (niveau de langue soutenu) • **Toutefois** (niveau de langue soutenu)

2 La subordonnée circonstancielle d'opposition

- *Alors que* et *tandis que* sont les locutions conjonctives les plus courantes :

– *Alors que son frère est agité, elle est calme et réservée.*

– *Elle fait des études littéraires alors que dans sa famille tous ont fait des études scientifiques.*

- *Tandis que* et *pendant que* peuvent exprimer l'opposition avec une nuance de **durée** :

– *Ils jouaient au foot pendant qu'elle lisait.*

– *Pendant qu'ils faisaient du ski à la montagne, elle était restée à Paris pour travailler à sa thèse.*

3 Les subordonnées circonstancielles de concession

À L'INDICATIF	• **Tout... que :** *Tout étourdi qu'il est, il a cependant pensé à prendre une assurance.* • **Même si :** *Même s'il est étourdi, il a cependant pensé à prendre une assurance.*
AU CONDITIONNEL	• **Quand bien même :** *Quand bien même il viendrait, il ne resterait pas.*
AU SUBJONCTIF	• **Quoique / Bien que :** *Quoiqu'il / bien qu'il soit étourdi, il a cependant pensé à prendre une assurance.* • **Pour / Quelque... que :** *Pour / quelqu'étourdi qu'il soit, il a pensé à prendre une assurance.* • **Encore que :** *Encore qu'il soit étourdi, il a pensé à prendre une assurance.*

• *Sans que* introduit une **négation** : *Elles sont venues sans que personne ne les ait invitées.* Lorsque les deux sujets sont **identiques**, il faut utiliser *sans* avec **l'infinitif** : *Elles sont venues sans avoir été invitées.*

• *Même si* a aussi une valeur de **condition** et **d'hypothèse**. On l'utilise quand le fait pouvant s'opposer à l'action principale n'est qu'une éventualité : *Même s'il se déplace, il ne sera pas reçu.*

4 L'expression de l'opposition dans la phrase simple

• Elle peut être exprimée par un **nom, pronom ou infinitif** précédé des **prépositions** *au lieu de, contrairement à :*

– *Au lieu d'un CD de jazz, elle a préféré un CD de musique classique, contrairement à son frère.*

– *Au lieu de parler, tu ferais mieux d'écouter.*

5 L'expression de la concession dans la phrase simple

• Elle peut être exprimée par :

– un **nom** ou un **pronom** ou un **infinitif** précédé des prépositions *malgré, en dépit de, sans, loin de* : *Malgré son air farouche, c'est un garçon charmant. Il est parti sans l'autorisation de son père.*

– un **gérondif** : *Il a de mauvais résultats tout en travaillant beaucoup.*

• **Les autres locutions conjonctives** :

SUIVIES D'UN SUBJONCTIF	**Que, à condition que, pourvu que, en admettant que, pour autant que, pour peu que, si tant est que, soit que...soit que, à moins que, à supposer que, etc.** : *À condition que vous partiez avant la nuit, vous n'aurez pas de brouillard.*
SUIVIES DE L'INDICATIF	**Suivant que selon que, ou que...** : *Selon que vous serez puissant ou misérable, / les jugements de cour vous rendront blanc ou noir. (Molière)*
SUIVIES DU CONDITIONNEL	**Au cas où, pour le cas où, dans l'hypothèse où** : *Au cas où je serais absent, vous trouverez la clé sous le pot de fleur.*

6 L'expression de la condition dans les indépendantes

• **Avec inversion du sujet** (tournure très littéraire) : *L'opposition fait-elle la moindre proposition, elle est aussitôt rejetée par la majorité.*

• **À l'impératif** (littéraire) : *Taisez-vous, il vous le reprochera. Parlez, et il vous le reprochera aussi.*

• **Au conditionnel** (à l'oral) : *Tu serais à sa place, tu ne ferais pas mieux.*

7 Les autres procédés pour exprimer la condition

- Un **nom, GN ou pronom** introduit par *avec, dans, en, en cas de, sauf* : *Sauf contretemps, je serai au rendez-vous.*
- Avec un **infinitif** précédé de *à, à condition de, à moins de, sans* : *À moins de partir sur-le-champ, nous serons en retard.*
- Un **gérondif** : *En partant sur le champ nous serons à l'heure.*
- Un **nom, adjectif** ou **participé apposé :** *Plus concentré, tu aurais gagné le match.*
- Une **proposition participiale :** *Tes examens réussis, tu pourrais entrer à l'université.*
- Une **relative au conditionnel** à valeur **de condition :** *Un homme qui l'affronterait alors serait un homme mort.*
- Une **subordonnée de condition sans principale :** *Si j'avais écouté mes pressentiments !*

EXERCICES

1 Relevez les procédés grammaticaux utilisés pour exprimer la concession ou l'opposition que vous distinguerez, et précisez leur nature. CORRIGÉ p. 282

1. Bien qu'il pleuve, elle a décidé de sortir.
2. Quand bien même elle partirait, il ne la rejoindrait pas.
3. Sans y être invitée, elle a pris la parole.
4. Malgré les reproches de son père, elle continue à sortir le soir.
5. Le bébé, tout malade qu'il est, continue de sourire.

2 Reliez es propositions indépendantes par une subordonnée de concession puispar une autre tournure grammaticale. CORRIGÉ p. 282

1. Elle est très âgée, elle est encore très dynamique.
2. Il est enrhumé, il travaille autant.
3. Je suis majeur, mes parents m'interdisent encore de sortir le soir.
4. Son propriétaire a menacé de la poursuivre en justice, elle ne paie toujours pas son loyer.

3 Complétez les phrases pour exprimer une concession ou une opposition.

CORRIGÉ p. 282

1. Elle avait promis de venir me voir…
2. Il y a de nombreuses recherches sur cette maladie…
3. Le film a reçu de mauvaises critiques…
4. Les voleurs lui ont pris son sac…
5. Ils se sont mariés il y a deux mois…

4 Exercice bilan

CORRIGÉ p. 283

Ma mère, pourtant rien moins qu'agreste, manifestait en présence des mœurs champêtres des élans un peu conventionnels mais fortement exprimés et mon père, bien que né dans la culture betteravière, observait en face de la nature l'attitude polie et réservée d'un homme, trop bien élevé pour s'immiscer dans les affaires d'autrui.

J. Perret.

a. Relevez tous les procédés pour exprimer l'opposition et la concession.

b. Quelle double opposition structure ce texte descriptif ?

FICHE 5 L'expression de la condition

Le complément circonstanciel de condition indique à quelle condition peut se réaliser l'action exprimée par le verbe dont il dépend.

1 Les verbes introducteurs de la subordonnée interrogative indirecte

- La subordonnée de condition est mobile et peut suivre, couper ou précéder la proposition principale : *Viens si tu en as envie. Ta fille, si elle le voulait, réussirait sans problème. À moins que tu ne partes vite, tu rateras ton train.*
- **Avec la conjonction de subordination « si ».** C'est la subordonnée conditionnelle la plus fréquente : elle forme avec la principale un système hypothétique (une action se réalise à la condition qu'une autre le soit). Le verbe de la subordonnée est à l'indicatif : *Si tu travaillais plus, tu progresserais.*

Attention

Si n'exprime pas toujours la condition. Il peut exprimer **l'hypothèse, l'interrogation, l'affirmation, la conséquence, la concession, l'opposition, la cause.**

- La **concordance des temps** entre la subordonnée de condition et la principale se décline comme suit.

CONDITION	TEMPS DE LA SUBORDONNÉE	TEMPS DE LA PRINCIPALE	EXEMPLE
Réalisable	Présent	Présent	*Si tu y tiens, tu peux venir avec nous.*
	Passé composé	Passé composé	*Tu t'es trompé si tu l'as cru.*
	Présent avec valeur de futur	Futur	*Si tu gagnes, tu auras réussi ton pari.*
	Passé composé avec valeur de futur antérieur	Futur	*Si tu as fini avant le dîner, nous irons au cinéma après.*
Possible mais incertaine (potentiel)	Imparfait	Conditionnel présent	*Si tu me quittais, je ne le supporterais pas.*
Irréalisée dans le présent (irréel du présent)	Imparfait	Conditionnel présent	*Si j'étais lui, je ne lui pardonnerais pas.*
Irréalisée dans le passé (irréel du passé)	Plus-que-parfait	Conditionnel passé	*Si tu étais venue, tu l'aurais vu.*

EXERCICES

1 Relevez les différentes expressions qui expriment la condition et précisez leur nature.

CORRIGÉ p. 283

1. En cas de collision, la ceinture de sécurité peut vous sauver la vie.
2. Un politicien qui ne connaîtrait rien à l'économie ne pourrait réussir.
3. Pierre nous accompagnera pourvu qu'il soit rentré de vacances.
4. Seriez-vous le seul à le dire, je vous croirais.

2 Mettez les verbes entre parenthèses aux temps et mode voulus.

CORRIGÉ p. 283

1. Il viendrait dîner si vous l'(inviter) dans les formes.
2. Dans le cas où vous (être) de retour, faites-le moi savoir.
3. S'il est vrai que le golf (se démocratiser), il reste un sport onéreux.
4. Un enfant qui (désobéir) à ses parents mériterait une punition.
5. Si le film avait eu un meilleur scénario, il (mériter) un prix.

3 Quel est l'emploi de « si » dans les phrases suivantes : hypothèse, interrogation, affirmation, conséquence, concession, opposition, cause ?

CORRIGÉ p. 283

1. S'il s'en donnait la peine, il aurait une meilleure situation.
2. Je me demande si tu ne devrais pas t'excuser.
3. Il dormait si profondément qu'il n'a pas entendu la sonnerie du réveil.
4. Si intéressant que soit ce livre, je ne pourrai le lire d'une seule traite.
5. Si Paul est gentil, sa sœur est toujours désagréable.
6. Votre mari n'est pas venu avec vous ? Si, il gare la voiture.
7. Comment aurais-je pu répondre à votre lettre si je ne l'ai pas reçue ?

4 Exercice bilan

CORRIGÉ p. 283

Si j'avais à soutenir le droit que nous avons eu de rendre les nègres esclaves, voici ce que je dirais :
Les peuples d'Europe ayant exterminé ceux d'Amérique, ils ont dû mettre en esclavage ceux de l'Afrique, pour s'en servir à défricher tant de terres.

Montesquieu, « De l'esclavage des nègres », *De l'esprit des lois*, 1748.

a. Quels sont le thème et le propos de ce texte ?

b. Dans la subordonnée de condition analysez le verbe. *A priori* quelle est sa valeur ? Est-il plausible que Montesquieu soit du côté des esclavagistes ? Quelle est donc la valeur de ce verbe ?

c. Grâce au système hypothétique, quelle est la tonalité du texte ? En quoi est-ce corroboré par l'argument proposé ?

FICHE 6

L'expression de la comparaison

La comparaison consiste à rapprocher deux êtres ou deux choses pour chercher quelles sont leurs ressemblances et leurs différences.

1 Les subordonnées conjonctives circonstancielles de comparaison

RAPPORT DE RESSEMBLANCE	• **Comme** : *Elle est comme je l'avais imaginée.* • **Autant que** (égalité quantitative) : *Elle travaille autant que son frère.* • **Autant que** + nom : *Cette voiture consomme autant d'essence que la tienne* (sous-entendu *consomme*). • **Pareil que** : *La situation de Julie est pareille que celle de Sophie.*
RAPPORT DE DIFFÉRENCE	• **Plus que, davantage que, Plus** + adjectif ou adverbe **= que, plus de** + nom **= que,** qui expriment une supériorité en quantité ou qualité : *Cette voiture est plus économique que la tienne.* • **Moins + adjectif ou adverbe = que, moins de** + nom **= que,** qui expriment une infériorité en quantité ou qualité : *Cette région est moins touristique que sa voisine.*
RAPPORT DE PROPORTION	• **À mesure que, à proportion que, d'autant plus que, plus... plus, moins... moins, plus... moins, moins...** : *Plus je travaille dans cette entreprise, moins je m'y plais.*

Attention
La subordonnée de comparaison est souvent **elliptique du verbe.** Elle peut aussi faire l'économie du *que* : *Autant le mari est aimable, autant sa femme est désagréable*. Elle peut alors être confondue avec un groupe nominal complément circonstanciel de comparaison ou le complément du comparatif de l'adjectif ou de l'adverbe.

• La comparaison peut être renforcée par des adverbes d'intensité :

– *tout* avec *aussi...que, autant que ;*

– *beaucoup, bien* avec *plus/moins...que, plus/moins de.*

2 Les modes dans la subordonnée de comparaison

• La subordonnée de comparaison est généralement à **l'indicatif**. Mais on trouve :

– le **conditionnel** lorsque le verbe exprime une éventualité : *Il a réagi comme je l'aurais fait.*

– le **subjonctif** derrière *autant que, pour autant que*, et avec le verbe *pouvoir* dans la subordonnée : *La maison était ici pour autant que je m'en souvienne. Il est aussi imprévisible qu'on puisse l'être.*

3 Les autres moyens grammaticaux d'exprimer la comparaison

- Un **groupe nominal** (nom ou pronom) complément circonstanciel de comparaison ou complément du comparatif introduits par des prépositions : *comme, selon, en, à la manière de, à la façon de, par rapport à, pareil(lle) à* : *La fillette s'est comportée en adulte. Elle est plus mûre que sa sœur aînée.*
- Les **locutions adverbiales** *en comparaison de, par rapport à* rapprochent des éléments pour mieux les opposer : *Les chiffres du chômage sont bons par rapport à ceux de l'année dernière.*
- Le complément du verbe *préférer* : *je préfère le jazz à la pop music.*
- **Deux propositions indépendantes** elliptiques construites parallèlement : *Tel père, tel fils.*

EXERCICES

1 Identifiez le complément circonstanciel de comparaison et donnez sa nature. Remplacez-le quand c'est possible par une autre tournure grammaticale.

CORRIGÉ p. 284

1. Il est aussi vaniteux que son cousin germain.
2. Je n'ai jamais autant ri de ma vie que ce soir-là.
3. Elle a d'autant plus besoin de ciel bleu et de soleil qu'elle a vécu dans le Sud de la France.
4. La voiture diesel pollue plus que la voiture à essence.
5. Pareil à son père, il rafle tous les prix en compétition.
6. Autant il excelle en sport, autant il néglige ses études.

2 Exercice bilan

CORRIGÉ p. 284

Plus me plaît le séjour qu'ont bâti mes aïeux
Que des palais romains le front audacieux ;
Plus que le marbre dur me plaît l'ardoise fine :

Plus mon Loir gaulois que le Tibre latin,
Plus mon petit Liré que le mont Palatin,
Et plus que l'air marin la douceur angevine.

Joachim du Bellay, « Heureux qui comme Ulysse », *Les Regrets*, 1558.

a. Lisez les deux dernières strophes du sonnet. Relevez les différents compléments circonstanciels de comparaison et donnez leur nature et leur valeur.

b. Quels sont les comparants et les comparés ? Que remarquez-vous quant aux champs lexicaux développés dans chacun d'eux ?

c. Que traduit la préférence de du Bellay exprimée à travers ce système comparatif ?

FICHE 7 La syntaxe de la phrase négative

Les types de phrases ou modalités peuvent se combiner à des formes de phrases : affirmative/négative, active/passive, personnelle/impersonnelle, neutre/emphatique.

1 La portée de la négation

- La relation causale peut être marquée par deux points : *Ne sors pas sans ton parapluie :*
- **La négation totale** porte sur la totalité de la proposition avec *pas* ou *point* associés à *ne* : *Le professeur n'est pas rentré de son congé maladie.*
- Elle oppose à la phrase affirmative : *Le professeur est rentré de congé maladie.*
- Elle peut se résumer à un *non* ou un *pas* en réponse à une question ou une assertion négative : *Viens-tu demain ? Non./ J'aime la campagne. Moi, pas./ Pas de pitié pour les casseurs.*
- **La négation partielle porte sur une partie de la proposition.** Elle est exprimée par **des mots négatifs** associés à *ne* qui identifient l'élément visé par la négation :

– **un pronom négatif** (*personne, rien*) correspond à la négation d'un GN : *Personne n'a rien compris.*

– **un déterminant négatif** nie l'existence du nom qu'il précède : *Aucun élève n'a répondu.*

– **un groupe nominal circonstanciel négatif ou un adverbe de sens négatif** permet de nier une circonstance : *Il ne répond jamais, à aucun moment* versus *Il vient toujours, souvent.*

– *Non* comme négation de constituants *: Il a un chat, non un chien. Il a fini, non sans peine.*

- **La restriction** n'est pas à proprement parler une négation. Formulée à l'aide de *ne ... que*, elle correspond à *seulement, uniquement*. Elle exclut tout ce qui n'est pas contenu dans le terme qui suit *: Elle ne mange que des légumes à l'exclusion de tout autre aliment.*

> **Remarque**
> Elle peut porter sur les différents constituants de la phrase : COD, attribut du sujet, complément circonstanciel, sujet réel du présentatif ou des tournures impersonnelles : *Elle ne vient que le dimanche. Il ne reste qu'elle sur la piste de danse.*

2 Les adverbes de négation

- Outre *ne... pas*, il existe de nombreux mots permettant de construire la négation avec des nuances particulières :

– *Pas... encore* est la négation de *déjà* et exprime que le sujet a l'intention de faire l'action alors que *jamais* exprime le contraire : *Avez-vous déjà concouru ? Pas encore / Jamais.*

– *Aucun* exprime une négation absolue : *As-tu reçu des réponses ? Je n'ai reçu aucune réponse.*

– *Ne... guère* signifie *pas beaucoup, pas souvent* et introduit une négation restreinte.

- Les mots négatifs peuvent être renforcés : *pas du tout, plus du tout, pas un seul, plus un seul, sans aucun : Non je ne connais pas du tout l'œuvre de Supervielle, je n'ai lu aucun de ses poèmes.*
- On peut trouver aussi des mots qui prennent un sens négatif avec *ne* : *On n'y voit goutte.*

3 L'ordre dans la phrase négative

- La phrase négative obéit à un **ordre** strict :

– aux temps simples, la négation composée encadre le verbe et les pronoms : *Je ne le crois pas* ;

– aux temps composés, elle encadre l'auxiliaire et les pronoms : *Je ne lui ai jamais fait confiance.*

- Mais *personne* et *aucun + nom* sont placés **après** l'auxiliaire *: Je n'ai vu personne.*
- La négation se place **devant l'infinitif** : *Je crains de ne pas venir* sauf avec les verbes *aller, devoir, vouloir, sembler, penser : je ne veux pas venir.*
- À l'impératif, elle encadre le verbe et les pronoms : *Ne lui dis pas de venir*.
- *Ne* peut être employé seul :

– avec *ni* qui est la conjonction de coordination entre des éléments négatifs : *je ne consomme ni lait, ni fromage ;*

– avec les verbes *pouvoir, savoir, oser, cesser : Je ne peux me résoudre à partir* ;

– avec *il y a… que, depuis… que : plusieurs mois se sont écoulés depuis que nous ne l'avons vu* ;

– dans certaines propositions de condition : *Si je ne me trompe, vous étiez présent aussi.*

- *Ne* **explétif** n'a pas de valeur proprement négative. Il s'emploie dans la langue soutenue dans certaines subordonnées (mais jamais devant un infinitif) :

– **complétives** derrière un verbe de crainte, d'empêchement, de défense ; de doute, de négation, employé dans une phrase négative, interrogative : *Je crains qu'il ne soit en retard* ;

– **circonstancielles** introduites par *avant que, à moins que, de peur que : décide-toi avant qu'il ne soit trop tard* ;

– **comparatives** posant l'inégalité ou la différence *: Il est plus sympathique que ne l'est son frère.*

EXERCICES

1 Dites si les négations sont totales ou partielles. Dans le dernier cas, sur quel élément porte la négation ?

CORRIGÉ p. 285

1. Vous n'avez pas encore fait de déposition à la police.
2. Ils n'ont aucune preuve.
3. Je n'irai nulle part sans toi.
4. Elles ne travaillent jamais le dimanche.

2 Mettez les phrases suivantes à la forme négative.

CORRIGÉ p. 285

1. Dans le jardin, il y a des pommes, des poires, des raisins.
2. Il était présent à la réunion, le directeur aussi.
3. Nous étions souvent partis pendant les vacances.
4. Je connais bien la région.
5. Il reste encore des miettes de pain.
6. Nous doutons que vous puissiez nous aider.
7. Il faut freiner dans un virage.

3 Distinguez le « ne » négatif du « ne » explétif.

CORRIGÉ p. 285

1. La grève risque de continuer à moins que le gouvernement ne fasse des concessions.
2. Nous ne pouvons donner une réponse favorable à votre demande.
3. Il était tellement surpris qu'il ne savait que répondre.
4. Ils avaient quitté le gîte avant que le jour ne se lève.
5. Ils se jetaient sur la nourriture : il y avait si longtemps qu'ils n'avaient mangé.

4 Exercice bilan

CORRIGÉ p. 285

SYLVIA : Laissez-moi. Tenez, si vous m'aimez, ne m'interrogez point. Vous ne craignez que mon indifférence et vous êtes trop heureux que je me taise. Que vous importent mes sentiments ?

DORANTE : Ce qu'ils m'importent, Lisette ! Peux-tu douter que je ne t'adore !

SYLVIA : Non, et vous me le répétez si souvent que je vous crois ; mais pourquoi m'en persuadez-vous ?

Marivaux, *Le Jeu de l'amour et du hasard*, 1730.

a. Analysez chacun des termes négatifs dans cet extrait.
b. Que révèlent ces négations de l'état d'esprit des interlocuteurs ?

FICHE 8 Les valeurs sémantiques de la négation

Du point de vue sémantique, la phrase négative n'est pas l'exact contraire de la phrase affirmative correspondante. Elle peut présenter des ambiguïtés qui sont aussi une richesse sémantique et peut relever d'une volonté stylistique.

1 Les valeurs logiques de la négation

- **La négation descriptive** porte seulement sur le contenu de l'énoncé. L'état ou l'événement énoncé est simplement rejeté comme contraire à la réalité : *Paul n'est pas venu* marque la non-véracité d'un fait, le départ de Paul.
- **La négation réfutative** contredit une affirmation (explicite ou non). Le locuteur reprend dans son discours une affirmation qu'il attribue à autrui pour la rejeter. Selon le contexte cette négation peut prendre une valeur **polémique**, le locuteur s'oppose à son interlocuteur en reprenant son discours pour mieux le contester : *Je n'ai pas grillé le feu rouge, monsieur l'agent !*

2 Les ambiguïtés sémantiques de la négation

- *Paul n'est pas venu hier.* Dans cet exemple, la négation peut porter sur le sujet *Paul*, le verbe *venir*, le complément circonstanciel *hier.* Cela renvoie à la distinction thème/propos.
- Avec des **déterminants quantitatifs** : *tous les étudiants ne sont pas venus.*

– soit la négation porte sur l'ensemble de la phrase : *Aucun étudiant n'est venu* ;

– soit elle porte sur le déterminant *tous* : *certains ne sont pas venus.* Le déterminant peut alors être déplacé pour lever l'ambiguïté : *Les étudiants ne sont pas tous venus.*

- Avec les **verbes modaux** exprimant la **possibilité**, **l'obligation** ou la **permission**, selon la place de la négation, le sens diffère :

– si les termes négatifs encadrent le verbe modal, la négation porte sur celui-ci et inverse sa valeur : *Je ne peux pas travailler* = impossibilité ;

– quand les termes négatifs sont placés devant l'infinitif, la négation porte sur la possibilité : *je peux ne pas travailler* = j'ai le choix ;

- L'emploi de certains termes négatifs implique la compréhension de **présupposés** pour donner tout son sens à l'énoncé :

> **Remarque**
> • Avec *vouloir, devoir, falloir*, il n'y a pas d'ambiguïté, la négation encadre obligatoirement le verbe modal.
> • Avec *sembler, penser*, la variation de la place de la négation n'entraîne aucun changement de sens.

– avec *ne… plus : il ne vient plus depuis quelque temps* suppose qu'avant il venait et peut selon le contexte exprimer un regret ou un soulagement.

– avec *ne… guère* : la proposition n'est pas totalement niée et peut prendre une valeur argumentative qui la rapproche de la litote (cf. *supra*).

Vocabulaire
On appelle présupposé une information inscrite dans un énoncé qui sans être formulée est indispensable à la compréhension du discours.

3 Négation et procédés stylistiques

• **La phrase interro-négative** est un procédé pour induire une réponse affirmative de l'interlocuteur. Dans l'argumentation cela devient un procédé **rhétorique** pour emporter l'adhésion de l'auditoire : *Ne crois-tu pas que tu ferais mieux de renoncer à ce projet ?* La réponse attendue est oui.

• **La double négation** peut être utilisée pour :

– **atténuer** l'expression : *je ne dis pas non* = j'accepte ; cela peut même correspondre à la figure de style de l'**euphémisme** qui consiste à présenter de manière atténuée une vérité désagréable.

– **renforcer** l'expression : *Vous n'êtes pas sans savoir que c'est un sens interdit.* Cela correspond à la **litote** qui consiste à dire peu pour signifier plus et qui utilise une tournure négative ou un verbe de sens négatif. Le « *Va, je ne te hais point.* » de Chimène dans *Le Cid* de Corneille équivaut à « *Je t'adore.* »

4 Les autres procédés pour exprimer la négation

• *Sans* s'emploie seul et peut être suivi d'un infinitif ou d'un nom sans déterminant : *Il a accepté sans hésitation.* L'emploi de l'article indéfini renforce la négation : *Il a accepté sans une hésitation.*

• **La négation lexicale** avec l'utilisation des antonymes et adjectifs ou préfixes négatifs (*non-, à-, in-*) : *Il ne dit pas* = il nie. *Il n'est pas possible* = il est impossible. *Il n'est pas capable* = il est incapable.

EXERCICES

1 Cherchez les différents sens que peuvent prendre ces phrases négatives en vous appuyant sur la distinction thème et propos.

CORRIGÉ p. 286

1. La police n'interviendra pas demain.
2. Les enfants ne s'étaient pas arrêtés à l'appel de leur mère devant la porte du jardin.
3. La réunion n'a pas eu lieu hier faute de participants.

4. Aucun participant n'est arrivé à l'heure.

5. Tous les invités ne viendront pas à la réception.

2 Exprimez la négation par un procédé autre que la phrase négative.

CORRIGÉ p. 286

1. Il n'est pas pensable de continuer comme cela.
2. Ne refusez pas la main tendue.
3. Il dit qu'il n'a pas participé à la manifestation.
4. Il n'aime pas la polémique.

3 Utilisez différents procédés pour renforcer l'expression.

CORRIGÉ p. 286

1. Il est parti sans hésiter.
2. Il ne reste plus de places libres.
3. Croyez-vous que cela servira à quelque chose ?
4. J'aime les anticonformistes.

4 Exercice bilan

CORRIGÉ p. 286

Et Pangloss disait quelquefois à Candide : « Tous les événements sont enchaînés dans le meilleur des mondes possibles ; car enfin si vous n'aviez pas été chassé d'un beau château à grands coups de pied dans le derrière pour l'amour de Mlle Cunégonde, si vous n'aviez pas été mis à l'Inquisition, si vous n'aviez pas couru l'Amérique à pied, si vous n'aviez pas donné un bon coup d'épée au baron, si vous n'aviez pas perdu tous vos moutons du bon pays d'Eldorado, vous ne mangeriez pas ici des cédrats confits et des pistaches. – Cela est bien, répondit Candide, mais il faut cultiver notre jardin. »

Voltaire, *Candide*, 1759.

a. En quoi le système hypothétique développé dans la réplique de Pangloss est-il original ?

b. Comment Voltaire fait-il comprendre le côté fallacieux de ce raisonnement ? Que veut-il dénoncer une dernière fois dans l'*excipit* du conte ? Qu'apporte la dernière réplique de Candide ?

FICHE 9 La phrase interrogative

Tout acte de parole (ou énonciation) est produit en vue d'une finalité. Cette motivation est la modalité de la phrase.

1 Les quatre modalités

- Les modalités correspondent aux types de phrase et indiquent la position du locuteur par rapport à son énoncé. Elles correspondent à des intonations différentes de la phrase :

– la **modalité déclarative** : on constate, on informe ;

– la **modalité exclamative** : on s'étonne, on s'indigne ;

– la **modalité impérative** : on ordonne, on interdit ;

– la **modalité interrogative** exprime une interrogation, c'est-à-dire une demande d'information. Elle se marque par une intonation montante en fin de phrase.

- On distingue **quatre formes d'interrogation** :

INTERROGATION DIRECTE	INTERROGATION INDIRECTE	INTERROGATION TOTALE	INTERROGATION PARTIELLE
Phrase simple	Proposition subordonnée incluse dans une phrase complexe	Porte sur l'ensemble de la phrase et appelle une réponse par oui ou non	Ne porte que sur un élément de la phrase et appelle une réponse limitée à cet élément
Est-ce que tu me crois ?	*Je me demande si tu me crois.*	*Viens-tu ? Non.*	*Quand viens-tu ? Demain.*

2 Les marques de l'interrogation totale

- Il existe **trois moyens** pour formuler l'interrogation totale.
- Le locuteur peut marquer l'interrogation simplement par **l'intonation ascendante** à l'oral et le point d'interrogation à l'écrit. L'ordre des mots reste le même. Cet emploi est plutôt réservé à l'oral, correspondant à un registre de langue relâché : *Tu viens demain ?*
- **Par l'inversion du sujet** qui s'ajoute aux autres marques. Cela correspond à un registre de langue soutenue. Il faut distinguer deux cas selon la nature du sujet :

– si le sujet est un pronom personnel, il y a inversion simple, le sujet est simplement placé après le verbe : *Viens-tu demain ?* ;

– si le sujet est un nom ou un pronom autre que le pronom personnel, il reste à sa place et il est repris après le verbe par un pronom personnel. C'est l'**inversion complexe :** *Paul vient-il demain ?*

- **Par l'emploi de la locution** *est-ce que*. L'ordre des mots reste le même que dans la phrase déclarative. L'inversion du sujet est totalement exclue. Cela correspond à un registre de langue courant : *Est-ce que tu viens demain ?*

3 L'interrogation partielle

- **Un mot interrogatif** précise l'élément de la phrase sur lequel porte la question :

– **un pronom interrogatif** : *qui, lequel, à quoi. Lesquels viennent demain ?*

– **un adverbe interrogatif** : *comment, où, pourquoi, combien ? Pourquoi vient-il ?*

– **un adjectif interrogatif** : *À quelle heure viens-tu ?*

- On emploie aussi bien l'inversion simple que l'inversion complexe mais celle-ci est plus soutenue : *Quand pars-tu / Quand est-ce que tu pars ?*

Attention
L'inversion complexe est obligatoire après *que*, après *qui*, *lequel* en position d'attribut, après *pourquoi*, après le pronom *à qui* quand le verbe comporte un autre COD ou COS : *À qui Pierre a parlé ?* mais *À qui Pierre a-t-il parlé de moi ?*

EXERCICES

1 Précisez si les interrogations suivantes sont totales ou partielles. Quel est leur registre de langue ? CORRIGÉ p. 287

1. Qui vient là ?
2. Tu arrives quand ?
3. Pourquoi Pierre ne cherche-t-il pas à progresser ?
4. Quels sont ses domaines de compétence ?
5. Cet élève pense-t-il à son futur ?

2 Précisez le registre de langue employé dans les interrogations suivantes. CORRIGÉ p. 287

1. Paul vient-il ?
2. Tu manges tes légumes ?
3. Est-ce qu'il a pris son stylo ?
4. Combien de tickets veux-tu ?
5. Est-ce qu'il s'arrêtera nous voir ?
6. Qu'a-t-il fait ?
7. Quel jour nous sommes ?

3 Transformez ces phrases déclaratives en phrases interrogatives en faisant porter l'interrogation sur l'élément souligné, d'abord dans un registre courant, puis soutenu. Précisez la nature du mot interrogatif.

CORRIGÉ p. 287

1. Tu arrives demain par le premier train.
2. Il apporte un plat de son choix.
3. Rendez-vous à l'endroit convenu.
4. L'ouragan doit frapper l'île dans les prochains jours.
5. Éric a pris cette initiative par dépit.

4 Transformez ces phrases interrogatives en supprimant la locution « est-ce que » de façon à obtenir un registre de langue soutenu.

CORRIGÉ p. 288

1. Quand est-ce que ces élèves respecteront les consignes ?
2. Où est-ce que j'ai bien pu ranger mon sac ?
3. Est-ce que les candidats sont prêts ?
4. Pourquoi est-ce que tu me demandes mon avis ?

5 Exercice bilan

CORRIGÉ p. 288

Prends l'éloquence et tords-lui son cou.
Tu feras bien, en train d'énergie,
De rendre un peu la Rime assagie.
Si l'on n'y veille, elle ira jusqu'où ?

Ô qui dira les torts de la Rime ?
Quel enfant sourd ou quel nègre fou
Nous a forgé ce bijou d'un sou
Qui sonne creux et faux sous la lime ?

De la musique encore et toujours !
Que ton vers soit la chose envolée
Qu'on sent qui fuit d'une âme en allée
Vers d'autres cieux à d'autres amours.

Verlaine, « Art poétique », *Jadis et Naguère*, 1884.

a. Relevez les modalités utilisées dans ce poème.

b. Analysez les modalités interrogatives (forme, syntaxe, registre de langue). Quel effet produit leur variété ?

c. À quel champ lexical sont associées ces modalités interrogatives ? Comment est-il déprécié ? Quel **art poétique** Verlaine professe-t-il ?

FICHE 10 L'interrogation indirecte

L'interrogation indirecte correspond à une subordonnée interrogative introduite par un mot interrogatif. Elle dépend d'une proposition principale comportant un verbe exprimant une demande implicite ou explicite dont elle est le plus souvent COD.

1 Les verbes introducteurs de la subordonnée interrogative indirecte

- Des verbes **posant explicitement ou non une question** à soi-même ou aux autres : *(se) demander, ignorer, chercher, ne pas savoir, vouloir savoir. J'ignore ce que tu penses vraiment.*
- Des verbes **déclaratifs à l'impératif qui induisent une réponse** : *Dis-moi ce que tu veux.*

2 La construction de l'interrogative indirecte

- **L'inversion du sujet disparaît :** *Quand viens-tu ? Je me demande quand tu viens.* Mais on trouve l'inversion du sujet avec un pronom interrogatif attribut : *Qui est cette personne ? Je me demande qui est cette personne.*
- **Le point d'interrogation disparaît** au profit du point. Mais si la principale est une interrogation, le point d'interrogation sera utilisé : *Pourriez-vous me dire qui est cette personne ?*

Attention
Le maintien de l'inversion du sujet est l'une des erreurs de syntaxe les plus courantes dans la langue parlée.

- **La place de la subordonnée interrogative indirecte** :

– elle suit généralement la principale dont elle est COD : *Je me demande ce que tu fais* ;

– on peut la trouver en tête de phrase quand elle est sujet du verbe de la principale : *Ce qu'elle fait ne me regarde pas.*

- **Elle peut être elliptique :** *Il est encore en retard. Ne me demande pas pourquoi.*

3 Les mots introducteurs

- Il faut les distinguer selon les **deux types d'interrogation** : totale et partielle.

INTERROGATION TOTALE	INTERROGATION PARTIELLE		
	Adverbe interrogatif	**Pronom interrogatif**	**Adjectif interrogatif**
La subordonnée est introduite par l'adverbe interrogatif *si* : *Je me demande si tu as bien compris la consigne.*	**Quand, si,** où, pourquoi, comment : *Je ne sais pas quand tu viens.*	**Lequel, qui, quoi, que :** *Je me demande qui viendra à la réunion.*	**Lequel :** *Elle ne sait pas quelle robe choisir.*

4 Les temps dans la subordonnée interrogative indirecte

- Il n'y a pas de mode imposé. Cela dépend de la nuance que l'on veut exprimer.

INDICATIF		CONDITIONNEL		INFINITIF	
Les faits sont envisagés comme réels	*J'ignore ce qui s'est passé.*	Pour exprimer le futur dans le passé	*Tu ne m'as pas dit ce qu'il ferait.*	Pour exprimer le doute	*Je ne sais pas quoi dire.*
		Pour exprimer une supposition	*Je ne sais pas ce qu'il ferait dans ce cas-là.*		

5 L'emploi de la subordonnée interrogative indirecte

- L'interrogation indirecte peut avoir une **valeur exclamative** marquée par le point d'exclamation : *J'ignorais combien tu étais machiavélique !*
- Elle est essentielle pour **passer du style direct au style indirect** lorsque le discours rapporté comporte des questions : *L'homme demanda « Avez-vous une place ? » / L'homme demanda s'il avait une place.*
- La maîtrise de l'interrogative indirecte est également indispensable pour **varier la formulation des problématiques mais aussi des annonces de plan**. *Nous nous demanderons si la poésie n'a pas cette capacité, revendiquée par Rimbaud, à changer le monde.*

EXERCICES

1 Dans les subordonnées interrogatives suivantes, dites si elles sont totales ou partielles, relevez les mots interrogatifs et donnez leur nature.

CORRIGÉ p. 288

1. Dites-moi quand vous pensez partir.
2. Il se demanda s'il devait répondre sur-le-champ.
3. Elle ne savait pas ce qu'elle devait comprendre.
4. L'enfant ignorait devant quelle sortie sa mère l'attendait.
5. Il ne savait plus que penser.

2 Transformez les interrogations directes en interrogations indirectes.

CORRIGÉ p. 289

1. Y a-t-il encore des places disponibles ?
2. Pierre s'interrogeait : « Dois-je partir ou non ? »
3. Qui était le gagnant du loto ? Tout le village s'interrogeait.
4. Comment iras-tu à l'aéroport ?
5. Qu'est-ce qui la rend triste ?

3 Transformez les interrogations indirectes en interrogations directes.

CORRIGÉ p. 289

1. Il se demande s'il doit rester.
2. Elle ignore combien elle a eu.
3. Nous voulons savoir si tu viens.
4. Je ne sais pas pourquoi il ne veut pas venir.
5. Le professeur lui demande pourquoi il est en retard.
6. J'ignore s'ils sont d'accord.

4 Dans les subordonnées interrogatives indirectes, justifiez l'emploi des temps verbaux.

CORRIGÉ p. 289

1. Elle lui demanda s'il viendrait le lendemain.
2. Le conducteur ignorait où il avait bien pu laisser ses clés.
3. Dites-moi ce que vous feriez à ma place.
4. Elle ne savait plus quoi répondre.

5 Exercice bilan

CORRIGÉ p. 289

Voici des sujets de dissertation. Dégagez pour chacun d'eux la problématique que vous formulerez une première fois sous la forme d'interrogation directe, puis indirecte.

a. « C'est par le plaisir qu'on vient à bout des hommes » disait Voltaire à propos de ses contes.

Vous discuterez cette affirmation en vous appuyant sur l'œuvre de l'auteur étudiée cette année mais aussi sur vos lectures personnelles.

b. « Si, comme le dit, le peintre Fernand Léger, chaque époque invente sa beauté », nous devrions être davantage touchés par des œuvres qui nous sont contemporaines que par celles du passé.

Vous direz si vous partagez ce sentiment en vous appuyant sur des exemples précis empruntés à toutes les formes d'art.

FICHE 11 Rhétorique et modalité interrogative

La modalité interrogative ne sert pas seulement au locuteur à obtenir des informations de la part de son destinataire. Elle peut aussi dans les discours littéraires ou argumentatifs, être un procédé d'organisation ou de rhétorique.

1 La modalité interrogative au théâtre et dans le récit

- Le début de la scène repose sur un jeu de questions-réponses entre les interlocuteurs, chaque nouvelle interrogation relançant le mouvement :

> ORGON : Tout s'est-il, ces deux jours, passé de bonne sorte ?
> Qu'est-ce qu'on fait céans ? comment est-ce qu'on s'y porte ?
> DORINE : Madame eut avant-hier la fièvre jusqu'au soir.
> Avec un mal de tête étrange à concevoir.
> ORGON : Et Tartuffe ?
> DORINE : Tartuffe ? Il se porte à merveille
> Gros et gras, le teint frais, et la bouche vermeille.
>
> Molière, *Tartuffe*, I, 4, 1669.

- Dans un **monologue**, la modalité interrogative fait émerger le **questionnement** du personnage pris dans un **dilemme** comme dans le célèbre monologue de Rodrigue dans *Le Cid* (Corneille, 1637) dont deux stances se terminent par un distique interrogatif où s'expriment les deux aspects du conflit intérieur : honneur versus amour. *Faut-il laisser un affront impuni ?/ Faut-il punir le père de Chimène ?*

M'es-tu donné pour venger mon honneur ?/ M'es-tu donné pour perdre ma Chimène ?

- L'interrogation peut aussi traduire le **désarroi** d'un esprit en pleine confusion comme Hermione dans le monologue d'Hermione (Racine, *Andromaque*, V, 1, 1668) après qu'elle a ordonné à Oreste de tuer son amant Pyrrhus. *Où suis-je ? Qu'ai-je fait ? Que dois-je faire encore ?* / *Quel transport me saisit ? Quel chagrin me dévore ?*

2 La modalité interrogative dans le discours argumentatif

- La modalité interrogative est fréquemment employée comme **procédé rhétorique** dans le discours argumentatif.
- Elle permet de varier les **modalités**, et utiliser l'interrogation permet d'**obliger le destinataire** qu'on veut convaincre **à répondre** lui-même à la question au lieu de lui donner directement la réponse, ce qui est une manière de l'impliquer plus fortement.
- **La question rhétorique** est l'un des procédés rhétoriques les plus utilisés pour convaincre l'auditoire. Elle consiste à poser une question dont la réponse va de soi et ne peut être contestée. C'est un moyen de faire adhérer l'auditeur à la thèse défendue.

• **Exemple** : Dans son *Poème sur le désastre de Lisbonne*, Voltaire s'en prend aux philosophes qui prônent la philosophie optimiste : *Direz-vous, en voyant cet amas de victimes : / « Dieu s'est vengé, leur mort est le prix de leur crime » ? / Quel crime, quelle faute ont commis ces enfants/ Sur le sein maternel écrasés et sanglants ?*

EXERCICES

1 « Melancholia »

CORRIGÉ p. 289

Où vont tous ces enfants dont pas un seul ne rit ?
Ces doux êtres pensifs que la fièvre maigrit ?
Ces filles de huit ans qu'on voit cheminer seules ?
Ils s'en vont travailler quinze heures sous des meules ;
Ils vont, de l'aube au soir, faire éternellement
Dans la même prison le même mouvement.

« Melancholia », *Les Contemplations*, Victor Hugo, 1856.

a. Comment commence ce poème ? Comment les interrogations sont-elles construites ? Pourquoi ?

b. Pourquoi avoir choisi de poser des questions et d'y apporter des réponses au lieu de poser directement le constat ?

2 *Supplément au voyage de Bougainville*

CORRIGÉ p. 290

Tu n'es ni un dieu, ni un démon : qui es-tu donc pour faire des esclaves ? [...] ce pays est à toi ! et pourquoi ? parce que tu y as mis le pied ? Si un Tahitien débarquait sur vos côtes, et qu'il gravât sur une de vos pierres ou sur l'écorce d'un de vos arbres : Ce pays appartient aux habitants de Tahiti, qu'en penserais-tu ? [...].

Denis Diderot, *Supplément au voyage de Bougainville*, 1772.

a. Relevez les modalités interrogatives. Quelles réponses demandent-elles ?

b. En quoi sont-elles efficaces sur le plan argumentatif ?

3 Qu'est-ce qui fait l'originalité de cet incipit par rapport aux romans traditionnels ?

CORRIGÉ p. 290

Comment s'étaient-ils rencontrés ? Par hasard, comme tout le monde. Comment s'appelaient-ils ? Que vous importe ? D'où venaient-ils ? Du lieu le plus prochain. Où allaient-ils ? Est-ce que l'on sait où l'on va ? Le maître ne disait rien ; et Jacques disait que son maître disait que tout ce qui nous arrive de bien et de mal ici-bas était écrit là-haut.

Denis Diderot, *Jacques le fataliste*, 1796.

FICHE 12 Histoire et formation des mots

Le lexique est l'ensemble des mots d'une langue. L'étude historique s'attache à montrer l'origine des mots (l'étymologie), leur formation et la manière dont ils évoluent au fil du temps.

1 L'histoire des mots

- Le lexique français vient de deux sources différentes.
- Le **fonds primitif** est constitué de mots venus :

– d'abord du latin, 80 % des mots en sont issus : *eau, feu, famille, père*, etc. ;
– du celte, langue que parlaient les Gaulois : *chêne, tonneau*, etc. ;
– du germanique que parlaient les Francs : *écharpe, gibier, hache,* etc.

- Les **emprunts** à d'autres langues ont enrichi la langue au cours des siècles :

– le grec ancien pour former le vocabulaire scientifique et philosophique ;
– l'italien surtout pour la langue artistique : *pastiche, fresque, concerto* ;
– l'arabe (*chiffre, zéro*) ;
– surtout l'anglais depuis un siècle : *paquebot, people, manager,* etc.

2 La formation des mots

- **La racine du mot** ou **radical** est l'élément de base à l'origine du mot. L'ensemble des mots qui sont formés sur un même radical est appelé **famille de mots.** Exemple : sur le radical *ban* qui désignait le territoire d'un suzerain ont été formés les mots *contrebandier, bandit, banlieue, bannir,* etc.
- Parfois, un mot de formation savante s'appuyant sur un radical grec ou latin est venu doubler un mot primitif de même origine mais dont la forme s'est modifiée : ce sont les **doublets**. *Hospitale* a donné *hôtel* (formation populaire) et *hôpital* (formation savante).
- **La dérivation** consiste à former des mots à partir d'un radical par adjonction :

– d'un **préfixe** placé avant qui change la signification du mot ; par exemple le préfixe *in* a une valeur privative ou signifie *aller dans* : *impossible, immigration*.
– d'un **suffixe** placé après qui change la catégorie grammaticale du mot, son sens ou lui donne une connotation particulière : *drôle/drôlerie, radical/radicalité/radicalisation ; fille/fillette* (diminutif).

> **Remarque**
> Cela peut donner des familles de mots complexes : ainsi dans la famille du mot *eau*, la racine latine *aqua* s'est déformée en *ev* en langue d'oïl et en *aigue* en langue d'oc et a donné *eau, évier, aiguière* mais des mots ont aussi été formés à partir de la racine initiale : *aquatique*, et de la racine grecque *hydro* qui a donné *hydraulique*.

- **La composition permet de former des mots nouveaux :**

– par **assemblage de deux mots :** *portemanteau, garde-manger* ;

– par **association** de deux racines grecques ou latines : *misanthrope* (*mis* = détester, *anthropo* = homme) = qui déteste le genre humain.

- **Quelques racines grecques et latines :**

RACINES GRECQUES		
Radical	**Sens**	**Exemple**
lâtre(tri)	médecin	pédiatrie
-algie	douleur	antalgique
anthropo-	homme	anthropologie
auto-	soi-même	autobiographie
blibli-	livre	bibliophile
bio-	vie	biologie
chrono	temps	chronologie
cratie	pouvoir	démocratie
gyn-	femme	gynécologue
log-	étude	zoologie
phil-	aimer	philanthrope
mono	seul	monarchie
proto	premier	protagoniste
RACINES LATINES		
Radical	**Sens**	**Exemple**
aqua	eau	aquatique
aud-	entendre	audition
capit-	tête	capitale
carn-	chair	carnassier
-cide	tuer	génocide
-duc	conduit	aqueduc
péd-pédo	pied	pédicure
multi-	beaucoup	multiple
prim(o)	premier	primordial
prin	premier	prince
vor-	dévorer	carnivore
sol(i)	seul	solo
sylv(i)	forêt	sylvestre

3 L'évolution des mots

- **Les changements de sens** : certains mots se renforcent ou plus souvent s'affadissent avec le temps. Ainsi au XVIe siècle *sans doute* signifiait *sans aucun doute*.
- Des mots disparaissent de l'usage courant, d'autres sont créés, **ce sont des néologismes** qui finissent par être reconnus par l'usage.

EXERCICES

1 Utilisez des préfixes pour former des mots de sens contraire. Il peut y avoir plusieurs possibilités. Classez-les par préfixe. CORRIGÉ p. 290

Utile – moral – agréable – juste – heureux – complet – normal – correct – enchanté – attentif.

2 Cherchez le maximum de mots de la famille de *caput* (la tête). CORRIGÉ p. 291

3 À partir de chacun des radicaux grecs suivants, trouvez au moins deux mots dont vous préciserez la formation et donnerez le sens. CORRIGÉ p. 291

hypo- (sous), pan- (tout), -cratie (pouvoir), -phil- (aimer), -hipp- (cheval).

4 Quel sens avaient ces mots dans la langue du XVIIe et du XVIIIe siècles ? Employez-les dans une phrase où ils auront leur sens actuel. CORRIGÉ p. 291

1. « Mais aux âmes bien nées, la <u>vertu</u> n'attend point le nombre des années. » Corneille, *Le Cid*.
2. « La <u>question</u> est une invention merveilleuse et tout à fait sûre pour perdre un innocent qui a la complexion faible, et sauver un coupable qui est né robuste. » La Bruyère, *Les Caractères*.
3. « Son pied entra fort avant dans un pot de chambre qu'on avait laissé dans la <u>ruelle</u> du lit (...) et personne ne put s'empêcher de rire, voyant le pied de métal que s'était fait le petit homme. (...) Nous le laisserons foulant l'étain d'un pied superbe pour aller recevoir un <u>train</u> de voyageurs qui entra en même temps dans l'hostellerie. » Scarron, *Le Roman comique*.
4. « Je résolus d'employer toute mon <u>industrie</u> pour la voir. » Abbé Prévost, *Manon Lescaut*.

5 Exercice bilan

CORRIGÉ p. 291

L'huître, de la grosseur d'un galet moyen, est d'une apparence plus rugueuse, d'une couleur moins unie, brillamment blanchâtre. C'est un monde opiniâtrement clos. Pourtant on peut l'ouvrir : il faut alors la tenir aux creux d'un torchon, se servir d'un couteau ébréché et peu franc, s'y reprendre à plusieurs fois. Les doigts curieux s'y coupent, s'y cassent les ongles : c'est un travail grossier. Les coups qu'on lui porte marquent son enveloppe de ronds blancs, d'une sorte de halo.

À l'intérieur, l'on trouve tout un monde, à boire et à manger : sous un *firmament* (à proprement parler) de nacre, les cieux d'en-dessus s'affaissent sur les cieux d'en dessous, pour ne plus former qu'une mare, un sachet visqueux et verdâtre, qui flue et reflue à l'odeur et à la vue, frangé d'une dentelle noirâtre.

Parfois, très rare, une formule perle à leur gosier de nacre, d'où l'on trouve aussitôt à s'orner.

Francis Ponge, « L'Huître », Le Parti pris des choses, 1942.

a. Quel suffixe retrouvez-vous dans les deux premiers paragraphes ? Quelle connotation a-t-il ? Quel rôle jouent ces caractérisations dans la description de l'huître ?

b. Cherchez le sens étymologique des mots « âtre », « firmament ». En quoi est-ce révélateur de la manière d'écrire de Ponge ?

c. En quoi le sens étymologique de « formule » éclaire-t-il la signification de la dernière phrase et par là celle du poème tout entier ?

FICHE 13 La sémantique

La sémantique regroupe tout ce qui concerne la signification des mots, leurs relations, leur sens dans un énoncé.

1 Le sens des mots

1. Monosémie/polysémie

- Un mot **monosémique** n'a qu'un seul sens. Il appartient surtout au lexique scientifique ou spécialisé : *un chevalet, spaghetti*. Il est beaucoup plus rare dans le langage courant.
- Mais la plupart des mots du langage courant ont plusieurs sens répertoriés par le dictionnaire. Ils sont **polysémiques**. Le mot *cours* peut renvoyer à l'eau courante, à l'écoulement du temps, à une période d'étude.
- Parmi les différents sens d'un mot, on distingue le **sens propre** qui est le sens premier du mot généralement concret et le **sens figuré** qui relève d'un emploi particulier plus abstrait ou imagé du mot : *bleu* au sens propre renvoie à la couleur mais il peut aussi désigner des ecchymoses ou les joueurs de l'équipe de France.

Remarque
Les différents sens d'un mot correspondent à ce qu'on appelle le **champ sémantique.**

2. Sens lexical/sens contextuel

- **Le sens lexical** d'un mot est celui donné par le dictionnaire.
- Le **sens contextuel** est celui qui est actualisé dans un énoncé. C'est par le contexte qu'on peut choisir entre les différents sens lexicaux d'un mot : *fertile* au sens propre s'emploie pour désigner une terre riche ; au sens figuré il peut avoir pour synonyme *inventif* (*une imagination fertile*). C'est le contexte qui permet de faire le bon choix.

3. Dénotation/connotation

- La **dénotation** correspond au(x) sens d'un mot répertorié(s) dans le dictionnaire accepté(s) par tous.
- La **connotation** correspond aux différentes significations supplémentaires que peut prendre un mot selon le contexte, les époques, les civilisations, les milieux sociaux. Par exemple le mot *rouge* dénote la couleur. Mais ses connotations sont multiples : la passion, la révolution, la violence, le deuil dans certaines civilisations, etc.

Attention
Ces sens ne sont pas stables. Les connotations peuvent être **appréciatives** ou **péjoratives.** Elles donnent souvent aux mots une portée **symbolique.**

2 Les relations entre les mots

- **Les synonymes** sont des mots de sens proches. La synonymie totale est très rare. Un mot polysémique peut accepter plusieurs synonymes selon le contexte. Par exemple le mot *mou* peut avoir comme synonyme *laxiste*, *moelleux*. Le synonyme peut aussi varier en intensité : *colère, fureur, rage* ou en affectivité : *homme, individu, quidam.*

• Les **hyperonymes** ou termes génériques correspondent à des mots qui ont un sens plus large : *habitation* = *maison, chalet, villa.*

• Les **antonymes sont des mots de sens contraires :** *vie/mort, fort/faible.*

• **Le champ lexical** est l'ensemble des mots qui renvoient à la même notion, au même champ d'expérience. Ils ont différentes natures grammaticales et regroupent aussi bien synonymes qu'antonymes. Plusieurs champs lexicaux se côtoient souvent dans un même texte. Leur analyse permet de trouver les thèmes du texte et leur relation.

• **Les homonymes** ont la même forme phonétique, voire orthographique (on parle alors d'homographes) mais un sens différent : *les cahots de la voiture / c'est le chaos depuis le tremblement de terre.*

• Les **paronymes** sont des mots de sonorités proches mais de sens différents : *un incident / un accident*. C'est une source d'erreur fréquente.

Remarque
Le choix d'un terme plutôt qu'un autre dans un texte littéraire mais aussi un discours politique n'est jamais anodin.

Attention
Ne confondez pas le **champ lexical** qui regroupe des mots renvoyant à la même idée et le **champ sémantique** qui correspond aux différentes significations d'un mot.

3 Les trois niveaux de langue

• On distingue par niveaux de langue différentes manières de s'exprimer à l'écrit ou à l'oral pour dire **la même chose sous des formes différentes** plus ou moins recherchées. Ils correspondent à des situations de communication différentes.

NIVEAU DE LANGUE	USAGES	EXEMPLE
Familier	• Surtout à l'oral dans un usage quotidien. • Syntaxe souvent incorrecte avec un vocabulaire simple, voire argotique.	*Je savais pas que t'allais débarquer.*
Courant	• Usage courant tant à l'écrit qu'à l'oral. • Vocabulaire usuel, syntaxe simple mais correcte.	*Je ne savais pas que tu allais venir.*
Soutenu	• Surtout à l'écrit, dans les discours officiels, les textes littéraires. • Syntaxe soignée et vocabulaire recherché.	*J'ignorais que tu venais.*

EXERCICES

1 Indiquez le sens des mots soulignés. Précisez s'il s'agit d'un emploi propre ou figuré. Faites une phrase où ces mots auront un autre sens.

CORRIGÉ p. 292

1. Les négociations de paix piétinent.
2. Depuis quelques mois les prix à la pompe flambent.
3. La chute des cours du pétrole s'intensifie.

2 Lisez ce sketch de Raymond Devos.

CORRIGÉ p. 292

J'avais dit, « pendant les vacances, je ne fais rien !... rien !... Je ne veux rien faire. » Je ne savais pas où aller. Comme j'avais entendu dire : « À quand les vacances ?... À quand les vacances ?... » je me dis : « Bon !.... Je vais aller à Caen... Et puis Caen !.... ça tombait bien, je n'avais rien à y faire. » Je boucle la valise...je vais prendre le car... je demande à l'employé :
– Pour Caen, quelle heure ?
– Pour où ?
– Pour Caen !
– Comment voulez-vous que je vous dise quand, si je ne sais pas où ?
– Comment ? Vous ne savez pas où est Caen ?
– Si vous ne me le dites pas !
– Mais je vous ai dit Caen !
– Oui !.... mais vous ne m'avez pas dit où !

Raymond Devos, *Matière à rire*, 2015.

1. Sur quel procédé reposent principalement les jeux de mots ?
2. En quoi cela contribue-t-il à la satire de la bureaucratie ?

3 Exercice bilan

CORRIGÉ p. 292

Les écrivains engagés écrivent parce que c'est plus fort qu'eux, qu'il leur faut dire ce qu'ils ont à dire. Ils ne sont pas engagés au sens où le militaire et le policier sont engagés, c'est-à-dire ont pris l'engagement d'obéir aux ordres de leur supérieur, sans les discuter et au besoin sans chercher à les comprendre, ils ne se sont pas engagés d'avance à dire ce que l'on attendait d'eux, ils ne sont pas engagés comme le sont la recrue, l'homme à gages ou le domestique, ils ne sont pas engagés comme un train est engagé sur des rails. Ils n'ont pas pris du service, mais ils ont pris feu et ils ont pris parti.

Claude Roy, *Défense de la littérature*, 1968.

a. Cherchez les sens du verbe « engager » utilisés dans l'extrait ci-dessus. Pourquoi le verbe est-il employé négativement ?

b. Qu'est-ce qui motive les écrivains engagés, selon Claude Roy ? Comment comprenez-vous les deux dernières expressions « prendre feu » et « prendre parti » ? Remplacez-les par des synonymes

CORRIGÉ 1 L'expression de la cause, p. 241

1 **1.** « Fatiguée » : participe passé apposé.

2. « Sous prétexte qu'il avait une extinction de voix » : subordonnée conjonctive.

3. « En sautant les marches quatre à quatre » : gérondif.

4. « À force de travail » : GN prépositionnel.

5. « Grâce à la gentillesse du personnel soignant » : GN prépositionnel.

2 **1.** Tu seras puni parce que tu n'as pas travaillé. Étant donné ton manque de travail, tu seras puni.

2. Comme la tempête a été violente, de nombreux arbres ont été déracinés. En raison de la violence de la tempête, de nombreux arbres ont été déracinés.

3. Comme la précédente manifestation a été marquée par des violences, le gouvernement a interdit de nouveaux rassemblements. À cause des violences de la précédente manifestation, le gouvernement a interdit de nouveaux rassemblements.

4. Puisque vous refusez de m'aider, j'abandonne le projet. À cause de votre refus de m'aider, j'abandonne mon projet.

5. Je ne vais pas faire de ski, non pas qu'il neige mais parce que je suis enrhumé. Je ne vais pas faire du ski, non à cause de la neige, qui ne tombe pas, mais à cause de mon rhume.

6. Ils ne sont pas venus, soit qu'ils n'ont pas reçu notre lettre, soit qu'ils ont eu un contretemps. N'ayant pas reçu notre lettre ou ayant eu un contretemps, ils ne sont pas venus.

7. Il n'a pas rendu son devoir sous prétexte qu'il était malade. Prétendant être malade, il n'a pas rendu son devoir.

8. Le coureur a remporté la course parce qu'il était dopé. Étant dopé, le coureur a remporté la course.

9. Comme la fillette était à bout de souffle, elle arrêta de courir. La fillette, qui était à bout de souffle, s'arrêta de courir.

3 **a.** On peut remplacer « parce que » par « sous prétexte que ». Pour insister sur la fausseté de cette assertion.

b. Oui, on pourrait remplacer par « puisque », qui montre le côté irréfutable de l'assertion.

c. La formulation de Montesquieu reste préférable car elle joue sur le parallélisme de construction avec la répétition du « parce que ».

CORRIGÉ 2 L'expression de la conséquence, p. 244

1 **1.** Il était tellement triste **que j'ai proposé de l'aider.**

2. Il suffit qu'il vienne **pour que tu sois contente.**

3. Il a beaucoup travaillé **si bien qu'il a réussi son examen.**

4. Est-il si occupé **qu'il ne puisse venir ?**

5. Il est assez grand **pour que nous lui fassions confiance.**

6. Il parle trop doucement **pour qu'on le comprenne.**

2 **1.** « Jusqu'à être à bout de souffle » : groupe infinitif prépositionnel.

2. « Si bien qu'il n'a pas pu faire sa conférence » : subordonnée consécutive.

3. « Au point de faire fuir tous les visiteurs » : groupe infinitif prépositionnel.

4. « Tellement [...] qu'il a réussi à passer l'agrégation » : subordonnée consécutive.

5. « Si bien que vous ne pouvez pas entrer » : subordonnée consécutive.

6. « Alors nous ne l'avons pas attendue. » : indépendante coordonnée par l'adverbe de liaison « alors ».

7. « Pour lui donner de la saveur » : groupe infinitif prépositionnel.

3 **1.** Oui : Il était **trop** grand **pour participer à cet atelier.**

2. Oui : Il est **suffisamment** mature **pour que nous l'invitions à participer.**

3. Non : Elle est fatiguée **si bien qu'elle a dormi tout le jour.**

4. Oui : Nous avons **tellement** travaillé **que nous sommes exténués.**

5. Non : Il suffit qu'il parle **pour que tout le monde l'écoute.**

4 **1.** Tu n'as pas travaillé si bien que tu seras puni. Tu n'as pas travaillé, c'est pourquoi tu seras puni.

2. La tempête était si violente que de nombreux arbres ont été déracinés. La tempête était d'une telle violence que de nombreux arbres ont été déracinés.

3. La précédente manifestation a été marquée par des violences de sorte que le gouvernement a interdit de nouveaux rassemblements. La précédente manifestation a été marquée par des violences, aussi le gouvernement a-t-il interdit de nouveaux rassemblements.

4. Vous refusez de m'aider de sorte que j'abandonne mon projet. Vous refusez de m'aider, donc j'abandonne mon projet.

5. Ils n'ont pas reçu notre lettre si bien qu'ils ne sont pas venus. Ils n'ont pas reçu notre lettre, c'est pourquoi ils ne sont pas venus.

6. Il était si malade qu'il n'a pu rendre son devoir. Il était malade au point de ne pas pouvoir rendre son devoir.

7. Le coureur était dopé si bien qu'il a remporté la course. Le coureur était suffisamment dopé pour remporter la course.

8. La route était déviée de sorte que je suis en retard. La route était déviée, c'est pourquoi je suis en retard.

9. Tu es sortie en silence de sorte qu'on ne t'a pas vue. Tu es sortie en silence sans te faire voir.

5 **a.** Il n'y a aucune relation de cause et de conséquence explicites.

b. « Parce que » remplace la virgule, « si bien que » remplace « et », « car » remplace « et ».

Iphis voit à l'église un soulier d'une nouvelle mode, il regarde le sien et en rougit, parce qu'il ne se croit plus habillé ; il était venu à la messe pour s'y montrer, si bien qu'il se cache ; parce que le voilà retenu par le pied dans sa chambre pour le reste du jour. Il a la main douce car il l'entretient avec une pâte de senteur [...].

c. On pourrait mettre en valeur le lien consécutif entre « une nouvelle mode et regarde le sien » « si bien qu'il regarde le sien et qu'il en rougit. »

d. Les choix de La Bruyère renforcent l'humour du texte en créant un décalage humoristique entre l'effet et la cause marqués implicitement par la juxtaposition ou la coordination.

CORRIGÉ 3 L'expression du but, p. 247

1 **1.** « Qui ait une piscine » : proposition relative.

2. « Pour que les étudiants puissent le comprendre et qu'ils aient le temps de prendre des notes » : deux subordonnées finales introduites par « *pour que* » et « *que* ».

3. « Afin que chacun en ait un exemplaire » : subordonnée finale.

4. « De crainte d'une reprise des hostilités » : GN prépositionnel.

5. « De peur qu'il ne pleure » : subordonnée conjonctive finale.

2 **1.** Conséquence : Ses parents ont tellement travaillé **qu'ils ont pu lui offrir un bel avenir.**

2. But : Il fait son possible **pour que tout le monde s'entende.**

3. Conséquence : Elle est drôle **si bien qu'elle fait rire tout le monde.**

4. But : Elle fait des courses **de peur de manquer de provisions.**

5. But : J'ai rangé les bouteilles **afin qu'elle ne puisse pas les atteindre.**

6. Conséquence : Il est tellement étourdi **qu'il a oublié son cartable.**

7. But : Il vient la voir **de crainte qu'elle se sente seule.**

3 **1.** « Pour ne plus souffrir, il a pris une aspirine. » Impossible d'utiliser une subordonnée conjonctive en raison de l'obligation d'utiliser un groupe infinitif quand les deux sujets sont identiques.

2. « Le professeur a expliqué la difficulté pour être compris. » *Idem.*

3. « Au lieu du train nous prendrons l'avion pour arriver plus vite. » *Idem.*

4. « La jeune fille s'était maquillée pour que personne ne la reconnaisse / pour ne pas être reconnue. »

5. « Je désire un plat qui ne contienne pas de gluten / sans gluten. »

6. « Je vais vous faire un plan pour que vous ne vous perdiez pas / Je vais vous faire un plan pour vous éviter de vous perdre. »

4 **1.** Non je préfère un appartement qui soit orienté au sud.

2. Non je cherche une traduction qui soit fidèle.

3. Je voudrais faire des études qui me permettent de m'accomplir et d'être autonome.

5 **a.**

– « Pour t'empêcher de courir au trépas » : groupe infinitif prépositionnel.

– « Pour m'ôter à Don Sanche » : groupe infinitif prépositionnel.

– « Pour m'affranchir d'une condition » : groupe infinitif prépositionnel.

b.

– « Pour que cela t'empêche de courir au trépas. »

– « Pour que j'échappe à Don Sanche » : obligation de changer le sujet pour faire une subordonnée.

– « Pour que je sois affranchie d'une condition » : *idem*.

c. Chimène, après avoir mentionné la finalité non choisie par Rodrigue, combattre pour son seul honneur, lui en propose deux autres qui reviennent à une seule : se battre pour éviter qu'elle ne devienne l'épouse de Don Sanche à l'issue du combat.

CORRIGÉ 4 L'opposition et la concession, p. 250

1 **1.** « Bien qu'il pleuve » : subordonnée conjonctive circonstancielle de concession.

2. « Quand bien même elle partirait » : subordonnée conjonctive circonstancielle de concession.

3. « Sans y être invitée » : groupe infinitif, concession.

4. « Malgré les reproches de son père » : groupe nominal prépositionnel, concession.

5. « Tout malade qu'il est » : subordonnée conjonctive circonstancielle de concession.

2 **1.** Bien que très âgée, elle est encore très dynamique. Malgré son grand âge, elle est encore très dynamique.

2. Même s'il est enrhumé, il travaille toujours autant. En dépit de son rhume, il travaille autant.

3. Quoique je sois majeur, mes parents m'interdisent encore de sortir le soir. Mes parents m'interdisent encore de sortir le soir, cependant je suis majeur.

4. Bien que son propriétaire ait menacé de le poursuivre en justice, il ne paie toujours pas son loyer. En dépit des menaces de son propriétaire de le poursuivre en justice, il ne paie toujours pas son loyer.

3 **1.** Elle avait promis de venir me voir bien qu'elle habitât très loin.

2. Bien qu'il y ait de nombreuses recherches sur cette maladie, on n'a toujours pas trouvé de vaccin.

3. Le film a reçu de mauvaises critiques en dépit de ses qualités indéniables.

4. Les voleurs lui ont pris son sac même si elle s'est défendue avec courage.

5. Ils se sont mariés il y a deux mois, pourtant personne n'en a rien su.

4 a.

– « Pourtant rien moins qu'agreste » adverbe de liaison + subordonnée circonstancielle de concession elliptique du verbe ;

– « mais » conjonction de coordination marquant l'opposition ;

– « bien que né » subordonnée circonstancielle de concession elliptique du verbe.

b. Il y a une opposition entre les deux portraits de la mère et du père qui ont des attitudes opposées face à la nature. Elle se double d'une autre opposition interne chez chaque personnage qui, elle, relève de la concession : la mère urbaine éprouve des élans envers la nature alors que le père d'origine rurale s'en tient à l'écart. Il y a une autre opposition dans le portrait de la mère entre la vigueur de l'élan et son aspect conventionnel.

ORRIGÉ 5 L'expression de la condition, p. 254

1 1. « En cas de collision » : GN prépositionnel.

2. « Qui ne connaîtrait rien à l'économie » : proposition relative à valeur conditionnelle.

3. « Pourvu qu'il soit rentré de vacances » : subordonnée conjonctive.

4. « Seriez-vous le seul à le dire » : proposition indépendante au conditionnel.

2 1. « Invitiez » : indicatif imparfait

2. « Seriez » : conditionnel présent.

3. « Se démocratise » : indicatif présent.

4. « Désobéirait » : conditionnel présent.

5. « Aurait mérité » : conditionnel passé.

3 1. Introduit une subordonnée conditionnelle.

2. Adverbe interrogatif qui introduit une subordonnée interrogative indirecte.

3. Fait partie de la locution conjonctive « si… que » et introduit une subordonnée de conséquence.

4. Fait partie de la locution conjonctive « si… que » et introduit une subordonnée de concession.

5. Introduit une subordonnée d'opposition.

6. Adverbe d'affirmation.

7. Introduit une subordonnée causale.

4 a. Le thème est l'esclavage et le propos est la justification de l'esclavage.

b. Dans la subordonnée de condition le verbe « j'avais à » est à l'imparfait de l'indicatif. Si l'on s'en tient à une lecture littérale, la valeur du verbe serait un potentiel, condition non encore réalisée mais possible dans le futur. Cependant étant donné la personnalité de Montesquieu, philosophe des Lumières et esprit éclairé, il semble pour le moins curieux qu'il ait soutenu la thèse des esclavagistes, ce qui oblige à relire l'ensemble du texte et à réviser la valeur de cet imparfait. Celui-ci a la valeur d'un irréel du présent, c'est-à-dire une condition non réalisée dans le présent mais également irréalisable dans le futur étant donné les positions idéologiques de l'auteur.

c. Ainsi la tonalité ironique est d'emblée installée par ce système hypothétique. La phrase fonctionne comme une antiphrase. Cette interprétation est d'ailleurs corroborée à la lecture du premier argument proposé. Celui-ci pose des faits vrais : l'extermination des Indiens d'Amérique par les Européens et exploitation des terres par les esclaves africains, étant donné l'absence de main-d'œuvre locale. Mais c'est le lien de causalité entre les deux faits qui pose problème : Montesquieu semble justifier la traite des Noirs par l'extermination des Indiens, donc une barbarie par une autre barbarie, le génocide ce qui invalide bien évidemment le raisonnement

CORRIGÉ 6 L'expression de la comparaison, p. 256

1 1. « Aussi vaniteux que » : subordonnée circonstancielle de comparaison. « Il est vaniteux comme son cousin germain. » : idem.

2. « Jamais autant ri de ma vie que ce soir-là » : subordonnée circonstancielle de comparaison.

3. « D'autant plus besoin de ciel bleu et de soleil qu' » : subordonnée circonstancielle de comparaison.

4. La voiture diesel pollue « plus que la voiture à essence » : subordonnée circonstancielle de comparaison. « La voiture diesel est plus polluante que la voiture à essence » : complément de l'adjectif au comparatif.

5. « Pareil à son père » indépendante elliptique. « Comme son père, il rafle tous les prix en compétition » : GN CC de comparaison.

6. Autant il excelle en sport, autant il néglige ses études. Indépendantes construites sur un parallélisme. « Il excelle en sport autant qu'il néglige ses études » : subordonnée circonstancielle de comparaison.

2 a. Le premier tercet comporte deux subordonnées conjonctives circonstancielles de comparaison dont la dernière est elliptique du verbe. Dans le second tercet on relève trois comparaisons, une par vers, exprimées par trois subordonnées de comparaison toutes elliptiques du verbe.

b.

Comparé	Comparant
« Le séjour qu'ont bâti mes aïeux »	« Des palais romains le front audacieux »
« L'ardoise fine »	« Le marbre dur »
« Loir gaulois »	« Tibre latin »
« Petit Liré »	« Mont Palatin »
« Douceur angevine »	« L'air marin »

On remarque une opposition entre le langage noble pour caractériser Rome et la simplicité angevine (« séjour » / « palais », « marbre dur » / « ardoise fine », « la Loire » / « le Tibre », « l'air marin » / « la douceur angevine ») dont les termes soulignent la douceur, la finesse ; on peut remarquer que dans leur majorité ils sont féminins, manière de connoter le lien filial à la terre maternelle et à la famille (aïeux).

c. À travers ce système comparatif s'exprime nettement la préférence de du Bellay pour son Anjou natal : si le pays natal est moins beau et moins noble que Rome connotée par la splendeur des bâtiments et la noblesse des matériaux, il est plus cher au cœur du poète.

CORRIGÉ 7 La syntaxe de la phrase négative, p. 258

1 **1.** Négation totale.

2. Négation partielle portant sur le COD « preuve ».

3. Négation partielle portant sur le CC de lieu « (quelque) part ».

4. Négation partielle portant sur le CC de temps « dimanche ».

2 **1.** Dans le jardin, il **n'**y a **ni** pommes, **ni** poires, **ni** raisins.

2. Il **n'**était **pas** présent à la réunion, le directeur **non plus**.

3. Nous **n'**étions **pas** souvent partis pendant les vacances. Nous **n'**étions **jamais** partis pendant les vacances.

4. Je **ne** connais **pas** bien la région.

5. Il **ne** reste **plus** de miettes de pain.

6. Nous **ne** doutons **pas** que vous puissiez nous aider.

7. Il **ne** faut **pas** freiner dans un virage.

3 **1.** « Ne » explétif.

2. « Ne » négatif.

3. « Ne » négatif.

4. « Ne » explétif.

5. « Ne » négatif.

4 **a.** « **Ne** m'interrogez **point** » : locution négative « ne... point » portant sur l'action globale.

« **Ne** craignez... **que** mon indifférence » : « ne... que » valeur restrictive.

« Que je me taise » : négation lexicale = « ne pas dire ».

« Que je **ne** t'adore » : « ne » explétif après un verbe de doute.

« **Non** » : négation catégorique.

b. Les interlocuteurs sont dans une relation conflictuelle : Sylvia déguisée en Lisette, sa servante, ne veut pas avouer ses sentiments à Dorante le seigneur qui est censé l'épouser en tant que maîtresse (rôle que joue sa servante) et qui met en doute la véracité de son amour, sous-entendant que les sentiments d'une soubrette lui importent peu. Dorante s'insurge contre cette posture dans l'interrogative au style très soutenu.

CORRIGÉ 8 Les valeurs sémantiques de la négation, p. 261

1 **1.** La négation peut porter sur le verbe « intervenir », sur le sujet « la police » ou le CC de temps « demain » selon que le propos est « n'interviendra pas » ou « demain » en fonction de la question qui correspond au thème « Que fait la police demain ? La police intervient-elle demain ? Quand la police n'intervient-elle pas ? »

2. La négation peut porter sur les quatre éléments : le sujet « les enfants », le verbe « s'arrêter », le GN CC de temps « à l'appel de leurs parents », le CC de lieu « devant la porte du jardin ».

3. La négation peut porter sur les quatre éléments : le sujet « la réunion », le verbe « a eu lieu », le CC de temps « hier », le CC de cause « faute de participants ».

4. La négation peut porter soit sur l'ensemble de la phrase : personne n'est arrivé, soit sur le déterminant indéfini « aucun ».

5. Soit la négation porte sur l'ensemble de la phrase : « personne ne viendra à la réception » soit sur « tous » et le sens est alors : « Les invités ne viendront pas tous à la réception. »

2 **1.** « Il est impensable de continuer ainsi » : adjectif avec préfixe négatif.

2. « Acceptez la main tendue » : antonyme.

3. « Il nie avoir participé à la manifestation » : antonyme.

4. « Il déteste la polémique » : antonyme.

3 **1.** Il est parti sans une hésitation.

2. Il ne reste plus aucune place libre.

3. Ne croyez-vous pas que cela ne servira à rien ?

4. Je ne déteste pas les anticonformistes.

4 **a.** Pangloss construit son raisonnement sur un enchaînement de cinq subordonnées de condition au plus-que-parfait dépendant d'une courte principale au conditionnel passé, ce qui devrait correspondre à un irréel du passé (conditions non réalisées qui n'ont pas permis la réalisation escomptée d'une situation) mais comme toutes ces propositions sont négatives, la double négation aboutit à une affirmation. Ces conditions réalisées ont permis la situation présente : « mang[er] » des cédrats confits et des pistaches ».

b. Ce raisonnement est inepte, ces cinq subordonnées correspondent à autant d'expériences dramatiques vécues par Candide au cours de son périple : son bannissement du château de Thunder-ten-Tronckh, son procès devant l'Inquisition, son voyage en Amérique, le meurtre du baron, la perte de richesses rapportées de l'Eldorado, représentée par l'euphémisme « perdre ses moutons » qui aboutissent à une conséquence dérisoire : manger des cédrats et des pistaches. De plus, par cet enchaînement, Pangloss confère à des événements relevant du plus grand des hasards une causalité qui relève d'une intention supérieure, celle de Dieu.

Voltaire s'en prend une nouvelle fois à la philosophie optimiste de Leibniz qui veut que tout malheur ne peut à long terme qu'aboutir à un bonheur car tout vient de Dieu et Dieu qui est bon ne peut vouloir que le bonheur des hommes. Mais malicieusement, la cascade de causalités malheureuses aboutit à un bonheur ridicule et dérisoire, ce qui rend la démonstration ridicule.

La dernière réplique de Candide, qui conclut le conte, oppose la parole vaine du philosophe à l'action « dire / cultiver notre jardin », la brièveté de son discours s'opposant à la logorrhée du philosophe. Le discours de Pangloss sur le plan formel est bien construit mais vide de sens alors que Candide se tourne vers une activité constructive pour le bien de toute la petite communauté.

RRIGÉ 9 La phrase interrogative, p. 264

1 **1.** Interrogation partielle. Registre soutenu.

2. Interrogation partielle. Registre familier.

3. Interrogation partielle. Registre soutenu.

4. Interrogation partielle. Registre soutenu.

5. Interrogation totale. Registre soutenu.

2 **1.** Registre soutenu : inversion du sujet.

2. Registre familier : pas d'inversion du sujet.

3. Registre courant : emploi de la locution « est-ce que ».

4. Registre soutenu : inversion du sujet.

5. Registre courant : emploi de la locution « est-ce que ».

6. Registre soutenu : inversion du sujet.

7. Registre familier : pas d'inversion du sujet.

3 **1.** « Par quel train est-ce que tu arrives ? Par quel train arrives-tu ? » : adverbe interrogatif.

2. « Qu'est-ce qu'il apporte ? Qu'apporte-t-il ? » : adverbe interrogatif.

3. « Rendez-vous où ? Où avons-nous rendez-vous ? » : adverbe interrogatif.

4. « Quand l'ouragan doit frapper l'île ? Quand l'ouragan doit-il frapper l'île ? » : adverbe interrogatif.

5. « Pourquoi est-ce qu'Éric a pris cette initiative ? Pourquoi Eric a-t-il pris cette initiative ? » : adverbe interrogatif.

4 1. Quand ces élèves respecteront-ils les consignes ?

2. Où ai-je pu ranger mon sac ?

3. Les candidats sont-ils prêts ?

4. Pourquoi me demandes-tu mon avis ?

5 a. Le poème de Verlaine est composé de trois strophes :

- la première strophe comporte trois phrases : une phrase impérative, une déclarative et une interrogative ;
- la deuxième strophe comporte deux phrases de modalité interrogative ;
- la troisième strophe comporte deux phrases de modalité exclamative, puis impérative à valeur de conseil.

Verlaine utilise toute la gamme des modalités pour varier son art poétique : du rejet au questionnement puis au conseil au futur poète.

b.

- La modalité interrogative de la première strophe est une interrogation partielle exprimée par l'adverbe interrogatif « où ». Sa syntaxe est relâchée avec le rejet en fin de vers de « jusqu'où ».
- Les deux modalités interrogatives suivantes sont également partielles, introduites par le pronom interrogatif « qui » et l'adjectif interrogatif « quel » mais leur syntaxe et correcte et leur registre de langue soutenu. Cela produit un effet de contraste avec la brutalité de la première strophe.

c. Les modalités interrogatives sont associées au champ lexical de la rime. Celle-ci est dépréciée dans la première strophe par l'utilisation d'une syntaxe fautive « tords-lui son cou » « elle ira jusqu'où ? » ; dans la seconde par l'emploi de caractérisations dépréciatives : « sourd », « fou », « d'un sou », « faux et creux ».

Verlaine rejette la poésie qui s'appuie sur l'éloquence et la rime au profit d'une poésie qui s'appuie sur la musicalité du vers.

CORRIGÉ 10 L'interrogation indirecte, p. 267

1 1. Interrogation partielle : « quand » adverbe interrogatif.

2. Interrogation totale : « si » adverbe interrogatif.

3. Interrogation partielle : « ce que » pronom interrogatif.

4. Interrogation partielle : « quelle » adjectif interrogatif.

5. Interrogation partielle : « que » pronom interrogatif.

2 **1.** Il demande s'il y a encore des places disponibles.
2. Pierre se demandait s'il devait partir ou non.
3. Tout le village se demandait qui était le gagnant du loto.
4. Sais-tu comment tu iras à l'aéroport ?
5. Je ne sais pas ce qui la rend triste.

3 **1.** Dois-je rester ?
2. Combien ai-je eu ?
3. Viens-tu ?
4. Pourquoi ne veut-il pas venir ?
5. « Pourquoi es-tu en retard ? », demande le professeur.
6. Sont-ils d'accord ?

4 **1.** « Viendrait » : conditionnel présent ; valeur de futur dans le passé.
2. « Avait bien pu » : plus-que-parfait de l'indicatif ; faits présentés comme réels.
3. « Feriez » : conditionnel présent ; valeur d'hypothèse.
4. « Répondre » : infinitif ; valeur de doute.

5 **a.** Voltaire utilisait des pseudonymes pour signer ses contes qu'il qualifiait de « fadaises ». Mais en même temps, il écrivait dans une lettre du 9 janvier 1773 : « C'est par le plaisir qu'on vient à bout des hommes. » Pour faire passer ses idées, l'argumentation indirecte, qui cherche à instruire de manière plaisante par le détour de la fiction, serait-elle plus efficace que l'argumentation directe ?
b. Le peintre Fernand Léger affirme que « Si chaque époque invente sa beauté, nous devrions être davantage touchés par des œuvres qui nous sont contemporaines que par celles du passé. » L'attrait pour les œuvres d'art contemporaines serait-il plus puissant parce qu'elles correspondent mieux aux conceptions esthétiques de notre époque ? Nous pouvons nous demander si l'attrait pour les œuvres contemporaines n'est pas plus puissant que pour les œuvres du passé parce qu'elles correspondent mieux aux conceptions esthétiques de notre époque.

CORRIGÉ 11 Rhétorique et modalité interrogative, p. 270

1 **a.** Le poème de Victor Hugo commence par une triple interrogation qui coïncide avec les trois premiers vers. Chaque question est construite de la même manière à partir du même adverbe et du même verbe « où vont » (sous-entendu dans les deux derniers vers) et oppose le début du vers qui connote la jeunesse et la douceur avec les trois expansions relatives qui terminent les vers et qui sont dépréciatives. Cette construction met en valeur les contradictions entre la nature des êtres, leur jeunesse et leur innocence, et leur situation malheureuse.
b. Le fait de poser les questions invite le lecteur à s'interroger sur ce qui explique la situation malheureuse de ces enfants avant d'apporter la réponse. Cela crée un effet

de suspens qui contribue à mettre en valeur le verbe « ils travaillent » qui est le thème du poème. Le propos, lui, est posé dans l'interrogation : la condition malheureuse. La thèse est donc que le travail des enfants les rend malheureux. Ces questions contribuent à entraîner l'adhésion du lecteur qui ne peut être que choqué par cette situation malheureuse.

2 **a.** Diderot pose quatre questions. Les trois premières sont des questions rhétoriques auxquelles on ne peut pas apporter de réponses logiques et recevables ; elles mettent en évidence le caractère arbitraire de l'esclavage et de la colonisation. La quatrième est une interrogation qui porte sur un raisonnement hypothétique qui oblige le lecteur européen à se mettre à la place du colonisé et qui ne peut provoquer que honte et indignation.

b. Les interrogations oratoires sont utilisées par Diderot pour marquer son indignation et obliger le lecteur à adopter sa position face à l'esclavage et le colonialisme qui reposent sur l'arbitraire et l'injustice.

3 Cet incipit confronte le lecteur à une série de questions qui sont précisément celles dont il attendrait normalement des réponses en début de roman. Elles sont au nombre de cinq et portent sur : les circonstances de la rencontre, l'identité, l'origine du déplacement, la destination et le contenu du dialogue.

Elles sont suivies de réponses qui ne sont pas satisfaisantes. La 1re souligne le côté fortuit de toute rencontre. La 2e est elle-même une question qui ridiculise la curiosité du lecteur. La 3e et la 4e n'apportent aucune information, la dernière soulignant même l'ineptie de la question. Seule la dernière comporte du contenu dans un double discours indirect.

Cette série de questions semble faire référence à une rencontre passée entre trois personnes mais sans donner d'informations. Nous est donnée seulement la relation de soumission entre Jacques et son maître puisque le premier ne fait que répéter les paroles du second.

Cependant, d'emblée, *l'incipit* propose une réflexion philosophique sur les notions de hasard (une occurrence et l'allusion aux errances des personnages) et de déterminisme à travers l'affirmation du maître reprise en style indirect par le valet. Ces deux notions s'opposent à la liberté du narrateur qui s'affirme par sa volonté de ne donner aucune des informations qu'on serait en droit d'attendre d'un *incipit* normal. Ce qui nous donne un *incipit* très déroutant mais qui met en valeur les deux caractéristiques du roman : forme décousue et déceptive du récit et interrogation philosophique sur la liberté et le déterminisme.

CORRIGÉ 12 Histoire et formation des mots, p. 272

1 – Préfixe a- : amoral, anormal.

– Préfixe mal- : malheureux.

– Préfixe dés- : désenchanté, désagréable.

– Préfixe in- : inutile, injuste, incomplet, incorrect, inattentif.

2 Famille de mots issus de « *caput* » (la tête) : radical cap (i) : capitale, capitaine, capitalisme, capitaliser, mais aussi par déformation de la racine latine : chef, cheftaine, couvre-chef.

3 – Hypo- (sous) : hypo + tension = tension en dessous de la normale ; hypo + thermie= température en dessous de la normale.

– Pan- (tout) : pan + théisme = doctrine selon laquelle tout est dans Dieu, pan + acée= remède universel.

– -cratie (pouvoir) : démo-cratie, aristo-cratie, théo-cratie.

– -phil- (aimer): anglo + phile = qui aime les Anglais ; phil + atélie = art de collectionner les timbres ; hydro + phile = qui absorbe l'eau.

– Hipp(o) : hippo + campe = cheval recourbé ; hippo + potame = cheval du fleuve ; hippo + drome = terrain de courses équestres.

4 **1.** Vertu = force, énergie ; « J'aime mieux un vice commode qu'une fatigante vertu. » Molière, *Amphitryon*.

2. Question = torture ; « Réponds à ma question sur le champ. »

3. Ruelle = l'espace entre le mur et le lit ; « Je circulais dans une ruelle étroite et sale. ».

Train = ensemble des domestiques, chevaux, voitures, accompagnant une personne de haut rang ; « Le train entra en gare avec une heure de retard. »

4. Industrie = savoir-faire ; «L'industrie textile a des conséquences importantes sur l'environnement.»

5 **a.** Dans les deux premiers paragraphes du poème, on trouve quatre fois le suffixe « -âtre » : « *blanchâtre* », « *opiniâtrement* », « *verdâtre* », « *noirâtre* ». Il donne aux trois adjectifs et à l'adverbe une connotation péjorative. Les deux adjectifs « *blanchâtre* » et « *noirâtre* » sont tous deux associés à des mots à connotation positive « *brillamment* » et « *dentelle* » pour créer des expressions à valeur d'**oxymore**, c'est une manière de mettre en avant la nature paradoxale de l'huître à la fois attirante et répulsive, ce que souligne aussi l'expression « *à boire et à manger* ». Quant à « *opiniâtrement* », il modifie l'adjectif « clos » qui caractérise le nom « *monde* ». L'expression renvoie à la nature du mollusque qui résiste à toute tentative d'ouverture.

b. Le mot « *âtre* » homonyme du suffixe «*-âtre* » désigne le foyer mais il vient d'un mot latin qui signifie coquille ! Le mot « firmament » qui signifie « cieux, voûte céleste » vient du latin *firmare* qui voulait dire « rendre ferme » et associé au mot « nacre » s'oppose à la mare, au sachet visqueux. On retrouve l'ambivalence de l'huître à la fois ferme par sa coquille et molle et visqueuse par le mollusque à proprement parler. On voit à travers ces analyses la manière dont Francis Ponge joue avec les mots, leur sens étymologique et actuel pour rendre compte de la « chose » dont il veut parler.

c. Le mot « *formule* » étymologiquement désigne une petite perle et c'est ce sens étymologique qu'il faut prendre en compte pour comprendre la dernière phase du poème. L'huître parfois (très rarement) sécrète une perle fine qui sera utilisée comme bijou. Mais en même temps, le sens moderne de « *formule* » fait allusion à la parole ou à l'expression, tout comme le mot « *gosier* ». Cela permet aussi d'activer un sens figuré de

« *perle* » qui est celui d'une « *erreur grossière* » dans un texte. Le verbe « *orner* » peut aussi renvoyer aux figures de rhétorique dont on disait qu'elles étaient les ornements du discours. Il y a donc des analogies entre le texte et l'huître, un poème en prose peut être tout comme l'huître d'un abord difficile, un « *monde opiniâtrement clos* » mais si l'on s'obstine, on peut l'ouvrir pour y découvrir tout un monde et même une perle. Ce poème en prose est donc un mode d'emploi de sa propre lecture.

CORRIGÉ 13 La sémantique, p. 276

1 **1.** Le sens propre de « piétiner » correspond à marcher quasiment sur place, taper le sol avec ses pieds à plusieurs reprises. Ici le verbe est employé au sens figuré de « ne pas progresser ».

2. Le sens propre de « flambent » est « brûler fort ». Dans cette phrase, le verbe est utilisé au sens figuré de « augmenter beaucoup ».

3. Le mot « chute » au sens propre signifie « l'action de tomber ». Ici le mot est employé dans son sens figuré de « baisse rapide et forte ».

2 **1.** Le sketch de Raymond Devos repose essentiellement le calembour. Il joue sur l'homophonie entre Caen, la ville normande, et « quand », conjonction de coordination ou adverbe interrogatif. Le jeu de mots est renforcé par le fait que « Caen » désigne un lieu alors que « quand » interroge sur le temps, ce qui permet de prolonger le **quiproquo**.

2. Ce calembour sert la satire de la bureaucratie en mettant en scène un fonctionnaire obtus qui s'enferme dans ce quiproquo sans chercher à comprendre l'usager qui lui fait face.

3 **a.** Le verbe « engager » est pris dans différentes acceptions dans cet extrait :

- au sens de « qui prennent position pour défendre une cause » dans le GN « les écrivains engagés » l. 1 ;

- au sens de « prêter serment d'agir selon un règlement » dans la proposition « les militaires et le policier » l. 2 ;

- au sens « d'embaucher » c'est-à-dire payer pour faire quelque chose « comme la recrue, l'homme à gages, ou le domestique » l. 4 ;

- au sens « s'engager dans un espace étroit » : « comme un train est engagé sur des rails » l. 6.

Le verbe conjugué ou le participe passé est toujours employé négativement sauf dans la première expression car selon Claude Roy ce sont justement ces formes d'engagement que ne doit pas suivre l'écrivain engagé, il ne doit être ni un soldat qui obéit sans discuter quoi qu'on lui demande, ni quelqu'un qui tire un profit de son travail, ni un instrument au service de quelqu'un ou d'une idée.

b. Les écrivains engagés selon Claude Roy sont poussés par une force, une urgence à laquelle ils ne peuvent résister et qui les force presque malgré eux à utiliser leur plume au service d'une cause. Ils « prennent feu » c'est-à-dire s'enflamment, se passionnent pour une idée ou une cause, ils « prennent parti » c'est-à-dire qu'ils ne restent pas dans un entre-deux mais choisissent un camp. Comme exemple d'écrivain engagé, on peut citer Victor Hugo et sa lutte contre le Second Empire ou Zola qui avec « J'accuse » prend fait et cause pour Dreyfus injustement condamné pour trahison, ou Sartre qui, toute sa vie, quelles que soient les tragiques erreurs du Parti communiste, l'a soutenu jusqu'au bout y compris dans son aveuglement envers les crimes de l'Union soviétique ou des Khmers rouges au Cambodge.

Cahier Spécial BAC

Aborder le français en Première

1 Ce qui vous attend en Première

La classe de Seconde vous a initié à votre nouvelle vie de lycéen. Vous savez que vous devez manifester autonomie, efficacité, exigence, tout en développant votre culture et vos compétences à l'écrit comme à l'oral. Pour y parvenir, un seul mot d'ordre : le **travail**, régulier, approfondi, méthodique.

1. Des objectifs et des compétences approfondis

- Développer votre **culture littéraire et artistique** grâce notamment à l'apprentissage de l'histoire des arts.
- Développer votre **conscience esthétique**, ce qui vous permettra d'apprécier les œuvres, d'analyser les émotions qu'elles procurent et d'en rendre compte à l'écrit comme à l'oral.
- Continuer l'**étude de la langue**, comme instrument privilégié de la pensée, comme moyen d'exprimer sentiments et idées, comme possibilité d'exercer votre créativité. Voir p. 239
- Former votre **jugement** et votre **esprit critique**.
- Acquérir une attitude **autonome** et **responsable**, notamment en matière de recherche d'information et de documentation, et utiliser de façon raisonnée les technologies de l'information et de la communication (Internet).

2. Objectif bac !

Le travail sur les objets d'étude, les œuvres intégrales imposées, les œuvres et parcours associés

En classe de Première, plus encore qu'en Seconde, vous aurez comme perspective les épreuves anticipées de Français au bac que vous passerez en juin et début juillet.

Vous approfondirez les objets d'étude abordés en Seconde qui s'intéressent à la fois aux grands genres et à l'histoire littéraire, avec un programme d'œuvres imposées.

- **Poésie**

Période : du XIXe siècle à nos jours

Corpus :
– 1 œuvre intégrale + 1 parcours associé
– lecture cursive d'un recueil d'un siècle différent ou d'une anthologie poétique

• Théâtre

Période : du XVIIe siècle à nos jours

Corpus :

- 1 œuvre intégrale + 1 parcours associé
- lecture cursive d'une pièce de théâtre d'un siècle différent

• Roman et récit (récit entendu au sens large : roman, nouvelle, récit de voyage, récit biographique, journal...)

Période : du Moyen Âge à nos jours

Corpus :

- 1 œuvre intégrale + 1 parcours associé
- lecture cursive d'un roman ou d'un récit long d'un siècle différent

• Littérature d'idées (littérature d'idées entendu au sens large : non fictionnel et fictionnel à visée argumentative)

Période : du XVIe siècle au XVIIe siècle

Corpus :

- 1 œuvre intégrale + 1 parcours associé
- lecture cursive d'une œuvre d'un siècle différent ou d'une anthologie de textes relevant de la littérature d'idées

Les épreuves

Vous travaillerez en séquences les épreuves de l'examen.

• À l'écrit, coefficient 5

Pour les sections générales, au choix :

- le commentaire
- la dissertation

Pour les sections technologiques, au choix :

- le commentaire
- la contraction de texte suivie d'un essai

• À l'oral, coefficient 5

L'interrogation porte sur le travail de l'année.

L'épreuve se déroule en deux temps après une préparation de trente minutes :

- lecture du texte, explication linéaire, question de grammaire durant 12 minutes (noté sur 12) ;
- entretien de 8 minutes (noté sur 8).

Le jour du bac

• Tenue, matériel et comportement

– Habillez-vous correctement, dans des vêtements sobres, où vous êtes à l'aise mais sans désinvolture ni laisser-aller. Soyez à l'heure.

– N'oubliez pas votre convocation, votre pièce d'identité, et, pour l'oral, votre récapitulatif, vos manuels, œuvres intégrales et documents photocopiés dans un porte-vues en **double exemplaire**, un pour vous, un pour le jury. Apportez de quoi écrire et de quoi effacer. Brouillon et copie sont fournis.

– Prévoyez de quoi vous restaurer ; l'épreuve écrite est longue, l'attente dans les couloirs lors de l'oral aussi.

• Comportement

– Dans la salle d'examen, éteignez votre portable. Il ne peut servir de montre. Vous aurez donc à porter cet accessoire antédiluvien non connecté, bien sûr.

– À l'oral, soyez polis, souriants. Établissez un contact avec votre interlocuteur, regardez-le. N'hésitez pas à faire répéter une question mal comprise. Ne lisez pas vos notes. Développez vos réponses dans le cadre de l'entretien où l'on attend de vous culture, réactivité, preuves de votre intérêt et de votre curiosité intellectuelle.

> **Remarque**
> Les examinateurs sont à la fois exigeants et bienveillants.

• Trucs et astuces

– **Comprendre le sujet : lisez-le** plusieurs fois et recopiez-le sur votre brouillon. **Définissez** tous les mots et **relevez** les connecteurs logiques. Soyez attentif aux consignes, contraintes et attentes de l'exercice. Précisez la **problématique** à dégager de l'exercice, du texte proposés.

– Soyez attentif au temps. Minutez préparation, rédaction à l'écrit, prestation orale.

2 Conseils généraux

1. Comment travailler efficacement en cours ?

– Soyez attentif.

– Participez activement.

– Soignez la prise de notes.

2. Comment travailler efficacement en dehors des cours ?

• Anticiper et s'organiser

– Votre agenda est toujours à jour, consultez-le constamment avec le cahier de textes numérique mis en ligne par votre professeur sur le site du lycée.

– Ne faites jamais votre travail du jour au lendemain, sauf si, par exception, c'est exigé par le professeur. Imposez-vous un planning ou un programme, une grille de répartition hebdomadaire du travail.

– Imposez-vous des objectifs clairs, réalistes, des échéances.

• Acquérir et approfondir des méthodes

– Appropriez-vous et révisez régulièrement la méthode donnée par le professeur pour les exercices type-bac : explication linéaire, commentaire, dissertation…

– Consultez et appliquez systématiquement ces conseils méthodologiques au moment d'effectuer le travail demandé.

• Mémoriser

– Les cours doivent être appris et mémorisés progressivement. Pour cela, relisez, précisez, éventuellement corrigez, et révisez le soir les notes prises dans la journée.

– En fin de semaine, relisez l'ensemble, appropriez-vous les **plans** des cours, celui des lectures analytiques, commentaires de texte ou dissertations par exemple.

• Le travail d'équipe et le travail personnel

– N'hésitez pas à discuter avec vos camarades pour comprendre un sujet, réunir de la documentation, réfléchir à des problématiques, préparer un oral.

– Complétez le cours par des recherches personnelles. Votre professeur ne peut diffuser, dans le cadre étroit des horaires, toutes les connaissances attendues d'un élève de Première. À vous d'assimiler un indispensable panorama d'histoire littéraire, la biographie des auteurs, les caractéristiques détaillées d'un mouvement artistique.

– Approfondissez votre culture, développez votre sensibilité autant que votre sens critique : lisez des revues, fréquentez assidûment les expositions artistiques, les musées, les salles de théâtre ou de cinéma, faites un usage raisonné de la télévision et d'Internet.

3 Réussir l'épreuve le jour J

1. Comprendre le sujet

- **Pour le cerner :**
- Lisez-le plusieurs fois et recopiez-le sur votre brouillon.
- Définissez tous les mots et relevez les connecteurs logiques.
- Soyez attentif aux consignes, contraintes et attentes de l'exercice.
- Précisez la problématique à dégager de l'exercice, du texte proposés.

2. Travailler au brouillon

- **Recherchez des idées, de façon planifiée** :
- Travaillez directement sur la photocopie du texte dans le cadre d'une explication de texte que vous allez annoter, surligner, souligner.
- Remplissez une grille de lecture pour le commentaire.
- Remplissez un tableau pour une dissertation qui propose une confrontation (ressemblances/différences – Arguments favorables à.../ défavorables à...).
- Élaborez un plan détaillé illustré d'exemples.
- Utilisez une feuille pour l'introduction, une pour chaque partie du plan, une pour la conclusion et numérotez-les.

3. Rédiger et relire

- **Rédigez le plan** directement sur votre copie sans tout écrire au brouillon au préalable, sauf si vous souffrez de problèmes d'expression et d'orthographe.
- **Relisez votre copie**, non pas à la fin de l'épreuve quand vous êtes exténué, mais au fur et à mesure, dès qu'un paragraphe, ou même une phrase, est couché sur le papier. Les fautes sont généralement pénalisées jusqu'à deux points sur 20.

4. Gérer son temps

- **Ayez toujours l'œil sur votre montre**, évaluez le temps que vous prend chaque étape du devoir.
- **Vous ne devez jamais changer de sujet en cours de route.** Imposez-vous un choix au bout de 20 minutes au maximum depuis le début de l'épreuve.

SUJET DE BAC

Vous traiterez au choix l'un des deux sujets suivants (commentaire ou dissertation).

COMMENTAIRE

- **Vous commentez le texte suivant.**

Texte Valery Larbaud, *Les Poésies de A. O. Barnabooth* (1913).

Poète et voyageur du début du XXe siècle, Valery Larbaud (1881-1957) invente le personnage d'Archibald Olson Barnabooth qui partage avec lui le goût des voyages. Larbaud se présente seulement comme l'éditeur de cet original Américain cosmopolite.

L'ancienne gare de Cahors

Voyageuse! ô cosmopolite[1]! à présent
Désaffectée, rangée, retirée des affaires.
Un peu en retrait de la voie,
Vieille et rose au milieu des miracles du matin,
Avec ta marquise[2] inutile
Tu étends au soleil des collines ton quai vide
(Ce quai qu'autrefois balayait
La robe d'air tourbillonnant des grands express)
Ton quai silencieux au bord d'une prairie,
Avec les portes toujours fermées de tes salles d'attente,
Dont la chaleur de l'été craquèle les volets...
Ô gare qui as vu tant d'adieux,
Tant de départs et tant de retours,
Gare, ô double porte ouverte sur l'immensité charmante
De la Terre, où quelque part doit se trouver la joie de Dieu
Comme une chose inattendue, éblouissante;
Désormais tu reposes et tu goûtes les saisons
Qui reviennent portant la brise ou le soleil, et tes pierres
Connaissent l'éclair froid des lézards; et le chatouillement
Des doigts légers du vent dans l'herbe où sont les rails
Rouges et rugueux de rouille,
Est ton seul visiteur.
L'ébranlement des trains ne te caresse plus:
Ils passent loin de toi sans s'arrêter sur ta pelouse,
Et te laissent à ta paix bucolique[3], ô gare enfin tranquille
Au cœur frais de la France.

1. Personne qui voyage à travers le monde sans se fixer, par goût ou par nécessité.
2. Auvent vitré placé au-dessus de la porte d'entrée, du perron d'un bâtiment, ou au-dessus d'un quai de gare, et qui sert d'abri.
3. Qui a rapport avec la campagne, la vie simple et paisible des gardiens de troupeaux.

DISSERTATION

Vous traiterez au choix, compte tenu de l'œuvre et du parcours étudiés durant l'année, l'un des trois sujets suivants.

1 **Œuvre** : Abbé Prévost, *Manon Lescaut*

Parcours Personnages en marge, plaisirs du romanesque

Le plaisir de lire *Manon Lescaut* ne tient- il qu'au récit d'une passion amoureuse ?

Vous répondrez à cette question dans un développement organisé en vous appuyant sur *Manon Lescaut*, sur les textes que vous avez étudiés dans le cadre du parcours associé, et sur votre culture personnelle.

2 **Œuvre** : Honoré de Balzac, *La Peau de chagrin*

Parcours Les romans de l'énergie : création et destruction

Peut- on lire *La Peau de chagrin* comme le tableau d'un monde exténué ?

Vous répondrez à cette question dans un développement organisé en vous appuyant sur *La Peau de chagrin*, sur les textes que vous avez étudiés dans le cadre du parcours associé, et sur votre culture personnelle.

3 **Œuvre** : Colette, *Sido et Les Vrilles de la vigne*

Parcours la célébration du monde

Peut- on considérer *Sido et Les Vrilles de la vigne* comme des œuvres de l'émerveillement ?

Vous répondrez à cette question dans un développement organisé en vous appuyant sur *Sido et Les Vrilles de la Vigne*, sur les textes que vous avez étudiés dans le cadre du parcours associé, et sur votre culture personnelle.

COMMENTAIRE

Introduction

Le poème en vers libre, dont Forneret fut un des précurseurs, fut réellement mis en pratique par les symbolistes de la fin du XIXe siècle. Il marque l'aboutissement du processus de dérégulation du vers rimé. Valery Larbaud s'inscrit dans cette modernité poétique avec son poème « L'ancienne gare de Cahors », issu du recueil *Les Poésies de A. O. Barnabooth* paru en 1913. Dans ce poème, il décrit une gare qui n'est plus en service et montre comment la nature, à son tour, habite le lieu. Nous pouvons donc nous demander dans quelle mesure la description lyrique de la gare invite à poser un nouveau regard sur ce lieu. **Ainsi nous verrons que le poète fait une description lyrique de la gare qui lui permet d'opposer deux temporalités afin de montrer que le lieu est habité autrement.**

> **Méthode**
> **L'annonce du plan** doit montrer que votre analyse évolue. Ainsi, chaque argument doit naturellement découler du précédent.

I. Une description lyrique de la gare

Le poète nous présente la description d'une gare dont il célèbre, par le registre lyrique, le charme passé.

A. Un cadre spatial défini : la gare

Le titre plante d'emblée le décor et précise ainsi le thème du poème : la gare. La localisation spatiale « Cahors » renvoie alors à un lieu existant. Le poème reprend ensuite le **champ lexical** de la gare avec la mention du « quai », de la « voie », des « rails » et la métaphore de la « voyageuse » qui évoque les passants et les trains. Le référent est à nouveau clairement identifié dès le vers 12 avec l'apostrophe « ô gare ». Ce lieu participe de la **modernité poétique** du texte en ce qu'il renouvelle les objets poétiques traditionnels.

> **Vocabulaire**
> **Champ lexical :** plusieurs mots renvoyant à un même thème.

> **L'astuce du prof**
> Pour relever la **spécificité d'un texte**, comparez-le aux textes plus traditionnels du genre. En poésie, les objets poétiques sont bien souvent la nature, la femme, etc. Consacrer tout un poème à une gare est alors moderne (pensez, par exemple, à la place de la ville chez Apollinaire).

B. L'adresse lyrique du poète

Si la gare est non seulement le sujet du poème, elle en est aussi le destinataire. En effet, dès le premier vers, le poète s'adresse à elle par les apostrophes lyriques « Voyageuse, ô cosmopolite ! » qui vont ensuite se multiplier avec, par exemple, la répétition de « ô gare ». Le lecteur entend alors l'attrait du poète pour ce lieu de transit. De plus, la **personnification** de la gare l'assimile à une femme dès la métaphore de la « voyageuse ». Le poème file cette personnification par des connotations féminines avec les adjectifs « vieille et rose », la mention de la

> **Vocabulaire**
> **Personnification :** attribution de propriétés humaines à un animal ou une chose inanimée.

« marquise » ou encore l'évocation de la « robe ». Le poète joue avec la polysémie des mots afin d'évoquer la gare mais aussi une femme. Cela est redoublé par l'image de la caresse (v. 23) qui évoque la sensualité. Ce lieu devient alors une vieille dame au charme suranné. **Transition :** Ainsi, le poète renouvelle la tradition en faisant de la gare un nouvel objet poétique. Sa personnification permet alors de faire entendre tout l'attrait qu'elle peut revêtir.

II. L'opposition de deux temporalités

Le poème illustre le passage du temps. En effet, à un passé marqué par la vie, répond un présent où règnent l'absence et le silence.

A. La rupture entre un temps passé et un temps présent

Par l'évocation de ce lieu, le poète évoque le passage du temps et ainsi souligne un passé glorieux révolu. La locution adverbiale « à présent » ou l'adverbe de temps « désormais » marquent une rupture entre deux temporalités. Ce changement apparaît en outre dans l'emploi des temps avec le passage du passé (« balayait », « as vu ») au présent (« étends », « reposes »). Le poète souligne alors l'écoulement irrémédiable du temps par la négation partielle « l'ébranlement des trains ne te caresse plus ». Cela était finalement déjà annoncé dès le titre avec la **polysémie** de l'adjectif « ancienne » qui signifie à la fois « vieux » et « qui n'exerce plus sa fonction ». Le ton apparaît donc mélancolique car le poète évoque un passé à jamais perdu.

Vocabulaire

Polysémie : mot qui possède plusieurs sens.

B. L'opposition entre le mouvement et le repos

En effet, le passé de la gare est marqué par le mouvement et son présent par l'absence. On peut alors relever les verbes de mouvement tels que « tourbillonnant » ou « balayait ». L'agitation transparaît aussi dans le rythme binaire « tant de départs et tant de retours » et l'emploi du pluriel mis en évidence par la répétition de l'adverbe de quantité « tant ». *A contrario*, le présent est marqué par l'absence avec les adjectifs « inutile », « vide » et « silencieux ». Cette opposition apparaît d'emblée aux vers 1 et 2 puisqu'aux apostrophes enjouées répond l'énumération « désaffectée, rangée, retirée » qui dit la perte. Cela est confirmé au vers 17 par la mention du repos qui peut être vu comme un euphémisme de la mort au sens où la mort est la perte de la vie. En effet, c'est bien la vie qui a quitté cette gare, comme le temps conduit inéluctablement vers la mort. **Transition :** Ainsi, ce poème représente le passage du temps en évoquant le temps glorieux où la gare était encore en activité par opposition à un présent marqué par le vide et le silence.

L'astuce du prof

Plutôt que de répéter plusieurs fois la même analyse, relevez plusieurs procédés au sein du texte et montrez comment ensemble ils créent du sens en proposant une analyse commune.

III. Une gare habitée autrement

Les hommes ont quitté cette gare qui n'est plus en activité. La nature reprend ses droits et permet ainsi d'offrir à la gare une vie douce et paisible, loin du tumulte des voyages.

A. La place accordée à la nature

Le repos apparaît comme l'accès à la sérénité. Les hommes ont quitté la gare, la nature s'est à son tour emparée du lieu et la gare connaît une nouvelle vie, en harmonie avec la nature comme le suggère le dernier vers du poème. Le rythme de la gare n'est plus celui des « grands express » mais des « saisons ». En effet, au **rythme binaire** « tant de départs et tant de retours » répond « la brise ou le soleil ». La vacuité de la gare qui semblait péjorative laisse place finalement à un repos positif avec le groupe nominal « ta paix bucolique » et l'adjectif « frais ». Les voyageurs sont alors remplacés par des « lézards » et la « voie » du vers 3 laisse place à la « pelouse » au vers 24. L'adverbe final « enfin », s'il marque le temps qui passe, évoque une étape attendue. Le repos arrive naturellement après la vie et permet une union avec la nature. Ce poème, plutôt que d'évoquer la mort, célèbre un temps cosmique.

Vocabulaire

Rythme binaire : les deux membres de la phrase sont construits de la même façon créant ainsi un effet de symétrie.

B. La gare est habitée par les mots du poète

Enfin, si le poète s'attarde sur la vie qui a quitté cette gare, il parvient, par les mots, à l'habiter à nouveau, à la faire revivre. En effet, l'écriture poétique recrée ce lieu. Le lecteur est alors invité à entendre les « grands express » avec l'**allitération** en [r], à s'imaginer le va-et-vient par les énumérations et les répétitions. De plus, les débordements de la syntaxe sur le vers miment les divers mouvements évoqués : on peut relever le contre-rejet au vers 19 ou encore le rejet au vers 15 qui imite « l'immensité ». Si le temps passe, l'écriture poétique semble avoir le pouvoir de faire revivre, par les mots, le passé dynamique révolu de cette gare au repos.

Vocabulaire

Allitération : répétition de consonnes dans une suite de mots rapprochés.

Conclusion

Ainsi, en évoquant une gare, le poète choisit un thème particulièrement moderne. Toutefois, il reprend les procédés de la poésie lyrique puisque la gare devient, sous sa plume, une femme dont la jeunesse fut marquée par le charme et la sensualité. En effet, le poète oppose deux temporalités : le passé est associé à une jeunesse dynamique dominée par la vie, tandis que le présent, associé à la vieillesse, est le temps du repos. Mais ce repos, s'il n'est pas sans évoquer la mort, est surtout l'occasion pour ce lieu abandonné de goûter aux joies d'une vie en harmonie avec la nature. Le poème, loin d'une vision tragique de la condition humaine, propose une glorification du temps cosmique :

la gare ne vit plus au rythme des départs et des retours mais à celui de la Terre. Cette description de la gare avec ses touches colorées et ses nuances de lumières rappelle la **peinture impressionniste du XIXe siècle** : ces peintres s'intéressaient aux symboles de la modernité et accordaient une importance particulière à la lumière afin de représenter la fugacité des impressions. On peut ainsi penser à la série de tableaux *La gare Saint-Lazare* de Claude Monet, un peintre qui s'intéressait à la vie moderne de son temps en représentant une gare parisienne.

Conclusion

En ouverture, vous pouvez faire un parallèle avec un autre poème du même auteur, avec un autre auteur ou encore avec d'autres arts tels que la **peinture**, la sculpture ou encore le cinéma.

DISSERTATION

1

Introduction

Dans l'« Avis au lecteur », Renoncour souligne la « lecture agréable » de *l'Histoire du chevalier des Grieux* et de *Manon Lescaut*. Il affiche alors d'emblée le plaisir auquel le lecteur doit s'attendre lorsqu'il débutera sa lecture de l'œuvre. Le roman, portant principalement sur l'histoire d'amour des deux jeunes gens, nous invite à penser que ce qui plaît tant dans l'œuvre est le récit de la passion amoureuse avec tout ce qu'elle implique en émotion, suspense et aventure. Toutefois, l'œuvre ne se résume pas pour autant à la seule histoire d'amour puisqu'il est aussi question d'une histoire d'amitié ou encore de la peinture d'une époque. On peut ainsi se demander dans quelle mesure le plaisir de lire *Manon Lescaut* repose exclusivement sur le récit de la passion amoureuse. Tout d'abord, l'histoire d'amour participe fortement au plaisir de lecture. Toutefois, le plaisir de lire est aussi rendu possible par d'autres caractéristiques de l'œuvre. Finalement, plutôt que l'histoire d'amour, c'est l'histoire intime de des Grieux qui happe le lecteur.

I – La passion amoureuse participe fortement au plaisir de lecture

A. La mise en scène d'un coup de foudre

L'œuvre de l'Abbé Prévost est centrée sur la relation qui unit des Grieux et Manon. En effet, le récit du jeune homme s'ouvre sur sa rencontre avec la jeune femme et se clôt sur la mort de celle- ci. Il raconte alors l'histoire d'un amour passionné qui a débuté par un véritable coup de foudre. En effet, à l'image de Frédéric (**dans *L'Éducation sentimentale*** de Flaubert), pour qui la vue de madame Arnoux fut une « apparition », des Grieux est physiquement saisi par la vision de Manon. L'hyperbole « je me trouvai enflammé tout d'un coup jusqu'au transport » ainsi que l'indication temporelle « tout

Méthode

La convocation d'une **autre œuvre** doit être brève et pertinente.

d'un coup » témoignent de l'immédiateté et de la force de la réaction. Des Grieux découvre tout d'abord Manon par le regard comme l'indique le verbe de perception « parut ». Il souligne alors sa beauté avec l'adverbe d'intensité « si charmante ». Ce coup de foudre est tel que le jeune homme se présente soumis face à celle qu'il nomme par la périphrase « la maîtresse de mon cœur ». Ainsi, la passion amoureuse qui va conduire tout le récit prend d'emblée un caractère exceptionnel propre à susciter l'intérêt du lecteur.

B. Un amour qui crée de nombreuses péripéties

Cet amour est tel que des Grieux est prêt à tout pour rester auprès de sa dame. En effet, lui qui se décrit dans la première partie comme « excessivement timide » et modèle de « sagesse » et de « retenue » sera finalement amené à commettre des actes dangereux, illégaux et bien éloignés de la morale. Toutes ces péripéties multiplient les rebondissements et renforcent alors le plaisir de lecture. À plusieurs reprises, le jeune couple s'enfuit sans tenir compte des recommandations familiales. Des Grieux n'hésite pas à interrompre ses études de théologie pour rester auprès de Manon. Par amour, il l'aidera à tromper M. de B... et il finira à la prison Saint- Lazare. Mais son amour le pousse à commettre l'irréparable puisque, lors de son évasion de prison, il tue sans état d'âme un domestique comme le souligne la **parataxe** « je ne le marchandai point ; je lui lâchai le coup au milieu de la poitrine ». De ce fait, l'amour intense que ressent des Grieux pour Manon le pousse à commettre des actes répréhensibles à l'origine de nombreuses péripéties au sein du roman. **Transition :** Ainsi, la passion amoureuse contribue fortement au plaisir de lecture puisqu'elle revêt d'emblée un caractère exceptionnel propre à multiplier les rebondissements au sein de l'œuvre. Toutefois, le plaisir de lire ne tient pas qu'à cela.

Vocabulaire
La **parataxe** est la juxtaposition de propositions sans mot de liaison.

II – Mais le plaisir de lire est aussi créé par d'autres facteurs

A. L'art du récit

Le soin que l'abbé Prévost met à la construction de son récit renforce le plaisir de lecture. En effet, l'histoire est présentée par son narrateur comme fidèle et authentique. Renoncour s'adresse directement au lecteur afin de l'informer que « rien n'est plus exact et plus fidèle que cette narration ».

D'autre part, les nombreuses **prolepses** créent du suspense au sein de l'œuvre. Des Grieux annonce ainsi ses méandres futurs lorsqu'il déclare : « La résolution fut prise de faire une dupe de G...M..., et par un tour bizarre de mon sort, il arriva que je devins la sienne ». L'annonce de des Grieux suscite alors la curiosité du lecteur qui se demande ce qui va arriver au jeune homme. De même, la précision « si j'eusse alors suivi ses conseils, j'aurais toujours été sage

Vocabulaire
Une **prolepse** est une figure de style qui consiste à mentionner des faits qui se produiront plus tard dans l'intrigue

et heureux » suggère que l'histoire qu'il s'apprête à raconter sera malheureuse et cela ne peut qu'intriguer le lecteur. L'art du récit a alors un rôle important dans le plaisir que le lecteur peut ressentir à la lecture de *Manon Lescaut*.

B. La mise en scène des personnages en marge qui attisent la curiosité du lecteur

L'œuvre attire aussi le lecteur par la particularité des personnages qu'elle met en scène. En effet, si des Grieux est présenté comme un jeune homme de bonne famille, Manon – héroïne principale du roman – est une courtisane de peu de scrupules. Le lecteur est invité à découvrir les manigances de Manon et de son frère qui n'hésitent pas à tromper et mentir pour obtenir plus d'argent. Manon privilégie l'or à l'amour comme le souligne des Grieux avec lucidité : « je ne doutais nullement qu'elle m'abandonnât pour quelque nouveau B... lorsqu'il ne me resterait que de la constance et de la fidélité à lui offrir ». De même, Lescaut est prêt à prostituer sa sœur pour se faire entretenir. Il dit à des Grieux qu'une « fille comme elle devrait [les] entretenir ». On apprend à ce titre qu'il « ne s'était réconcilié avec elle que dans l'espérance de tirer parti de sa mauvaise conduite ». Ainsi, le lecteur accède aux intrigues machiavéliques de la famille Lescaut et se délecte des différents rebondissements qu'elles permettent.
Transition : Le plaisir de lire ne repose alors pas exclusivement sur l'histoire d'amour. Le lecteur est susceptible d'apprécier tout autant l'art du récit et la mise en scène de personnages en marge. Finalement, il semble que ce soit davantage l'histoire intime de des Grieux confiant les aventures de sa vie qui offre un vrai plaisir de lecture.

> **Méthode**
> Finissez toujours vos paragraphes par une phrase conclusive en lien étroit avec le sujet.

III – Plutôt que l'histoire d'amour, c'est l'histoire intime de Des Grieux qui happe le lecteur

A. Des Grieux partage ses sentiments intimes

Si le lecteur connaît l'histoire d'amour qui unit les jeunes amants, c'est bien parce que des Grieux choisit de raconter ce qu'il a vécu et les sentiments intimes qu'il a ressentis. De ce fait, si l'histoire d'amour apparaît exceptionnelle aux yeux du lecteur, c'est parce qu'elle est présentée ainsi par le jeune narrateur. Ce qui permet alors de garder le lecteur en haleine est le récit à la première personne qui rend possible l'accès aux pensées du personnage. En effet, on s'attache à cet amoureux éperdu qui se laisse dominer par ses sentiments. Lui- même constate : « L'amour m'a rendu trop tendre, trop passionné, trop fidèle et, peut- être, trop complaisants pour les désirs d'une maîtresse toute charmante ». La répétition de l'adverbe « trop » insiste sur son incapacité à contrôler ce qu'il ressent. Ainsi, le lecteur s'attache à ce personnage qui souffre d'avoir aimé inconditionnellement Manon et ressent de la pitié lorsqu'il craint « de manquer de force pour achever le récit du plus funeste événement qui fût jamais ». La souffrance qu'il ressent est soulignée par le superlatif et l'aveu de sa difficulté à achever son récit. De ce fait, le récit à la première personne facilite l'attachement au narrateur et suscite ainsi l'intérêt du lecteur pour ses aventures.

B. Des Grieux partage avec le lecteur son histoire d'amour mais aussi son histoire d'amitié

Dans son récit, des Grieux partage certes l'histoire d'amour qu'il a vécue avec Manon mais il évoque également une véritable histoire d'amitié tout aussi extraordinaire. En effet, Tiberge est l'ami fidèle qui le soutiendra tout au long de ses mésaventures alors même qu'il ne cautionne pas ses actes. Il lui vient en aide financièrement, il le soutient dans la reprise de ses études, et il sera là pour l'aider suite à la mort de Manon. Des Grieux qualifie lui- même Tiberge de « fidèle ami ». Par l'adverbe d'intensité « si généreux et si constant », il insiste sur la grande amitié qu'il a pour lui. De plus, Tiberge a une influence positive sur le jeune homme qui reconnaît « que les semences de vertu qu'il avait jetées autrefois dans [son] cœur commençaient à produire des fruits dont il allait être satisfait ». Finalement, l'œuvre se clôt non sur l'histoire d'une passion mais sur une histoire d'amitié extraordinaire qui ne peut que réjouir le lecteur.

L'astuce du prof

Jusqu'à la fin de votre développement, faites allusion aux termes du sujet.

Conclusion

Ainsi, la passion amoureuse participe fortement au plaisir de lecture en ce qu'elle met en scène un coup de foudre et un amour susceptible de créer de nombreuses péripéties. Toutefois, le plaisir de lecture ne repose pas exclusivement sur celle- ci. En effet, le lecteur peut tout autant apprécier l'art du récit qui ménage du suspense ou la mise en scène de personnages à l'esprit machiavélique. Finalement, si tout cela plaît tant au lecteur, c'est parce que nous partageons les pensées et les émotions de des Grieux qui raconte son histoire à la première personne. Le lecteur s'attache à ce jeune homme en proie aux méandres de l'amour et ne peut qu'apprécier l'histoire d'amitié qui l'unit à Tiberge et qui offre un pendant positif à l'amour malheureux de Manon et des Grieux. Si, dans *Manon Lescaut*, l'amitié est vertueuse, dans *Thérèse Raquin* de Zola, elle est plutôt au service d'un triangle amoureux qui éloigne les époux au profit d'une relation adultère susceptible de dynamiser l'intrigue.

2

Introduction

Dans son introduction à *La Peau de chagrin*, Philarète Chasles écrit que Balzac a représenté le « spectacle d'une société rendant le dernier soupir sous des rideaux de pourpre, d'argent et de soie ». Il relève ainsi la perte d'énergie de la société du XIXe siècle qui semble avoir privilégié le matérialisme à une vie plus authentique. Dans son œuvre, Balzac dépeint cette société afin d'en montrer les rouages et d'illustrer comment elle a dépensé ou peut- être gaspillé l'énergie dont elle était pourvue. Pourtant, l'œuvre met en scène une Peau de chagrin dotée de pouvoirs magiques et s'éloigne alors d'une peinture purement réaliste du monde contemporain. On peut donc se demander dans quelle mesure *La Peau de chagrin* représente de façon picturale un monde épuisé. Tout d'abord, l'œuvre, par bien des aspects, s'apparente à une peinture d'une société sans énergie. Toutefois, certains personnages font preuve d'un véritable élan vital. Finalement, La Peau de chagrin prend les formes d'une **vanité** permettant de rappeler la fragilité de la vie.

Vocabulaire

Une **vanité** est une peinture représentant le temps qui passe, la fragilité de la vie et la futilité des choses humaines.

I – La peinture d'une société exténuée

A. L'œuvre s'ouvre sur un suicide

Dans son œuvre, Balzac représente une société exténuée, qui n'a plus la force de se battre pour vivre. En effet, le personnage de Raphaël est représentatif d'une partie des jeunes gens du début du XIXe siècle qui souffrent au sein d'une société qui ne reconnaît plus les valeurs auxquelles ils sont attachés. Cela est repris par le narrateur dans « Le Talisman » lorsqu'il souligne « combien de jeunes talents confinés dans une mansarde s'étiolent et périssent faute d'un ami, faute d'une femme consolatrice, au sein d'un million d'êtres, en présence d'une foule lassée d'or et qui s'ennuie ». Son épuisement est tel qu'il choisit à l'ouverture de l'œuvre de renoncer à la vie. Le héros principal est alors représentatif d'un monde qui s'épuise.

B. Le tableau d'un monde sur le déclin

En effet, Balzac dresse un tableau peu glorieux de la société de son temps qui semble péricliter. Le roman a pour arrière- plan l'échec de la **révolution de 1830** et ainsi les désillusions qu'elle entraîne. La vie intellectuelle est mise à mal par des écrivains reconnus qui payent d'autres hommes pour rédiger leur texte. De plus, la société privilégie l'argent aux sentiments vrais et sincères. Le culte de l'or est illustré par le banquet du banquier Taillefer et par le premier vœu de Raphaël qui veut « un dîner royalement splendide ». À l'image de la Peau de chagrin, le monde s'épuise à vouloir toujours plus quitte à tromper autrui. La Peau devient alors la métaphore de la perte de vie d'une société « factice qui vit aux lumières, qui rend toutes ses pensées par des phrases convenues, ou par des mots que dicte la mode ». Le monde est alors sur le déclin. **Transition :** Ainsi, Balzac présente un tableau peu positif de la société de son temps puisqu'elle privilégie l'or aux valeurs fondamentales et condamne à l'épuisement ceux qui cherchent à se faire une place par le travail et les études. Tou-

Zoom sur

La révolution de 1830 est la réaction du peuple face à la politique répressive du roi Charles X.

tefois, si la perte d'énergie est bien au centre de l'œuvre, certains personnages font preuve d'un véritable élan vital.

II – Toutefois, certains personnages font preuve d'un élan vital

A. Raphaël se raccroche à la vie

Si Raphaël penche pour le suicide au début de l'œuvre, il s'en laissera volontairement détourné par l'antiquaire et choisira de se raccrocher à la vie en saisissant la Peau de chagrin. Raphaël connaît alors un regain d'énergie pensant pouvoir vivre une vie plus confortable. En effet, il dit vouloir « vivre avec excès » alors même qu'il était prêt à renoncer à tout. Face à la proposition de l'antiquaire, il choisit de se raccrocher à la vie. Ce nouvel élan transparaît dans l'accumulation des souhaits soulignée par l'**anaphore** et l'exclamation dans l'extrait suivant : « Que mes convives soient jeunes, spirituels et sans préjugés, joyeux jusqu'à la folie ! Que les vins se succèdent toujours plus incisifs [...] Que cette nuit soit parée de femmes ardentes ! » Alors que le roman s'ouvrait sur un personnage exténué, Raphaël s'empare vite d'une nouvelle énergie.

> **Vocabulaire**
> Une **anaphore** est la répétition d'un même mot ou d'une même expression en début de phrase, de vers ou de proposition.

B. Certains personnages défendent l'idée d'une vie courte mais remplie

La notion d'épuisement est aussi la conséquence d'une grande dépense d'énergie et peut être alors la preuve d'une existence emplie de vie. En effet, certains personnages préfèrent vivre peu mais pleinement. Excès d'énergie et fatigue vont alors de pair. Selon Euphrasie, « autant rester libres, aimer ceux qui nous plaisent et mourir jeunes ». À son tour, Rastignac choisit de consommer pleinement sa vie et « d'user l'existence par le plaisir ». Selon lui, « en menant une vie enragée, peut- être trouveront-t- ils le bonheur par hasard ». L'**hyperbole** « vie enragée » témoigne de sa volonté de ne pas vivre avec raison mais avec passion. Bien loin d'être fatigués, certains personnages au contraire vivent en permanence dans un excès d'énergie. **Transition :** Ainsi, le tableau que donne à voir Balzac n'est pas exclusivement celui d'un monde exténué puisqu'il met en scène des personnages qui débordent d'énergie afin de vivre pleinement leur vie quitte à la raccourcir. Finalement, l'auteur propose à son lecteur la peinture d'une vanité afin de rappeler l'importance de la vie.

> **Vocabulaire**
> L'**hyperbole** est une figure de style permettant d'exagérer une idée.

III – Finalement, l'œuvre est une vanité permettant de rappeler la fragilité de l'existence humaine

A. Un récit fantastique qui rappelle que l'énergie s'épuise

Si l'œuvre de Balzac s'apparente à un tableau, celui- ci n'est pas une œuvre réaliste dont le but serait de représenter avec fidélité le monde dans lequel il évolue. En effet, avec l'intervention de l'antiquaire et plus particulièrement de la Peau, le récit prend une tournure fantastique. La Peau représente alors de manière symbolique la vie qui s'amenuise à chaque souhait énoncé par son propriétaire. À l'instar des vanités qui contiennent souvent un crâne afin de rappeler la finitude de la condition humaine, la Peau rappelle au sein de l'œuvre que face à la mort, tout n'est que vanité. La Peau devient une sorte d'avertissement afin de rappeler à tout homme qu'il ne faut pas gaspiller sa vie en futilité – comme Raphaël l'a fait à vouloir un dîner luxueux – et à se concentrer sur l'essentiel. Toutefois, alors qu'à la fin de l'œuvre, Raphaël s'isole afin d'éviter toute tentation et de renouer avec une vie des plus simples, il n'accède pas au bonheur. Balzac ne prône pas une manière de vivre.

B. Le roman est le tableau d'un monde où cohabitent différentes façons de vivre

Dans son œuvre, Balzac met en scène différents personnages afin de montrer les diverses façons de parcourir son existence. En effet, l'antiquaire privilégie le savoir et explique que « ce que les hommes appellent chagrins, amours, ambitions, revers, tristesse, sont pour moi des idées que je change en rêveries ; au lieu de les sentir, je les exprime, je les traduis ; au lieu de leur laisser dévorer ma vie, je les dramatise [...]. N'ayant jamais lassé mes organes, je jouis encore d'une santé robuste ». Il jouit ainsi d'une vie longue et paisible. À l'inverse, Foedora et Rastignac préfèrent une vie pleine au risque qu'elle soit brève. Dans son œuvre, Balzac illustre l'idée qu'il n'y a pas une bonne façon de vivre sa vie. Finalement, on peut très bien s'épuiser à vouloir minimiser les plaisirs (c'est le cas de Raphaël à la fin de l'œuvre) et inversement on peut profiter pleinement sans être exténué. Si Balzac ne délivre pas de solution, il propose toutefois un modèle de vertu à travers le personnage de Pauline. En effet, cette dernière vit simplement sans se priver des sentiments comme en témoigne son amour sincère à l'égard de Raphaël. De plus, elle réussit dans la vie sans avoir besoin de tromper ou de mentir. *La Peau de chagrin* apparaît alors comme la peinture d'un monde bigarré.

L'astuce du prof

Reprenez les mots du sujet dans votre troisième partie afin de rester concentré sur votre problématique et d'éviter le hors- sujet.

Conclusion

Ainsi, en plaçant son roman après l'échec de la révolution de 1830, Balzac met en scène des personnages révélateurs d'un monde exténué. Toutefois, certains protagonistes font preuve d'un véritable élan vital comme en témoigne Raphaël lorsqu'il choisit soudainement de se raccrocher à la vie. D'autres n'hésitent pas à privilégier une vie courte mais remplie. Finalement, Balzac propose plutôt la peinture d'une vanité où plaisirs et morts se côtoient afin de rappeler la fragilité de l'existence humaine. La Peau de chagrin est alors un objet symbolique propre à rappeler le temps qui passe. L'auteur ne nous propose pas un chemin à suivre pour bien mener sa vie, il met en scène diverses façons de jouir de sa vie et c'est alors au lecteur qu'il revient de tirer ses conclusions. Dans *Le Portrait de Dorian Gray* d'Oscar Wilde, le portrait du jeune homme est le pendant de la Peau chez Balzac. Le portrait illustre le temps qui passe et l'impossibilité d'y échapper.

3

Introduction

Dans *L'Art de Colette*, Pierre Trahard écrit : « elle observe, elle perçoit, elle multiplie les sensations à l'infini, elle prête une vie à tout, parce qu'elle sent tout, et elle chante un hymne à cette vie, à cette nature ». Il souligne ainsi la capacité de l'autrice à retranscrire par les mots les sensations qu'elle ressent face au monde qui l'entoure et plus particulièrement face à la nature. Par son écriture, elle parviendrait à partager ses émotions avec le lecteur afin qu'à son tour, il puisse s'émerveiller face au monde. Toutefois, si Colette ne cesse de célébrer la beauté du paysage rural où elle a grandi, peut-on pour autant considérer que *Sido* et *Les Vrilles de la vigne* sont des œuvres de l'émerveillement ? Nous verrons alors que les deux œuvres témoignent d'un émerveillement face au monde qui ne masque pas pour autant le regard lucide de l'autrice face à la réalité de la vie. Finalement, l'émerveillement semble davantage le résultat de l'écriture qui tend à sublimer le souvenir.

Méthode

Choisissez une amorce en lien étroit avec le sujet et interrogez les mots-clés.

I – Les deux œuvres témoignent d'un émerveillement face au monde

A. L'émerveillement face à la nature

Dans son œuvre, Colette partage avec le lecteur son émerveillement face au monde et plus particulièrement face à la nature. Cela apparaît dans *Sido* avec le recours à l'apostrophe lyrique dans « ô géraniums, ô digitales... » qui fait entendre l'admiration que ressent la jeune fille face aux fleurs. On retrouve ce regard admiratif face au paysage qu'offre la baie de Somme dans *les Vrilles de la vigne* avec la plage qui « éblouit », le « linceul de sable » ou encore « le fin ruisseau de poudre ». La narratrice s'émerveille aussi bien devant la nature que devant les animaux qui l'occupent. Elle partage particulièrement son affection pour le chat qu'elle n'hésite pas à mettre en scène en le personnifiant. En effet, Kiki- la- Doucette parle et pose un regard juste sur la relation que sa maîtresse entretient avec la nature. Si la narratrice met ainsi en avant le félin, c'est parce qu'elle est admirative de son indépendance. Elle partage alors l'émerveillement qu'elle ressent face à cet animal dans « Amours » ou encore « Nonoche ». Ce regard admiratif n'est pas réservé au chat, on le retrouve aussi lorsqu'elle décrit la guêpe dans « Belle de jour ». L'adjectif « gloutonne »

L'astuce du prof

Situez vos exemples dans l'œuvre quand cela est possible.

révèle la sympathie qu'elle ressent pour cet insecte qui se régale d'une gelée de groseille. La nature apparaît ainsi particulièrement propice à l'émerveillement.

B. Le regard émerveillé de l'enfant face à la figure maternelle

Mais la nature n'est pas la seule à susciter l'émerveillement de la narratrice. En effet, lorsqu'elle revient sur son enfance, elle insiste sur l'admiration qu'elle ressentait pour sa mère dont elle fait un portrait élogieux. En effet, on ressent l'adoration lors de la description des compétences prodigieuses de la mère qui « d'un geste, d'un regard [...] reprenait tout ». Par l'accumulation « elle coupait des bolducs roses, déchaînait des comestibles coloniaux, repliait avec soin les papiers noirs goudronnés », elle fait entendre la singularité de la mère aux yeux de la jeune fille qu'elle était. Si la narratrice partage avec le lecteur les sentiments qu'elle éprouve pour sa mère, elle semble aussi témoigner plus généralement de son admiration pour la figure maternelle. En effet, dans *Les Vrilles de la vigne*, il est question de Nonoche qui a été « dix- huit fois mère » et qui pourtant « conserve un air enfantin », une « beauté solide » et demeure « futile, rêveuse, passionnée, gourmande, caressante, autoritaire ». La figure maternelle réapparaît dans « En baie de Somme » où est décrite une « jeune maman [qui] oublie délicieusement ses deux gosses et s'enivre, les joues chaudes, d'un roman mystérieux, habillé comme elle de toile écrue ». L'adverbe « délicieusement » marque l'affection qu'elle ressent pour les jeunes mères.
Transition : Ainsi, *Sido* et *Les Vrilles de la vigne* semblent bien être des œuvres de l'émerveillement puisque la narratrice ne cesse de partager son admiration pour la nature ainsi que pour la figure maternelle. Toutefois, l'émerveillement qu'elle ressent n'efface pas pour autant le regard lucide qu'elle pose aussi bien sur la vie que sur le monde qui l'entoure.

> **Méthode**
> Terminez vos paragraphes par une phrase conclusive.

II – Mais on retrouve en creux le regard lucide de l'autrice

A. Le constat de la fuite du temps

L'émerveillement semble être étroitement lié à la conscience de la fuite du temps. En effet, si la narratrice évoque ainsi la beauté de la nature et l'admiration qu'elle ressentait alors, c'est bien parce que ce temps est révolu et qu'il n'est plus. En outre, le lecteur ne peut que ressentir une forme de nostalgie dans l'évocation de ce passé merveilleux lorsqu'elle écrit « j'appartiens à un pays que j'ai quitté » et qu'elle évoque ses « racines qui saignent ». L'émerveillement fait ainsi partie du passé au même titre que le lieu de l'enfance. On ressent ainsi sa déception dans l'injonction « n'y va pas : tu le chercherais en vain ». La narratrice est bien consciente du passage inéluctable du temps, des changements qu'il implique et ainsi de la condition tragique de l'homme. Cette dernière est évoquée lorsqu'elle aborde la maladie de sa mère ou qu'elle revient sur la crainte de sa mère de décéder avant son père.

> **Méthode**
> Intégrez les citations à votre argumentation

La notion de finitude est aussi présente dans « Chanson de la danseuse ». En comparant la vie à une danse, elle n'ignore pas la « dernière danse tragique [qui la] mettra aux prises avec la mort ». Ainsi, si l'émerveillement est bien présent dans les œuvres, il fait partie d'un temps révolu et engendre alors une certaine nostalgie.

B. L'évocation d'une face plus sombre de la société

D'autre part, l'émerveillement n'efface pas non plus un constat parfois plus amer de la narratrice. Si elle s'émerveille tant devant le chat, c'est bien parce qu'il est libre et indépendant. Il apparaît alors en contrepoint du rossignol qui dans « Les Vrilles de la vigne », témoigne de la possible aliénation à laquelle tout individu peut être confronté. Cette perte de liberté est particulièrement crainte par la narratrice. D'autre part, si l'amour entre Sido et le capitaine est un amour heureux, on ne peut pas en dire autant de tous les couples dans *Les vrilles de la vigne*. Dans « Toby- Chien parle », on apprend que la maîtresse de l'animal est trompée par son mari et que les femmes lui souhaitent du mal. Loin de l'émerveillement initial, c'est un aspect plus sombre de la société qui est évoqué. À ce titre, on peut relever la réflexion portée sur le maquillage qui est présenté comme un artifice trompeur. En effet, dans « Belles- de- jour », la narratrice semble prendre le parti de l'homme qui a quitté sa femme car il aurait été trompé par son apparence de jour par opposition à son apparence une fois démaquillée le soir. Le propos est alors plus lucide et la narratrice évoque des éléments qui sont bien loin de susciter l'émerveillement. **Transition :**Ainsi, dans ces œuvres, il n'est pas seulement question de retranscrire l'émerveillement face à la nature. Des questions plus polémiques sont abordées et une réflexion sur la condition humaine est développée. Finalement, si *Sido* et *Les Vrilles de la vigne* s'apparentent à des œuvres de l'émerveillement, c'est parce que l'écriture elle- même crée l'émerveillement.

III – Finalement, l'émerveillement est le fruit de l'écriture

A. L'écriture transfigure le souvenir

Sido et certains fragments des *Vrilles de la vigne* sont une reconstruction a posteriori du souvenir. De ce fait, le souvenir est embelli voire sublimé par l'esprit de la narratrice qui ne semble conserver en mémoire que le positif et qui choisit d'en polir l'image. Cela transparaît particulièrement dans le portrait qu'elle dresse de ses parents. En effet, elle précise avoir bien « peu connu » son père. Or, le temps lui a permis de reconstruire une image de la figure paternelle, image peut- être plus rêvée que réelle lorsqu'elle précise : « il faut du temps à l'absent pour prendre sa vraie forme en nous. Il meurt, – il mûrit, il se fixe ». De même, Sido s'apparente à une véritable nymphe par sa capacité à communiquer avec la nature. En effet, on apprend que « toute présence végétale agissait sur elle

L'astuce du prof

Reprenez les termes du sujet dans la formulation de vos arguments afin d'éviter le hors sujet.

comme un antidote, et [qu'] elle avait une manière étrange de relever les roses par le menton pour les regarder en plein visage ». Cette idéalisation atteint son paroxysme lorsque la narratrice précise que dans leur jardin « les enfants ne se battaient point » – alors même qu'elle les surnomme les sauvages – « bêtes et gens s'exprimaient avec douceur » et « un mari et une femme vécurent sans élever la voix l'un contre l'autre ». La narratrice transforme alors le jardin de sa mère en véritable paradis perdu.

B. L'écriture sublime le monde

L'autrice parvient par l'écriture à sublimer le monde et ainsi à suggérer et permettre l'émerveillement. Cela est clarifié dans « Toby- chien parle » lorsqu'il retranscrit les paroles de sa maîtresse disant qu'elle « embellit tout ce qu'[elle] aime ». Écrire ce qu'elle a aimé est alors indirectement une manière pour l'autrice d'embellir le sujet de ses œuvres. De ce fait, par le choix des mots, elle nous invite à voir le monde autrement. En effet, sous sa plume les oiseaux deviennent de véritables héros de la littérature dans « En baie de somme », tandis que la chaleur, par l'usage de la métaphore est associée à une « brusque haleine de four ouvert » et que par les comparaisons, le chat est « beau comme un tigre » et les plantes grasses « sont poilues et trapues comme des crabes ». L'écriture même invite alors à s'émerveiller des choses les plus simples.

Conclusion

Ainsi, les deux œuvres témoignent d'un émerveillement face au monde en dévoilant tout d'abord l'émerveillement de la narratrice face à la nature mais aussi face à la figure maternelle. Toutefois, tout n'est pas qu'émerveillement dans l'œuvre. En effet, une réflexion sur le temps qui passe et la finitude de l'existence est développée et des thématiques moins réjouissantes sont abordées. Finalement, plutôt que d'être des œuvres de l'émerveillement, ce sont des œuvres qui suscitent l'émerveillement. En effet, par l'écriture, elle transfigure et polit le souvenir afin de le faire correspondre à un idéal à présent que les êtres chers ne sont plus. D'autre part, par le travail des mots, elle sublime le monde qui l'entoure et invite alors le lecteur à le voir autrement et ainsi à s'émerveiller face à cette nouvelle perception des choses. En 1939, dans *Noces*, Albert Camus célèbrera à son tour la nature face à laquelle il a pu s'émerveiller lors de son enfance en Algérie ou lors de son séjour en Toscane.

Méthode

En conclusion, reprenez vos arguments sans proposer de nouveaux exemples.

SUJET D'ORAL 1

Texte **Arthur Rimbaud, Les Cahiers de Douai, « *Le dormeur du val* », 1870.**

Le Dormeur du val

C'est un trou de verdure où chante une rivière,
Accrochant follement aux herbes des haillons
D'argent ; où le soleil, de la montagne fière,
Luit : c'est un petit val qui mousse de rayons.

Un soldat jeune, bouche ouverte, tête nue[1],
Et la nuque baignant dans le frais cresson bleu,
Dort ; il est étendu dans l'herbe, sous la nue,
Pâle dans son lit vert où la lumière pleut.

Les pieds dans les glaïeuls, il dort. Souriant comme
Sourirait un enfant malade, il fait un somme :
Nature, berce-le chaudement : il a froid.

Les parfums ne font pas frissonner sa narine ;
Il dort dans le soleil, la main sur sa poitrine,
Tranquille. Il a deux trous rouges au côté droit.

1. Sous les nuages.

Question de grammaire

- Analysez la proposition « où chante une rivière » (v.1).

Première partie de l'épreuve

Présentation du texte

- Lorsque Napoléon III déclare la **guerre à la Prusse** en juillet 1870, il ne s'attend pas à ce que la capitulation soit proclamée si rapidement. Et pourtant, ce sera le cas en septembre 1870. Le poème « Le dormeur du val » écrit en octobre de la même année semble ainsi faire écho à la guerre franco-prussienne. En effet, ce sonnet, qui décrit un soldat en train de dormir au sein d'une nature paisible, surprend le lecteur par sa **chute** qui explicite que **ce jeune homme** est en fait mort.

Le **sonnet** se compose de deux quatrains suivis d'un sizain souvent visuellement divise en deux tercets. Les rimes se distribuent suivant une organisation fixe. Le sonnet régulier est forme de deux quatrains a rimes embrassées suivis de deux tercets composes de 2 rimes plates puis de 4 rimes embrassées, c'est-a-dire : abba/ abba/ccd/eed/ ou bien /ede/ pour le dernier tercet.

Situation du texte dans l'œuvre intégrale

- Ce sonnet fait partie du « Second cahier » car il a été copié lors de son second séjour (ou plus précisément de sa deuxième fugue) à Douai chez les tantes de son professeur George Izambard, les demoiselles Gindre. Ce « Second cahier » semble témoigner de la volonté de Rimbaud de se faire éditer car il ne recopie ses textes que sur le verso des feuilles. En effet, il a appris que c'est ainsi qu'on présente un manuscrit pour l'imprimeur.

Lecture expressive

- Le sonnet est un poème court mais qui peut proposer des variations de rythme. Il faudra ainsi veiller à ne pas aller trop vite et à marquer les différents enjambements ou rejets sans insister sur la rime.

Explication linéaire

Question générale :

Dans quelle mesure la célébration de la nature permet-elle une dénonciation implicite de la guerre ?

I. La description d'un soldat endormi au sein d'une nature luxuriante (les deux quatrains)

A. Une nature luxuriante

– Le poème s'ouvre sur la description de la nature avec l'emploi du présentatif « c'est ». Cette nature apparait d'emblée comme accueillante et agréable avec la mention de la « verdure » et de la « rivière ». D'autre part, elle est **personnifiée** par le verbe d'action « chante » qui assimile le bruit de l'eau qui coule à une douce mélodie. Il s'agit ici d'un ***locus amoenus***. Toutefois, un premier décalage

Cahier spécial BAC

apparaît entre la métaphore poétique du chant et l'emploi plus prosaïque du mot « trou ».

Le ***locus amoenus*** est une expression latine designant un lieu ideal, generalement en exterieur avec une nature accueillante et protectrice.

– La personnification de la nature se poursuit au deuxième vers puisqu'elle « accroch[e] follement ». Les « haillons d'argent » évoquent l'herbe qui brille et ainsi le soleil qui scintille. Toutefois, le complément du nom « d'argent » rejeté au vers suivant crée une **discordance rythmique** qui tend à rompre l'harmonie évoquée.

– Le champ lexical de la lumière se répand alors dans le quatrain avec « soleil », « luit », « rayons » afin d'illustrer la chaleur qui règne au sein de ce val. De plus, l'adjectif « petit » le présente comme un véritable cocon. Cela est d'ailleurs souligne par l'emploi des deux points. Toutefois, un nouveau rejet apparaît avec le verbe « luit » placé en début de vers. Ces discordances interpellent le lecteur.

B. La description du soldat endormi

– Au début du deuxième quatrain apparaît le portrait d'un soldat. On apprend d'abord qu'il est « jeune » puis des **détails physiques** sont donnés. La posture « tête nue », « bouche ouverte » avec « la nuque baignant dans le frais cresson bleu » suggère qu'il se repose au sein de cette nature chaleureuse. La métaphore « lit vert » confirme l'**harmonie** qui existe entre l'homme et la nature. On comprend alors que ce soldat est le fameux « dormeur du val » évoqué dans le titre.

Le **rejet** est un enjambement qui place au début du vers suivant un élément bref.

– L'attention du lecteur est dirigé vers le verbe « dort » qui est rejeté. Cela souligne l'état du soldat mais bouscule en même temps l'harmonie qui semble exister au sein de ce val. Tous ces rejets ne peuvent **qu'interroger le lecteur**. De même, l'adjectif « pâle » placé en début de vers ne semble pas correspondre à la chaleur décrite précédemment et reprise par l'hyperbole « la lumière pleut ». Cela peut surprendre le lecteur.

II. La dénonciation de la guerre (les deux tercets)

A. Un repos inquiétant

Le sonnet permet grâce à son organisation particulière le développement d'une idée ou d'une description.

– Le poète revient sur la position du soldat. Le complément « les pieds dans les glaïeuls » interroge. En effet, pourquoi se serait-il positionné ainsi pour se reposer ? De plus, le poète souligne de nouveau qu'il dort par la ponctuation qui isole le verbe. Si la fin du vers se veut plus **rassurante** avec le verbe « souriant », la comparaison « comme un enfant malade » l'annule immédiatement. La comparaison à l'enfant n'est pas anodine, elle permet de rappeler la jeunesse du soldat allongé qui semble être plus proche de l'enfance que de l'âge adulte. Le poète insiste de nouveau sur le sommeil qui a gagné le jeune homme par la proposition « il fait un somme ». Cette insistance ne peut que surprendre.

– **Il s'**adresse alors directement à la nature par l'apostrophe « Nature » et l'impératif « berce-le ». La nature représente ainsi la figure maternelle qui protège le jeune soldat qui est cette fois associé à la figure du nourrisson avec le verbe « berce[r] ».

– **L'antithèse** « chaudement » / « froid » crée un contraste entre la chaleur qui règne dans le val et la condition du jeune homme. Celle-ci est d'ailleurs soulignée par les deux points qui l'isolent à la fin du vers. Finalement, la description du soldat devient **inquiétante** aux yeux du lecteur.

L'antithèse est une figure de style qui consiste à rapprocher deux mots ou deux idées de sens oppose.

B. La révélation finale

– Le dernier tercet explicite les **discordances** apparues tout au long du poème. En effet, l'emploi de la négation totale « ne [...] pas » suggère l'**absence de réaction** de la part du soldat et ainsi peut-être l'absence de vie. En effet, les parfums, déjà présents dans le poème avec la mention du « cresson bleu » et des « glaïeuls » semblent se répandre dans la nature sans être pour autant perçus par le jeune homme.

– Si la chute du sonnet explicite clairement la **mort du soldat**, le lecteur pouvait déjà comprendre que la nouvelle répétition de « il dort » est en fait un euphémisme de la mort tandis que le rejet de l'adjectif « tranquille » souligne l'absence de vie.

– La **pointe** du sonnet « il a deux trous rouges au côté droit » révèle que le soldat est mort au combat. Le lecteur est ainsi invité à relire l'intégralité du poème afin de réinterpréter les différents indices donnes par le poète.

Le sonnet se termine par une chute appelée **pointe**.

– On comprend alors que l'image de l'enfant sert la **dénonciation de la guerre.** En effet, la guerre apparaît comme la cause d'une mort injuste puisqu'elle condamne à la mort des personnes bien trop jeunes pour voir leur vie s'achever.

– D'autre part, le « trou de verdure » au vers 1 peut évoquer la tombe du jeune homme tandis que les haillons du vers 2 peuvent renvoyer à ses habits déchirés. De plus, on comprend que s'il a « les pieds dans les glaïeuls » (vers 9) c'est bien parce qu'il est probablement tombé suite à sa blessure.

Conclusion

Ainsi, la pointe du sonnet fait comprendre que le titre de l'œuvre est un euphémisme. La nature est présentée comme accueillante et protectrice face à la guerre qui se veut destructrice. En effet, la nature conservera le corps du jeune homme parti trop tôt. Ce texte est ainsi une dénonciation de la guerre qui est meurtrière et qui n'épargne pas les plus jeunes. Il ne faut pas oublier que lors de l'écriture de ce poème, Rimbaud a à peine seize ans.

Question de grammaire

La proposition « où chante une rivière » est une proposition subordonnée relative introduite par le pronom relatif « où ». La proposition relative complète le groupe nominal « un trou de verdure ».

Seconde partie de l'épreuve

Si vous choisissez de présenter les Cahiers de Douai, vous devez justifier votre choix, avant de répondre aux questions de l'examinateur.

Echange avec le candidat

Quelques questions que pourrait vous poser le jury :

- Pourquoi avez-vous choisi cette œuvre ?
- Rimbaud ne dénonce-t-il que les horreurs de la guerre dans son recueil ?
- Retrouve-t-on la thématique de la fugue dans l'œuvre du jeune poète ?
- La découverte d'un poète adolescent vous a-t-elle donne envie d'écrire à votre tour ou de vous intéresser davantage à la poésie ?
- Quel est votre poème préféré ? Justifiez votre réponse.

IMPRIM'VERT — Votre imprimeur agit pour l'environnement

Dépôt légal : juin 2024 - N° éditeur : 10297542
Achevé d'imprimer en juin 2024 par Vincenzo Bona SpA Turin - Italie